Mac OS® X Leopard™
PARA
DUMMIES®

Mac OS® X Leopard™
PARA
DUMMIES®

por Bob LeVitus

WILEY

Wiley Publishing, Inc.

Mac OS® X Leopard™ Para Dummies®

Publicado por
Wiley Publishing, Inc.
111 River Street
Hoboken, NJ 07030-5774

www.wiley.com

Si desea obtener información general sobre otros productos y servicios, comuníquese con nuestro Departamento de Atención al Cliente llamando al 800-762-2974 desde Estados Unidos; al 317-572-3993 desde el exterior o al fax 317-572-4002.

Para soporte técnico, por favor visite www.wiley.com/techsupport.

Wiley también publica sus libros en diversos formatos electrónicos. Es probable que ciertos contenidos que se incluyen en las impresiones no estén disponibles en los libros electrónicos.

Número de control de la Biblioteca del Congreso: 2008925777

ISBN: 978-0-470-37903-5

WILEY

Sobre el Autor

Bob LeVitus, más conocido como "Dr. Mac", ha escrito cerca de 50 populares libros de computación, incluyendo *Dr. Mac: The OS X Files (Dr. Mac: Los Archivos OS X)* y *GarageBand For Dummies (GarageBand Para Dummies)* con Wiley Publishing, Inc.; *Stupid Mac Tricks (Trucos Estúpidos para Mac)* y *Dr. Macintosh* con Addison-Wesley; así como *The Little iTunes Book (El Pequeño Libro de iTunes)*, 3a. edición y *The Little iDVD Book (El Pequeño Libro de iDVD)*, 2a. edición con Peachpit Press. Sus libros han vendido más de un millón de copias en todo el mundo.

Bob ha escrito la popular columna Dr. Mac en el *Chronicle* de Houston durante los últimos diez años y sus escritos han sido publicados en docenas de revistas de computación durante los últimos 15 años. Sus logros han sido documentados en las principales publicaciones alrededor del mundo. (¡Si, fue él quien salió haciendo malabarismos con un teclado en *USA Today* hace unos pocos años!)

Bob es reconocido por su experiencia, su sello humorístico en estilo y su habilidad para traducir jerga técnica a consejos útiles y divertidos para la gente normal. Bob es también un prolífico orador público, habiendo presentado más de 100 sesiones de capacitación en Macworld Expo en los EE. UU. y en otras partes del mundo, ha sido el ponente principal en tres países y ha dado seminarios de capacitación de Macintosh en muchas ciudades de los EE. UU. (También ganó el Campeonato Mundial de MacJeopardy de la Macworld Expo tres veces antes de entregar su corona).

Bob es considerado una de las principales autoridades mundiales en Mac OS. De 1989 a 1997, contribuyó como editor/columnista en la revista *MacUser* en la cual escribió en diversos períodos las columnas Help Folder (Carpeta de ayuda), Beating the System (Ganándole al sistema), Personal Best (Lo mejor de uno) y Game Room (Cuarto de juegos).

En su copioso tiempo libre, Bob comanda un equipo de consultores técnicos expertos quienes no hacen otra cosa que proveer ayuda técnica y capacitación a usuarios de Mac por teléfono, correo electrónico y nuestro singular software a control remoto habilitado por Internet, el cual permite al equipo ver y controlar su Mac sin importar dónde se encuentre usted en el mundo.

Si tiene problemas con su Mac, debería hacer una prueba con ellos. Los encuentra en www.boblevitus.com o al llamar al 408-627-7577.

Antes de dedicar su vida a las computadoras, LeVitus pasó varios años en Kresser/Craig/D.I.K. (una agencia de publicidad y consultoría en mercadeo en Los Ángeles) y su subsidiaria, L & J Research. Tiene un título de Licenciatura (B.S.) en Mercadeo de la Universidad Estatal de California.

Dedicatoria

Este libro está dedicado a mi esposa, Lisa, quien me enseñó casi todo lo que sé con excepción de las computadoras. Y a mis hijos, Allison y Jacob, quienes aman a las Mac casi tanto como yo los amo (a mis hijos, no a mis Mac).

Agradecimientos del Autor

Un especial agradecimiento a todos aquellos en Apple que me ayudaron a completar este libro en tiempo récord: Keri Walker, Janette Barrios, Greg (Joz) Joswiak y todos los demás. No lo podría haber logrado sin ustedes.

Gracias también a mi súper agente, Carole, alias "rápida por siempre" McClendon, por cerrar tratos más allá del deber, nuevamente. Has sido mi agente por más de 20 años y *todavía* eres un tesoro.

Enormes gracias a la pandilla de Wiley: Bob "¿Ya está terminada la bendita cosa?" Wocrner, Becky alias "Tronadora de látigos VII" Huehls, Andy alias "El gran jefe" Cummings, Barry alias "todavía sin apodo chistoso" Pruett y mi editor técnico, Dennis R. Cohen quien hizo un trabajo estupendo como siempre y a todos los demás.

Gracias también a mi familia y amigos por haberme soportado durante mis demasiado largas ausencias durante la gestación del libro. Y gracias a Saccone's Pizza, Home Slice Pizza, The Iron Works BBQ, Taco Cabana, Diet Coke, y ShortStop por el sustento.

Y finalmente, gracias a usted, amable lector, por haber comprado este libro.

Agradecimientos del editor

Estamos orgullosos de este libro. Por favor envíenos sus comentarios a través del formulario de registro que se encuentra en www.dummies.com/register/.

Entre las personas que ayudaron a llevar este libro al mercado se incluyen:

Adquisiciones, Editorial y Desarrollo de medios

Editor del proyecto: Rebecca Huehls

Editor senior de adquisiciones: Bob Woerner

Editor de copiado: Virginia Sanders

Editor técnico: Dennis Cohen

Gerente de la editorial: Kevin Kirschner

Desarrollo de medios y Aseguramiento de calidad: Angela Denny, Kate Jenkins, Steven Kudirka, Kit Malone

Coordinador de desarrollo de medios: Jenny Swisher

Supervisora del proyecto de medios: Laura Moss-Hollister

Asistente de la editorial: Amanda Foxworth

Asistente senior de la editorial: Cherie Case

Caricaturas: Rich Tennant (www.the5thwave.com)

Servicios de composición

Coordinador del proyecto: Kristie Rees

Diseño y gráficas: Claudia Bell, Stephanie D. Jumper

Revisora: Broccoli Information Management, Caitie Kelly, Susan Moritz

Indexador: Broccoli Information Management

Publicación y editorial para Dummies de Tecnología

Richard Swadley, Vicepresidente y editor ejecutivo del grupo

Andy Cummings, Vicepresidente y editor

Mary Bednarek, Directora ejecutiva de adquisiciones

Mary C. Corder, Directora de la editorial

Publicación para Dummies de Consumo

Diane Graves Steele, Vicepresidente y editor

Joyce Pepple, Directora de adquisiciones

Servicios de composición

Gerry Fahey, Vicepresidente de servicios de producción

Debbie Stailey, Directora de servicios de composición

Un Vistazo al Contenido

Tabla de Materias

Introducción

· ·

Usted eligió correctamente dos veces: El sistema operativo X Leopard de Mac y este libro.

Respire profundo y prepárese para disfrutar de un buen rato. Así es. Este es un libro de computación, pero va a ser divertido. ¡Qué concepto! Ya sea que usted sea totalmente nuevo en el ambiente Mac o un veterano de muchas batallas, le garantizo que descubrir el sistema operativo X Leopard de Mac por dentro y por fuera será muy divertido y sencillo. ¡Wiley, Inc. (la casa editorial de este libro) no lo podría haber indicado en la portada si no fuera verdad!

Acerca de Este Libro

Las raíces de este libro se remontan a mi *bestseller* Internacional *Macintosh System 7.5 For Dummies (Sistema Macintosh 7.5 Para Dummies),* un galardonado libro tan bueno que el ahora desaparecido clonador de Mac, Power Computing, regalaba una copia con cada clon de Mac que vendía. *Mac OS X Leopard For Dummies (Sistema Operativo X Leopard Para Dummies)* constituye la última revisión y ha sido, una vez más, completamente actualizado para incluir todas las excelentes nuevas características que se encuentran en el sistema operativo X Leopard de Mac. En otras palabras, esta edición combina todo de las anteriores características de las ediciones con aquellas con las que ya está familiarizado — pero, de nuevo, está ampliado y actualizado para reflejar la mejor y más reciente oferta de Apple.

¿Por qué escribir un libro *Para Dummies* sobre Leopard? Bueno, Leopard es un sistema operativo de computadora personal que es un tanto complicado. Así que hice *Mac OS X Leopard For Dummies (Sistema Operativo X Leopard Para Dummies),* un libro no tan grande ni tan complicado que le muestra de lo que se trata Leopard sin que lo aburra hasta las lágrimas, lo confunda ni lo pinche con objetos cortantes.

De hecho, yo creo que usted se sentirá tan cómodo que querría titularlo *Mac OS X Leopard Without Discomfort (Sistema Operativo X Leopard sin Molestias),* pero los editores no me lo permitieron. Aparentemente, nosotros los autores de libros *Para Dummies* debemos seguir algunas reglas. Usar las palabras *Dummies* y *Mac OS X Leopard (Sistema Operativo X Leopard* de *Mac)* en el título de este libro son algunas de ellas.

Y hablando de *"dummies" (bobos)*, recuerde que es solamente una palabra. Yo no creo que usted sea bobo — ¡es exactamente lo opuesto! Mi segunda elección para el título de este libro era *Mac OS X Leopard For People Smart Enough to Know They Need Help with It (Sistema operativo X Leopard de Mac para gente lo suficientemente lista para saber que necesita ayuda con él),* pero ya se puede imaginar lo que Wiley pensaría de ello. ("¡Vamos, así está bien el nombre!" insistieron. "Además, es más corto de esta forma").

De cualquier manera, el libro está plagado de información y consejos. Explica todo lo que necesita saber sobre el Sistema operativo X de Mac en un lenguaje que usted puede entender — junto con consejos prácticos, trucos, técnicas e instrucciones paso a paso, todo servido en cantidades generosas.

Lo Que No Encontrará en Este Libro

Otra regla que nosotros los autores de *Para Dummies* debemos seguir es que nuestros libros no pueden exceder cierto número de páginas. (La brevedad es el alma del buen juicio . . . todo eso.) Así que deseaba poder incluir algunas cosas pero no cupieron. A pesar de que me siento confiado de que encontrará todo lo que necesita saber sobre el sistema operativo X Leopard de Mac en este libro, algunas cosas merecen ser investigadas, incluyendo éstas:

✔ **Información sobre algunas de las aplicaciones (programas) que vienen con el sistema operativo X Leopard de Mac**

Una instalación del sistema operativo X Leopard de Mac incluye más de 50 distintas aplicaciones, encontradas en su mayoría en la carpeta Applications (Aplicaciones) dentro de la carpeta Utilities (Utilidades). Me encantaría darle una explicación detallada de cada una, pero esto tomaría un libro mucho más grande, pesado y caro que éste.

Este libro es, ante todo, sobre cómo usar el sistema operativo X de Mac, por lo que incluyo información sobre las pocas aplicaciones incluidas que son esenciales para usar el sistema operativo X Leopard de Mac y me enfoco en ello — concretamente, iCal, Address Book (Libreta de direcciones), TextEdit (Editor de texto) y similares, así como utilidades importantes que podría necesitar saber cómo usarlas algún día.

Que conste que muchos libros cubren las aplicaciones que vienen con el sistema operativo X Leopard de Mac así como aplicaciones comúnmente incluidas con Leopard en una nueva Mac, tal como iLife. El que mi publicista sugirió que recomiende es *Mac OS X Leopard All-in-One Desk Reference For Dummies (Referencia de Escritorio Todo en Uno sobre el Sistema Operativo X Leopard de Mac Para Dummies),* escrito por Mark L. Chambers, el cual es (por pura coincidencia, por supuesto) también editado por Wiley.

✔ **Información acerca de Office de Microsoft, iLife, iWork, Photoshop de Adobe, Quicken y la mayoría de las aplicaciones de terceros**

Bien, si todos los complicados detalles de las aplicaciones incluidas (léase: *gratis*) para el sistema operativo X Leopard de Mac no caben aquí, creo que entenderá por qué ahondar en aplicaciones de terceros que cuestan dinero adicional estaba fuera de discusión.

✔ **Información acerca de programación para la Mac**

Este libro es sobre el *uso* del sistema operativo X Leopard de Mac, no sobre cómo escribir código para él. Decenas de libros cubren cómo programar para la Mac, la mayoría de los cuales son dos o tres veces del tamaño de este libro.

Que conste, Dennis Cohen, mi editor técnico, y su hermano Michael, escribieron un estupendo libro sobre Xcode 3, el ambiente de desarrollo incluido con el sistema operativo X Leopard de Mac. Se llama *The Xcode 3 Book (El Libro de Xcode 3)* y, por pura coincidencia, también es editado por (¿quién más?) Wiley.

Convenciones Usadas en Este Libro

Para captar lo mejor de este libro, necesita saber cómo hago las cosas y por qué. Aquí hay algunas convenciones que uso en este libro para hacerle la vida más fácil:

✔ Cuando quiero que abra una opción de un menú, escribo algo como "Escoja File (Archivo)⇨Open (Abrir)", lo que significa, "Despliegue el menú File (Archivo) y escoja el comando Open (Abrir)".

✔ Cosas que se supone que usted debe ingresar aparecen en negrilla, **así.**

✔ **Algunas veces toda la oración está en negrilla, como puede ver cuando presento una lista numerada de pasos. En estos casos, dejo sin negrillas lo que usted debe ingresar,** así.

✔ Direcciones Web, código de programación (del que no hay mucho en este libro) y cosas que aparecen en pantalla se muestran en un tipo de letra especial monofont, así.

✔ Para las combinaciones de teclas, escribo algo como ⌘+A, lo cual significa mantener presionada la tecla cmd (la que tiene el pequeño rosquete [pretzel] o el símbolo en ella) y luego pulse la tecla A en el teclado. Si ve algo como ⌘+Shift (Mayúsculas)+A, significa mantener presionadas las teclas ⌘ y Shift (Mayúsculas) mientras pulsa la tecla A. De nuevo, para absoluta claridad, nunca me refiero a la tecla ⌘ con el símbolo . Reservo ese símbolo para el menú (menú Apple). Para la tecla Command (Comando), uso solamente el símbolo ⌘. ¿Lo captó? Excelente.

Suposiciones Tontas

A pesar de que conozco lo que sucede cuando se hacen suposiciones, he hecho algunas de cualquier manera. Primero, supongo que usted, amable lector, no sabe nada sobre el uso del sistema operativo X de Mac — más allá de saber lo que una Mac es, que usted desea usar el sistema operativo X, que usted desea comprender el sistema operativo X sin tener que asimilar un incomprensible manual técnico y que usted tomó la decisión correcta al seleccionar este libro en particular.

Por lo tanto, hago mi mejor esfuerzo en explicar cada nuevo concepto completamente y en cordial detalle. Tal vez es una tontería, pero . . . bueno.

¡Ah! Y también supongo que sabe leer. Si no sabe, ignore este párrafo.

Cómo Está Organizado Este Libro

Mac OS X Leopard For Dummies (Sistema Operativo X Leopard Para Dummies) está dividido en seis partes lógicas, numeradas (¡esto sí es sorpresa!) del 1 al 6. No por mi culpa están numeradas usando estos antiguos números romanos, por lo que usted ve I–VI donde debería (en mi humilde opinión) ver números arábigos 1–6. Supongo que debe ser otra regla que los autores de *Para Dummies* deben seguir.

De cualquier manera, es mejor si lee las partes en orden, pero si usted ya sabe mucho — o cree que sabe mucho — siéntase libre de omitir algunas y leer solamente las partes que más le interesan.

Parte I: Presentar el Sistema Operativo X Leopard de Mac: Lo Básico: Esta primera parte es de entrenamiento muy, muy básico. Del ratón al Desktop (Escritorio), de menús, ventanas e íconos hasta el elegante pero útil Dock (Acoplador), está todo aquí. En esta parte se puede encontrar mucho de lo que necesita saber para navegar en las profundidades del sistema operativo X de Mac de forma sana y salva, así como para ejecutar tareas básicas. Y a pesar de que los de la vieja guardia podrían querer sólo repasar a la ligera esta parte, los novatos deben probablemente leer cada palabra. Dos veces.

Parte II: Domar al Leopard (U "Organización para Gente Inteligente"): En esta parte, aprovecho lo básico de la Parte I y realmente le acelero los resultados con su Mac. Aquí, abarco temas adicionales que todo usuario de Mac necesita saber, asociado con instrucciones prácticas paso a paso. La parte empieza al examinar de cerca las formas en que puede organizar sus archivos y carpetas, seguido de un capítulo sobre el uso de medios extraíbles (lo que significa *discos que se pueden expulsar* — más que todo, CD y DVD). Por último, pero no menos importante, hay un capítulo sobre todas las aplicaciones de Leopard (tales como iCal, Address Book [Libreta de direcciones] y Mail [Correo]) que le ayudan a mantener organizada su vida digital.

Parte III: Cómo Hacer las Cosas con Leopard: Realizar las Tareas: Esta parte está abarrotada de maneras para hacer cosas productivas con su Mac. En esta sección, usted primero descubrirá Internet — cómo hacerlo funcionar en su Mac y qué hacer después. Seguidamente, usted verá el lado digital de las cosas con capítulos sobre música, vídeo, juegos y fotos digitales. Finalmente, usted verá las herramientas incorporadas de Leopard para escritura — concretamente, TextEdit (Editor de texto) y tipos (de letra).

Parte IV: Adueñarse por Completo de Este Leopard: Aquí, entro al grano en los detalles de cómo hacer que el sistema operativo X Leopard de Mac funcione en la forma en que desea que funcione. Empiezo con los detalles de impresión bajo el sistema operativo X. Luego me traslado a temas un tanto más avanzados, tales como compartir archivos, crear y usar varios usuarios (y por qué quería hacer eso) y lo más esencial de numerosas características del sistema operativo X Leopard de Mac — Text to Speech (Texto para Voz), reconocimiento de voz, automatización y más — que pueden hacer aún más placentera su experiencia con la computadora.

Parte V: El Cuidado y la Nutrición de Su Leopard: Esta parte empieza por un capítulo sobre copias de seguridad y protección, el cual no sólo hace énfasis en la importancia de hacer copias de seguridad de sus datos sino también le muestra cómo hacerlo sin casi ningún esfuerzo. Luego le presento un puñado de prácticas utilidades incluidas con Leopard y le explico cuándo y cómo usarlas. Finalmente, le cuento cómo evitar la mayoría de desastres así como qué hacer en el evento poco probable de que ocurra un percance considerable.

Parte VI: La Parte de los Diez: Finalmente, está la Parte de los diez, la cual pudo haber empezado en vivo como un timo de Letterman, aunque ésta sí incluye cúmulos de consejos prácticos, software opcional, magníficos sitios Web de Mac e ideas de hardware.

Apéndice: Por último, pero no menos importante, cubro la instalación del sistema operativo X de Mac en este apéndice. El proceso completo se ha vuelto muy sencillo con esta versión del software del sistema, pero si lo tiene que instalar usted mismo, le sería de mucha ayuda leer primero este útil apéndice.

Íconos Usados en Este Libro

Pequeñas imágenes redondas (íconos) aparecen a la izquierda del texto a través de este libro. Considere estos íconos como diminutos rótulos en la carretera que le indican algo más sobre el tema en cuestión. Ésta es la imagen de cada ícono y lo que todos significan.

Busque íconos Tip (Sugerencia) para encontrar las porciones más jugosas: Combinaciones de teclas, consejos prácticos y secretos no documentados acerca de Leopard. Pruébelos todos; ¡impresione a sus amigos!

Cuando vea este ícono significa que esta porción particular es algo que yo creo que debe memorizar (o que por lo menos lo apunte en el puño de su camisa).

Póngase su porta-utensilios de bolsillo y su gorra de hélice; ya que estas partes incluyen las cosas verdaderamente técnicas. Ciertamente no es lectura obligada, pero debe ser interesante o informativa; de lo contrario, no lo hubiera hecho perder su tiempo con ella.

Lea estas notas con mucho, mucho, mucho cuidado. (¿Mencioné *mucho?*) Los íconos Warning (Advertencia) señalan información importante. El autor y el editor no se hacen responsables si su Mac explota o lanza partes en llamas debido a que usted ignoró el ícono Warning (Advertencia). Es broma. Las Mac no explotan ni escupen (con la excepción de unas pocas PowerBook 5300, en las que de todos modos no corre Leopard). ¿Pero me puso atención, no? Se lo diré una vez más: Es una buena idea leer las notas de Warning (Advertencia) con mucho cuidado.

Estos íconos representan mi crítica o mi elogio acerca de algo que me molesta o me hace sonreír. Cuando critico, piense en mí con espuma saliendo por mi boca. Las críticas son necesarias para ser irreverente, irrelevante o ambas cosas. Trato de ser breve, más por su beneficio que por el mío.

Bueno, ahora, ¿de que podría tratarse este ícono? Bautizado así en honor del famoso consultor de los publicistas, el Sr. Obvio, este ícono resalta todo lo nuevo y diferente en el sistema operativo X Leopard de Mac.

Cómo Comenzar

Póngase cómodo (preferiblemente, no lejos de una Mac) y lea el libro.

Los primeros capítulos de este libro son lo que yo describo como los aspectos básicos de todos los días que usted necesita entender para operar su Mac de forma eficiente. Si es nuevo en Mac y en el sistema operativo X Leopard, empiece aquí.

A pesar de que el sistema operativo X Leopard de Mac es muy diferente de los sistemas operativos anteriores de Mac, la primera parte de este libro es tan básica que si ha estado usando una Mac por un buen tiempo, podría pensar que lo sabe todo — y podría saber la mayor parte. ¡Pero, escuche! Los que no tienen mucho tiempo, necesitan un fundamento sólido. Así que mi consejo es: Ignore los aspectos que ya sabe; llegará a la mejor parte con más rapidez.

No escribí este libro para mí mismo. Lo escribí para usted y me encantaría saber cómo le funcionó. Así que escríbame unas líneas o registre sus comentarios a través del Wiley Online Registration Form (Formulario de registro en línea de Wiley) localizado en www.dummies.com.

Puede enviar correo postal a través de Wiley o enviarme directamente un mensaje por correo electrónico a Leopard4Dummies@boblevitus.com. Aprecio su retroalimentación e *intento* responder a todos los razonablemente amables mensajes por correo electrónico en unos pocos días.

¿Le funcionó el libro? ¿Qué le gustó? ¿Qué no le gustó? ¿Qué preguntas no fueron respondidas? ¿Quiso saber más sobre algo? ¿Quiso averiguar menos sobre algo? ¡Cuénteme! He recibido más de 100 sugerencias sobre ediciones anteriores, la mayoría de las cuales están incorporadas aquí. Así que ¡adelante con el buen trabajo!

Así que ¿Qué está esperando? ¡Vaya a — disfrutar el libro!

Parte I

Presentar el Sistema Operativo X Leopard de Mac: Lo Básico

The 5th Wave   Por Rich Tennant

"Miró tu computadora portátil y quiere saber si puede darle un vistazo a la nueva característica del sistema operativo X."

En esta parte . . .

El sistema operativo X Leopard de Mac ostenta una gran cantidad de utilidades y características nuevas. Me dedico con alguna anticipación a cubrir las nuevas utilidades, pero lo usual es gatear primero y caminar después.

En esta parte usted descubrirá lo más básico de lo básico, tal como la forma de encender su Mac. Luego lo pondré al tanto del Desktop (Escritorio) del sistema operativo X de Mac, con sus ventanas, íconos y menús (¡Dios mío!). Seguidamente, usted conocerá cómo hacer suyo este gato al personalizar su ambiente de trabajo de acuerdo con su propio estilo. Después usted tendrá una cita con el Dock (Acoplador). Y por último, pero no menos importante, usted descubrirá algunas tareas básicas que le harán la vida con Leopard mucho más fácil que nunca.

Así que póngase cómodo, enróllese las mangas, prenda su Mac si así lo desea y quédese con la Parte I, una pequeña y muy agradable sección de la que me gusta pensar como "la manera sin complicaciones de empezar con el sistema operativo X Leopard de Mac".

Capítulo 1

Sistema Operativo X Leopard 101 de Mac (Prerrequisitos: Ninguno)

. . . .

En Este Capítulo

▶ Comprender qué es y qué no es un sistema operativo

▶ Encender su Mac

▶ Familiarizarse con el proceso de arranque

▶ Apagar su Mac

▶ Evitar errores mayores en su Mac

▶ Seleccionar, hacer clic, arrastrar y otros usos de su ratón

▶ Obtener ayuda de su Mac

. . . .

*F*elicítese a usted mismo por haber elegido el sistema operativo X de Mac, que significa Macintosh Operating System X — que corresponde al número romano *diez,* no la letra *X* (en consecuencia, se pronuncia *diez,* no *equis*). Usted hizo realizar una jugada inteligente, porque su punteo fue mayor al que hubiera obtenido si sólo hubiera hecho una actualización del sistema operativo. El sistema operativo X Leopard de Mac incluye una amplia variedad de características nuevas o mejoradas para hacer que el uso de su Mac sea más fácil y docenas más que pueden ayudarle a hacer más trabajo en menos tiempo.

En este capítulo, comienzo desde el principio y hablo acerca del sistema operativo X de Mac en términos más que nada abstractos; luego, sigo explicando información importante que usted necesita conocer para poder utilizar con éxito el sistema operativo X Leopard de Mac.

Si ha estado utilizando el sistema operativo X de Mac durante algún tiempo, es posible que encuentre extremadamente familiar cierta información contenida en este capítulo; algunas de las funciones que describo no han cambiado a partir de versiones anteriores del sistema operativo X de Mac.

Sin embargo, si decide obviar este capítulo debido a que usted cree que ya tiene asimilado todo el material nuevo, le aseguro que se perderá de por lo menos un par de cosas que Apple no se ha molestado en contarle (como si leyera cada palabra del menú Help [Ayuda] del sistema operativo X de Mac, en cualquier caso, ¡es el único manual del usuario que Apple proporciona!).

¿Se siente atormentado? Pongamos manos a la obra.

Si va a actualizar Leopard a partir de una versión anterior del sistema operativo X de Mac, me siento obligado a mencionarle un peligro mayor que debe evitar: Un clic muy específico que no coloque bien, que se realice mientras esté instalando su nuevo sistema operativo, podría borrar cada uno de los archivos que tiene en su disco duro. El apéndice describe completa y detalladamente esta situación; además, contiene otra información importante sobre cómo instalar Leopard para que la actualización sea una experiencia más agradable.

Escarbar hasta la Médula del Sistema Operativo X

El sistema operativo (en inglés, el *OS* que aparece en *OS X de Mac*) es lo que hace de una Mac una Mac. Sin el mismo, su Mac es una pila de silicón y circuitos — y no más inteligente que un tostador.

"Entonces, ¿cuál es la función de un sistema operativo?", pregunta usted. Buena pregunta. La respuesta corta es que un *sistema operativo* controla las funciones básicas y las más importantes de su computadora. En el caso del sistema operativo X de Mac y su Mac, el sistema operativo

- controla la memoria
- controla la forma en que funcionan las ventanas, íconos y menús
- les da seguimiento a los archivos
- controla el sistema de redes
- realiza faenas domésticas (¡no son bromas!)

Otros tipos de software, como procesadores de textos y navegadores de la Web, dependen del sistema operativo para crear y mantener el ambiente en que ese software hace funcionar su magia. Por ejemplo, cuando redacta un memorando, el procesador de textos proporciona las herramientas para que usted escriba y dé formato a la información. En segundo plano, el sistema operativo es el motor del procesador de textos, al realizar funciones cruciales como las que se mencionan a continuación:

✔ Proporcionar el mecanismo para trazar y trasladar la ventana en pantalla en la cual usted redacta el memorando

✔ Dar seguimiento a un archivo cuando usted lo guarda

✔ Ayudar al procesador de textos a crear menús desplegables y diálogos con los que usted puede interactuar

✔ Comunicarse con otros programas

✔ Y mucho, mucho más (material que sólo le puede interesar a un adicto de las computadoras)

Así que, equipado con un poco de antecedentes en sistemas operativos, dé un vistazo a la siguiente sección antes de hacer cualquier otra cosa con su Mac.

La ventaja de Mac

La mayoría de las computadoras personales en el mundo utilizan Windows de Microsoft. Usted se encuentra entre los pocos afortunados que tienen una computadora con un sistema operativo que es intuitivo, fácil de utilizar y (¿me atrevo a decir?) divertido. Si no me cree, intente utilizar Windows por un día o dos. Inténtelo. Probablemente no sufrirá ningún daño permanente. De hecho, usted realmente empezará a agradecer lo bueno que es tenerla. Siéntase en la libertad de abrazar a su Mac. O déle un besito a la ranura de la unidad de disco — sólo tenga cuidado que su lengua no quede atorada en ella.

De la misma manera que alguien me dijo, "Afirmar que Macintosh es inferior a Windows debido a que la mayoría de las personas utilizan Windows es como decir que todos los otros restaurantes que sirven comida son inferiores a McDonald's".

Tal vez seamos una minoría, pero los usuarios de Mac tienen el mejor, el más estable y el más moderno sistema operativo de propósito general del mundo, y aquí le presento las razones: UNIX — en el cual se basa el sistema operativo X de Mac — es ampliamente considerado como el mejor sistema operativo de fuerza industrial en el mundo. Por ahora,

simplemente sepa que estar basado en UNIX significa que una Mac que ejecuta el sistema operativo X fallará con menos frecuencia que una Mac más antigua o una máquina con Windows, lo que significa menos tiempo improductivo. Además estar basado en UNIX también significa a la larga menos virus y software malicioso. Sin embargo, es posible que la ventaja más grande que tiene el sistema operativo X sea que cuando falla una aplicación, no provoca que falle toda su computadora y no tiene que inicializar de nuevo todo para seguir trabajando.

A propósito, con la llegada de las Mac activadas por Intel el año pasado, usted ahora tiene la capacidad de hacer funcionar Windows de forma original. Así es — ahora usted puede instalar y ejecutar Microsoft Windows en cualquier Mac que esté activada por un procesador Intel, según se describe en el Capítulo 16.

No permita que el material de UNIX le asuste. Se encuentra allí, si usted lo desea, pero si no es así o no le interesa (como a la mayoría de nosotros), raramente se dará cuenta que está allí. Todo lo que usted sabrá es que su Mac simplemente funciona y funciona sin fallar y fallar y fallar.

Una última cosa: Como lo mencioné en la introducción (sólo lo estoy repitiendo en caso de que usted no lea las instrucciones), el sistema operativo X Leopard de Mac viene con más de 50 aplicaciones. Y aunque me encantaría contarle todo sobre cada una de ellas, sólo tengo algunas hojas a mi disposición. Si necesita más información sobre los programas que yo no explico, permítame (de nuevo) recomendarle *Mac OS X Leopard All-in-One Desk Reference For Dummies (Referencia de Escritorio Todo en Uno sobre el Sistema Operativo X Leopard de Mac Para Dummies),* escrito por Mark L. Chambers, o bien, *iLife All-in-One Desk Reference For Dummies (Referencia de Escritorio Todo en Uno sobre iLife Para Dummies),* escrito por mis viejos amigos Tony Bove y Cheryl Rhodes (ambos de Wiley).

Una Red Segura para un Completo Principiante (O para Cualquier Usuario)

En las siguientes secciones, discuto el material que no cubre el manual que viene con su Mac — o que no cubre detalladamente. Si usted está utilizando Macintosh por primera vez, por favor, *por favor* lea cuidadosamente esta sección del libro — podría salvarle la vida. De acuerdo, de acuerdo; posiblemente he sido extremadamente dramático. Lo que quiero decir es que si lee esta sección, podría salvar a su *Mac.* Aun si usted es un usuario de Mac con experiencia, puede ser que de todos modos desee leer esta sección. Tiene buenas posibilidades de ver por lo menos algunas cosas que posiblemente haya olvidado y que pueden serle útiles.

Encender el asuntejo

Bien. Éste es el gran momento — ¡de encender su Mac! Quédese contemplándola por mucho tiempo y diga algo cursi como "Eres la computadora más maravillosa que he conocido". Si esto no enciende su Mac (y probablemente no lo hará), siga leyendo.

Apple, en su infinita sabiduría, ha fabricado computadoras Mac con interruptores y botones de encendido en cada superficie imaginable: en la parte delantera, lateral y en la parte trasera de la computadora en sí, y hasta en el teclado o el monitor.

Por lo tanto, si no sabe cómo encender su Mac, no se sienta mal —
simplemente vea el manual o folleto que viene junto con su Mac. Por lo
menos es algo que la documentación *siempre* menciona.

 Actualmente, la mayoría de computadoras Mac tienen un botón de encendido
en el teclado. Usualmente se ve como un pequeño círculo que se observa en
el margen.

 No se moleste en seleccionar Help (Ayuda)⇨Mac Help (Ayuda de Mac), que
abre el programa Help Viewer (Proyector de ayuda), debido a que éste no
puede indicarle en dónde se encuentra el interruptor. Aunque el programa
Help (Ayuda) es bueno para resolver muchas cosas, la ubicación del interruptor de energía no se encuentra entre éstas. Ciertamente, si no ha encontrado
el interruptor y no ha encendido la Mac, de todas formas no podrá acceder a
Help (Ayuda). (¡Qué tonto!)

Lo que debe observar en el arranque

Cuando finalmente enciende su Macintosh, usted pone en movimiento una
serie de eventos sofisticados y complejos que culmina en la carga del sistema
operativo X de Mac y la apariencia del Desk (Escritorio) del sistema
operativo X de Mac. Después de algunos chirridos, sonidos y luces (lo que
significa que el sistema operativo se está cargando), el sistema operativo X
prueba de primero todo su hardware — ranuras, puertos, discos, memoria de
acceso aleatorio (RAM) y así sucesivamente. Si todo resulta bien, escuchará
un agradable tono musical y verá un artístico logotipo gris de Apple en medio
de su pantalla, junto con un pequeño cursor giratorio en alguna parte de la
pantalla. Ambos se muestran en la Figura 1-1.

Figura 1-1:
Esto es lo
que usted
observa
cuando
arranca el
sistema
operativo X
de Mac.

Aquí aparecen las cosas que podrían ocurrir cuando encienda su Mac:

✔ **Todo está bien y con buen aspecto:** Luego, puede ser que usted vea o no la pantalla de acceso del sistema operativo X de Mac, en donde usted ingresa su nombre y su contraseña. Si la ve, pulse Return (Retorno) o Enter (Intro) (por supuesto, después de que ingrese su nombre y contraseña) y continúe.

Si no desea tener que ingresar su nombre y contraseña cada vez que inicia o reinicia su Mac (o aunque usted lo haga), revise el Capítulo 17 para obtener información exclusiva sobre cómo encender o apagar la pantalla de acceso.

De cualquier forma, pronto el Desk (Escritorio) se hace presente ante sus ojos. Si usted no ha personalizado, configurado o arreglado su Desk (Escritorio), éste debe verse muy similar a la Figura 1-2. Ahora es un buen momento para tomarse un tiempo y pensar positivamente en la persona que le convenció a usted de querer adquirir una Mac. ¡Esa persona tenía razón!

✔ **Mac triste:** Si algo de su hardware fallara cuando se prueba, puede ser que vea una pantalla negra o gris que muestre o no el pavoroso ícono Sad Mac (Mac triste) (que se muestra en el margen izquierdo) o que escuche un desagradable acorde musical (en la nota de fa menor, creo), conocida por los Mac aficionados como *Campanadas del fin del mundo.*

Algunas Mac anteriores reproducían el sonido de una horrible colisión de automóvil, en lugar de las campanadas, complementada por un chirrido de neumáticos y el ruido de los vidrios al explotar. Crispaba los nervios, lo que pudo ser el motivo para que Apple no lo utilizara más.

Figura 1-2: El Desk (Escritorio) del sistema operativo X de Mac luego de una instalación totalmente nueva del sistema operativo X.

El hecho de que algo salió mal no es el reflejo de su destreza como usuario de Macintosh. Algo dentro de su Mac se rompió y probablemente necesite repararse. Si algo de esto ya le ha sucedido, examine el Capítulo 19 para intentar que su Mac regrese a la normalidad.

Si su computadora está bajo garantía, marque 1-800-SOS-APPL y la persona de servicio al cliente puede decirle qué hacer. Sin embargo, antes de hacer cualquier cosa, trasládese al Capítulo 19. Es muy posible que una de las sugerencias que encuentre allí logre que pueda seguir trabajando sin tener que perder nada de tiempo.

✔ **Señal de prohibición (anteriormente conocido como el disco de signo de interrogación intermitente):** Aunque es casi imposible que vea alguna vez la Mac triste, la mayoría de usuarios eventualmente encuentran la señal de prohibición que se muestra en el margen izquierdo (que reemplazó al ícono del disco con un signo de interrogación intermitente y al ícono de carpeta intermitente que regresó con el sistema operativo X Jaguar de Mac). Este ícono significa que su Mac no puede encontrar un disco de arranque, disco duro, servidor de red o un CD-ROM que contenga un sistema operativo válido de Macintosh. Consulte el Capítulo 19 para tener acceso a formas que pueda intentar para aliviar los males de su Mac.

✔ **Pánico del kernel:** No debería ver esto muy frecuentemente, pero puede ser que ocasionalmente observe un bloque de texto en cuatro idiomas, incluyendo inglés. Esto significa que su Mac ha experimentado un *pánico del kernel,* el tipo más severo de falla del sistema. Consulte el Capítulo 19 para obtener numerosas soluciones para todos los tipos de males, incluyendo éste.

¿Cómo sabe qué versión del sistema operativo de Mac tiene su computadora? Sencillo. Simplemente seleccione About This Mac (Acerca de esta Mac) de su menú (el menú con el símbolo en la esquina superior izquierda de la barra del menú). La ventana About This Mac (Acerca de esta Mac) emerge en su pantalla, como se muestra en la Figura 1-3. La versión que usted está ejecutando aparece justo debajo de *Mac OS X* (sistema operativo X de Mac) en el centro de la ventana. Haga clic en el botón More Info (Más información) para lanzar la aplicación System Profiler (Perfil del sistema), que tiene mucho más información, incluyendo la velocidad de la barra de bus, cantidad de procesadores, memorias caché, memoria instalada, sistema de redes, dispositivos de almacenamiento y mucho más. Puede encontrar más información sobre este útil programa en el Capítulo 18.

Apagar su computadora de forma adecuada

Desactivar la energía sin apagar su Mac de forma adecuada es una de las peores cosas que usted puede hacerle a su pobre Mac. Apagar su Mac de forma inadecuada puede realmente arruinar su disco duro, revolver el contenido de sus archivos más importantes o ambos.

Si hay una tormenta eléctrica cerca o si tiene la terrible mala suerte de sufrir de constantes apagones en el lugar donde reside, puede ser que usted *realmente* desee apagar su Mac. (Consulte la sección siguiente, en donde se discute brevemente una tormenta eléctrica y su Mac).

Para apagar su Mac, siempre utilice el comando Shut Down (Apagar) en el menú (que discuto en el Capítulo 4) o apague la máquina con una de estas formas sencillas y suaves:

- ✔ Presione la tecla Power (Energía) una vez y luego haga clic en el botón Shut Down (Apagar).

- ✔ En teclados que no cuentan con una tecla Power (Energía), pulse Control+Eject (Expulsar) en lugar de ello y luego haga clic en el botón Shut Down (Apagar) que aparece (o pulse la tecla Return [Retorno], que realiza la misma función).

La leyenda del arranque

Arranque esto. *Arranque* aquello. "Yo *arranqué* mi Mac y. . . ." o "*¿arrancó ella*?" y así sucesivamente. Hablar sobre computadoras durante tanto tiempo sin haber escuchado la palabra *arranque* es casi imposible.

Pero ¿por qué *arranque (*en inglés, *boot*, homónimo de 'bota'? ¿Por qué no *zapato* o *camisa* o hasta *abracadabra?*

Al remontarse al pasado — tal vez en la década de los 60 o un poco antes — iniciar una computadora requería que usted sostuviera pequeños interruptores manuales en el panel delantero, que iniciaban un proceso interno que cargaban el sistema operativo. El proceso se llegó a conocer como *bootstrapping (arranque hecho por uno mismo)* porque si usted sostenía los interruptores correctos, la computadora "se halaría ella misma por las correas de sus botas". Esta frase no tomó mucho tiempo en transformarse en *booting (arrancar)* y finalmente a *boot (arranque).*

Con el pasar de los años, *booting (arrancar)* ha llegado a significar encender casi cualquier computadora o aun un dispositivo periférico, como una impresora. Algunas personas también lo utilizan para referirse al lanzamiento de una aplicación: "Yo arranqué Excel".

Así que la próxima vez que uno de sus amigos, digamos experto en la materia, mencione la palabra *boot* (arranque), pregúntele si sabe de dónde viene el término. ¡Entonces deslúmbrelo con la profundidad y amplitud de su (no necesariamente útil) conocimiento!

Por supuesto, la mayoría de usuarios de Mac han roto esta norma varias veces sin que nada terrible les sucediera — sin embargo, no se adormezca en un falso sentido de seguridad. Rompa las normas sólo una vez más de lo debido (o bajo las circunstancias equivocadas) y se *quemará* su archivo más importante. La única vez que debería apagar su Mac sin apagar su sistema de forma adecuada es cuando se congele su pantalla o cuando falle su sistema y que usted haya intentado ya todo lo demás. (Consulte el Capítulo 19 para conocer qué es "todo lo demás"). Una falla radical no sucede muy frecuentemente — y menos a menudo que antes bajo el sistema operativo X — pero cuando suceda, apagar su Mac y luego encenderla podría ser la única solución.

Ciertas cosas que definitivamente NO debe hacer con su Mac

En esta sección, discuto las cuestiones malas que pueden ocurrirle a su computadora, si hace cosas incorrectas con la misma. Si algo malo ya le ha sucedido a usted — Ya sé . . . Empiezo a sonar como un disco rayado — consulte el Capítulo 19.

✔ **No desenchufe su Mac cuando esté encendida.** Pueden ocurrir cosas muy malas, como ocasionar que falle su sistema operativo. Consulte la sección anterior, en donde discuto cómo apagar su sistema de manera adecuada.

✔ **No utilice su Mac cuando haya una tormenta eléctrica cerca.** A continuación, le presento una simple ecuación ordinaria: Mac + tormenta eléctrica = Mac muerta. ¡Ah! Y no confíe demasiado en protectores baratos de sobretensión. Una buena sacudida de una tormenta eléctrica quemará el protector de sobretensión de un solo junto con su computadora — y posiblemente también quemará su módem, impresora y cualquier otra cosa que esté conectada a la misma. Algunos protectores de sobretensión pueden soportar la mayoría de choques de una tormenta eléctrica, pero estos guerreros no son la cosa más barata que usted pueda comprar con su distribuidor local de computadoras. Desconectar su Mac de la pared durante tormentas eléctricas es más seguro y más barato. (No olvide desenchufar su módem externo, concentradores de la red, impresoras, así como cualquier otro hardware que esté conectado a la pared — la tormenta eléctrica puede quemarlos también).

✔ **No empuje, golpee, agite, patee, tire, escurra ni le dé puntapiés a su Mac, especialmente mientras esté ejecutándose.** Su Mac contiene un disco duro que gira a 4200 revoluciones por minuto (rpm) o más. Una sacudida a un disco duro mientras está leyendo o escribiendo un archivo puede ocasionar que la cabeza choque con el disco, lo que puede dar como resultado que muchos o todos los archivos ya no puedan recuperarse. ¡Duele!

✔ **¡No olvide hacer una copia de seguridad de su información!** Si lo que tiene en su disco duro tiene algún valor para usted, debe hacer una copia de seguridad del mismo. No lo dude. Debe hacerlo. No importa si el archivo más importante para usted es el último juego que guardó de Call of Duty 2, aún así usted necesita darse cuenta de lo importante que es hacer una copia de seguridad de sus archivos. Afortunadamente, el sistema operativo X Leopard de Mac ofrece, por primera vez en la historia, una utilidad de copia de seguridad sensacional llamada Time Machine (Máquina del tiempo). Así que le suplico: ¡Por favor, lea el Capítulo 17 ahora y aprenda cómo hacer copias de seguridad antes de que algo terrible le suceda a su valiosa información!

De forma enfática le recomiendo que lea el Capítulo 17 lo antes posible — de preferencia antes de que realice algún trabajo significativo en su Mac. El Dr. Macintosh dice, "Sólo hay dos tipos de usuarios de Mac: los que nunca han perdido información y los que la perderán". ¿En qué tipo le gustaría estar?

✔ **No bese a su monitor mientras usa lápiz labial.** ¡Esto es por razones obvias! Utilice un paño suave o solución de limpieza de pantallas OmniCleanz (me encanta este producto, fabricado por RadTech; www.radtech.us) para limpiar su pantalla.

Eternamente suya . . . *ahora*

El sistema operativo X de Mac está diseñado para que nunca tenga que apagarlo. Usted puede configurarla para que entre en estado de reposo luego de un período específico de inactividad. (Consulte el Capítulo 16 para obtener mayor información sobre las funciones de ahorro de energía del sistema operativo X). Si lo hace de esta manera, su Mac consumirá muy poca electricidad cuando esté en estado de reposo y estará lista para ser utilizada pocos segundos después de que la haya activado (al presionar cualquier tecla o haciendo clic con el ratón). Por otro lado, si no va a estar utilizándola por algunos días, puede ser que quiera apagarla de cualquier manera.

Nota: Si constantemente deja desatendida su Mac y usted no está presente cuando llegue una tormenta eléctrica o sucede un apagón, su Mac podría echarse a perder. Así que asegúrese de que cuenta con una protección adecuada (digamos, un protector de sobretensión decente, diseñado especialmente para computadoras), si decide dejar su Mac encendida o sin atención por largos períodos de tiempo. Consulte la sección "Ciertas cosas que definitivamente NO debe hacer con su Mac, en otra parte de este capítulo, para obtener mayor información sobre una tormenta eléctrica y su Mac. Francamente, si tengo planeado estar lejos de mi máquina por más de un día, usualmente la apago, por si algo llegara a suceder. Sin embargo, debido a que el sistema operativo X está diseñado para funcionar veinticuatro horas al día los siete días de la semana, no la apago durante la noche a menos que no haya luz eléctrica y haya una tormenta.

Seleccionar y hacer clic en el campo de arranque

¿Es usted un novato en Mac? ¿Está empezando a entender cómo debe mover el ratón? Ahora es un buen momento para conocer temas fundamentales que necesita conocer de casi todo lo que va a estar haciendo en la Mac. Invierta algunos minutos en leer esta sección y pronto estará haciendo clic, haciendo doble clic, pulsando y seleccionando con el ratón en todos lados. Si usted piensa que ya tiene controlado todo el tema sobre el ratón, siéntase en la libertad de obviar esta sección. Voy a pillarlo por el otro lado.

¿Todavía me sigue? Bien. Ahora veamos un poco de terminología básica:

✔ **Point (Seleccionar):** Antes de que pueda hacer clic o pulsar algo, tiene que *seleccionarlo*. Coloque su mano sobre el ratón y muévalo para que la flecha del cursor esté sobre el objeto que usted desea — como la parte superior de un ícono o un botón. Luego haga clic en el botón del ratón para seleccionar el objeto o haga doble clic para ejecutarlo (si no es una aplicación o un ícono que inicia una aplicación). Seleccione y luego haga clic — *seleccione y haga clic,* en jerga de computación.

- **Click (Clic):** También denominado *un sólo clic*. Utilice su dedo índice para presionar totalmente el botón del ratón, y luego suéltelo para que el botón haga un notorio sonido de clic. (Si tiene uno de los nuevos ratones ópticos de Apple Pro, presione el aparato completo para hacer clic). Haga un sólo clic para resaltar un ícono, pulsar un botón o activar un cuadro o una ventana.

- **Double-click (Doble clic):** Hacer *clic dos veces* en sucesión rápida. Con un poco de práctica, puede perfeccionar esta técnica en poco tiempo. Haga doble clic para abrir una carpeta o activar un archivo o una aplicación.

- **Control+click (clic):** Sostenga la tecla Control mientras da un sólo clic. Control+clic es lo mismo que hacer clic con el botón derecho en un sistema Windows y muestra un menú (llamado *contextual menu [menú contextual]*) en donde usted pulsó Control+clic. De hecho, si tiene la bendición de tener un ratón con dos o más botones como el Mighty Mouse de Apple, puede hacer clic con el botón derecho para evitar tener que mantener presionada la tecla Control.

  Yo utilizo el Microsoft IntelliMouse Explorer 3.0 de cinco botones y realmente se lo recomiendo.

- **Drag (Arrastrar):** *Arrastrar* algo usualmente significa que usted primero tiene que hacer clic y mantener presionado el botón del ratón. Luego usted mueve el ratón en su escritorio o almohadilla para ratón para que el cursor o lo que usted seleccione se mueva a lo largo de la pantalla. La combinación de sostener el botón y arrastrar el ratón usualmente se conoce como *hacer clic y arrastrar*.

- **Seleccionar un ítem de un menú:** Para tener acceso a comandos de menú del sistema operativo X de Mac, primero debe abrir un menú y luego elegir la opción que usted desee. Seleccione el nombre del menú que desea con su cursor, pulse el botón del ratón y luego arrástrelo hacia abajo hasta que seleccione el comando que usted desee. Cuando el comando esté resaltado, termine la selección soltando el botón del ratón.

Si usted es un usuario de Mac con experiencia, probablemente mantenga presionado el botón del ratón todo el tiempo entre hacer clic sobre el nombre del menú y en seleccionar el comando que usted desea. Puede continuar haciéndolo, pero también puede hacer clic en el nombre del menú para abrirlo, soltar el botón del ratón, luego arrastrar hacia abajo hacia el ítem que desea seleccionar *y luego haga clic de nuevo*. En otras palabras, los menús del sistema operativo X se mantienen abiertos por algunos segundos después de que usted haga clic sobre los mismos, aun si no mantiene presionado el botón del ratón. Después que hace clic sobre un menú para abrirlo, puede también escribir la primera letra (o letras) del ítem para seleccionarlo y luego ejecutar ese ítem con la barra espaciadora o la tecla Return (Retorno) o Enter (Intro).

Vamos, inténtelo. . . Yo lo espero.

No Es Simplemente una Película de los Beatles: Ayuda y Menú Help (Ayuda)

Una de las mejores características de todas las Mac es la excelente ayuda incorporada y el sistema operativo de Mac no le engaña en este legado: Este sistema tiene abundante ayuda en línea. Cuando usted tiene una pregunta acerca de cómo hacer algo, el Centro de ayuda de Mac es el primer lugar que usted debería visitar (después de este libro, por supuesto).

Hacer clic en el menú Help (Ayuda) descubre el campo Search Help (Ayuda para buscar) en la parte superior del menú y el ítem Mac Help (Ayuda de Mac), que abre la ventana Mac Help (Ayuda de Mac), como se muestra en la Figura 1-4.

Figura 1-4:
Mac Help
(Ayuda de
Mac) no
es sino
favorable.

La combinación de teclas para Help (Ayuda) aparece en el menú Help (Ayuda) como ⌘+?, pero usted realmente necesita pulsar ⌘+Shift+? para abrir Help (Ayuda) a través del teclado. Tal como lo sabe, éste es el único caso en donde usted necesita presionar la tecla Shift (Mayúsculas) para hacer el trabajo de combinación de teclas; sin embargo, el menú en donde aparece la combinación de teclas no le indica realmente esto. Puede encontrar más información sobre combinación de teclas en el Capítulo 2.

Para utilizar Mac Help (Ayuda de Mac), simplemente escriba una palabra o frase en el campo de texto en la parte superior derecha y luego pulse la tecla Return (Retorno) o Enter (Intro). En pocos segundos, su Mac le proporciona uno o más artículos para leer, que (teóricamente) se relacionan con su pregunta. Usualmente, por ejemplo, si usted escribe **menus** (menús) y presiona Return (Retorno), usted obtiene 25 diferentes artículos de ayuda, como se muestra en la Figura 1-5.

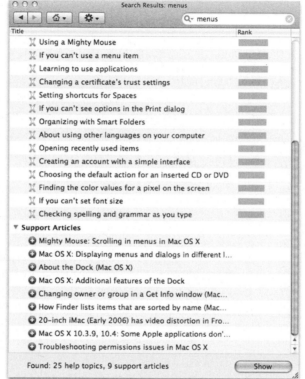

Figura 1-5:
¿Tiene alguna pregunta? Mac tiene las respuestas.

Ahora, a continuación le presento una nueva y divertida característica que me agrada llamar *Pistas automáticas de ayuda visual.* Así es como funcionan:

1. **Escriba una palabra o frase en el campo Search (Búsqueda) del menú Help (Ayuda).**

2. **Seleccione cualquier ítem que tenga un ícono de menú a su izquierda (como el ítem Secure Empty Trash [Asegurar que se vacíe la papelera] en la Figura 1-6).**

   Aparece la pista visual automática — una flecha —, al seleccionar ese comando en el menú apropiado.

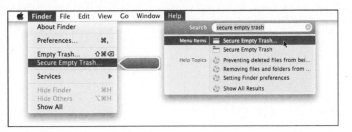

Aunque usted no tiene que estar conectado con Internet para utilizar Mac Help (Ayuda de Mac), sí necesita una conexión de Internet para obtener el máximo potencial de la misma. (El Capítulo 9 puede ayudarle a configurar una conexión de Internet, si no cuenta con una). Esto se debe a que el sistema operativo X instala sólo ciertos artículos de ayuda en su disco duro. Si usted realiza una pregunta que esos artículos no pueden responder, la ayuda de Mac se conecta con el sitio Web de Apple y descarga la respuesta (al asumir que usted cuenta con una conexión activa de Internet). Estas respuestas son el "resultado del soporte al producto", que se indica con un signo de suma y texto subrayado y que aparece en la parte inferior de la ventana en la Figura 1-5, al inicio de este capítulo. Haga clic en una y Help Viewer (Proyector de ayuda) recupera el texto a través de Internet. Aunque esto a veces puede ser un inconveniente, es también muy inteligente. De esta forma, Apple puede actualizar el sistema de ayuda en cualquier momento, sin requerir alguna acción de parte suya.

Adicionalmente, después de que usted haya formulado una pregunta y Mac Help (Ayuda de Mac) haya capturado la respuesta del sitio Web de Apple, la respuesta permanece en su disco duro para siempre. Si vuelve a hacer la misma pregunta (aunque sea en una fecha posterior), su computadora no tendrá que descargar de nuevo la respuesta del sitio Web de Apple.

Capítulo 2

El Escritorio, las Ventanas y los Menús (¡Santo Dios!)

*E*ste capítulo presenta características importantes del sistema operativo X de Mac, comenzando con lo primero que usted observa al iniciar sesión en — el Finder y su Desktop (Escritorio). Después de un vistazo alrededor del Desktop (Escritorio), usted examina dos de sus funciones más útiles: las ventanas y los menús.

Las ventanas son y siempre han sido parte integral del sistema de computación de Macintosh. Las ventanas en el Finder (algunas veces llamadas "en el Desktop [Escritorio]") le muestran los íconos del contenido del disco duro, unidad óptica, unidad flash (para pulgar), unidad de red, imagen del disco e íconos de carpetas; las ventanas en las aplicaciones hacen muchas cosas. El punto es que las ventanas forman parte de lo que hace que su Mac sea una Mac; conocer la forma en que éstas funcionan — y cómo utilizarlas — es esencial.

Los menús constituyen otra parte clásica de la experiencia de Macintosh. La última parte de este capítulo lo inicia en algunas cuestiones básicas sobre el menú. Según sea necesario, yo lo dirigiré a otras partes del libro para que obtenga mayores detalles.

Así que relájese y no se preocupe. Al final de este capítulo, estará listo para trabajar con ventanas y menús en cualquier aplicación que los utilice (y la mayoría de aplicaciones, sin incluir juegos, que lo hacen).

Realizar un Recorrido por el Finder y Su Escritorio

El Finder es el programa que genera el Desktop (Escritorio), les mantiene el rastro a sus archivos y carpetas y siempre se está ejecutando. Casi todo lo que usted realiza en su Mac empieza y finaliza con el Finder. Es el lugar en donde usted controla archivos, almacena documentos, lanza programas y mucho más. Si alguna vez espera dominar su Mac, el primer paso es dominar su Finder y su Desktop (Escritorio).

Examine el Finder y el Desktop (Escritorio) por omisión del sistema operativo X Leopard de Mac en la Figura 2-1.

El Finder es el centro de la experiencia con su sistema operativo Mac; así que antes de seguir, a continuación le proporciono una rápida descripción de sus funciones más prominentes:

✔ **Desktop (Escritorio):** El Desktop (Escritorio) es el área que se localiza detrás de las ventanas y el Dock (Acoplador), en donde (por lo regular) se localiza el ícono de su disco duro. El Desktop (Escritorio) no es una ventana; sin embargo, actúa como tal. Al igual que una ventana de carpetas o ventana de unidad, el Desktop (Escritorio) puede contener íconos. Pero, a diferencia de la mayoría de las ventanas, que requieren de un poco de navegación para llegar a ellas, el Desktop (Escritorio) es un excelente lugar para las cuestiones que usted utiliza frecuentemente, tal como carpetas, aplicaciones o documentos específicos.

Algunas personas utilizan los términos *Desktop (Escritorio)* y *Finder* indistintamente para referirse a todo el ambiente Macintosh que ve luego de iniciar sesión — los íconos, ventanas, menús y todas las demás curiosidades. Simplemente para crear una confusión, el fondo que usted observa en su pantalla — la imagen que está detrás del ícono de su disco duro y las ventanas abiertas — también se conocen como el Desktop (Escritorio). En este libro, me refiero a la aplicación que usted utiliza cuando el Desktop (Escritorio) se muestra como el *Finder.* Cuando digo *Desktop (Escritorio),* estoy hablando acerca de la imagen de fondo detrás de sus ventanas y Dock (Acoplador), que usted puede utilizar como un lugar de almacenamiento para íconos, si usted así lo desea.

✔ **Acoplador:** El Dock (Acoplador) es la herramienta principal abreviada de navegación del Finder. Éste facilita la llegada a íconos frecuentemente utilizados, aun cuando usted tenga una pantalla llena de ventanas. Al igual que el Desktop (Escritorio), el Dock (Acoplador) es un excelente lugar para las cuestiones que usted utiliza con mucha frecuencia, como carpetas, aplicaciones o documentos específicos. Además de poner los íconos que usted más utiliza en la punta de sus dedos, éste también puede personalizarse completamente; lea más acerca del mismo en el Capítulo 4.

✔ **Íconos:** Los íconos son pequeñas imágenes que usted observa en sus ventanas y hasta en su Desktop (Escritorio). La mayoría de los íconos contienen las cosas con las que usted trabaja en su Mac, tales como programas y documentos, que también se representan por — usted adivinó — íconos.

✔ **Ventanas:** Abrir la mayoría de íconos (haciendo doble clic sobre ellos) hace que aparezca una ventana. Las ventanas del Finder le muestran el contenido de los íconos de su disco duro y carpetas, y las ventanas de las aplicaciones usualmente le muestran el contenido de sus documentos. En las siguientes secciones, usted podrá encontrar la información completa en primicia sobre las ventanas de Leopard, que son muy diferentes a las ventanas de Mac en las versiones anteriores del sistema operativo.

✔ **Menús:** Los menús le permiten seleccionar cosas, como crear nuevas carpetas; duplicar archivos; cortar, copiar o pegar texto, etc. Más adelante en este capítulo, le presento la información básica sobre menús; usted encontrará detalles sobre cómo trabajar con menús para tareas específicas a lo largo de este libro.

Menú (Menu)   Ventana (Window)   Iconos (Icons)

Figura 2-1:
El Finder y el Desktop (Escritorio) por omisión del sistema operativo X de Mac.

Escritorio (Desktop)   Acoplador (Dock)

Aunque esta sección ofrece una introducción básica al Finder y al Desktop (Escritorio), el Capítulo 5 explica detalladamente cómo navegar y controlar sus archivos en el Finder. Aprenderá cómo utilizar la barra de herramientas del Finder, navegar a través de carpetas y subcarpetas y cómo cambiarse entre listados, entre otras cosas. Sin embargo, antes de que empiece a utilizar el Finder, esta sección le ayudará a conocer la información básica sobre cómo trabajar con ventanas y menús; si estas funciones de Mac son nuevas para usted, le sugiero que lea todo este capítulo y presente especial atención al Capítulo 5, que aparece más adelante.

Anatomía de una Ventana

Las ventanas constituyen una parte habitual cuando se utiliza una Mac. Cuando abre una carpeta, usted observa una ventana. Cuando usted escribe una carta, el documento en el que está trabajando aparece en una ventana. Cuando navega en Internet, las páginas web aparecen en una ventana . . . y así sucesivamente.

Para casi todo, las ventanas son ventanas de un programa a otro. Probablemente notará que algunos programas (Photoshop de Adobe o Word de Microsoft, por ejemplo) se toman libertades con las ventanas al agregarles características (tales como los menús emergentes) o información textual (como el porcentaje de acercamiento o tamaño del archivo) en el área de la barra de desplazamiento de la ventana de un documento.

Que esto no le moleste; esa cuestión adicional son sólo adornos de la ventana (con intención de ser un juego de palabras). Al mantener la metáfora de la ventana, muchas ventanas de información muestran diferentes tipos de información en diferentes *paneles* o secciones discretas.

Así, sin más que agregar, la siguiente lista le permite ver las funciones principales de una ventana típica del Finder (como se muestra en la Figura 2-2). Yo discuto estas características en mayor detalle en secciones posteriores a este capítulo.

Si sus ventanas no se ven exactamente como la que se muestra en la Figura 2-2, no se preocupe. Usted puede hacer que sus ventanas se vean y perciban de la forma que le agraden. Como lo explico más adelante en esta sección, trasladar y ajustar de tamaño las ventanas son tareas sencillas. El Capítulo 3 explica cómo personalizar la forma en que ciertas características de las ventanas se ven y perciben. El Capítulo 5 se enfoca en maneras en que usted puede cambiar la vista de una ventana, específicamente cuando usted está utilizando el Finder.

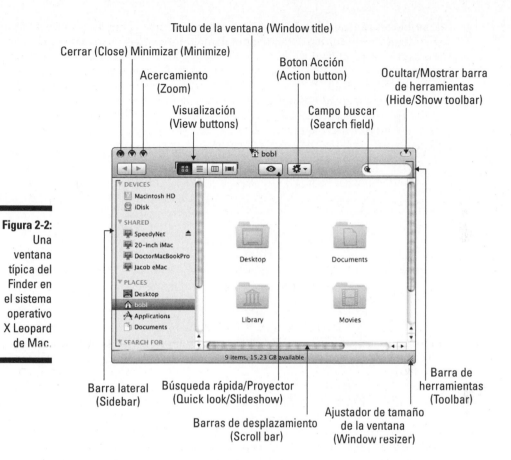

Titulo de la ventana (Window title)

Cerrar (Close) Minimizar (Minimize)

Acercamiento (Zoom)

Boton Acción (Action button)

Ocultar/Mostrar barra de herramientas (Hide/Show toolbar)

Visualización (View buttons)

Campo buscar (Search field)

Figura 2-2: Una ventana típica del Finder en el sistema operativo X Leopard de Mac.

Barra lateral (Sidebar)

Búsqueda rápida/Proyector (Quick look/Slideshow)

Barra de herramientas (Toolbar)

Barras de desplazamiento (Scroll bar)

Ajustador de tamaño de la ventana (Window resizer)

Mientras tanto, aquí aparece lo que usted observa (hacia la derecha, desde la parte superior izquierda):

- **Botones (con aspecto de gomita) Close (Cerrar), Minimize (Minimizar) y Zoom (Acercamiento):** Presiónelos, minimícelos y colóquelos en el Dock (Acoplador) y agrándelos.

- **Botones View (Visualización):** Seleccione entre cuatro emocionantes visualizaciones de su ventana: icon (ícono), list (lista), column (columna) y cover flow (flujo de portadas). Encuentre más información sobre listados en el Capítulo 5.

- **Botón Quick Look/Slideshow (Búsqueda rápida/Proyector):** Le permite un rápido vistazo al contenido del ítem seleccionado. Si selecciona más de un ítem, éste le permite un rápido vistazo a uno de los ítems y al siguiente, así como a los botones anteriores para que pueda ver los otros en estilo de proyector.

- **Botón Action (Acción):** Este botón realmente es un menú de comandos emergente que usted puede aplicar a ítems actualmente seleccionados en la ventana Finder.

- **Título de la ventana:** Muestra el nombre de la ventana.

- **Campo Search (Buscar):** Ingrese una secuencia de caracteres aquí, y el sistema operativo X Leopard de Mac ingresa a su sistema para buscar los ítems que coinciden.

- **Botón Hide/Show Toolbar (Ocultar/Mostrar barra de herramientas):** Hace que su computadora se derrita en una poza de chatarra de silicio derretido. ¡Es broma! Este botón realmente hace lo que su nombre implica — oculta o muestra la barra de herramientas (y la barra lateral) de una ventana.

- **Toolbar (Barra de herramientas):** Los botones para comandos y acciones que se utilizan frecuentemente se localizan aquí.

- **Window resizer (Ajustador de tamaño de la ventana):** Haga clic y arrastre aquí para cambiar de tamaño la ventana.

- **Scroll bars (Barras de desplazamiento):** Utilice las barras de desplazamiento para movilizarse dentro del panel de una ventana.

- **Sidebar (Barra lateral):** Los ítems que se utilizan frecuentemente se localizan aquí.

- **Botones Forward (Adelante) y Back (Atrás):** Estos botones le llevan a la siguiente o anterior carpeta que se muestra en esta ventana específica.

Si usted está familiarizado con exploradores Web, los botones Forward (Adelante) y Back (Atrás) en el Finder funcionan exactamente de la misma manera. La primera vez que abre una ventana, ninguno de los botones se encuentra activo. Sin embargo, a medida que usted navega de carpeta en carpeta, estos botones le recuerdan su rastro de migajas para que usted se pueda atravesar rápidamente hacia adelante o hacia atrás, ventana por ventana. Incluso puede navegar de esta forma desde el teclado utilizando las combinaciones de teclas ⌘+[para Back (Atrás) y ⌘+] para Forward (Adelante).

Los botones Forward (Adelante) y Back (Atrás) consideran únicamente las carpetas que usted ha visitado que aparecen en _esa_ ventana abierta. Si usted ha establecido una Finder Preference (Preferencia del Finder) para que una carpeta siempre se abra en una nueva ventana — o si usted forzó una carpeta para que se abriera en una nueva ventana, la cual describo en breve — no funcionarán los botones Forward (Adelante) y Back (Atrás). Tendrá que utilizar la moderna opción de estilo de ventana del sistema operativo OS X, que utiliza una sola ventana; de lo contrario, los botones no tendrán ninguna utilidad.

Esto me congela. Si usted esconde la barra de herramientas, la barra de lateral también se esconderá, le guste o no. Por el contrario, si desea ver la barra de herramientas, no tiene otra opción que ver también la barra lateral. Por lo tanto, si desea ocultar la barra de herramientas y ver la barra lateral o viceversa, no tendrá mucha suerte con esto. Si tuviera libertad de elección, yo ocultaría la barra de herramientas (que raramente utilizo) y mantendría la barra lateral (que utilizo constantemente). Por alguna razón inexplicable, Apple no permite hacer eso.

¡Parte superior de la ventana para usted!

Dé un vistazo a la parte superior de una ventana — cualquier ventana. Observará tres botones en la esquina superior izquierda y el nombre de la ventana en la parte superior central. Los tres botones (que algunos llaman *botones en forma de gomita,* porque se ven como, bueno, gomitas) se conocen oficialmente como Close (Cerrar), Minimize (Minimizar) y Zoom (Acercamiento) y sus colores (rojo, amarillo y verde, respectivamente) desaparecen de repente de la pantalla. A continuación le presento lo que estos botones realizan:

- **Close (Cerrar) (rojo):** Haga clic en este botón para cerrar la ventana.

- **Minimize (Minimizar) (amarillo):** Haga clic en este botón para minimizar la ventana. Hacer clic en Minimize (Minimizar) aparentemente cierra la ventana, pero en vez de hacer que desaparezca, Minimize (Minimizar) agrega un ícono para la ventana en el Dock (Acoplador). Para ver la ventana de nuevo, haga clic en el ícono Dock (Acoplador) para la ventana que usted minimizó. Si ocurre que la ventana es una película de QuickTime, la película seguirá presentándose, aunque sea con el tamaño de un sello postal, en su ícono en el Dock (Acoplador). (Discuto el tema del Dock [Acoplador] en el Capítulo 4).

- **Zoom (Acercamiento) (verde):** Haga clic en este botón para hacer que la ventana sea más grande o más pequeña, dependiendo de su tamaño actual. Si está viendo una ventana de tamaño estándar, hacer clic sobre Zoom (Acercamiento) *usualmente* hace que crezca. (Digo *usualmente,* porque si la ventana es más grande que su contenido, hacer clic en este botón reduce la ventana a su tamaño más pequeño, lo que puede hacer que se encierre el contenido completo sin desplazarse). Haga clic en el botón Zoom (Acercamiento) de nuevo para regresar la ventana a su tamaño anterior.

Algunas personas aún le llaman al botón Zoom (Acercamiento) de acuerdo con el nombre que llevaba en el sistema operativo 9 de Mac, Grow (Extender).

Un nuevo mundo de desplazamiento

No obstante, otra forma de ver más de lo que se encuentra en una ventana o panel es desplazarse a través del mismo. Las barras de desplazamiento aparecen en la parte inferior y en el lado derecho de cualquier ventana o panel que contenga más ítems — íconos, texto, píxeles o lo que sea — de los que puede ver en la ventana. La Figura 2-3, por ejemplo, muestra dos instancias de la misma ventana: Arrastrar la barra de desplazamiento que se encuentra del lado derecho de la ventana delantera descubre los ítems que se encuentran en Font Book (Libreta de letras) e iCal y debajo de Photo Booth (Casilla de fotografías) y Preview (Vista preliminar), que usted puede observar en la ventana ampliada en segundo plano. Arrastrar la barra de desplazamiento en la parte inferior de la ventana descubre ítems a la izquierda y derecha, como Exposé, iChat, Image Capture (Captura de imágenes) e iTunes.

Simplemente haga clic y arrastre una barra de desplazamiento para moverse hacia arriba, hacia abajo o de lado a lado. Y sí, las barras de desplazamiento también lucen un poco como gomitas. Lo mejor que puedo decir es que, Steve Jobs (el carismático Director Ejecutivo de Apple) tiene una pasión por las gomitas.

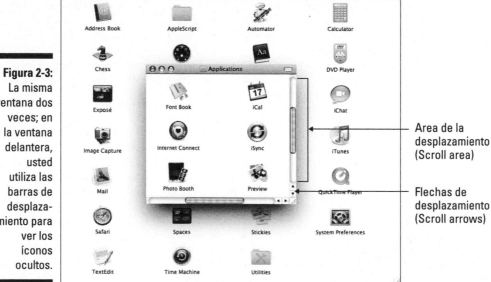

Figura 2-3: La misma ventana dos veces; en la ventana delantera, usted utiliza las barras de desplazamiento para ver los íconos ocultos.

Area de la desplazamiento (Scroll area)

Flechas de desplazamiento (Scroll arrows)

Usted puede desplazarse en las cuatro formas siguientes:

- **Hacer clic en una barra de desplazamiento y arrástrela.** El contenido de la ventana se desplaza proporcionalmente hasta la distancia en que usted arrastre la barra de desplazamiento.

- **Hacer clic en el área de la barra de desplazamiento, pero no en la barra de desplazamiento en sí.** La ventana se desplaza ya sea una página hacia arriba (si hace clic sobre la barra de desplazamiento) o hacia abajo (si hace clic debajo de la barra de desplazamiento). Usted puede cambiar un ajuste en su panel General System Preferences (Preferencias generales del sistema) para desplazarse proporcionalmente a donde usted haga clic.

CONSEJO

Una nota importante, las teclas Page Up (Regresar página) y Page Down (Avanzar página) en su teclado tienen la misma función que hacer clic en el área grisácea de la barra de desplazamiento (sólo la barra de desplazamiento vertical) en el Finder y muchas aplicaciones. Sin embargo, estas teclas no funcionan en todos los programas; no dependa demasiado de ellas. Además, si ha comprado un ratón, una esfera de mando u otro dispositivo de selección con una rueda de desplazamiento, usted puede desplazarse verticalmente en la ventana activa (delantera) con la rueda de desplazamiento o pulsar y mantener presionada la tecla Shift (Mayúsculas) para desplazarse horizontalmente.

- **Hacer clic en una flecha de desplazamiento en la parte superior o inferior de un área de desplazamiento.** Por omisión, ambas flechas aparecen en la parte inferior de la barra de desplazamiento, como se muestra en la Figura 2-3. Usted puede establecer sus General System Preferences (Preferencias generales del sistema), por lo que usted observa una flecha a cada extremo del área de desplazamiento, de la forma en que lo explico en el Capítulo 3.

- **Utilizar el teclado.** En el Finder, primero haga clic en un ícono en la ventana y luego utilice las teclas de flecha para moverse hacia arriba, hacia abajo, a la izquierda o a la derecha. Utilizar una tecla de flecha selecciona el siguiente ícono en la dirección que éste indica — y automáticamente se desplaza en la ventana, si fuera necesario. En otros programas, puede ser que pueda o no utilizar el teclado para desplazarse. El mejor consejo que puedo darle es que lo intente — puede ser que le funcione o puede ser que no.

Ventanas (Híper) activas

Para trabajar dentro de una ventana, la ventana debe estar *activa*. La ventana activa es siempre la ventana que está al frente de todo y una ventana inactiva aparece detrás de la ventana activa. Sólo una ventana puede estar activa a la vez. Para hacer que una ventana sea activa, haga clic en cualquier lugar de la misma — en el centro, en la barra de título o en una barra de desplazamiento. No importa en qué lugar haga clic, con una condición: No puede hacer clic en los botones de gomita rojo, amarillo o verde o en el botón Hide/Show (Ocultar/mostrar) de una ventana inactiva para activarla.

Observe la Figura 2-4, para obtener un ejemplo de una ventana activa frente a una ventana inactiva (la ventana Applications [Aplicaciones] y la ventana Utilities [Utilidades], respectivamente).

La siguiente es una lista de las principales pistas visuales que distinguen a las ventanas activas de las inactivas:

- **La barra de título de la ventana activa:** Los botones Close (Cerrar), Minimize (Minimizar) y Zoom (Acercamiento) son de color rojo, amarillo y verde. Los botones de las ventanas inactivas no tienen color.

  Ésta es una agradable pista visual — los ítems a color están activos y los que están en gris están inactivos. Mejor aún, si usted mueve su ratón sobre un botón en forma de gomita de una ventana inactiva, éste se ilumina con sus colores habituales para que usted pueda cerrar, minimizar o realizar un acercamiento a una ventana inactiva sin hacerla primero una ventana activa. ¡Excelente!

- **Otros botones y barras de desplazamiento en una ventana activa:** Éstos tienen colores brillantes. En una ventana inactiva, estas características están en color gris y más atenuadas.

- **Sombras descendentes más grandes y más oscuras en una ventana activa:** Éstas capturan más su atención que las que están en las ventanas inactivas.

Ventana inactiva
(Inactive window)

Ventana activa
(Active window)

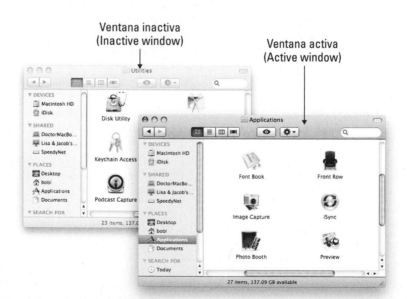

Figura 2-4:
Una ventana activa delante de una ventana inactiva.

Dealie-Boppers de Diálogo

Los *diálogos* son ventanas especiales que emergen sobre la ventana activa. Usted generalmente los ve cuando selecciona un ítem de un menú que finaliza en una elipse (. . .).

Los diálogos pueden contener un número de características estándar de Macintosh (los llamo *dealie-boppers*), como lo son los botones de radio, menús emergentes, fichas, campos para ingreso de texto y cuadros. Usted observa estas características una y otra vez en los diálogos. Tómese un momento para ver cada uno de estos dealie-boppers en la Figura 2-5.

✔ **Botones de radio:** Los *botones de radio* se llaman así porque, al igual que los botones del radio de su carro (si tiene un carro muy antiguo), sólo pueden estar activo uno a la vez. (Cuando éstos están activos, pareciera que están pulsados, tal como los botones de un radio antiguo). Los botones de radio siempre se muestran en un grupo de dos o más; cuando selecciona uno, todos los demás automáticamente dejan de estar seleccionados.

A continuación le presento una combinación de teclas no documentada e ingeniosa: Usted usualmente puede seleccionar cuadros y botones de radio al hacer clic en sus nombres (en lugar de los botones o cuadros).

✔ **Fichas:** Cuando un diálogo contiene más información de la que pueda alojarse en una sola ventana, la información se divide entre fichas. En la Figura 2-5, se selecciona la ficha New Document (Documento nuevo) a la izquierda y se selecciona la ficha Open and Save (Abrir y guardar) a la derecha.

✔ **Menús emergentes:** Estos menús llevan el nombre apropiado, ya que es eso lo que realizan — emergen cuando hace clic sobre ellos. En la Figura 2-5, se ha hecho clic sobre el menú Encoding (Codificación) y ha emergido; en los otros cuatro menús emergentes — Opening Files (Abrir archivos), Saving Files (Guardar archivos), Document Type (Tipo de documento) y Styling (Estilo) — no se ha hecho clic sobre ellos ni emergieron.

Siempre puede reconocer un menú emergente porque aparece en un rectángulo levemente redondeado y tiene un símbolo de flecha de doble extremo (o un par de triángulos, si usted prefiere) a la derecha.

¿Se ha preguntado qué tienen en común los botones de radio, fichas y menús emergentes? ***Consejo:*** Los tres le permiten hacer una selección individual de un grupo de opciones. (Bueno, de acuerdo; eso fue más una respuesta que una sugerencia).

✔ **Campos para ingreso de texto:** En los campos para ingreso de texto, usted ingresa texto (incluyendo números) desde el teclado. En la Figura 2-5, las opciones Window Width (Ancho de la ventana), Window Height (Alto de la ventana), Author (Autor), Company (Compañía) y Copyright (Derechos de autor) son campos para ingreso de texto.

✔ **Cuadros:** El último dealie-bopper que usted ve frecuentemente es el cuadro. En un grupo de cuadros, usted puede seleccionar todas las opciones que desee. Los cuadros se seleccionan cuando contienen una marca de verificación y se cancela la selección de los mismos cuando están vacíos, como se muestra en la Figura 2-5.

Algunas aplicaciones tienen lo que ellos llaman cuadros *tri-state* (de tres estados) (y no; no estoy hablando sobre geografía aquí). Estos cuadros especiales están vacíos cuando nada de lo que está en el grupo está activado, alojan una *x* cuando todo en el grupo está activado y despliegan un signo de menos (–) cuando *algunos* ítems en el grupo están activados y otros no. Este tipo de cuadro frecuentemente se utiliza para la pantalla Custom Install (Instalación personalizada) de los instaladores del sistema operativo X de Mac.

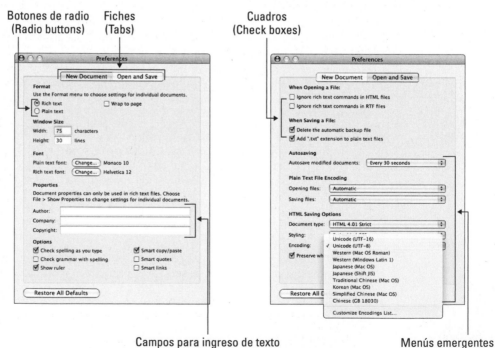

Figura 2-5:
Esta ventana ofrece la mayoría de dealie-boppers que usted alguna vez pudiera haber encontrado.

Trabajar con Ventanas

En las siguientes secciones, le proporciono un panorama más detallado de las ventanas en sí: la forma en cómo usted las traslada, les ajusta el tamaño y las utiliza. Y aunque las ventanas del sistema operativo X de Mac son similares a las ventanas que ha utilizado en otras versiones del sistema operativo de Mac, presenta algunas arrugas nuevas.

Si usted es relativamente para la Mac, puede ser que quiera leer esta sección mientras se sienta frente a su computadora, probando las técnicas mientras va leyéndolas. Puede ser que encuentre más fácil recordar algo si lo lee y realmente lo lleva a cabo. Si usted ha estado utilizando su Mac por algún tiempo, para esta parte probablemente se haya dado cuenta de cómo funcionan las ventanas.

Abrir y cerrar ventanas

Para empezar a ver las ventanas en su Mac, primero necesita saber cómo abrirlas y cerrarlas. Cuando está trabajando en el Finder, puede seleccionar los siguientes comandos del menú File (Archivo). En muchos otros programas, probablemente puede encontrar algunos comandos similares en el menú File (Archivo) de ese programa.

Usted utilizará muchos de estos comandos en forma frecuente, por lo que será necesario que usted memorice las combinaciones de teclas. Si no está seguro de cómo funcionan las combinaciones de teclas, revise "Usar los comandos de combinaciones de teclas" más adelante en este capítulo.

- **New Finder Window (Nueva ventana del Finder) (⌘+N):** Abre una nueva ventana del Finder. En otros programas, ⌘+N podría abrir un documento nuevo, proyecto o lo que sea que el programa le ayude a crear.

- **Open (Abrir) (⌘+O):** Abre el ítem seleccionado, ya sea un ícono, una ventana o una carpeta.

- **Close Window (Cerrar ventana) (⌘+W):** Cierra la ventana activa. Si no hay ventanas abiertas o si no se selecciona ninguna ventana, el comando Close Window (Cerrar ventana) se encuentra atenuada y no puede seleccionarse. O si lo prefiere, puede cerrar una ventana haciendo clic en el botón rojo Close (Cerrar) en la esquina superior izquierda.

También puede mantener presionada la tecla Option (Opción) con el menú File (Archivo) abierto, el comando Close Window (Cerrar ventana) cambia a Close All (Cerrar todo). Este muy útil comando le permite cerrar todas las ventanas abiertas del Finder. Pero sólo se muestra cuando usted pulsa la tecla Option (Opción); de otra manera, ésta permanece oculta.

Ajustar de tamaño las ventanas

Si desea ver más (o menos) de lo que se encuentra en una ventana, utilice el ajustador de tamaño en la esquina inferior ubicada más a la derecha de una ventana. (Consulte la Figura 2-2 para observar el ajustador de tamaño; éste se encuentra en la esquina inferior derecha y tiene pequeñas líneas diagonales antideslizantes en él). Simplemente arrastre el ajustador de tamaño hacia abajo o a la derecha para agrandar la ventana. O arrástrela hacia arriba o a la izquierda para reducir de tamaño la ventana. En otras palabras, luego de que usted se aferra al ajustador de tamaño, puede hacer la ventana del tamaño que guste.

Cambiar de tamaño los paneles de la ventana

Las ventanas de presentación, como las que se encuentran en el Finder, frecuentemente consisten de múltiples paneles. Si observa la Figura 2-2, la línea divide la barra lateral azul a la izquierda de la misma y el contenido real de la ventana a la derecha. Cuando su ratón se desliza alrededor del área de ajuste de tamaño de esta barra, el cursor cambia a una barra vertical (o podría ser horizontal, si los paneles están uno sobre el otro) con pequeñas flechas apuntando a ambos lados. Cuando usted observa este cursor, puede hacer clic y arrastrar a cualquier lugar en la franja que divide la barra lateral del resto de la ventana. Hacer esto cambia el tamaño de los dos paneles uno en relación con el otro; uno se hará más grande y el otro más pequeño.

Trasladar ventanas

Para trasladar una ventana, haga clic en cualquier lugar en la barra de título de una ventana (o en cualquier lugar en la parte metálica de una ventana de presentación, salvo sobre un botón, menú, campo de búsqueda, barra de desplazamiento o ajustador de tamaño) y arrastre la ventana a donde usted la desea. La ventana se traslada a donde usted traslade el ratón, fijándola en su lugar cuando usted libera el botón del ratón.

Cambiar de ventanas

Ya he invertido muchas hojas dándole información en primicia de cómo trabajar con ventanas. Pero espere, aún hay más . . . los comandos en el menú Window (Ventana) proporcionan herramientas que usted puede utilizar para controlar sus ventanas. (Consulte la Figura 2-1). A continuación aparece una vista breve de cada uno de los ítems que se encuentran en el menú Window

(Ventana) (y si no está familiarizado con los menús y combinaciones de teclas, yo le explico la forma en que trabajan más adelante en este capítulo):

- **Minimize Window (Minimizar la ventana) (⌘+M):** Utilice este comando para minimizar la ventana activa Finder al Dock (Acoplador) y ordenar su Desktop (Escritorio). Es lo mismo que hacer clic en el botón en forma de gomita amarillo.

- **Zoom (Acercamiento):** Este comando hace lo mismo que el botón en forma de gomita verde. Si usted ha olvidado lo que el botón en forma de gomita verde realiza, simplemente regrese algunas hojas a la sección Anatomía de una ventana y léala de nuevo.

- **Cycle Through Windows (Alternar ventanas) (⌘+`):** Cada vez que selecciona este comando o utiliza una combinación de teclas para el mismo, se activa una ventana diferente. Por lo tanto, si tiene tres ventanas — llámelas ventana 1, ventana 2 y ventana 3 — y usted está utilizando la ventana 1, este comando desactiva la ventana 1 y activa la ventana 2. Si la selecciona de nuevo, el comando desactiva la ventana 2 y activa la ventana 3. Selecciónela una vez más y éste desactiva la ventana 3 y reactiva la ventana 1.

  Realmente este comando ha estado disponible en varias de las versiones anteriores del sistema operativo X de Mac, pero únicamente como una combinación de teclas. Leopard marca la primera vez que aparece en un menú Finder.

- **Bring All to Front (Llevar todo al frente):** En el sistema operativo X Leopard de Mac, se intercalan las ventanas de diferentes aplicaciones. Por ejemplo, puede tener una ventana de Finder, una ventana de Microsoft, una ventana de Adobe Photoshop, otra ventana de Microsoft Word y otra ventana de Finder ordenadas de adelante hacia atrás. Seleccionar Bring All to Front (Llevar todo al frente) mientras el Finder sea la aplicación activa le permite hacer que ambas ventanas del Finder contenidas en este ejemplo se trasladen al frente de las que pertenecen a Word y a Photoshop.

  Si desea llevar todas las ventanas que pertenecen al Finder (o a cualquier otro programa, para ese propósito) al frente simultáneamente, puede también hacer clic en el ícono adecuado del Dock (Acoplador) (el Finder, en este caso).

  Si mantiene presionada la tecla Option (Opción) cuando despliega el menú Window (Ventana), Minimize Window (Minimizar ventana) cambia a Minimize All (Minimizar todo) y el comando Bring All to Front (Llevar todo al frente) cambia al útil comando Arrange in Front (Ordenar al frente), que ordena todas las ventanas de su Desktop (Escritorio) impecablemente — comenzando cerca de la esquina superior izquierda del Desktop (Escritorio), como se muestra en la Figura 2-6.

- **Otros ítems:** El resto de los ítems en el menú Window (Ventana) son los nombres de todas las ventanas actualmente abiertas del Finder. Haga clic en el nombre de la ventana para llevarla al frente.

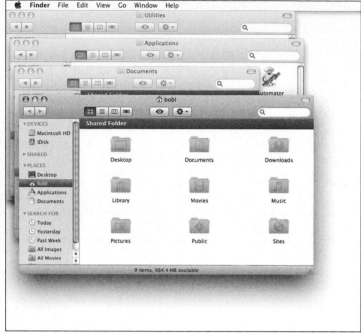

Figura 2-6:
El comando
Arrange
in Front
(Ordenar
al frente)
ordena sus
ventanas
impecable-
mente en la
esquina.

Adicionalmente a los comandos que se encuentran en el menú Window
(Ventana), el sistema operativo X de Mac tiene un programa denominado
Exposé que le permite mostrar todas las ventanas abiertas (o todas las
ventanas que están abiertas en la aplicación que usted está utilizando
actualmente) al reorganizar las ventanas que están en la pantalla y atenuar
todo lo demás. También puede ocultar todas las ventanas para que pueda ver
su desktop (escritorio) (qué concepto).

Por omisión, usted utiliza las teclas de función para elegir la forma en que
Exposé muestra sus ventanas:

✔ Para ver todas las ventanas abiertas, pulse F9.

✔ Para ver todas las ventanas abiertas que pertenezcan a la aplicación
   actual, pulse F10.

✔ Para ocultar todas la ventanas abiertas y mostrar el Desktop
   (Escritorio), pulse F11.

✔ Para convocar al Dashboard (Tablero) al frente (que muestra sus
   widgets [componentes], como lo explico en el Capítulo 3), pulse F12.

Una imagen vale más que mil palabras, por lo que dé un vistazo a la Figura 2-7,
en donde tengo varias aplicaciones ejecutándose con múltiples ventanas
abiertas en cada una de ellas.

Figura 2-7:
Hacia la derecha desde la parte superior izquierda: Exposé apagado; todas las ventanas abiertas (pulse F9); todas las ventanas de aplicaciones (pulse F10); sólo el Desktop (Escritorio) (pulse F11).

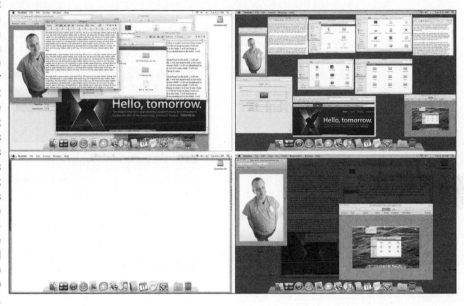

Cuando está utilizando Exposé, si selecciona una ventana pero no hace clic, aparece el título de la ventana. Si hace clic en cualquier ventana — aun en alguna que esté atenuada — en cualquier momento, Exposé se desactiva y esa ventana se activa.

A propósito, Exposé se activa por omisión. Puede desactivarlo o cambiar sus combinaciones de teclas en el panel Exposé & Spaces System Preferences (Preferencias del sistema de espacios y Exposé). Encuentre más información detallada sobre cómo utilizar y personalizar Exposé (y su aplicación relacionada Spaces [Espacios]) en el Capítulo 3.

Información Básica sobre Menús

Los menús de Mac frecuentemente se conocen como *menús desplegables*. Para examinar los menús del sistema operativo X de Mac, haga clic en el botón Finder en el Dock (Acoplador) para activar al Finder y luego vea la parte superior de su pantalla. De izquierda a derecha, usted observa el menú Apple, el menú Finder y otros seis menús. Para utilizar un menú del sistema operativo X, haga clic en su nombre para hacer que el menú aparezca y luego jale (arrastre) hacia abajo para seleccionar un ítem del menú. ¡Sencillo!

Desde el sistema operativo 8 de Mac, los menús permanecen desplegados luego de que usted hace clic en sus nombres hasta que selecciona un ítem, o bien, hace clic fuera de los límites del menú.

La siempre cambiante barra de menús

Antes que empiece a trabajar con los menús del sistema operativo X, usted realmente, en verdad, debería conocer esta información sobre menús en general: *Éstos pueden cambiar inesperadamente.* ¿Por qué? Bueno, los menús que usted observa en la barra de menús en la parte superior de la pantalla siempre reflejan el programa que está activo en ese momento. Cuando se cambia del Finder a un programa en particular — o de un programa a otro — los menús cambian inmediatamente para coincidir con cualquier elemento al que se haya cambiado.

Por ejemplo, cuando el Finder está activo, la barra de menús se ve como en la Figura 2-6, que se mostró con anterioridad. Sin embargo, si lanza la aplicación TextEdit (Edición de textos) (que se discutió en el Capítulo 13), la barra de menús cambia a lo que usted ve en la Figura 2-8.

Una forma fácil de indicar qué programa se encuentra activo es ver el menú de la aplicación — es el menú que está hasta el extremo izquierdo con un nombre, justo a la derecha del menú Apple. Cuando usted se encuentra en el Finder, por supuesto, el menú de la aplicación lee *Finder*. Sin embargo, si se cambia a otro programa (al hacer clic en su ícono en el Dock [Acoplador] o en cualquier ventana asociada con el programa) o lanza un programa nuevo, ese menú cambia al nombre del programa activo.

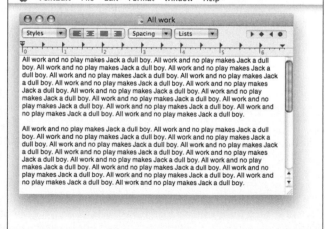

Figura 2-8: Las barras de menús cambian para reflejar la aplicación activa.

Cuando tiene una aplicación abierta, los comandos en el menú cambian también — pero sólo en una pequeña medida. Lo que hace que esto sea divertido es que usted tiene acceso a algunos ítems estándar del menú de la aplicación, ya sea que usted esté ejecutando Mail (Correo) o Safari. Puede encontrar mucha más información sobre comandos para aplicaciones en la Parte III, que explica cómo las aplicaciones que vienen con el sistema operativo Leopard de Mac pueden ayudarle a lograr que se realicen las cosas que usted desea.

Menús contextuales: Son taaan delicados

Los *Menús contextuales* son, como su nombre lo implica, sensibles al contexto; éstos enumeran comandos que son válidos sólo al ítem que se seleccionó actualmente. Los menús contextuales pueden estar disponibles en ventanas, en íconos y en la mayoría de lugares del Desktop (Escritorio).

Para utilizarlos, puede mantener presionada la tecla Control y hacer clic — lo que puede llamar un *Control+clic* para que suene divertido para sus amigos de Mac — o, si su ratón tiene dos o más botones, *clic derecho*.

Las acciones aparecen en menús contextuales sólo si tienen sentido para el ítem en el que usted hace Control+clic o clic derecho. ¡Ésta es la razón por la que las personas los llaman — *contextuales!* Se ciñen al contexto inmediato. La Figura 2-9 muestra el menú contextual que aparece cuando pulsa Control+clic (o hace clic derecho) en el ícono de un documento a la izquierda y el menú contextual para el Desktop (Escritorio) a la derecha.

Menú contextual para un documento
(Contextual menu for a document)

Menú contextual para el escritorio
(Contextual menu for the Desktop)

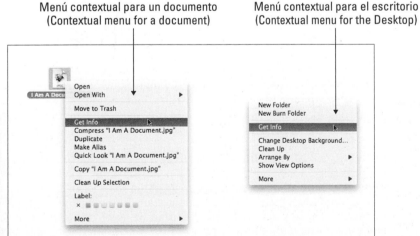

Figura 2-9: Sólo los ítems relevantes aparecen en un menú contextual.

Los menús contextuales también se encuentran disponibles en muchas aplicaciones. Abra su aplicación favorita e intente presionar Control+clic para ver si esos menús se encuentran allí. En la mayoría de los casos, utilizar un menú contextual es una forma rápida de evitar ir a la barra de menús para escoger un comando. En algunos programas — como AppleWorks 6, iMovie, iTunes y muchos otros — los menús contextuales son la única forma para acceder a ciertos comandos.

Para hacer que los menús contextuales que se relacionan con el Finder estén disponibles para los usuarios que no previeron comprar este libro, Apple agregó el botón Actions (Acciones) a la barra de herramientas. Por lo que actualmente, las personas que no tienen conocimiento sobre hacer Control+clic o clic derecho (o sólo tienen una mano libre) pueden acceder a sus menús contextuales al hacer clic en el botón Actions (Acciones) y mostrar su menú contextual. Por el otro lado, usted amable lector, sabe cómo llegar a estos comandos sin tener que mover su ratón todo el trayecto hasta el botón Action (Acción) en la barra de herramientas.

Soy un fanático empedernido de los ratones de varios botones y los menús contextuales constituyen una enorme razón para esta preferencia. Gracias a Dios, Apple ahora incluye los ratones de varios botones en todas sus computadoras de escritorio (salvo la Mac Mini, que no incluye ratón, teclado ni monitor). Si tiene una Mac anterior con un ratón de un sólo botón, puede ser que desee reemplazar el ratón con el que le ofrece por lo menos dos botones. Con un ratón de varios botones, usted sólo necesita una mano para acceder a estos pequeños y bellos menús contextuales.

Acostúmbrese a pulsar Control+clic (o clic derecho, si su ratón tiene más de un botón) sobre los ítems de su pantalla. Antes de que se percate, utilizar menús contextuales pasará a segundo plano para usted.

Reconocer opciones desactivadas

Los ítems de menú que aparecen en negro en un menú se encuentran disponibles actualmente. Los ítems del menú que actualmente no se encuentran disponibles están atenuados, lo que significa que están desactivados en este momento. Usted no puede seleccionar el ítem de un menú desactivado.

En la Figura 2-10, el menú File (Archivo) a la izquierda se despliega mientras nada se selecciona en el Finder; ésta es la razón por la que muchos de los ítems del menú están deshabilitados (atenuados). Estos ítems están deshabilitados porque se debe seleccionar un ítem (tal como una ventana o un ícono) para que usted pueda usar uno de estos ítems del menú. Por ejemplo, el comando Show Original (Mostrar original) está atenuado porque funciona sólo si el ítem seleccionado es un alias. En la imagen a la derecha, yo seleccioné un documento antes de desplegar el menú; observe que muchos de los comandos originalmente deshabilitados se encuentran habilitados cuando se selecciona un ícono.

Navegar por submenús

Algunos ítems del menú tienen más menús adheridos a los mismos y estos se llaman *submenús* — menús que están subordinados a un ítem del menú. Si un menú tiene un triángulo de color negro a la derecha de su nombre, éste tiene un submenú.

Para utilizar un submenú, haga clic sobre el nombre del menú una vez (para desplegar el menú hacia abajo) y luego deslice su cursor hacia abajo a cualquier ítem con un triángulo de color negro. Cuando el ítem está resaltado, traslade su ratón ligeramente a la derecha. El submenú debería emerger fuera del ítem del menú original, como se muestra en la Figura 2-11.

Figura 2-10:
El menú File (Archivo) sin ninguna selección (a la izquierda) y con un ícono de documento seleccionado (a la derecha); los ítems desactivados aparecen atenuados.

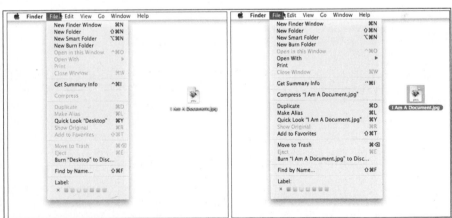

Debajo del árbol de menús de Apple

En el extremo izquierdo de la barra de menús aparece un pequeño , el cual, si hace clic sobre el mismo, muestra efectivamente un menú. Sin importar cuál aplicación esté activa, el menú está disponible en la esquina superior izquierda de su barra de menús.

Figura 2-11:
Los ítems
recientes
del menú
Apple con
su submenú
emergido.

De arriba a abajo, el menú le da una serie de opciones, inclusive las siguientes:

✔ **About This Mac (Acerca de esta Mac):** Seleccione este ítem para ver en qué versión del sistema operativo X de Mac está usted trabajando, qué tipo de Mac y procesador está utilizando y cuánta memoria tiene su Mac. La ventana que aparece también presenta un botón Get Info (Obtener información) que lanzará el Apple System Profiler (Perfil del sistema de Apple); allí, puede enterarse más de lo que probablemente nunca querrá o necesitará saber sobre el hardware y el software de su Mac.

Si usted hace clic en el número de versión en esta ventana, éste cambia al *build number (número de creación)* (Número de localización interno de Apple para versiones). Si usted hace clic en el número de creación en esta ventana, éste cambia al número de serie de su Mac. Finalmente, si usted hace clic sobre el número de serie de su Mac en esta ventana, éste cambia al número de versión de nuevo. Este efecto interesante se muestra en la Figura 2-12. Cualquiera o toda la información puede resultar práctica para solucionar problemas, reparar, actualizaciones o quien sabe cuántas otras cosas. Al menos ahora usted sabe cómo encontrarlo.

✔ **Software Update (Actualización del software):** Si usted está conectado con Internet, seleccione este ítem para hacer que su Mac se reporte con su matriz (Apple) para ver alguna actualización si se encuentra disponible para el sistema operativo X o sus aplicaciones incluidas (o hasta para dispositivos periféricos de la marca Apple, como iPod o iPhone).

✔ **System Preferences (Preferencias del sistema):** Seleccione este ítem para abrir la ventana System Preferences (Preferencias del sistema) (que discuto luego en el Capítulo 3 y en alguna otra parte).

✔ **Dock (Acoplador) (submenú):** Esto le permite relacionarse con, bueno, ¡el Acoplador! Busque en todo el Capítulo 4 para obtener mayor información sobre el Dock (Acoplador).

✔ **Recent Items (Ítems recientes):** Esto le permite un rápido acceso a las aplicaciones, documentos y servidores que ha utilizado recientemente como se muestra en la Figura 2-11.

✔ **Shut down options (Opciones para apagar el equipo):** Los comandos aquí pueden indicarle a su Mac que realice una Force Quit (Salida obligada) (⌘+Option [Opción]+botón de encendido) cuando se inmovilice un programa o de otra manera se vuelva rebelde, entre en reposo, se reinicie, se apague o se cierre la sesión. Consulte el Capítulo 1 para obtener detalles sobre cómo apagar su Mac.

Figura 2-12:
Haga clic en el número de versión, creación o serie para alternar entre estas tres variaciones en la ventana About This Mac (Acerca de esta Mac).

Más menús para usted

Si le gustan los menús que ha visto hasta ahora, tengo un trato que proponerle: El sistema operativo X Leopard de Mac incluye 25 menús adicionales de propósito especial, conocidos como Menu Extras (Extras del menú), que usted puede instalar si así lo desea. Algunos — inclusive Sound (Sonido), Displays (Visualizaciones), Battery (Batería) y otros — pueden activarse desde el panel adecuado de System Preferences (Preferencias del sistema). Pero la forma más fácil es abrir la carpeta Menu Extras (Extras del menú) (`/System/Library/CoreServices/Menu Extras`) (Sistema/Biblioteca/ServiciosEsenciales/Extras del menú) y hacer doble clic en cada Menu Extra (Extra del menú) que desea instalar.

La siguiente imagen muestra un buen número de características adicionales del menú que se encuentran instaladas en la barra de menú.

Si instala una característica adicional del menú y luego decide que no lo desea o no lo necesita en su barra de menú, mantenga presionada la tecla ⌘ y luego arrástrelo fuera de la barra de menú; éste desaparece con un satisfactorio sonido de "¡puf!".

Utilizar los comandos de combinación de teclas

La mayoría de los ítems del menú, o por lo menos los más comunes, tienen *combinaciones de teclas* para ayudarle a navegar rápidamente por su Mac sin tener que maniobrar mucho con el ratón. El uso de estas combinaciones de teclas activa los ítems del menú sin tener que utilizar el ratón; para utilizarlas, usted presiona la tecla Command (⌘) (Comando) y luego presiona otra tecla (o teclas) sin soltar la tecla ⌘. Memorice las combinaciones de teclas que utiliza frecuentemente.

Algunas personas se refieren a la tecla Command (Comando) como la *tecla Apple*. Esto se debe a que en muchos teclados, esa tecla tiene el símbolo de la tecla de comando que parece pretzel (rosquete) (⌘) *y* un logo de Apple (🍎) en ella. Para evitar confusiones, siempre me refiero a ella como ⌘ como la tecla Command (Comando).

A continuación le presento cinco cuestiones que debe saber y que le facilitarán el uso de las combinaciones de teclas:

✔ **Las combinaciones de teclas se muestran en menús.** Por ejemplo, la Figura 2-10 muestra que la combinación de teclas para el comando Find (Buscar) aparece en el menú luego de la palabra *Find (Buscar)*: ⌘+F. Cualquier ítem del menú con una de estas combinaciones de símbolo en forma de rosquete+ letra luego de su nombre puede realizarse con esa combinación de teclas. Sólo mantenga presionada la tecla ⌘ y pulse la letra que se muestra en el menú — *N* para New Finder Window (Nueva ventana del Finder), *F* para Find (Buscar) y así sucesivamente — y se ejecuta el comando adecuado.

✔ **Las letras mayúsculas no significan que usted tenga que pulsar la tecla Shift (Mayúsculas) como parte de la combinación de teclas.** Aunque las letras junto al símbolo ⌘ en los menús del Finder son realmente letras mayúsculas, éstas simplemente identifican la letra en el teclado. Por ejemplo, si usted ve ⌘+P, simplemente mantenga presionada la tecla ⌘ y luego pulse *P*. Algunos programas tienen combinaciones de teclado que requieren el uso de ⌘ *y* la tecla Shift (Mayúsculas), pero esos programas le indican eso al llamar a la combinación de teclas algo así como ⇧+⌘+S o ⇧+⌘+O. Muy pocos programas (usualmente anteriores) indican cuando usted necesita utilizar la tecla Shift (Mayúsculas) al utilizar la palabra *Shift (Mayúsculas)* en lugar del símbolo ⇧ (Mayúsculas).

✔ **Reconocer el símbolo de la tecla Option (Opción) muy a la moda.** Usted verá otro símbolo, que algunas veces se utiliza en las combinaciones del teclas: Éste representa la tecla Option (Opción) (algunas veces abreviada en las combinaciones de teclas como *Opt* y, en algunos teclados, también identificados como *Alt*). A continuación haga una revisión específica del comando Hide Others (Ocultar otros), que se muestra en la Figura 2-13.

Figura 2-13: Algunas combinaciones de teclas, como Hide Others (Ocultar otros), utilizan la tecla Option (Opción) en combinación con la tecla Command (Comando).

Lo que significa este extravagante símbolo en el ítem del menú Finder (Hide Others [Ocultar otros] en la Figura 2-13) significa que si mantiene presionada tanto la tecla ⌘ como la tecla Option (Opción) mientras pulsa la tecla H, todas las otras aplicaciones aparte del Finder estarán ocultas.

✔ **De acuerdo, había más de un símbolo.** Ocasionalmente, usted observará un *signo de intercalación* (^) que se utiliza como la abreviatura para la tecla Control. Por ejemplo, ^⌘I en un menú significa que usted necesita pulsar Control+⌘+I.

✔ **Si esto tiene sentido, es probable que se trate de una combinación de teclas.** La mayoría de combinaciones de teclas tienen una relación nemotécnica con sus nombres. Por ejemplo, a continuación aparecen algunas de las combinaciones de teclas más básicas:

Comando	*Combinación Nemotécnica de Teclas*
New Finder Window (Ventana nueva del Finder)	⌘+N
New Folder (Nueva carpeta)	⌘+Shift (Mayús)+N
Open (Abrir)	⌘+O
Get Info (Obtener información)	⌘+I
Select All (Seleccionar todo)	⌘+A
Copy (Copiar)	⌘+C
Duplicate (Duplicar)	⌘+D

Capítulo 3

Dispóngalo a Su Manera

Cada quien trabaja de diferente manera y a cada quien le gusta utilizar las Mac de cierta manera. En este capítulo, usted descubrirá cómo hacer ciertos ajustes a varias opciones para que todo quede de la forma en que a usted le gusta. Las primeras cosas que la mayoría de personas hacen es establecer su fondo y su protector de pantalla y llenar el Dashboard (Tablero) con prácticos widgets (elementos). Puede empezar con esas cuestiones, pero recuerde que puede hacer mucho más.

Puede cambiar los colores en las ventanas, la letra estándar y más, si así lo desea. Su Mac le permite elegir cómo desea que se comporten los elementos en la pantalla y cómo su hardware — tal como el teclado, ratón y cualquier gadget (artefacto) inalámbrico de Bluetooth — interactúa con su Mac.

Introducir Preferencias del Sistema

Debería empezar a familiarizarse con System Preferences (Preferencias del sistema), que aparece en el menú Apple () y en el Dock (Acoplador).

Los siguientes pasos explican cómo movilizarse en la ventana System Preferences (Preferencias del sistema), sin importar qué esté intentando ajustar:

1. **Abrir la ventana System Preferences (Preferencias del sistema), que se muestra en la Figura 3-1.**

   Usted puede hacer esto en tres formas diferentes:

   - Escoja ⌘⇨System Preferences (Preferencias del sistema).

   - Haga clic en el ícono System Preferences (Preferencias del sistema) en su Dock (Acoplador).

   - Abra el ícono System Preferences (Preferencias del sistema) en su carpeta Applications (Aplicaciones).

2. **Haga clic en cualquiera de los íconos que se encuentran aquí.**

   La parte inferior de la ventana cambia para reflejar las opciones correspondientes al ícono en el que hizo clic. Cuando esto sucede, yo llamo a la parte inferior de la ventana un *panel*. Así que, por ejemplo, cuando usted hace clic en el ícono Appearance (Apariencia), la parte inferior de la ventana se convierte en el panel Appearance System Preferences (Preferencias del sistema para apariencia).

3. **Cuando termine de trabajar con un panel de System Preferences (Preferencias del sistema), haga clic en el botón Show All (Mostrar todo) para regresar a la ventana con íconos para todos los paneles disponibles de System Preferences (Preferencias del sistema) o use la combinación de teclas ⌘+L.**

O bien, si desea trabajar con un panel diferente de System Preferences (Preferencias del sistema), puede seleccionarlo desde el menú View (Listado), como se muestra en la Figura 3-2. Además observe que puede navegar al panel siguiente o al anterior que haya visualizado con los botones Back (Atrás) y Forward (Adelante) debajo de los botones en forma de gomita rojo y amarillo (combinaciones de teclas ⌘+[y ⌘+], respectivamente). Los comandos Back (Atrás) y Forward (Adelante) también aparecen en el menú View (Listado).

Usted también puede deshacerse por completo de las categorías y mostrar los íconos en orden alfabético. Como algo adicional, hace que la ventana System Preferences (Preferencias del sistema) sea aproximadamente 25 por ciento más pequeña en la pantalla. Para hacer eso, seleccione View (Listado)⇨Organize Alphabetically (Organizar alfabéticamente). Las categorías desaparecen, la ventana se comprime y los íconos se organizan alfabéticamente, como se muestra en la Figura 3-2. Para cambiar de listado alfabético a listado por categoría, escoja View (Listado)⇨Organize by Categories (Organizar por categorías).

System Preferences (Preferencias del sistema) es efectivamente una aplicación que puede encontrar en la carpeta Applications (Aplicaciones). El ítem del menú ⌘ (aplicaciones) y el ícono del Dock (Acoplador) son simplemente combinaciones de teclas que abren la aplicación System Preferences (Preferencias del sistema). Los archivos reales para los paneles de preferencias se almacenan en la carpeta Preference Panes (Paneles de preferencia), dentro de la carpeta Library (Biblioteca) en la carpeta System (Sistema). Si opta por instalar paneles de preferencias de terceros, estos deberían ir en la carpeta Preference Panes (Paneles de preferencia) en la carpeta Library (Biblioteca) en el nivel superior de su disco de arranque (si desea que estén disponibles para todos los usuarios) o en la carpeta Preference Panes (Paneles de preferencia) dentro de su carpeta Home (Inicio) (si desea mantenerlos para usted mismo).

Figura 3-1:
La ventana System Preferences (Preferencias del sistema): Cambia su mundo.

Figura 3-2:
El menú View (Listado) y la ventana System Preferences (Preferencias del sistema) organizados alfabéticamente.

Colocar una Imagen en el Escritorio

En la Figura 3-3, usted puede ver My Desk (Mi escritorio) con una bella imagen de fondo en blanco y negro de un relámpago cayendo en una ciudad distante. (Si desea un recordatorio de cómo se ve un fondo predeterminado del Desktop [Escritorio], consulte la Figura 3-2).

A continuación le presento cómo puede cambiar la imagen de su Desktop (Escritorio) si se encarga de lo siguiente:

1. **Desde el Desktop (Escritorio), seleccione ⌘⇨System Preferences (Preferencias del sistema) o pulse Control (Control)+clic o haga clic derecho en el mismo Desk (Escritorio) y escoja Change Desktop Background (Cambiar fondo del escritorio) del menú contextual.**

   Aparece la ventana System Preferences (Preferencias del sistema).

2. **Haga clic en el ícono Desktop & Screen Saver (Escritorio y protector de pantalla).**

   Aparece el panel de preferencias Desktop & Screen Saver (Escritorio y protector de pantalla), como se muestra en la Figura 3-4.

   Nota: Este paso no es necesario si usted utilizó la técnica del menú contextual en el Paso 1.

Figura 3-3:
Mi embellecido Desktop (Escritorio).

3. **Haga clic en una carpeta en la columna de la izquierda y luego haga clic en una imagen en el área a la derecha.**

   Estoy haciendo clic en una imagen llamada `Lightning` (Relámpago) en la Figura 3-4. Como podrá observar, es uno de los ítems de la carpeta Black & White (Blanco y negro). Si desea mostrar una de sus propias imágenes en el Desktop (Escritorio), probablemente se encuentre en la carpeta Pictures (Imágenes).

Usted tiene por lo menos otras tres formas para cambiar la imagen de su Desktop (Escritorio):

✔ Arrastre una imagen desde el Finder hacia el *pozo de imágenes* (la pequeña imagen rectangular a la izquierda del nombre de la imagen).

✔ Seleccione la carpeta Pictures (Imágenes) en la lista de carpetas a la izquierda del panel Desktop & Screen Saver System Preferences (Preferencias del sistema del Escritorio y del Protector de pantalla) y luego seleccione una carpeta utilizando el diálogo estándar Open File (Abrir archivo). A continuación, esa carpeta aparece en la lista; usted puede usar cualquier archivo de imágenes que ésta contenga para la imagen de su Desktop (Escritorio).

   Si no sabe cómo elegir una carpeta de esa manera, consulte el Capítulo 5.

✔ Haga clic en uno de los ítems de los álbumes de iPhoto en la columna a la izquierda del panel Desktop & Screen Saver System Preferences (Preferencias del sistema del Escritorio y del Protector de pantalla).

Figura 3-4:
Seleccionar una imagen para el Desktop (Escritorio) desde la carpeta Black & White (Blanco y negro).

Una última observación antes de seguir adelante: Aunque adoro tener una bella imagen en el Desktop (Escritorio), de aquí en adelante utilizo un Desktop (Escritorio) completamente en blanco (que obtuve al hacer clic en Solid Colors [Colores sólidos] en la lista y luego al hacer clic en la trama de muestra de colores, en blanco). El Desktop (Escritorio) simple le hará más fácil poder ver los pequeños detalles.

Configurar un Protector de Pantalla

El sistema operativo X de Mac viene con varios módulos de protector de pantalla. Para configurar su protector de pantalla, siga estos pasos:

1. **Abra System Preferences (Preferencias del sistema), seleccione la opción Desktop & Screen Saver (Escritorio y Protector de pantalla) y haga clic en la ficha Screen Saver (Protector de pantalla) para ver las opciones que se muestran en la Figura 3-5.**

2. **En la columna Screen Savers (Protectores de pantalla) en el lado izquierdo del panel, seleccione una opción de protector de pantalla que le interese.**

3. **(Opcional) Para ver cómo se ve en acción el módulo seleccionado, haga clic en el botón Test (Prueba). Pulse cualquier tecla para finalizar la prueba.**

Figura 3-5:
La ficha Screen Saver (Protector de pantalla) del panel Desktop & Screen Saver System Preferences (Preferencias del sistema para el Escritorio y el Protector de pantalla).

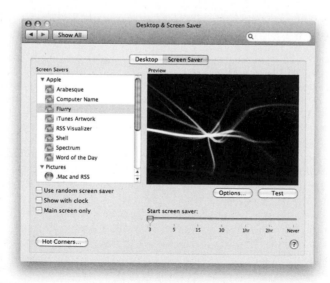

4. **Después de haber seleccionado un protector de pantalla, arrastre el deslizador Start Screen Saver (Iniciar protector de pantalla) a la cantidad de minutos que desea que la Mac espere antes de activar el protector de pantalla.**

   Si no puede decidir, puede seleccionar el cuadro Use Random Screen Saver (Usar el protector de pantalla aleatorio) para que su Mac seleccione un nuevo protector de pantalla al azar cada vez que surja el protector de pantalla.

5. **Seleccione el cuadro Show with Clock (Mostrar con reloj) para mostrar un reloj digital junto con el protector de pantalla.**

6. **(Opcional) Haga clic en el botón Hot Corners (Esquinas sensibles) para seleccionar qué esquina de su pantalla activa el protector de pantalla y cuál lo desactiva.**

   Ahora cuando usted mueve su cursor a una esquina seleccionada, usted activa o desactiva el protector de pantalla hasta que mueva el cursor en cualquier otra parte.

   Note que las esquinas sensibles son opcionales y están desactivadas por omisión.

7. **Cuando haya terminado, cierre el panel Desktop & Screen Saver (Escritorio y Protector de pantalla).**

Usted puede necesitar una contraseña para reactivar a su Mac del estado de reposo o de un protector de pantallas. Para hacer esto, siga estos pasos:

1. **Seleccione ⌘➪System Preferences (Preferencias del sistema)➪ Security (Seguridad).**

2. **Haga clic en la ficha General en la parte superior del panel de preferencias.**

3. **Seleccione el cuadro *Require Password to Wake This Computer from Sleep or Screen Saver (Requerir contraseña para reactivar esta computadora del estado de reposo o del protector de pantalla)*.**

   De ahora en adelante, usted necesita proporcionar la contraseña de la cuenta del usuario para reactivar esta computadora.

Si le gustan los protectores de pantallas/efectos, usted puede encontrar muchos más disponibles en su depósito favorito de software descargable. (Mi favorito es www.versiontracker.com.) Muchos son gratis, pero otros se pueden comprar a un bajo costo. Algunos de ellos, como el Acuario Marino de la Figura 3-6 (de www.serenescreen.com), realmente valen lo que se paga por adquirirlos. Yo pagué mis $19.95 y valió la pena pagar cada centavo por el mismo. Parece tan real que a veces creo que son peces vivos nadando en mi monitor. Además, a diferencia de otros peces que he tenido, estos nunca flotan boca arriba (ni explotan por comer demasiado). Me encanta este protector de pantalla/efecto; es el único que uso con más frecuencia.

Figura 3-6:
Buscar en la
Web por
otros
divertidos
protectores
de pantalla.

Colocar Componentes en el Tablero

El tablero ofrece un divertido conjunto de *widgets (componentes),* el nombre que les da Apple a las mini aplicaciones que se encuentran dentro del nivel Dashboard (Tablero). Vea, el Dashboard (Tablero) se apropia de su pantalla cuando usted lo selecciona (como se muestra en la Figura 3-7) al hacer clic en el ícono del Dock (Acoplador) del Dashboard (Tablero) o al pulsar su combinación de teclas, F12. En la Figura 3-7, el Dashboard (Tablero) se muestra únicamente con algunos de sus componentes por omisión: Calculator (Calculadora), Weather (Clima), World Clock (Hora mundial) y el Calendar (Calendario).

Figura 3-7:
El
Dashboard
(Tablero) se
encuentra
en su propio
nivel con
plantilla gris,
flotando
sobre
cualquier
ventana de
aplicación o
del Finder
abierta
en ese
momento.

Los widgets (componentes) son aplicaciones pequeñas de una sola función que funcionan sólo dentro del Dashboard (Tablero). Algunos widgets (componentes) se comunican con las aplicaciones que se encuentran en su disco duro, tal como Address Book (Libreta de direcciones), iTunes e iCal. Otros widgets (componentes) — como el Flight Tracker (Rastreador de vuelos), Stocks (Bolsa de valores) y Weather (Clima) — reúnen información para usted por medio de Internet.

Las siguientes sugerencias le pueden ayudar a trabajar con los widgets (componentes):

✔ **Cada vez que selecciona Dashboard (Tablero), los símbolos que estaban abiertos la última vez que lo utilizó, estarán en su pantalla.**

✔ **Para cerrar un widget (componente) abierto,** haga clic en la X encerrada en un círculo en la esquina superior izquierda. Si usted no ve una X, presione la tecla Option (Opción) y mueva el cursor sobre el widget (componente) y la verá.

✔ **Para acceder a otros widgets (componentes) aparte de los cuatro que tiene en su pantalla por omisión,** haga clic en el botón Open (Abrir) (el símbolo grande de suma con un círculo alrededor que se mostró anteriormente en la esquina inferior izquierda de la Figura 3-7) para abrir la Widget Bar (Barra de componentes), que se muestra en la parte inferior de la Figura 3-8.

La Widget Bar (Barra de componentes) suena como un antro de última moda en el centro de la ciudad, pero le aseguro que es el nombre oficial aprobado por Apple. De verdad.

Figura 3-8: La Widget Bar (Barra de componentes) (parte inferior de la pantalla) y el componente Translation (Traducción) (a la mitad de la pantalla).

✔ **Para abrir una ventana de widgets (componentes),** haga clic en el widget (componente). En la Figura 3-8, el componente Translation (Traducción) está abierto a la mitad de la pantalla, todo listo para que yo prepare mi oferta. O puede hacer clic y arrastrar un widget (componente) desde la Widget Bar (Barra de componentes) a una ubicación de su preferencia en su pantalla.

✔ **Para ver más widget (componente),** haga clic en las flechitas que se encuentran en el lado izquierdo y derecho de la Widget Bar (Barra de componentes).

✔ **Para trasladar un widget (componente) en su pantalla,** haga clic en casi cualquier lugar sobre el widget (componente) y luego arrástrelo a la ubicación adecuada.

✔ **Para administrar sus widgets (componentes),** haga clic en el botón Manage Widgets (Administrar componentes) sobre la Widget Bar (Barra de componentes) en el lado izquierdo. Aparece el Widget Manager (Gestor de componentes) en medio de la pantalla. Por ejemplo, en la Figura 3-9, he desactivado los widgets (componentes) Ski Report y Tile Game, que nunca uso.

Usted puede controlar widgets (componentes) sólo si la Widget Bar (Barra de componentes) está abierta.

En la parte inferior de la ventana Widget Manager (Gestor de componentes) se encuentra un botón que se llama More Widgets (Más componentes). Hacer clic sobre el mismo lanza su explorador Web y le muestra widgets (componentes) adicionales que puede descargar del sitio Web de Apple.

✔ **Para desinstalar un widget (componente) de terceros que usted ya no desea,** simplemente abra el Widget Manager (Gestor de componentes) y haga clic en el símbolo de resta rojo junto a su nombre. Su Mac amablemente le pregunta si desea trasladar este widget (componente) a la papelera. Usted sí quiere.

Piense en los widgets (componentes) de su Dashboard (Tablero) como mini programas prácticos pero poderosos disponibles en cualquier momento con sólo pulsar una tecla o hacer un clic. Los widgets (componentes) son tan divertidos que quiero llevarlo a dar un vistazo a un par de ellos que considero particularmente útiles. Siga leyendo para obtener más detalles.

Translation (Traducción)

El widget (componente) Translation (Traducción) podría ser un salvavidas. Usted ha podido hacer este truco en la Web por algún tiempo, pero ahora puede hacerlo desde su escritorio. Este símbolo traduce palabras de un idioma a otro. Éste ofrece más de una docena de opciones de idiomas — inclusive francés, alemán, español, ruso, holandés, chino y más — y puede traducir en cualquier sentido.

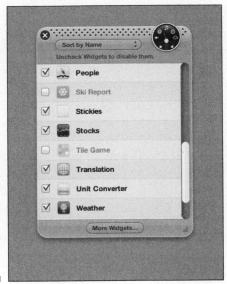

Figura 3-9:
Los widgets (componentes) con marcas de verificación aparecen en la Widget Bar; los widgets sin marcas de verificación no aparecen en la Widget Bar.

Me fascina tanto el widget Translation (Traducción), que a veces, duele.

Es divertido en las fiestas también. Intente esto: Escriba un párrafo o dos en su prosa más púrpura en Translation (Traducción). Ahora traduzca hacia atrás y hacia adelante a cualquier idioma varias veces. Pegue gritos cuando una prosa escrita como "Era una noche oscura y lluviosa cuando nuestra heroína se encontró con su muerte prematura" se convierte en algo así como "Era un noche oscura y lluviosa donde nuestra heroína [estupefaciente] conoció a un feo trasbordo". Esto no se logra mejorar mucho, amigos. Solía dejar mi MacBook Pro en casa, si realmente no voy a necesitarla. Pero el widget (componente) Translation (Traducción) es tan divertido y útil que últimamente he estado llevando mi MacBook Pro a casi cualquier lugar a donde voy.

Flight Tracker (Rastreador de vuelos)

El Flight Tracker (Rastreador de vuelos), como se muestra en la Figura 3-10, puede encontrar los vuelos de la mayoría de aerolíneas e informar sobre el estado del vuelo en tiempo real — un estupendo economizador de tiempo cuando usted tiene que encontrar algún vuelo.

Cuando tiene que encontrar el vuelo de alguna persona, este widget (componente) puede ser un salvavidas. Simplemente abra el Dashboard (Tablero) cada cierto tiempo y sabrá exactamente el estado exacto del vuelo en ese momento.

Figura 3-10: Encontrar un vuelo (parte superior) y visualizar su estado (parte inferior) luego de hacer clic en el botón Track Flight (Rastrear vuelo).

Esta es una sugerencia realmente buena — Usted puede abrir más de una instancia de un widget (componente). Por lo tanto, si está intentando rastrear dos vuelos o desea conocer el clima en más de una ciudad, simplemente haga clic en el widget (componente) apropiado en la Widget Bar (Barra de componentes) y aparecerá otra instancia del mismo.

Business (Negocios) y People (Personas)

Los widgets (componentes) Business (Negocios) y People (Personas) (que se muestran en la Figura 3-11) son como tener los directorios de páginas blancas y páginas amarillas al alcance de sus dedos. Puede rápidamente encontrar números telefónicos locales (o no locales) para negocios o personas.

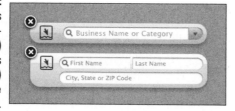

Figura 3-11: Los widgets (componentes) Business (Negocios) y People (Personas).

Algunos widgets (componentes), inclusive el widget (componente) Business (Negocios), tienen menús desplegables o botones More Info (Más información) en su esquina inferior derecha. Haga clic en la pequeña *i* (que se encuentra visible en la imagen central en la Figura 3-12) y el widget (componente) pareciera darse media vuelta, exponiendo su parte de atrás y opciones adicionales (imagen a la derecha en la Figura 3-12).

Figura 3-12:
El menú desplegable del widget Business (a la izquierda), Results (en medio) y More Info (a la derecha).

Retocar Botones, Menús y Ventanas

A las computadoras no les importan las apariencias, pero si usted desea que su Mac se vea un poco más animada (o, para ese propósito, que tenga apariencia empresarial), tiene opciones en el panel Appearance (Apariencia) (consulte la Figura 3-13) que se encuentra a su disposición. Para abrir este panel, escoja ⇨System Preferences (Preferencias del sistema)⇨Appearance (Apariencia).

De primero aparecen las opciones de apariencia general:

- **Menú emergente Appearance (Apariencia):** Utilice este menú para seleccionar diferentes apariencias y cambiar la apariencia general de los botones, como los tres botones en forma de gomita en la esquina superior izquierda de la mayoría de las ventanas, así como los botones en forma de gomita que aparecen en las barras de desplazamiento.

   Sin embargo, Apple, en su infinita sabiduría, brinda sólo dos opciones: Blue (azul) y Graphite (grafito).

✔ **Menú emergente Highlight color (Color del resaltado):** Desde aquí, usted puede seleccionar el color con el que se rodea al texto cuando lo selecciona en un documento o en el nombre de un ícono en una ventana del Finder. Esta vez, Apple no es tan restrictivo: Usted tiene ocho colores de resaltado entre los que puede elegir, además de Other (Otro), que trae un selector de colores del cual usted puede elegir casi cualquier color.

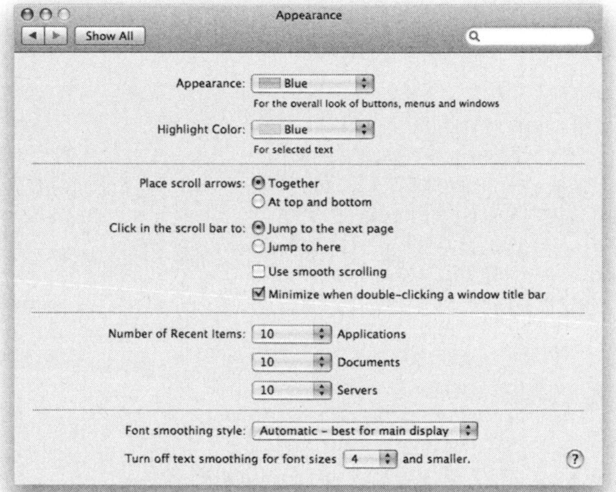

Figura 3-13:
El panel
Appearance
System
Preferences
(Preferen-
cias del
sistema
para
apariencia).

La siguiente área en el panel Appearance System Preferences (Preferencias del sistema para apariencia) la permite establecer la forma en que funcionan la barra de desplazamiento y la barra del título:

✔ **Los botones de radio Place Scroll Arrows (Colocar flechas de desplazamiento)** le permiten seleccionar si usted tiene el valor por omisión de ambas flechas juntas en la parte inferior y a la derecha de las barras de desplazamiento (a la izquierda en la Figura 3-14) o la vieja escuela de una sola flecha en cualquiera de los extremos de la barra de desplazamiento (a la derecha en la Figura 3-14).

✔ **Los botones de radio Click in the Scroll Bar To (Haga clic en la barra de desplazamiento para)** le dan la opción de mover su listado de una ventana hacia arriba o hacia abajo por una página (el valor por omisión) o a la posición en el documento casi proporcionalmente a donde usted hizo clic en la barra de desplazamiento.

Seleccione el botón de radio Jump to Here (Saltar hasta aquí) si frecuentemente usted trabaja con documentos largos (de muchas páginas). Éste es muy práctico para navegar en documentos largos. Y no lo olvide — la tecla Page Down (Avanzar página) hace la misma función que cuando selecciona la opción Jump to the Next Page (Saltar hasta la página siguiente), para que no pierda nada al seleccionar la opción Jump to Here (Saltar hasta aquí).

✔ Seleccionar el cuadro **Use Smooth Scrolling (Usar el desplazamiento suave)** hace que los documentos sean más legibles mientras se desplaza. Inténtelo; si usted cree que esto hace que las cosas se sientan más lentas, apáguelo.

✔ **El cuadro Minimize When Double-Clicking a Window Title Bar (Minimizar cuando se hace doble clic en la barra de título de una ventana)** hace exactamente lo que dice cuando se selecciona — reduce una ventana al Dock (Acoplador) cuando usted hace doble clic sobre su barra de título. Una nota valiosa, el botón en forma de gomita amarillo realiza exactamente la misma función.

Figura 3-14: Las flechas de despla zamiento juntas (a la izquierda) o en la parte superior o en la parte inferior (a la derecha).

La siguiente área en el panel Appearance (Apariencia) controla el número de ítems recientes que permanecen en memoria y que se muestran en su submenú ⌘⇨Recent Items (Ítems recientes). El valor por omisión es 10, pero a mí me gusta tener acceso a más de 10 aplicaciones y documentos en mi submenú Recent Items (Ítems recientes), por lo que acomodo el mío al máximo de — 50 de cada uno. A continuación le presento lo que significa cada menú emergente:

✔ **Applications (Aplicaciones):** Cuando escoge mostrar cualquier número de aplicaciones, usted puede abrir cualquier aplicación que haya utilizado recientemente desde su submenú Recent Items (Ítems recientes).

✔ **Documents (Documentos):** Este ajuste le indica a Leopard que muestre documentos específicos que usted haya abierto recientemente en Recent Items (Ítems recientes).

> ✔ **Servers (Servidores):** Determina el número de computadoras a las cuales se accedió con acceso remoto que Leopard muestra en el submenú Recent Items (Ítems recientes).

La última área ofrece algunas opciones de cómo se ven sus tipos de letras. El menú emergente Font Smoothing Style (Estilo para emparejar la letra) ofrece cinco ajustes para que no se separen (emparejar) las letras en la pantalla. Las categorías son

> ✔ **Automatic (Automática) – lo mejor para la pantalla principal:** Usualmente es su mejor opción.

> ✔ **Standard (Estándar) – lo mejor para CRT:** Su pesado monitor estándar tipo tubo. Si su monitor no es un panel plano de LCD, ésta probablemente sea su mejor elección.

> ✔ **Light (Liviana):** Es simplemente una pista del meollo de cómo emparejar su texto.

> ✔ **Medium (Media) – lo mejor para un panel plano:** Para esos monitores lisos de panel plano y computadoras portátiles, también.

> ✔ **Strong (Fuerte):** Emparejamiento extremo. A mí me gusta en mi pantalla de panel plano, pero puede ser que a usted no le guste.

Ignore los comentarios del editorial de Apple y pruebe los cinco. Luego seleccione el que mejor se ve para su gusto.

El menú emergente Turn Off Text Smoothing for Font Sizes *x* and Smaller (Apagar emparejamiento del texto para tamaños de letra *x* y más pequeños) (en donde la *x* es el ajuste del menú emergente) realiza simplemente lo que éste dice. Las letras de ese tamaño y menores ya no están *separadas* (emparejadas) cuando se muestran.

Si descubre que a usted le cuesta leer los tamaños de la letra pequeña, intente aumentar o reducir este ajuste.

¡Espaciado! Definir Espacios en la Pantalla

En realidad, la característica Spaces (Espacios) es cualquier cosa, menos un apellido. Tanto Spaces como Exposé le ayudan a controlar las ventanas Finder y las ventanas Application (Aplicación) al organizarlas en la pantalla de acuerdo con las preferencias que usted establece en el panel de preferencias Exposé & Spaces (Exposé y Espacios). Para acceder a este panel, simplemente seleccione ⌘➪System Preferences (Preferencias del sistema)➪Exposé & Spaces (Exposé y Espacios).

Exposé ha estado presente desde Panther; Spaces (Espacios) es totalmente nuevo en Leopard. Esta nueva característica le permite organizar aplicaciones en grupos y luego cambiarse de grupo en grupo al sólo pulsar una tecla. Cuando utilice Spaces (Espacios), solamente se muestran dos tipos de ventanas: ventanas de aplicaciones asociadas con el espacio activo y ventanas de aplicaciones lanzadas mientras ese Space (Espacio) está activo.

Usted puede establecer las preferencias para Spaces (Espacios) en la ficha Spaces (Espacios) del panel Exposé & Spaces System Preferences (Preferencias del sistema de Exposé y Espacios), que se muestra en la Figura 3-15. Los siguientes pasos lo llevan a través de la configuración y personalización de Spaces (Espacios):

1. **Haga clic en la ficha Spaces (Espacios), que se muestra en la Figura 3-15, para empezar a configurar sus espacios.**

2. **Configure el número de espacios que desea al hacer clic en los botones circulados de + (suma) junto a las etiquetas Rows (Filas) y Columns (Columnas).**

   Hacer clic en el botón + añade una fila o una columna. En la Figura 3-15 por ejemplo, tengo dos filas y dos columnas, para crear un total de cuatro espacios en mi pantalla.

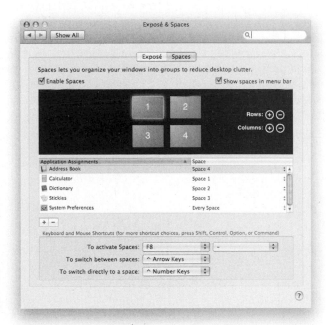

Figura 3-15: Spaces configurado para cuatro espacios.

3. **En el área Application Assignments (Asignaciones de aplicaciones), asigne aplicaciones a los espacios que ha configurado al seleccionar primero un nombre de aplicación y luego el espacio que desea para asignarlo desde el menú emergente a la derecha.**

   En la Figura 3-16, el Space 1 (Espacio 1) está configurado para Calculator (Calculadora) únicamente. Space 2 (Espacio 2) está configurado para Dictionary (Diccionario) únicamente. Space 3 (Espacio 3) está configurado para mostrar Stickies (Notas adhesivas) únicamente. Y Space 4 (Espacio 4) muestra sólo la Address Book (Libreta de direcciones). Finalmente, si la aplicación System Preferences (Preferencias del sistema) está ejecutándose, aparece en los cuatro espacios.

4. **Utilice los menús emergentes en la parte inferior de la pantalla para seleccionar la forma en que desea activar y cambiarse entre sus espacios.**

   El símbolo ^ significa la tecla Control.

5. **Cuando haya terminado, simplemente cierre el panel de preferencias y empiece a trabajar con sus espacios utilizando la combinación de teclas que designó en el Paso 4.**

   Los ajustes permanecen hasta que usted regresa a este panel a cambiarlos.

   Con mis ajustes implementados, cuando alterno de un espacio a otro utilizando las combinaciones de teclas para "alternar", se ocultan las ventanas en el espacio actual y aparecen las ventanas en el espacio al que he alternado. Al mismo tiempo, un práctico indicador emergente aparece en la pantalla; como se muestra en la Figura 3-16, el indicador me indica que he cambiado del Space 4 (Espacio 4) (flecha) al Space 1 (Espacio 1) (todo en blanco).

   Otra forma de navegar entre espacios es utilizar la combinación de teclas que usted seleccionó para activar Spaces (F8 por omisión). Su pantalla muestra todos sus espacios, como se muestra en la Figura 3-17. Seleccione el que usted desea con el ratón o con las teclas de flechas y luego haga clic y presione Return (Retorno) o Enter (Intro) para activar el espacio seleccionado.

Figura 3-16:
Este indicador emergente me indica cómo alterno espacios.

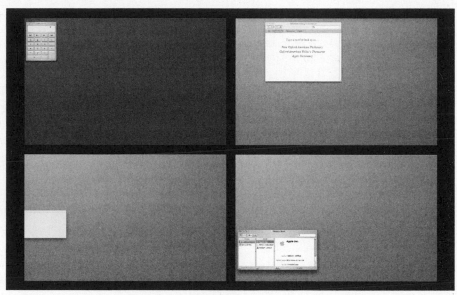

Figura 3-17:
La combinación de teclas Activate Spaces (Activar espacios) muestra representaciones de los cuatro espacios en la pantalla.

6. **(Opcional) Escoja opciones en los cuatro menús emergentes Active Screen Corners (Esquinas activas de la pantalla) en la ficha Exposé del panel Exposé & Spaces System Preferences (Preferencias del sistema de Exposé y Espacios) para configurar las esquinas de su pantalla para que activen y desactiven las características Exposé y Spaces (Espacios).**

Por ejemplo, si usted establece la esquina superior izquierda en Spaces (Espacios), como se muestra en la Figura 3-18, todo lo que usted tiene que hacer es mover el cursor a la esquina superior izquierda y luego todos sus espacios aparecen en la pantalla, como se muestra en la Figura 3-17. Entre otras funciones que usted puede activar con las esquinas se incluyen los cuatro modos de Exposé (discutidos en el Capítulo 2) y Start or Disable Screen Saver (Iniciar o desactivar el protector de pantallas) (que se discutió al inicio de este capítulo).

7. **(Opcional) Utilice los menús emergentes en las áreas de combinaciones de teclas del teclado y del ratón de la ficha Spaces (Espacios) para cambiar o desactivar las acciones de teclas o del ratón para Spaces (Espacios).**

Usted puede desactivar completamente los comandos del teclado al seleccionar el guión — como se muestra en todos los menús salvo el menú en la esquina superior izquierda en la Figura 3-18.

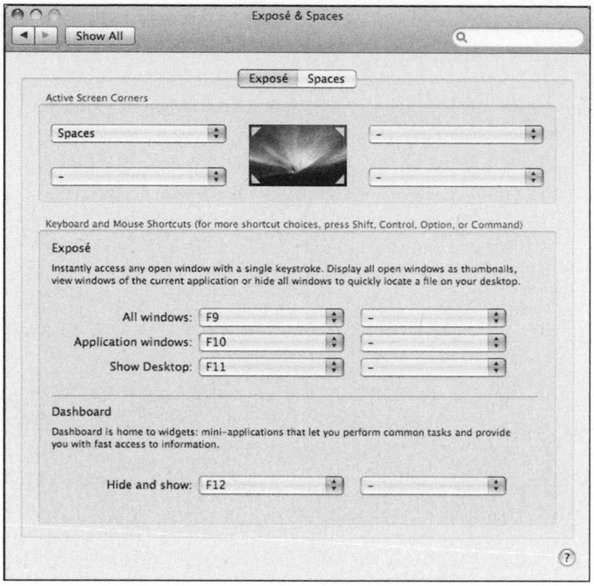

Figura 3-18:
La ficha
Exposé del
panel
Exposé &
Spaces
Preferences
(Preferen-
cias de
Exposé y
Espacios).

También puede establecer otras combinaciones de teclas personalizadas del teclado en su Mac, pero éstas funcionan de una manera un poco diferente. Para más detalles, consulte Crear combinaciones de teclas personalizadas del teclado más adelante en este capítulo.

Spaces (Espacios) es particularmente útil si usted tiene una pantalla más pequeña. Éste es un gusto adquirido, así que aunque usted tenga una pantalla más pequeña, puede ser que no le guste para nada.

Mi consejo: Pruébelo por un tiempo y si decide que no le gusta para nada, apáguelo y olvídese de él.

Ajustar el Teclado, el Ratón y Otro Hardware

Nadie utiliza el teclado ni el ratón de la misma manera. Algunas personas no utilizan el ratón para nada. (Puede ser que usted ni siquiera use el teclado en gran medida, si utiliza el software de reconocimiento de voz u otros dispositivos, como lo explico en el Capítulo 16). Si usted está utilizando el sistema operativo X de Mac en una computadora portátil, puede ser que tenga un *trackpad* (almohadilla de mando), esa pequeña superficie en donde usted mueve su dedo para controlar el cursor. O posiblemente usted tiene un teclado y un ratón activados por Bluetooth para que pueda conectarlos a su Mac de forma inalámbrica.

Sin importar lo que tenga, usted probablemente desee personalizarlo de la forma en que éste funciona. Para hacer esto, abra el panel de preferencias de Keyboard (Teclado) y Mouse (Ratón) al seleccionar ⌘➪System Preferences (Sistema de preferencias)➪Keyboard & Mouse (Teclado y Ratón).

Este panel le permite modificar la forma en que su teclado y su ratón responden. Ofrece tres fichas (además de una cuarta ficha, Trackpad [almohadilla de mando] para los modelos de computadora portátil).

Keyboard (Teclado)

En la ficha Keyboard (Teclado), usted puede configurar sus ajustes de las siguientes formas:

✔ Arrastre el **deslizador Key Repeat Rate (Velocidad rep. tecla)** para establecer cuán rápido se repite una tecla cuando la mantiene presionada. Esta función entra en juego cuando (por ejemplo) usted mantiene presionada la tecla del guión (-) para hacer una línea o la tecla del asterisco (*) para hacer un divisor.

✔ Arrastre el **deslizador Delay Until Repeat (Espera entre repetición)** para establecer cuánto tiempo tiene que mantener presionada una tecla antes de que empiece a repetirse.

Puede escribir en el cuadro que dice Type Here to Test Settings (Escriba aquí para probar ajustes) a fin de someter a prueba sus ajustes antes de salir de esta ficha.

Si usted tiene una computadora portátil Mac (como una PowerBook, iBook, MacBook o MacBook Pro), también verá una o más de estas funciones adicionales:

✔ **Use All F1, F2 Keys As Standard Function Keys (Utilizar todas las teclas F1, F2 como teclas de función estándar):** Si se selecciona este cuadro, las teclas F en la parte superior de su teclado controlan la aplicación activa de software. Para utilizar las funciones especiales de hardware impresas en cada tecla F (brillo de la pantalla, duplicación de la pantalla, volumen del sonido, silencio, etc.), es necesario que pulse la tecla Fn antes de presionar la tecla F. Si se cancela la selección del cuadro, es necesario que pulse la tecla Fn si desea utilizar las teclas F con una aplicación de software. ¿Lo captó? Bien.

✔ **Illuminate Keyboard in Low Light Conditions (Iluminar el teclado en condiciones de poca luz):** Este cuadro enciende y apaga la iluminación ambiente del teclado de su computadora portátil.

✔ **Turn Off When Computer Is Not Used For (Apagar cuando la computadora no se utiliza):** Este control de desplazamiento le permite determinar cuánto tiempo permanece encendida la luz ambiente del teclado cuando su computadora no está en uso.

Por supuesto, si su computadora no tiene iluminación ambiente del teclado, como muchas, usted no verá los últimos dos ítems.

La iluminación ambiente del teclado es una función divertida, pero recuerde que reduce la vida de la batería. Mi recomendación es utilizarla sólo cuando realmente la necesite.

Trackpad (Almohadilla de mando)

Usted ve esta ficha sólo si tiene una computadora portátil Mac con un trackpad (almohadilla de mando) (el ratón que no es un ratón). Esta ficha le permite establecer la velocidad de desplazamiento, así como la forma de hacer clic y comportamiento de gestos de su trackpad (almohadilla de mando).

✔ Mueva el **deslizador Tracking Speed (Velocidad de desplazamiento)** para cambiar la relación entre el movimiento del dedo sobre el trackpad (almohadilla de mando) y el movimiento del cursor en la pantalla. Un ajuste más rápido de desplazamiento (al mover el deslizador a la derecha) envía su cursor volando a través de la pantalla con un simple toque del dedo; los ajustes de velocidad más baja del ratón (mover el deslizador a la izquierda) hace que el cursor avance a rastras por toda la pantalla sin interrupciones en un movimiento lento, aunque su dedo esté volando. Establezca este ajuste lo más rápido que pueda colocarlo — me gusta la velocidad máxima. Inténtelo: Puede ser que le guste.

✔ **El ajuste Double-Click Speed (Velocidad doble clic)** determina cuán seguidos deben ser los dos clic para que la Mac los interprete como un doble clic y no como dos clics separados. Mueva la flecha del deslizador al ajuste que está más a la izquierda (Slow [Lento]) para el más lento. Con este ajuste, usted puede hacer doble clic sin prisa en un lugar. La posición más a la derecha (Fast [Rápido]) es el ajuste más rápido, el que prefiero. El área al centro del deslizador representa una velocidad de doble clic en algún lado en el centro.

✔ **Los cuadros Trackpad Gestures (Gestos de la almohadilla de mando)** hacen lo que implican sus nombres.

• Seleccione el *cuadro Use Two Fingers to Scroll (Utilice dos dedos para desplazarse)* y cuando use dos dedos justo uno junto al otro en el trackpad (almohadilla de mando), usted hace que la ventana se desplace (en lugar de mover el cursor, como sucedería con un solo dedo).

- El *cuadro Zoom While Holding (Acercamiento mientras mantiene presionado)* le permite acercarse o alejarse al sostener una tecla específica (el valor por omisión es la tecla Control) y arrastrar dos dedos en el trackpad (almohadilla de mando). Cuando usted se acerca o se aleja, los ítems en la pantalla se hacen más grandes o más pequeños. Haga clic a la izquierda del botón Options (Opciones) para abrir el menú y seleccionar una tecla modificadora diferente.

- Si selecciona el *cuadro Clicking (Hacer clic),* usted puede golpear levemente el trackpad (almohadilla de mando) con su dedo una vez su Mac reconozca ese gesto como un clic.

- Seleccione el *cuadro Dragging (Arrastrar)* para golpear y arrastrar sobre el trackpad (almohadilla de mando) sin tener que hacer clic en el botón del trackpad (almohadilla de mando).

- Seleccione el *cuadro Drag Lock (tap again to release) (Bloquear arrastre (golpear de nuevo para liberar)* para mantener un ítem seleccionado luego de arrastrarlo hasta que golpee el trackpad (almohadilla de mando) de nuevo.

✔ **Los cuadros Trackpad Options (Opciones de la almohadilla de mando)** le permiten decirle a su computadora que ignore el trackpad (almohadilla de mando) mientras está escribiendo o cuando esté presente un ratón.

Ratón

La ficha Mouse (Ratón) es donde usted establece la velocidad del ratón y los lapsos del doble clic.

✔ Mueva el **deslizador Tracking Speed** (Velocidad de desplazamiento) para cambiar la relación entre el movimiento a mano del ratón y el movimiento del cursor en la pantalla. Este deslizador funciona como el deslizador de los trackpads (almohadillas de mando), como lo expliqué en la sección anterior.

✔ **El ajuste Double-Click Speed (Velocidad doble clic)** determina cuán seguidos deben ser los dos clic para que la Mac los interprete como un doble clic y no como dos clics separados. Mueva la flecha del deslizador al ajuste que está más a la izquierda (Very Slow [Muy lento]) para lo más lento. La posición más a la derecha, Fast (Rápido), es el ajuste más rápido, el que prefiero.

✔ Si su ratón tiene una bola de desplazamiento o rueda de desplazamiento, usted también verá un **deslizador Scrolling Speed (Velocidad de desplazamiento),** que le permite ajustar cuán rápido se desplaza el contenido de una ventana cuando usted utiliza la bola o la rueda de desplazamiento.

✔ Si su ratón tiene más de un botón, usted ve un par de **botones de radio Primary Mouse Button (Botón principal del ratón).** Éstos le permiten seleccionar qué botón — izquierdo o derecho — será su clic principal (regular). Por el contrario, el otro botón del ratón (el que usted no seleccionó) se convierte en su clic secundario (Control o derecho).

Éste es el ajuste que a muchos zurdos les gusta cambiar. Establezca el botón principal como el botón de la derecha y podrá hacer clic con el dedo índice de su mano izquierda.

✔ Y por último, no así menos importante, el cuadro **Zoom Using Scroll Wheel While Holding (Acercar usando la rueda de desplazamiento mientras mantiene presionado)** le permite acercarse o alejarse al girar la rueda o bola de desplazamiento mientras sostiene una tecla en particular. El valor por omisión es la tecla Control, por lo que si usted se desplaza mientras mantiene sostenida la tecla Control, los ítems en la pantalla se hacen más grandes o más pequeños. Haga clic en la flecha a la izquierda del botón Options (Opciones), que se muestra en la Figura 3-19, para abrir el menú y seleccionar una tecla modificadora diferente.

El botón Options (Opciones) abre una hoja con opciones de cómo se mueve la imagen de la pantalla cuando usted se ha acercado, así como un cuadro para emparejar las imágenes.

Emparejar imágenes puede quitar velocidad a su Mac, por lo que si se siente más lenta cuando usted hace un acercamiento, intente cancelar este cuadro.

Los cambios en el panel Mouse System Preferences (Preferencias del sistema para el ratón) se realizan inmediatamente, por lo que usted definitivamente debe probarlo por un momento y ver qué ajustes se adaptan a usted de mejor manera. Usted puede probar el efecto de sus cambios al ajuste Double-Click Speed (Velocidad doble clic) en el cuadro de texto Double-Click Here to Test (Haga doble clic aquí para hacer pruebas) justo debajo del deslizador antes de cerrar este panel de preferencias.

Bluetooth

Bluetooth es una tecnología que le permite hacer conexiones inalámbricas entre su Mac y dispositivos, tales como los ratones y los teléfonos Bluetooth. Usted puede ver una ficha Bluetooth en el panel Keyboard & Mouse System Preferences (Preferencias del sistema para el teclado y el ratón) si su Mac tiene Bluetooth. Algunas Mac lo tienen; otras no.

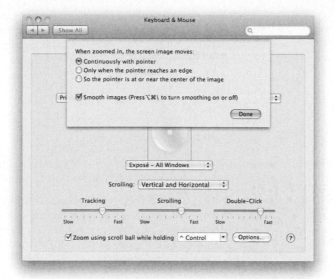

Figura 3-19:
Opciones
para el
zooming
(acerca-
miento).

Si su Mac lo tiene, la ficha Bluetooth le muestra el nivel de la batería de su ratón o teclado de Bluetooth. Éste también ofrece un cuadro para añadir un menú de estado de Bluetooth a su barra de menú y un cuadro que permite que los dispositivos de Bluetooth reactiven su computadora a partir del estado de reposo.

Crear Combinaciones de Teclas Personalizadas

Si usted realmente odia usar su ratón o si su ratón se rompe, las combina-ciones de teclas pueden ser realmente prácticas. Yo tiendo a utilizarlas más en mi computadora portátil debido a que no me gusta utilizar el ratón de tacto incorporado (técnicamente, conocido como un *trackpad [almohadilla de mando]*).

Yo le presento las combinaciones de teclas que se utilizan más comúnmente en el Capítulo 2. Usted probablemente no quiere tener relación con ellas, pero puede asignar otros comandos que usted utiliza con frecuencia, casi con cualquier combinación de teclas que desee. Al crear sus propias combinaciones de teclas con el teclado, usted puede tener cualquier comando que necesite literalmente al alcance de sus dedos.

No sólo puede añadir, eliminar o cambiar las combinaciones de teclas con el teclado para muchas funciones del sistema operativo (como tomar una foto de la pantalla y utilizar el teclado para seleccionar los ítems del menú y el Dock (Acoplador), sino que también puede añadir, eliminar o cambiar combinaciones de teclas con el teclado para sus aplicaciones.

Para comenzar, seleccione ⚹⇨System Preferences (Preferencias del sistema)⇨Keyboard & Mouse (Teclado y ratón) y seleccione la ficha Keyboard Shortcuts (Combinaciones de teclas). En la ficha, usted puede realizar cualquiera de las siguientes acciones:

- ✔ **Cambiar una combinación de teclas,** haga doble clic en la misma y luego mantenga sostenida las nuevas teclas de la combinación de teclas.

- ✔ **Añadir una nueva combinación de teclas,** haga clic en el botón +. Seleccione la aplicación adecuada desde el menú emergente Application (Aplicación), escriba el nombre exacto del comando del menú que usted desea añadir en el campo Menu Title (Título del menú) y luego escriba la combinación de teclas que usted desea asignar a ese comando en el campo Keyboard Shortcut (Combinación de teclas). Es así de simple.

- ✔ **Para eliminar una combinación de teclas,** selecciónela y luego haga clic en el botón –.

La ficha Keyboard Shortcuts (Combinaciones de teclas) también le ofrece opciones para cambiar el orden de las fichas. Los botones de radio Full Keyboard Access (Acceso completo al teclado) controlan lo que sucede cuando usted presiona la tecla Tab (Ficha) en una ventana o cuadro de diálogo.

- ✔ Si selecciona el **botón de radio Text Boxes and Lists Only (Sólo cuadros de texto y listas)**, la tecla Tab (Ficha) mueve el cursor de un cuadro de texto al siguiente o de un ítem de la lista al siguiente ítem (usualmente, en orden alfabético).

- ✔ Si selecciona el **botón de radio All Controls (Todos los controles)**, usted puede evitar el uso del ratón durante la mayor parte del tiempo, si esa es su preferencia.

  Cuando se selecciona All Controls (Todos los controles), la tecla Tab (Ficha) mueve el enfoque de un ítem al siguiente en una ventana o cuadro de diálogo. Por lo tanto, en un diálogo Open file (Abrir archivo), cada vez que presione la tecla Tab el enfoque se moverá, por ejemplo, desde la barra lateral a la lista de archivos, al botón Cancel (Cancelar), al botón icon view (listado de íconos) y así sucesivamente. Cada ítem se resalta cuando se selecciona y usted puede activar el ítem resaltado desde el teclado al pulsar la barra espaciadora.

Usted puede cambiar este ajuste al presionar F7 o Fn-F7 (lo que dependerá si se selecciona o no el cuadro **Use All F1, F2 Keys as Standard Function Keys (Usar todas las teclas F1 y F2 como teclas de función estándar)** en la ficha Keyboard (Teclado).

Dar Estilo a Su Sonido

 Al desempacarlo, el sistema operativo X Leopard de Mac viene con una colección preestablecida de tonos audibles y controles, pero a través del panel Sound Preferences (Preferencias de sonido), usted puede cambiar la forma en que su Mac reproduce y graba sonidos al cambiar los ajustes en cada una de las tres fichas: Sound Effects (Efectos de sonido), Output (Salida) e Input (Entrada).

Aparecen tres ítems en la parte inferior del panel Sound (Sonido) sin importar cual de las tres fichas esté activa:

✔ Para subir o bajar el volumen de su Mac, utilice el deslizador Output Volume (Salida del volumen). Usted también puede cambiar o desactivar el volumen con las teclas designadas para el volumen o silenciador que se encuentran en la mayoría de teclados de Apple.

✔ Seleccione el cuadro Mute (Silenciador) para bajar todo el sonido.

✔ Haga clic en el cuadro Show Volume in Menu Bar (Mostrar sonido en la barra de menús) para añadir un menú de control de volumen a su barra de menús.

 Una combinación de teclas para el panel Sound System Preferences (Preferencias del sistema para el sonido) es pulsar Option (Opción) mientras presiona cualquiera de las teclas de volumen (usualmente, las teclas de volumen en un teclado extendido estándar de Apple, pero las teclas F4 y F5 en las computadoras portátiles y en otros teclados).

Cambiar efectos de sonido

En la ficha Sound Effects (Efectos de sonido), escoja un sonido de alerta (tono audible) al hacer clic en su nombre; establezca su volumen al utilizar el control del deslizador Alert Volume (Volumen de alerta).

Usted también puede especificar el dispositivo de salida a través del cual se reproducirán los efectos de sonido (si tiene más de un dispositivo) al escogerlo desde el menú emergente Play Alerts and Sound Effects Through (Reproducir alertas y efectos de sonido completamente).

El cuadro Play User Interface Sound Effects (Reproducir efectos de sonido de la interfaz del usuario) enciende los efectos de sonido para acciones, como arrastrar un archivo a Trash (Papelera).

El cuadro Play Feedback When Volume is Changed (Reproducir retroalimentación cuando se cambia el volumen) le indica a su Mac que reproduzca un tono audible una vez por cada vez que se pulsa la tecla de subir o bajar el volumen.

Seleccionar opciones de salida

Si tiene más de un dispositivo de salida de sonido (adicionalmente a las bocinas que vienen incorporadas), puede seleccionarlo aquí. El deslizador Balance (Equilibrio) hace que una bocina estéreo — a la izquierda o a la derecha — suene más alto que la otra.

Seleccionar opciones de entrada

Si tiene más de un dispositivo de entrada de sonido (adicionalmente al micrófono incorporado en muchas Mac o una cámara iSight, que contiene su propio micrófono), usted puede seleccionarlo aquí. El deslizador de entrada de volumen controla el Input Level (Nivel de entrada) (cuán fuerte será la entrada de ese dispositivo), que se muestra como una fila de puntos azules. Si los puntos se iluminan completamente al lado derecho, su volumen de entrada es demasiado fuerte. Lo ideal es que el nivel de entrada se iluminara a aproximadamente ¾ de los puntitos azules y no más.

Capítulo 4

Y ¿Qué Hay de Nuevo con el Acoplador?

En Este Capítulo

- Familiarizarse con el acoplador
- Descubrir los íconos por omisión del acoplador
- Acerca de la papelera
- Profundizar en la personalización del acoplador
- Ajustar las preferencias del acoplador

Tómese un minuto para ver la fila de íconos que se encuentran en la parte inferior de su pantalla. Esa fila, buen amigo, es el *Dock (Acoplador)* (que se muestra en la Figura 4-1) y esas imágenes individuales se conocen como *íconos* (los cuales abordo en detalle momentáneamente).

Figura 4-1: El Dock (Acoplador) y todos sus íconos por omisión.

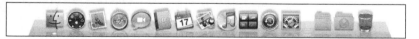

CONSEJO

Los íconos del Dock (Acoplador) son unos curiosos individuos — éstos se activan con un sólo clic. La mayoría de otros íconos se *seleccionan* (resaltan) cuando usted hace un solo clic sobre ellos y se *abren* cuando les hace doble clic. Por lo tanto, los íconos del Dock (Acoplador) son una especie de enlaces en una página Web — lo único que necesita es un solo clic para abrirlos.

Una Rápida Introducción para Utilizar el Acoplador

Haga un sólo clic en un ícono de Dock (Acoplador) para abrir el ítem que éste representa:

- Si el ítem es **una aplicación,** la aplicación se abre y se hace activa.

- Si el ítem es un **documento,** ese documento se abre en su aplicación adecuada, que se convierte en la aplicación activa.

- Si el ítem es un **ícono de carpeta,** usted observará un menú apilado de sus subcarpetas y el Finder se convierte en la aplicación activa. Haga clic en Show (Mostrar) en el Finder para abrir la carpeta en una ventana del Finder.

Si el ítem ya está abierto cuando usted hace clic en su ícono de Dock (Acoplador), éste se activa.

Los íconos por omisión del acoplador

Por omisión, el Dock (Acoplador) contiene un número de aplicaciones del sistema operativo X de Mac que se usan comúnmente y usted también puede almacenar sus propias aplicaciones, archivos o carpetas allí. (Yo le muestro la forma en que puede hacer eso en la sección "Adding Dock icons" [Añadir íconos del acoplador] más adelante en este capítulo).

Pero antes, vea los elementos que usted encuentra en un Dock (Acoplador) estándar del sistema operativo X Leopard de Mac. Si éstos no le son familiares, ciertamente lo serán a medida que vaya conociendo el sistema operativo X de Mac.

Admito que no puedo hacer justicia con todos los programas que vienen con el sistema operativo X Leopard de Mac que no forman, en el sentido estricto de la palabra, parte del sistema operativo. ¡Qué pena! Pero algunos de los programas que se encuentran en el Dock (Acoplador) por omisión son aquellos de los que no habrá mucho que ver. Sin embargo, odio dejarlo con la interrogante de qué son todos esos íconos en el Dock (Acoplador), por lo que la Tabla 4-1 le da una breve descripción de cada ícono por omisión del Dock (Acoplador) (al desplazarse de izquierda a derecha en la pantalla). Si aparece alguna discusión adicional de un ítem en cualquier otra parte del libro, la tabla le indica en qué lugar.

CONSEJO

Para descubrir rápidamente el nombre del ícono del Dock (Acoplador), simplemente mueva su cursor sobre cualquier ítem del Dock (Acoplador) y aparece el nombre del ítem sobre el mismo (como se muestra al centro de la Figura 4-4, más adelante en este capítulo). Y de la forma en que lo describo en la sección "Resizing the Dock" (Cambiar el tamaño del acoplador) más adelante en este capítulo, usted puede cambiar el tamaño del Dock (Acoplador) para hacer que los íconos sean más pequeños (lo que hace que sea más difícil verlos). Dar vueltas al cursor para descubrir el nombre de un diminuto ícono hace que esta función sea aún más útil.

Tabla 4-1		Íconos del Dock (Acoplador)	
Ícono	*Nombre*	*Descripción*	*Diríjase Aquí para Más Información*
	Finder	La aplicación en permanente ejecución que controla el Escritorio, archivos, carpetas, discos y más.	Capítulos 4, 5 y 6
	Dashboard (Consola de instrumentos)	Un nivel que contiene aplicaciones pequeñas de uso especial llamadas widgets (componentes).	Capítulo 3
	Mail (Correo)	Un programa de correo electrónico.	Capítulo 10
	Safari	Un explorador de la Web.	Capítulo 9
	iChat	Un programa de mensajería instantánea.	Capítulo 9

(continúa)

Tabla 4-1 (*continúa*)

Ícono	Nombre	Descripción	Diríjase Aquí para Más Información
	Address Book (Libreta de direcciones)	Una aplicación de libreta de direcciones.	Capítulo 10
	iCal	Programa de calendario de Apple.	Capítulo 8
	Preview (Vista preliminar)	Programa de PDF y visualización de gráficos de Apple.	Capítulo 12
	iTunes	Un reproductor de audio y un gestor de iPod (parte del paquete iLife).	Capítulo 11
	Spaces (Espacios)	Le ayuda a controlar ventanas al organizarlas en grupos.	Capítulo 3
	Time Machine (Máquina del tiempo)	Sistema automatizado de copia de seguridad de datos).	Capítulo 17
	System Preferences (Preferencias del sistema)	La aplicación System Preferences (Preferencias del sistema) le permite configurar el número de funciones que su Mac trabaja.	Capítulos 3, 14 y 15

Ícono	Nombre	Descripción	Diríjase Aquí para Más Información
	Carpeta Downloads (Descargas) (vacía)	Una carpeta vacía que *contendrá* archivos que usted descargue por medio de Safari.	Capítulo 9
	Carpeta Documents (Documentos) (vacía)	Una carpeta vacía que *contendrá* archivos que usted coloca en la misma.	Capítulo 6
	Trash (Papelera)	El ícono Trash (Papelera) no es un archivo ni una aplicación. En su lugar, usted arrastra archivos y carpetas a su ícono para deshacerse de ellos o arrastra discos extraíbles hacia él para expulsarlos.	Capítulo 4 (¡este capítulo!)

Si usted compró una nueva Mac con Leopard previamente instalado, puede ser que usted vea o no los íconos para las aplicaciones iLife — iMovie, iDVD, iPhoto, iWeb y GarageBand — en su Dock (Acoplador). No quedó claro al momento de su publicación, si *cada* nueva Mac despachada con Leopard instalado en la misma iba a incluir el paquete iLife.

Acerca de la papelera

Trash (*la* Papelera) es un recipiente especial en donde usted coloca íconos que ya no desea tener en su disco duro o dispositivo de almacenamiento de medios extraíbles (como un Zip o un disco flexible). ¿Tiene cuatro copias de TextEdit en su disco duro? Arrastre tres de ellas a Trash (Papelera). ¿Está cansado de tropezar con cartas viejas y ya no las desea conservar? Arrástrelas a también a Trash (Papelera). Para colocar algo en Trash (Papelera), simplemente arrastre su ícono a la parte superior del ícono Trash (Papelera) y vea cómo desaparece.

Al igual que con otros íconos, usted sabe que se ha conectado con Trash (Papelera) mientras está arrastrando cuando el ícono está resaltado. Además como sucede con otros íconos del Dock (Acoplador), el nombre del ícono Trash (Papelera) aparece cuando usted mueve el cursor sobre el ícono.

Si usted accidentalmente arrastra algo a Trash (Papelera), puede mágicamente devolverlo al lugar de donde vino, pero únicamente si actúa con rapidez. Inmediatamente después de arrastrar el(los) ítem(s) a Trash (Papelera), escoja Edit (Editar)⇨Undo (Deshacer) o utilice la combinación de teclas ⌘+Z. No vacile — el comando Undo (Deshacer) es efímero y funciona sólo hasta que usted realiza otra acción en el Finder. En otras palabras, tan pronto como realice algo más en el Finder, ya no puede deshacer lo que trasladó a Trash (Papelera).

¿Sabe usted cómo la basura que está en el recipiente instalado en la acera de la calle se mantiene allí hasta que los ingenieros sanitarios vienen y la recogen cada jueves? Trash (*la* Papelera) del sistema operativo X de Mac funciona de la misma manera, pero sin el mal olor. Los ítems permanecen en ella hasta que usted la vacía. La canasta de Trash (Papelera) le muestra que ésta contiene archivos que le están esperando. . . Como en la vida real, su Papelera sin vaciar está llena de papeles arrugados.

✔ **Para abrir Trash (Papelera) y ver lo que se encuentra allí,** sólo haga clic en su ícono en el Dock (Acoplador). Se abre una ventana en el Finder denominada Trash (Papelera), que muestra cualquier archivo que se encuentre en la misma.

✔ **Para conservar un ítem que ya se encuentra en Trash (Papelera),** arrástrelo para sacarlo, ya sea hacia el Escritorio o de nuevo hacia la carpeta a donde pertenece.

✔ **Para vaciar Trash (Papelera),** cuando coloca algo en Trash (Papelera), esto permanece allí hasta que usted escoge el comando Finder⇨Empty Trash (Vaciar papelera) o utilice la combinación de teclas ⌘+Shift+Delete (cmd+Mayúsculas+Eliminar).

Si la ventana Trash (Papelera) está abierta, usted ve un botón Empty (Vaciar) debajo de su barra de herramientas a la derecha. Hacer clic en el botón, por supuesto, también vacía la Papelera.

También puede vaciar la Papelera desde el Dock (Acoplador) al pulsar el botón del ratón y mantenerlo presionado sobre el ícono Trash (Papelera) por uno o dos segundos. El menú Empty Trash (Vaciar papelera) emerge mágicamente. Mueva su cursor sobre el mismo para seleccionarlo y luego suelte el botón del ratón.

Piénselo dos veces antes de recurrir al comando Empty Trash (Vaciar papelera). Después de que vacíe Trash (Papelera), los archivos que contenía la misma (usualmente) desaparecen definitivamente. Mi consejo: Antes de que se vuelva demasiado atrevido, lea el Capítulo 17 y realice una copia de seguridad de su disco duro varias veces. Después de que se vuelva un profesional en realizar copias de seguridad, las probabilidades se multiplican grandemente en que aunque técnicamente los archivos hayan desaparecido definitivamente de su disco duro, usted puede recuperarlos, si así lo desea (al menos, en teoría).

Abrir los menús de aplicaciones en el acoplador

Cada ícono de aplicación en el Dock (Acoplador) — como TextEdit, iTunes, y otros — oculta un práctico menú de comandos. (Los íconos de las carpetas del Dock [Acoplador] tienen un menú diferente más, no **menos**, **conveniente**, el cual discutiré en un momento).

Para hacer que aparezca este menú, como se muestra en la **Figura 4-2**, pulse (haga clic, pero no lo suelte) en un ícono del Dock (Acoplador). **Pulsar Control+hacer clic en un ícono del Dock (Acoplador) le da el mismo resultado que pulsar y mantener presionado. La parte divertida es que el menú emerge inmediatamente cuando pulsa Control+y hace clic.**

Figura 4-2:
Pulse y
mantenga
presionado
el ícono
de la
aplicación
en el Dock
(Acoplador)
y aparece
un menú.

Además de útiles comandos específicos de programas, los **menús del Dock** (Acoplador) para aplicaciones que tienen varias ventanas **ofrecen una lista** de ventanas en sus menús (iTunes, The Compleat Beatles, **Texas Rock**, etc.), como se muestra en la Figura 4-2.

Interpretar el lenguaje corporal de los íconos del acoplador

A medida que usted utiliza el Dock (Acoplador) o cuando simplemente está realizando sus tareas normales en su Mac, a los íconos del Dock (Acoplador) les agrada comunicarse con usted. Ellos no pueden hablar, así que hacen algunos movimientos y tienen ciertos símbolos que le indican cosas que tal vez usted quisiera saber. La Tabla 4-2 clarifica lo que está pasando con los íconos de su Dock (Acoplador).

Tabla 4-2	Lo Que le Indican los Íconos del Dock (Acoplador)
Movimiento o Símbolo del Ícono	*Significado*
El ícono se mueve hacia arriba y fuera de su lugar en el Dock (Acoplador) por un momento, como se muestra en la Figura 4-3.	Usted dio un sólo clic al ícono del Dock (Acoplador), y le está indicando que usted lo ha activado.
El ícono da un saltito cuando ese programa está abierto pero no está activo (esto significa que la barra de menú no se está mostrando y que no es el programa que está por adelante).	El programa quiere llamar su atención; haga clic sobre su ícono para saber lo que éste desea.
Un punto blanco brillante aparece abajo del ícono de su Dock (Acoplador), como se muestra a la derecha en la Figura 4-3.	Esta aplicación en el Dock (Acoplador) se encuentra abierta.
Un ícono que normalmente no se encuentra en el Dock (Acoplador), aparece de forma mágica.	Usted ve un ícono temporal del Dock (Acoplador) para cada programa que esté abierto actualmente en el Dock (Acoplador) hasta que sale de esa aplicación. El ícono aparece porque usted ha abierto algo. Cuando usted sale, su ícono desaparece como por magia.

Figura 4-3:
Un ícono
resaltado
del Dock
(al centro)
con tomas
de antes
(izquierda) y
después
(derecha).

Abrir archivos desde el acoplador

Una función útil del Dock (Acoplador) es que usted fácilmente puede
utilizarlo para abrir íconos. Las siguientes sugerencias explican formas
prácticas para abrir lo que usted necesite desde el Dock (Acoplador):

- **Usted puede arrastrar el ícono de un documento sobre el ícono del
  Dock (Acoplador) de una aplicación.** Si la aplicación sabe cómo manejar
  ese tipo de documento, el ícono de su Dock (Acoplador) se resalta y el
  documento se abre en esa aplicación. Si la aplicación no sabe manejar
  ese tipo determinado de documento, el ícono del Dock (Acoplador) no
  se resalta y no podrá colocar el documento sobre el mismo.

  Me estoy adelantando en este punto, pero si la aplicación no puede
  manejar un documento, intente abrir el documento de esta manera:
  Seleccione el ícono y elija File (Archivo)➪Open With (Abrir con) o pulse
  Control+ y haga clic en el ícono del documento y utilice el menú Open
  With (Abrir con) para elegir la aplicación con la que desea abrir el
  documento.

  Si mantiene presionada la tecla Option (Opción), el comando Open With
  (Abrir con) cambia a Always Open With (Siempre abrir con), que le
  permite cambiar la aplicación por omisión para este documento de
  forma permanente.

- **Usted puede encontrar el ícono original que usted ve en el Dock
  (Acoplador) al seleccionar Show in Finder (Mostrar en el Finder)
  desde el menú Dock (Acoplador).** Este truco abre la ventana que
  contiene el ícono de verdad del ítem y selecciona cuidadosamente ese
  ícono para usted.

Personalizar el Acoplador

El Dock (Acoplador) es una forma conveniente de llegar a los íconos que se utilizan con frecuencia. Por omisión, el Dock (Acoplador) viene equipado con íconos que, a juicio de Apple, usted necesitará con más frecuencia (consulte la Tabla 4-1); sin embargo, usted puede personalizarlo para que contenga los íconos que usted elija, a medida que lo descubre en las siguientes secciones. Usted también encontrará la forma en que puede cambiar el tamaño del Dock (Acoplador) para que se ajuste a su nuevo grupo de íconos y la forma en que puede indicarle a su Dock (Acoplador) cuáles son sus preferencias.

Añadir íconos del acoplador

Usted puede personalizar su Dock (Acoplador) con sus aplicaciones favoritas, un documento que usted actualiza diariamente o tal vez una carpeta que contiene sus recetas favoritas — utilice el Dock (Acoplador) para cualquier cosa si necesita un acceso rápido a algo.

Añadir una aplicación, archivo o carpeta al Dock (Acoplador) es tan fácil como 1, 2, 3:

1. **Abra una ventana del Finder que contenga un ícono de una aplicación, archivo, carpeta, URL o disco que usted utiliza frecuentemente.**

2. **Haga clic en el ítem que usted desea añadir al Dock (Acoplador).**

   Como se muestra en la Figura 4-4, yo seleccioné la aplicación TextEdit. (Se encuentra resaltada). Yo utilizo TextEdit constantemente para escribir y editar notas breves de texto para mí mismo o para otras personas, por lo que tener su ícono en el Dock (Acoplador) es muy conveniente para mí.

3. **Arrastre el ícono fuera de la ventana Finder y sobre el Dock (Acoplador).**

   Ahora aparece un ícono para este ítem en el Dock (Acoplador).

Los íconos de carpeta, disco y URL deben estar a la derecha de la línea divisoria en el Dock (Acoplador); los íconos de la aplicación deben estar a la izquierda de la misma. ¿Por qué el Dock (Acoplador) le obliga a observar estas normas? Supongo que alguien de Apple piensa que esto es lo mejor para usted — ¿quién sabe? Pero esa es la norma: Las aplicaciones a la izquierda; las carpetas, discos y URL a la derecha.

Figura 4-4:
Añadir un ícono al Dock es tan fácil como 1, 2, 3: Simplemente arrastre el ícono sobre el Dock.

1   2   3

Usted puede añadir varios ítems al Dock (Acoplador) al mismo tiempo al seleccionarlos y arrastrar el grupo completo al Dock (Acoplador). Sin embargo, usted puede eliminar sólo un ícono a la vez del Dock (Acoplador).

Añadir un URL al Dock (Acoplador) funciona de una manera levemente diferente. A continuación le muestro cómo añadir rápidamente un URL al Dock (Acoplador):

1. **Abra Safari y diríjase a la página con un URL que usted desea guardar en el Dock (Acoplador).**

2. **Haga clic en el pequeño ícono que usted encuentra a la izquierda del URL en la barra de dirección y arrástrelo a la derecha de la línea divisoria en el Dock (Acoplador).**

3. **Suelte el botón del ratón cuando el ícono se encuentre en el lugar en donde usted lo desea.**

    Los íconos en el Dock (Acoplador) se deslizan y hacen espacio para su URL, como se muestra en la Figura 4-5. A partir de ahora, cuando usted haga clic en el ícono del URL que desplazó a su Dock (Acoplador), Safari se abre para esa página.

Si usted abre un ícono que normalmente no aparece en el Dock (Acoplador) y desea mantener su ícono temporal en el Dock (Acoplador) de forma permanente, tiene dos formas de indicarle que se quede rondando después de que usted salga del programa:

✔ Control+hacer clic (o hacer clic y mantener presionado) y luego seleccionar Keep in Dock (Mantener en el acoplador) desde el menú que emerge.

✔ Arrastre el ícono (para una aplicación que esté abierta actualmente) hacia afuera y luego de vuelta al Dock (Acoplador) (o a una posición diferente en el Acoplador) sin soltar el botón del ratón.

Figura 4-5:
Arrastre el
ícono desde
la barra de
dirección
(parte
superior)
hacia la
derecha del
Dock
(centro).
Aparece el
URL como
un ícono de
Dock (parte
inferior).

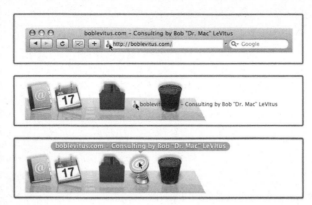

Eliminar un ícono del acoplador

Retirar un elemento del Dock (Acoplador) es tan fácil como 1, 2 . . . (no hay 3): Simplemente arrastre su ícono hacia afuera del Dock (Acoplador), y éste desaparece con una animación divertida de *¡puf!*, como se muestra en la Figura 4-6.

Figura 4-6:
Para
eliminar un
ícono,
arrástrelo
fuera
del Dock y
¡puf! —
desaparece.

1   **2**

Seleccionar Remove from Dock (Retirar del acoplador) del menú Dock (Acoplador) del ítem realiza la misma función. Como punto final pero no menos importante, usted no puede eliminar el ícono de un programa que se está ejecutando desde el Dock (Acoplador) hasta que salga del programa.

Al desplazar un ícono fuera del Dock (Acoplador), usted no está desplazando, eliminando ni copiando el ítem en sí — usted sólo está retirando su ícono del Dock (Acoplador). El ítem permanece sin cambio. Piense como si se tratara de una tarjeta de catálogo de biblioteca: Sólo por el hecho de que usted retira la tarjeta del catálogo de tarjetas, esto no significa que el libro ha desaparecido de la biblioteca.

Cambiar el tamaño del acoplador

Si el tamaño por omisión del Dock (Acoplador) le molesta, usted puede reducir el tamaño del mismo y ahorrarse una gran cantidad de espacio en la pantalla. Este espacio viene bien, especialmente cuando usted añade sus propias cosas al Dock (Acoplador).

Para reducir o agrandar el Dock (Acoplador) (y sus íconos) sin abrir la ventana Dock Preferences (Preferencias del Acoplador), siga estos pasos:

1. **Haga que el ajustador del tamaño aparezca (como se muestra en el margen izquierdo) al desplazar su cursor sobre la línea punteada que encuentra a la derecha del Dock (Acoplador).**

2. **Arrastre el ajustador de tamaño hacia abajo para reducir el Dock (Acoplador), al mantener presionado el botón del ratón hasta que encuentre el tamaño que le guste.**

   Cuanto más arrastre este control hacia abajo, más pequeño se volverá el Dock (Acoplador).

3. **Para ampliar el Dock (Acoplador) de nuevo, simplemente arrastre el ajustador de tamaño hacia arriba de nuevo.**

   ¡Bam! ¡Qué gran acoplador! Usted puede ampliar el Dock (Acoplador) hasta que ocupe toda su pantalla de lado a lado.

¿Qué debería colocar en SU acoplador?

Coloque en el Dock (Acoplador) todo aquello que necesita acceder rápidamente y que utiliza con frecuencia, o bien, añada ítems que no están rápidamente disponibles desde los menús o la barra lateral. Si prefiere utilizar el Dock (Acoplador) en lugar de la barra lateral de la ventana del Finder, por ejemplo, añada sus documentos, películas, imágenes, música o hasta su carpeta Home (Inicio) o su disco duro al Dock (Acoplador).

Le sugiero que añada estos ítems a su Dock (Acoplador):

- ✔ **Una aplicación de procesamiento de textos:** La mayoría de las personas utilizan software de procesamiento de textos más que cualquier otra aplicación.

- ✔ **Una carpeta de proyectos:** Como usted sabe, la carpeta que contiene todos los documentos para su tesis o el proyecto más grande que tiene en el trabajo o su enorme colección de recetas. . . . Lo que sea. Si usted añade esa carpeta al Dock (Acoplador), usted puede acceder a la misma más rápidamente que si usted hubiera abierto varias carpetas para encontrarla.

Si hace clic en el ícono de una carpeta, aparece un práctico menú apilado de su contenido, como se muestra en la Figura 4-7. Mejor aún, lo mismo sucede con los íconos del disco. La Figura 4-7 muestra la carpeta My Downloads (Mis descargas) como un menú apilado. Intente este truco — es excelente.

- ✔ **Una utilidad o aplicación especial:** La aplicación Preview (Vista preliminar) es una parte esencial de mi trabajo porque recibo muchos archivos de imágenes diferentes cada día. Puede ser que desee añadir programas (como AOL), su aplicación favorita de gráficos (como Photoshop Elements) o el juego que ejecuta cada tarde cuando piensa que su jefe no lo está viendo.

- ✔ **Sus URL favoritos:** Guarde los enlaces a los sitios que visita cada día — los que usa en su trabajo, sus sitios favoritos de noticias de Mac o su página personalizada de un proveedor de servicios de Internet (ISP). Seguro; usted puede hacer que una de estas páginas sea la página de inicio de su explorador o puede marcarla; sin embargo, el Dock (Acoplador) le permite añadir uno o más URL adicionales. (Consulte "Añadir íconos del acoplador" a principios de este capítulo para obtener mayores detalles).

Usted puede añadir varios íconos de URL al Dock (Acoplador), pero recuerde que el Dock (Acoplador) y sus íconos se minimicen para acomodar íconos que se hayan añadido, lo que hace que sea más difícil verlos. Posiblemente la mejor idea — si desea un fácil acceso a varios URL — sea crear una carpeta llena de URL y colocar esa carpeta en el Dock (Acoplador). Entonces usted puede simplemente presionar y mantener presionado su cursor sobre la carpeta (o pulsar Control+ hacer clic en la carpeta) para que emerja un menú con todos sus URL.

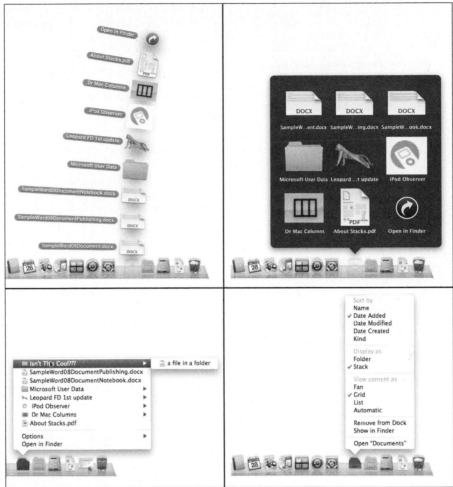

Figura 4-7:
El contenido
de una
carpeta
aparece en
una práctica
pila cuando
usted hace
clic en el
ícono del
Dock
(Acoplador)
de la
carpeta.

Aunque usted puede reducir el tamaño del Dock (Acoplador), todavía se debe limitar a una fila de íconos. Cuanto más reduzca el tamaño del Dock (Acoplador), más grande será el grupo de íconos que puede acumular. Usted mismo debe determinar lo que mejor se ajuste a sus necesidades: tener muchos íconos disponibles en el Dock (Acoplador) (aunque sea difícil verlos, porque son demasiado pequeños) o tener menos desorden pero menos íconos en su Dock (Acoplador).

Después de decidir qué programas utiliza y cuáles no, es una buena idea aliviar la aglomeración al eliminar los que usted nunca (o raramente) utiliza.

Ajustar sus preferencias del acoplador

Usted puede cambiar algunas cosas del Dock (Acoplador) para que se vea y funcione de la forma en que usted quiere. Para hacer esto, sólo seleccione Dock (Acoplador)⇨Dock Preference (Preferencias del acoplador) desde el menú (o *menú Apple),* que significa el menú debajo del símbolo en la esquina superior izquierda de la barra de menú del Finder). Se abre la aplicación System Preferences (Preferencias del sistema) que muestra un panel activo del Dock (Acoplador) (consulte la Figura 4-8).

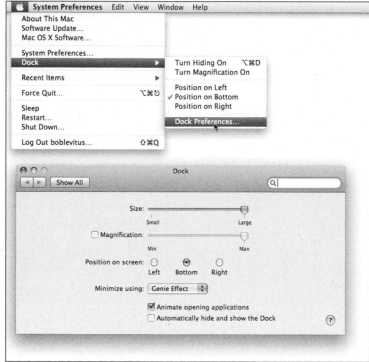

Figura 4-8: El menú Dock (Acoplador) y la ventana Dock Preferences (Preferencias del acoplador).

Usted también puede abrir la ventana Dock Preferences (Preferencias del acoplador) al hacer clic con el botón secundario del ratón o pulsar Control+ hacer clic en el ajustador de tamaño del Dock (Acoplador) y seleccionar Dock Preferences (Preferencias del acoplador) desde el menú contextual.

Ahora puede ajustar su Dock (Acoplador) con las siguientes preferencias:

✔ **Size (Tamaño):** Observe la barra de control deslizante aquí. Mueva esta barra de control deslizante a la derecha (más grande) o a la izquierda (más pequeña) para ajustar el tamaño del Dock (Acoplador) en su Finder. A medida que usted desplaza la barra de control deslizante, observe cómo cambia el tamaño del Dock (Acoplador). (¡Ahora *existe* una forma divertida de pasar un sábado por la tarde!)

A medida que añada elementos al Dock (Acoplador), cada ícono — y el Dock (Acoplador) en sí — se reducen para alojar a los íconos nuevos.

✔ **Magnification (Ampliación):** La barra de control deslizante controla cuánto crecen los íconos cuando usted pasa la flecha del cursor sobre ellos. O bien, puede cancelar la selección de este cuadro para desactivar la ampliación completamente.

✔ **Position on Screen (Posición en la pantalla):** Escoja entre estos tres botones de radio para adjuntarlos al Dock (Acoplador) a la izquierda, a la derecha o en la parte inferior de su pantalla (el valor por omisión). Personalmente, lo prefiero en la parte inferior; sin embargo, usted probablemente debería intentar las tres posiciones antes de tomar una decisión.

✔ **Minimize Using (Uso de Minimizar):** A partir de este práctico menú emergente (los usuarios de computadoras lo llamarían una lista *desplegable*, pero en realidad qué importa; no hay gravedad en una pantalla de computadora de cualquier manera), seleccione la animación que usted ve cuando hace clic en el botón Minimize (Minimizar) de una ventana (el botón en forma de gomita de color amarillo). El efecto de genio es el valor por omisión, pero el efecto de escala es un poco más rápido a mi parecer.

✔ **Aplicaciones de apertura animada:** El sistema operativo X de Mac les da animación (hace rebotar) a los íconos del Dock (Acoplador) cuando usted hace clic sobre ellos para abrir un ítem. Si a usted no le agrada la animación, cancele la selección de este cuadro y el rebote cesa aún más.

✔ **Ocultar y mostrar automáticamente el Dock (Acoplador):** ¿No le gusta el Dock (Acoplador)? Quizá desee liberar el espacio en pantalla de su monitor? Entonces seleccione el cuadro Automatically Hide and Show the Dock (Ocultar y mostrar automáticamente el acoplador); después de esto, el Dock (Acoplador) se despliega sólo cuando usted desplaza el cursor a la parte inferior de la pantalla en donde el Dock (Acoplador) aparecería normalmente. ¡Es una especie de magia! (De acuerdo; es como Windows de esa manera, pero odio admitirlo).

Si el Dock (Acoplador) no está visible, cancele la selección del cuadro Automatically Hide and Show the Dock (Ocultar y mostrar automáticamente el acoplador) para regresarlo. La opción permanece desactivada a menos que usted la cambie o seleccione Dock (Acoplador)➪Turn Hiding Off (Desactivar ocultar) del menú (o pulse ⌘+Option [Opción]+D).

Capítulo 5

El Finder y Sus Íconos

En su Mac, el Finder es su punto de partida — la pieza central de su experiencia en Mac, si usted lo desea — y siempre está disponible. En las ventanas del Finder (o en el Escritorio del Finder), usted puede dar doble clic sobre su aplicación favorita, sus documentos o sus carpetas. Así, en este capítulo, yo le muestro cómo obtener lo mejor del Finder de Mac OS X.

El Finder tiene, entre otras cosas, un tipo especial de ventana. Es una ventana con muchos talentos, pero de igual forma es una ventana. (Para obtener información real sobre ventanas en general, consulte el Capítulo 2).

Introducción al Finder y a Su Escritorio

Una ventana del Finder es un amigo conveniente. Y el Finder es verdaderamente una ventana (o múltiples ventanas) en OS X. Utilice el Finder para navegar a través de archivos, carpetas y aplicaciones en su disco duro — o para conectarse a otras Mac y a servidores del Internet — desde su Escritorio.

La Figura 5-1 muestra una ventana habitual del Finder con todas las funciones estándar realzadas. Encontrará detalles de cómo trabaja cada función en las siguientes secciones.

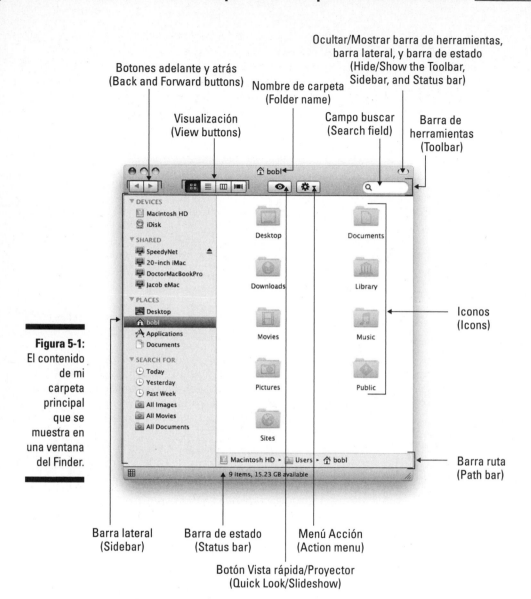

Botones adelante y atrás
(Back and Forward buttons)

Visualización
(View buttons)

Nombre de carpeta
(Folder name)

Ocultar/Mostrar barra de herramientas,
barra lateral, y barra de estado
(Hide/Show the Toolbar,
Sidebar, and Status bar)

Campo buscar
(Search field)

Barra de
herramientas
(Toolbar)

Iconos
(Icons)

Barra ruta
(Path bar)

Figura 5-1:
El contenido
de mi
carpeta
principal
que se
muestra en
una ventana
del Finder.

Barra lateral
(Sidebar)

Barra de estado
(Status bar)

Menú Acción
(Action menu)

Botón Vista rápida/Proyector
(Quick Look/Slideshow)

El Escritorio es el fondo del Finder. Siempre está disponible y es donde usted constantemente encuentra los íconos de su disco duro.

Los íconos de su disco duro (y otros discos) aparecen en la esquina superior derecha del Escritorio de forma predeterminada. En "Establecer preferencias del Finder" más adelante en este capítulo, usted aprenderá cómo hacer que éstos *no* aparezcan allí si usted así lo desea, pero a menos que tenga una buena razón para hacerlo, mi consejo es que deje que se muestren para que usted siempre pueda encontrarlos en el Escritorio, si usted llegara a necesitarlos. Si usted no ve un ícono de un disco en su Escritorio, siga adelante en este capítulo a la sección "Establecer preferencias del Finder" que es en donde usted selecciona ver los discos en su Escritorio.

En la parte inferior de la ventana del Finder se encuentran dos barras opcionales. La barra de estado le dice cuántos elementos se encuentran en cada ventana, si alguno está seleccionado, cuántos ha seleccionado del número total y cuánto espacio se encuentra disponible en el disco duro que contiene esta ventana. Y justo arriba de la barra de estado se encuentra la barra Path (Ruta), que muestra la ruta desde el nivel superior de su disco duro a la carpeta seleccionada (que se muestra en la Figura 5-1). Usted puede mostrar ocultar la barra de estado al seleccionar View⇨Hide/Show Status Bar (Vista⇨Ocultar/Mostrar barra de estado), y mostrar u ocultar la barra Path (Ruta) al seleccionar View⇨Hide/Show Path Bar (Vista⇨Ocultar/Mostrar barra de ruta).

Si no está familiarizado con el Escritorio, a continuación le presento algunas sugerencias que pueden ser convenientes mientras se familiariza con los íconos que aparecen allí:

✔ Los íconos en el Escritorio funcionan de la misma manera que en una ventana. Usted los traslada y los copia igual que los íconos en una ventana. La única diferencia es que los íconos en el Escritorio no se encuentran en una ventana. Debido a que se encuentran en el Escritorio, son más convenientes de utilizar.

✔ El primer ícono que debe conocer es el ícono para su disco duro (consulte la Figura 5-2). Usted usualmente puede encontrarlo en el lado superior derecho del escritorio. Busque el nombre en Macintosh HD o algo así, a menos que usted le haya cambiado el nombre. (Yo le cambié el nombre a mi disco duro LeopardHD en la Figura 5-2; consulte esta sección sobre cambiar de nombre a los íconos en el Capítulo 6, si desea cambiar el nombre a su propio disco duro). Usted puede observar cómo se ven los íconos del disco duro seleccionados y a los que se les eliminó la selección en la Figura 5-2, también.

Ícono no seleccionado (Unselected icon)

Ícono seleccionado (Selected icon)

Figura 5-2: Íconos del disco duro selecciona- dos y los que se les eliminó la selección.

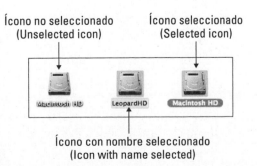

Ícono con nombre seleccionado (Icon with name selected)

El verdadero lugar de los íconos de su Escritorio

Si tiene curiosidad sobre el funcionamiento interno de su Mac, puede ser que le interese revisar la carpeta de su Escritorio en su directorio principal. Simplemente haga clic en el ícono Home (Inicio) en cualquier barra lateral de la ventana del Finder (o utilice la combinación de letras ⌘+Shift+H para abrir una ventana que muestre la palabra Home [Inicio]), y usted verá una carpeta de nombre Desktop (Escritorio), que contiene los mismos íconos que usted coloca en el Desktop (Escritorio) (no así los íconos del disco duro). La razón de esta carpeta es que cada usuario tiene un Escritorio individual. Puede encontrar más información sobre Home (Inicio), usuarios y todo lo relacionado en los siguientes capítulos.

✔ **Los íconos del disco duro y de otro disco aparecen en el Escritorio de forma predeterminada.** Cuando usted inserta un CD o un DVD o conecta un disco duro externo, aparece el ícono del disco o unidad en el Escritorio justo bajo el ícono de disco duro de arranque (espacio que se permite). Usted puede encontrar detalles de cómo trabajar con discos y unidades en el Capítulo 7.

✔ Usted puede trasladar un elemento al Escritorio para que pueda encontrarlo de un solo. Simplemente haga clic en su ícono en cualquier ventana y luego, sin liberar el botón del ratón, arrástrelo fuera de la ventana y colóquelo en el Escritorio. Luego libere el botón del ratón.

Conocer el Menú Finder

Una de las primeras funciones que usted nota en el Finder es su menú, que viene junto con otras grandes ventajas. A continuación se encuentran algunos de los principales elementos que puede encontrar en el menú del Finder:

✔ **Acerca del Finder:** Seleccione este comando para averiguar qué versión del Finder se está ejecutando en su Mac.

De acuerdo, así que este elemento del menú no es particularmente útil — o por lo menos no por mucho tiempo. Sin embargo, cuando una aplicación diferente se está ejecutando, el elemento About Finder (Acerca del Finder) se convierte en esto About application_name y usualmente da información sobre el número de versión del programa, los desarrolladores (la compañía y las personas) y cualquier otra delicadeza que esos desarrolladores deseen incluir en la misma. Algunas veces esas delicadezas son útiles, a veces son interesantes y a veces son ambas cosas.

✔ **Preferencias:** Utilice estas opciones aquí para controlar la forma en que el Escritorio luce y actúa. Averigüe los detalles en "Establecer las preferencias del Finder" más adelante en este capítulo.

✔ **Servicios:** Una de las funciones realmente divertidas de las aplicaciones de Mac OS X es la accesibilidad de los servicios. Usted puede enviar un archivo a alguien vía correo electrónico, revisar la ortografía de un documento o selección (aun si el programa que usted está utilizando no viene con un revisor ortográfico) iniciar una búsqueda en Google de forma instantánea y mucho más, como se muestra en la Figura 5-3.

Desafortunadamente, un buen número de aplicaciones todavía no dan soporte a Services (Servicios).

Figura 5-3:
Services (Servicios) se incluye con cada copia de Leopard para Mac OS X.

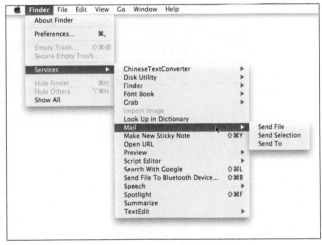

 ✔ **Hide Finder (Ocultar el Finder) (⌘+H):** Utilice este comando cuando tenga las ventanas del Finder abiertas y le estén distrayendo. Seleccionarlo hace que el Finder esté inactivo (que otro programa que está ejecutándose en ese momento se active) y oculta cualquier ventana abierta del Finder. Para hacer que el Finder esté visible de nuevo, seleccione Show All (Mostrar todo) desde el menú del Finder (o cualquier cosa que se llame en la aplicación activa — el comando debe estar todavía allí) o hacer clic en el botón Finder, que se muestra en el margen aquí, en el Acoplador.

 La ventaja de ocultar el Finder — en lugar de cerrar o minimizar todas sus ventanas para tener una pantalla limpia — es que usted no tiene que abrir todas de nuevo cuando está listo de traer de regreso a las ventanas. En su lugar, simplemente seleccione Show All (Mostrar todo) o haga clic en el botón del Finder en el Acoplador.

✔ **Hide Others (Ocultar otros) (Option+⌘+H [Opción+⌘+H]):** Este comando oculta todas las ventanas asociadas con todos los programas que están ejecutándose excepto el programa que está activo. Éste aparece en la mayoría de menús de aplicación de la aplicación y es bueno para ocultar distracciones, por lo que usted puede enfocarse en una sola cosa — la aplicación que no está oculta.

Otra forma fácil de ocultar todas las aplicaciones y ventanas que están abiertas mientras activa el Finder es mantener presionadas las teclas ⌘ y Option (Option) y hacer clic en el botón Finder en el Acoplador. Esta técnica funciona con cualquier aplicación que esté activa, no sólo el Finder. Por lo que si usted está navegando en la Web y desea que sólo se vea la ventana Safari en su pantalla, haga ⌘+Option+click (⌘+Opción+clic) en el botón Safari en el Acoplador, e instantáneamente sucederá.

✔ **Show All (Mostrar todo):** Utilice este comando y el antídoto para ambos de los comandos Hide (Ocultar). Seleccione esto y nada estará oculto.

Puede lograr mucho del mismo efecto que este asunto de ocultar y mostrar utilizando Exposé, que se describe en el Capítulo 2, o Spaces, que se discute en el Capítulo 3.

Navegar por el Finder: Hacia Arriba, Hacia Abajo y Hacia Atrás

Adicionalmente a la barra lateral (mencionada en el Capítulo 2) y algunos buenos y anticuados doble clic, la ventana del Finder para Mac OS X ofrece ayuda de navegación. Varias de estas se encuentran en la barra de herramientas — que se llaman, los botones Back (Atrás) y Forward (Adelante), así como los botones extra-helpful view (listado muy útil). Puede encontrar otras funciones convenientes en el menú Go (Ir). Las siguientes secciones explican cómo funciona cada una.

Descansar en la barra de herramientas

Justo bajo la barra del título, usted encuentra la barra de herramientas de la ventana del Finder (consulte la Figura 5-1). En ella se encuentran herramientas y botones que le permiten navegar rápidamente y actuar en los íconos seleccionados. Para activar un botón de la barra de herramientas, haga clic sobre el mismo.

¿Usted dice que no desea ver la barra de herramientas en la parte superior de la ventana? ¡De acuerdo! Simplemente seleccione View⇨Hide Toolbar (Vista⇨Ocultar barra de herramientas) o haga clic en la cosita de gel gris en la esquina superior derecha de cada ventana del Finder y desaparece. (¡Si la vida fuera así de fácil!)

¡Qué pena! Ocultar la barra de herramienta también oculta las útiles barras de estado y lateral. Si tan sólo usted pudiera seleccionar ocultarlas de forma independiente. . . . Encuentro este hecho algo sorprendente, porque yo utilizo mucho la barra lateral pero no utilizo la barra de herramientas ni siquiera en una mínima parte.

Cuando se oculta la barra de herramientas, abrir una carpeta abre una *nueva* ventana del Finder en lugar de usar de nuevo la actual (que es lo que sucede cuando la barra de herramientas se está mostrando a menos que usted haya cambiado esta preferencia en preferencias del Finder o esté utilizando listado de columnas).

Si usted ha personalizado su barra de herramientas al seleccionar View⇨Customize Toolbar (Vista⇨Personalizar barra de herramientas), no se verá exactamente como esto. Pero aquí le presento la información real de los botones predeterminados de la barra de herramientas, de izquierda a derecha:

- **Botones Forward (Adelante) y Back (Atrás):** Hacer clic en los botones Forward (Adelante) y Back (Atrás) muestra las carpetas que usted ha visto en esta ventana en orden de secuencia. Si usted ha utilizado un navegador de la Web, se parece mucho a eso.

  A continuación le presento un ejemplo de cómo funciona el botón Back (Atrás). Digamos que usted está en su carpeta principal; usted hace clic en el botón Favorites (Favoritos), y cambia un segundo después porque se da cuenta que realmente necesita algo que está dentro de la carpeta Principal. Simplemente un clic rápido del botón Back (Atrás) y — ¡pum! — usted está de regreso. Como con el botón Forward (Adelante), bueno, éste le traslada en la dirección opuesta a través de las carpetas que usted ha visitado en esta ventana. Experimente con ambos — se dará cuenta que son invaluables.

  Las combinaciones de teclas del teclado ⌘+[para Back (Atrás) y ⌘+] para Forward (Adelante) son más útiles (en mi opinión) que utilizar los botones.

- **Botones View (Visualización):** Los cuatro botones de listado cambian la forma en que la ventana muestra su contenido. Manténgase atento para ver una sección completa de listados a pocas hojas de distancia.

  Usted tiene cuatro formas de ver una ventana: Column view (Vista de columnas), Icon view (Vista de íconos), List view (Listado) y Leopard's new Cover Flow view (Vista nuevo de flujo de portadas de Leopard). A algunas personas les gustan las columnas, a algunos les gustan los íconos y otros aman las lista o los flujos. Cada quien con sus gustos. Experimente con los cuatro listados del Finder, para ver cuál se ajusta mejor para usted. Una nota importante, yo usualmente prefiero el listado de columnas con un salto del Listado que se lanza cuando necesito el contenido de una carpeta ordenado por fecha de creación o tamaño. Y el nuevo listado Cover Flow (Flujo de portadas) es excelente para carpetas con documentos porque puede ver el contenido de muchos tipos de documentos justo en la ventana, como lo explicaré en breve.

Las siguientes secciones le dan un vistazo a cada listado y explican cómo funciona.

✔ **Action (Acción):** Haga clic en este botón para ver un menú emergente de todas las acciones relativas al contexto que usted puede realizar en los íconos seleccionados, como se muestra en la Figura 5-4.

Figura 5-4:
Encontrar una acción común en el menú Action (Acción).

✔ **Search (Búsqueda):** El cuadro Search (Búsqueda) de la barra de herramientas es una forma ingeniosa de buscar archivos o carpetas. Simplemente escriba una palabra o incluso algunas pocas letras, y luego de unos cuantos segundos, la ventana se llena con una lista de archivos que coinciden.

Una forma más precisa de encontrar archivos o carpetas es el comando File⇨Find (Archivo⇨Encontrar) (combinación de teclas: ⌘+F), que abre una ventana especial del Finder. Cuando utilice esta técnica:

- Tiene la opción de dónde buscar. Esta Mac se seleccionó en la Figura 5-5.

- Usted puede seleccionar criterios adicionales de búsqueda, como el tipo de archivo (PDF en la Figura 5-5) y la última fecha en que se abrió el archivo (dentro del plazo de los últimos 60 días en la Figura 5-5), así como otros atributos, incluyendo fecha de modificación, fecha de creación, palabras clave, etiqueta, contenido del archivo y tamaño del archivo.

- Para agregar otro criterio, simplemente haga clic en el botón + a la derecha de la ventana.

- Para guardar una búsqueda para usarla de nuevo en el futuro, haga clic en el botón Save (Guardar) en el lado derecho de la ventana.

Usted puede averiguar más sobre búsqueda de archivos más detalladamente en el Capítulo 6.

Figura 5-5:
Cuando el cuadro de texto Search (Búsqueda) de la barra de herramientas no es lo suficiente-mente bueno, en su lugar utilice el comando Find (Buscar).

Moverse rápidamente a través de las carpetas en el listado de columnas

 El listado de columnas es una forma muy conveniente de ver rápidamente a través de muchas de las carpetas de una sola vez, y es especialmente útil cuando esas carpetas se llenan de archivos de gráficas. El listado de columnas es mi forma favorita de mostrar las ventanas en el Finder.

 Para mostrar una ventana en el listado de columnas, que se muestra en la Figura 5-6, haga clic en el botón Column view (Listado de columnas) en la barra de herramientas (como se muestra en el margen), seleccione View⇨ As Columns (Vista⇨Como columnas) desde la barra de menú del Finder o utilice la combinación de teclas del teclado ⌘+3.

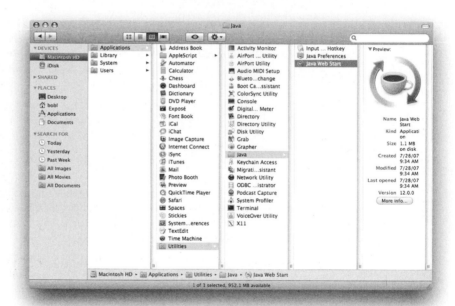

Figura 5-6:
Una ventana del Finder en listado de columnas.

A continuación le presento cómo hice clic en el listado de columnas para ver la lista de carpetas y archivos que ve en la Figura 5-6:

1. Cuando hago clic en el ícono Macintosh HD en la barra lateral, su contenido aparece en la columna a la derecha.

2. Cuando hago clic en la carpeta Applications (Aplicaciones) en esta columna, su contenido aparece en la segunda columna.

3. Cuando hago clic en la carpeta Utilities (Utilidades) en la segunda columna, su contenido aparece en la tercera columna.

4. Cuando hago clic en la carpeta Java en la tercera columna, su contenido aparece en la cuarta columna.

5. Finalmente, cuando hago clic en Java Web Start (Iniciar Java Web) en la cuarta columna, aparece un ícono grande adicionalmente a un poco de información acerca de este archivo (es una aplicación, 1.1MB de tamaño, creado el 28/7/07 y así sucesivamente). Esa es la columna Preview (Vista preliminar).

Cuando está hurgando su Mac en el listado de columna, es bueno conocer las siguientes sugerencias:

✔ **Usted puede tener tantas columnas en una ventana de listado de columnas como su pantalla pueda manejar.** Simplemente utilice el ajustador de tamaño de la ventana (también conocido como el control de ajuste de tamaño) en la esquina inferior derecha para ampliar su ventana de forma horizontal para que nuevas columnas tengan espacio para poder abrirse. O haga clic en el botón en forma de gomita color verde Zoom (Acercamiento) (también conocido como Maximizar) para ampliar la ventana a su máximo ancho de forma instantánea.

✔ **Usted puede utilizar las pequeñas asas para captar en la parte inferior de una columna para ajustar el tamaño de los anchos de la columna.** Cuando usted arrastra esta asa a la izquierda o a la derecha, la columna a su izquierda ajusta su tamaño; si mantiene presionada la tecla Option (Opción) cuando usted arrastra, todas las columnas ajustan su tamaño al mismo tiempo. Adicionalmente, si usted hace doble clic en una de estas pequeñas asas, la columna a su izquierda se amplía al ancho del elemento más ancho que ésta contenga. Si usted utiliza Option+double-click (Opción+doble clic) sobre cualquier asa, todas las columnas se amplían al ancho del elemento más ancho al mismo tiempo.

✔ **La columna preview (Vista preliminar) muestra información sobre el elemento realzado a su izquierda, pero sólo si ese elemento no es una carpeta o un disco.** (Si es una carpeta o disco, su contenido se encontraría en esta columna). Para la mayoría de los elementos, la imagen es un listado agrandado del ícono del archivo, como se mostró anteriormente en la Figura 5-6. Pero si ese elemento es un archivo de gráfica (aun un PDF) guardado en un formato que QuickTime puede interpretar (la mayoría de formatos de archivos de gráficas), aparece en su lugar una vista preliminar de imagen, como se muestra en la Figura 5-7. Si a usted no le gusta tener la vista preliminar en su pantalla, usted puede seleccionar View⇨Show View Options (Vista⇨Mostrar opciones de listado) y apagar Show Preview Column (Mostrar vista preliminar de columna).

Figura 5-7:
La vista preliminar de un archivo de gráfica es una imagen en lugar de un ícono.

Estudiar cuidadosamente en el listado de íconos

El listado de íconos es un listado de forma libre que le permite trasladar sus íconos dentro de una ventana a su discreción. Revise la ventana del Finder que se muestra en la Figura 5-1, al inicio de este capítulo, para ver cómo se ve el listado de íconos.

Para mostrar una ventana en el listado de íconos, haga clic en el botón Icon view (Vista de íconos) en la barra de herramientas (que se muestra en el margen), seleccione View⇨As Icons (Vista⇨Como íconos) desde la barra de menú del Finder o utilice la combinación de teclas del teclado ⌘+1.

El menú listado del Finder también ofrece algunos comandos que pueden ayudarle a dar un vistazo a través de sus íconos más fácilmente:

✔ **Seleccionar View⇨Clean Up (Vista⇨Ordenar):** Seleccione este comando para alinear los íconos en una cuadrícula invisible; usted lo utiliza para mantener sus ventanas y su Escritorio limpios y ordenados. (Si le gusta esta cuadrícula invisible, no olvide que puede activarla o desactivarla para el Escritorio y ventanas individuales utilizando View Options [Opciones de vista]). Clean Up (Ordenar) se encuentra disponible sólo en el listado de íconos o cuando no hay ninguna ventana activa. Si no hay ninguna ventana activa, el comando en su lugar ordena su Escritorio. (Para desactivar todas las ventanas abiertas, simplemente haga clic en cualquier lugar del Escritorio).

Lista de íconos: El anticuado listado

Hablando justamente, debo decir que muchos usuarios perfectamente felices de Macintosh aman el listado de íconos y yo me niego siquiera considerar algo más. De acuerdo. Pero a medida que el número de archivos en su disco duro se incrementa (como sucede para cada usuario de Mac), el estado real de la pantalla se convierte cada vez en algo más y más valioso. En mi humilde opinión, las únicas ventajas reales que tiene un listado de íconos sobre el listado de columnas o el listado son la capacidad de ordenar los íconos en cualquier lugar que usted guste dentro de la ventana y colocar una imagen o color de fondo detrás de sus íconos. Qué gran cosa.

Le ofrezco esta solución como un compromiso: Si usted todavía desea ver sus archivos y carpetas en listado de íconos, reduzca el tamaño de los mismos para que quepan más de ellos en el mismo espacio en la pantalla. Esto es lo que yo hago con cualquier ícono que tengo en mi Escritorio (debido a que el Escritorio permite sólo listado de íconos).

Para cambiar el tamaño de los íconos de una ventana, seleccione View⇨Show View Options (Vista⇨Mostrar opciones de listado) (o presione ⌘+J). En la ventana View Options (Opciones de vista) que aparece, arrastre el deslizador de tamaño de ícono que usted encuentra allí hacia la izquierda. Esto hace que los íconos que se encuentran en la ventana activa se hagan más pequeños. De forma contraria. Usted puede agrandarlos a todos al arrastrar el deslizador de tamaño de ícono hacia la derecha. Los íconos más grandes me vuelven loco, pero si a usted le gustan de esa manera, su Mac puede acomodarse a sus gustos. Usted también puede alterar el espacio entre íconos al arrastrar el deslizador de espaciado de la cuadrícula hacia la izquierda o hacia la derecha.

Cuando esté satisfecho con sus opciones en la ventana View Options (Opciones de vista), si desea aplicar esos ajustes a cada ventana cuando se encuentre en listado de íconos, haga clic en el botón Use as Defaults (Utilizar como valores predeterminados) en la parte inferior de la ventana View Options (Opciones de vista). Esto afecta a todas las ventanas que se muestran en listado de íconos. (Lea más sobre la ventana View Options [Opciones del vista] cuando pase una hoja o dos de este libro. . .).

Nota: Si a usted le gusta el listado de íconos, considere comprar un monitor más grande — he escuchado que los monitores ahora vienen en un tamaño de 30 pulgadas.

Si usted es como yo, usted ha pasado muchas penas para colocar los íconos cuidadosamente en lugares específicos en su Escritorio. Ordenar su Escritorio implica que destruye toda su obra de arte y mueve todos sus íconos perfectamente arreglados. Y ahhh, ordenar su Escritorio no es una acción que usted pueda deshacer.

✔ **Seleccionar View⇨Arrange By (Vista⇨Ordenar por):** Este comando ordena de nuevo los íconos en la ventana activa a su elección de seis maneras:

- Nombre (combinación de teclas ⌘+Control+1)

- Fecha de modificación (combinación de teclas ⌘+Control+2)

- Fecha de creación (combinación de teclas ⌘+Control+3)

- Tamaño, tipo o etiqueta (combinaciones de teclas ⌘+Control+4, 5 y 6, respectivamente)

Al igual que el comando Clean Up (Ordenar), Arrange By (Ordenar por) se encuentra disponible sólo para las ventanas que se ven como íconos.

¿Sin listados? Intente hacer un recorrido por las carpetas en modo de listado

Ahora le hablaré de mi segundo listado favorito, List view (Listado) (como se muestra en la Figura 5-8). La razón principal de por qué me gustan tanto estos triangulitos a la izquierda de cada carpeta, conocidos como *triángulos de divulgación,* es que le permiten ver el contenido de una carpeta sin realmente abrirla. Este listado le permite también seleccionar elementos desde múltiples carpetas a la vez.

 Para mostrar una ventana en el listado, haga clic en el botón Icon view (Vista de íconos) en la barra de herramientas (que se muestra en el margen), seleccione View⇨As List (Vista⇨Como lista) desde la barra de menú del Finder o utilice la combinación de teclas del teclado ⌘+2.

Figura 5-8:
Una
ventana en
el listado.

Las cintas alternas son una nueva función de Leopard que hace más fácil ver a la larga listas como ésta.

Cuando usted se encuentra en el Listado, las siguientes sugerencias le ayudan a pasar con rapidez a través de sus carpetas para encontrar lo que está buscando:

- ✔ **Para divulgar el contenido de una carpeta, simplemente haga clic en el triángulo que se encuentra a la izquierda.** En la Figura 5-8, se divulgan las carpetas Logs (Registros) y de DirectoryService.

- ✔ **Haga clic en el encabezado de la columna para ordenar los elementos en el listado.** Note el triangulito en el extremo derecho de la columna seleccionada (la columna del nombre en la Figura 5-8). Si esta flechita apunta hacia arriba, los elementos en la columna correspondiente se ordenan en orden descendente; si usted hace clic en el encabezado Name (Nombre) una vez, la flecha apunta hacia abajo y los elementos se enumeran en el orden opuesto (ascendente). Este comportamiento es real para todas las columnas en las ventanas del modo Listado.

- ✔ **Usted puede cambiar el orden en que aparecen las columnas en una ventana.** Para hacer esto, presione y sostenga el nombre de columna y luego arrástrelo a la izquierda o a la derecha hasta que esté donde usted lo desea. Libere el botón del ratón y la columna se mueve.

  La excepción (¿no existe siempre una excepción a la regla?) es que la columna Name (Nombre) siempre aparece de primero en las ventanas con modo de listado; usted puede mover todas las otras columnas casi a voluntad. Y, de hecho, usted puede incluso ocultar y mostrar columnas que no sean el Nombre si así lo desea, como lo puede ver en "Acerca de utilizar opciones del listado" más adelante en este capítulo.

Usted tiene que ir con la corriente

Leopard tiene un nuevo listado: el listado de flujo de portadas. Si está familiarizado con la función de flujo de portadas en iTunes o si tiene un iPhone (que realiza un flujo de portadas cuando usted lo activa hacia los lados en su modo de reproductor de música de iPod), usted ya está familiarizado con el flujo de portadas.

Para mostrar una ventana en el listado Cover Flow (Flujo de portadas), haga clic en el botón Cover Flow view (Listado de flujo de portadas) en la barra de herramientas (que se muestra en el margen), seleccione View⇨As Cover Flow (Vista⇨Como Flujo de portadas) desde la barra de menú del Finder o utilice la combinación de teclas del teclado ⌘+4. La Figura 5-9 muestra el listado de flujo de portadas.

Figura 5-9:
Una
ventana en
el listado de
flujo de
portadas.

El listado de flujo de portadas tiene dos funciones divertidas. Primero, el elemento que se seleccionó en la lista (`Dr bob-with-stethomouse.jpg` en la Figura 5-9) aparece en una vista previa en la parte superior de la ventana. Segundo, usted puede pasar a través de las vistas previas al hacer clic en las imágenes a la izquierda o a la derecha de la imagen de vista previa actual (yo con un estetomouse en la imagen) o al deslizar la barra desplazadora negar debajo de la vista previa a la derecha o a la izquierda.

Como un mapa: El menú desplegable de la carpeta actual

En el centro de la barra del título de la ventana se encuentra el nombre de la carpeta que usted está viendo en esta ventana — la carpeta realzada. Usted ya sabe eso. Lo que puede ser que desconozca es que ésta ofrece un mapa oculto a su carpeta desde el nivel superior. Los siguientes pasos explican cómo funciona:

1. **⌘+clic y mantenga presionado el nombre de la carpeta (Escritorio) en la barra del título, como se muestra en la Figura 5-10.**

   Aparece un menú desplegable con la carpeta actual (Escritorio en la Figura 5-10) en la parte superior.

Figura 5-10:
Cruce
carpetas
desde este
conveniente
menú
desplegable.

2. **Seleccione cualquier carpeta en el menú, y ésta se convierte en la carpeta realzada en la ventana actual; libere el botón del ratón y se muestra el contenido de esa carpeta.**

   Puesto de otra manera, en la Figura 5-10, se muestra el contenido de la carpeta del Escritorio (en realidad, se desplegaría si hubiera alguno, pero no hay) en la ventana. Si liberé el botón del ratón, aparecería el contenido de la carpeta realzada (se mostraría en una burbuja).

3. **Después de pasar a una nueva carpeta, usted puede hacer clic en el botón Back (Atrás).**

   ¡Oiga!, usted regresó a donde estaba antes de haber tocado ese menú emergente.

Si le gusta mucha esta función, utilice el comando Customize Toolbar (Personalizar la barra de herramientas) (en el menú View [Vista]) para agregar un botón Path (Ruta) a su barra de herramientas. Éste muestra el menú de carpetas previamente descrito sin tener que mantener presionada la tecla ⌘ key. (Si decide posteriormente eliminar ese elemento de la barra de herramientas, simplemente mantenga presionada la tecla ⌘ y arrástrela fuera de la tabla de herramientas. Cuando usted libere el botón del ratón, el elemento desaparece con un satisfactorio sonido de *puf*). Y no olvide que usted puede desplegar la barra Path (Ruta) cerca del botón de la ventana (se muestra en la Figura 5-10) al seleccionar View➪Show Path Bar (Vista➪ Mostrar barra de ruta).

Ir a lugares con el menú Go (Ir)

El menú Go (Ir) está completamente lleno de combinaciones de teclas. Los elementos en este menú le llevan a lugares en su Mac — muchos de los mismos lugares a los que usted puede ir con la barra de herramientas de la ventana del Finder — y algunos otros cuantos lugares.

La siguiente lista le da un breve resumen de los elementos que se encuentran en el menú Go (Ir):

- **Back (Atrás) (⌘+[):** Utilice esta opción de menú para regresar a la última ventana del Finder que usted ha abierto. Es equivalente el botón Back (Atrás) en la barra de herramientas del Finder, en caso que usted tenga oculta la barra de herramientas.

- **Forward (Adelante) (⌘+]):** Este comando es lo opuesto de utilizar el comando Back (Atrás), trasladándole hacia delante a través de cualquier carpeta que usted abra. Recuerde que si usted no ha regresado, no puede ir hacia adelante.

- **Enclosing Folder (Carpeta adjunta) (⌘+↑):** Este comando le indica a la ventana del Finder que muestre la carpeta en donde se encuentra ubicado el elemento actualmente seleccionado.

- **Computer (Computadora) (⌘+Shift+C):** Este comando le indica a la ventana del Finder que muestre el nivel de la computadora, mostrando la red y la totalidad de sus discos.

- **Home (Inicio) (⌘+Shift+H):** Utilice este comando para que la ventana del Finder muestre su carpeta Principal (que tiene su nombre abreviado).

- **Desktop (Escritorio) (⌘+Shift+D):** Utilice este comando para mostrar la carpeta del Escritorio, que contiene los mismos íconos que el Escritorio que usted ve detrás de las ventanas abiertas.

- **Network (Red) (⌘+Shift+K):** Este comando muestra cualquier cosa que se pueda acceder en su red en la ventana del Finder.

- **iDisk:** Utilice este submenú para montar su iDisk (⌘+Shift+I), otro iDisk del usuario u otra carpeta pública iDisk del usuario. (Encontrará más información sobre iDisk en el Capítulo 9).

- **Applications (Aplicaciones) (⌘+Shift+A):** Este comando muestra su carpeta Applications (Aplicaciones), el lugar de almacenamiento usual para todos los programas que vienen con su Mac (y el lugar con más posibilidades de tener los programas que usted instale).

- **Utilities (Utilidades) (⌘+Shift+U):** Este comando le lleva a la carpeta Utilities (Utilidades) dentro de la carpeta Applications (Aplicaciones) en picada. La carpeta Utilities (Utilidades) es el depósito de esos útiles elementos como Disk Utility (Utilidad del disco) (que le permite borrar, formatear, verificar y reparar discos) y Disk Copy (Copiar disco) (que usted utiliza para crear y montar archivos de imagen del disco). Puede encontrar más información sobre éstas útiles herramientas en el Capítulo 18.

✔ **Recent Folders (Carpetas recientes):** Utilice este submenú para rápidamente regresar a una carpeta que usted haya visitado reciente-mente. Cada vez que abre una carpeta, Mac OS X crea un alias del mismo y lo almacena en la carpeta Recent Folders (Carpetas recientes). Usted puede abrir cualquiera de estos alias desde el comando Recent Folders (Carpetas recientes) en el menú Go (Ir).

✔ **Go to Folder (Ir a carpeta) (⌘+Shift+G):** Este comando llama al diálogo Go to Folder (Ir a carpeta), que se muestra en la Figura 5-11. Vea su Escritorio. Posiblemente esté desordenado con muchas ventanas o tal vez esté completamente vacío. De cualquier manera, suponga que usted está a varios clic de distancia de una carpeta que usted desea abrir. Si usted conoce la ruta de su disco duro para esa carpeta, usted puede escribir la ruta a esa carpeta que desea en el cuadro de texto Go to the Folder (Ir a la carpeta) (separando los nombres de carpeta con una diagonal hacia adelante [/]) y luego hacer clic a Go (Ir) para moverse (relativamente) rápido a la carpeta que usted necesita.

La primera letra que usted escribe debe también ser una diagonal hacia adelante, como se muestra en la Figura 5-11, a menos que usted vaya a ir a una sub carpeta de la ventana actual.

Figura 5-11:
Ir a una
carpeta al
ingresar
su ruta.

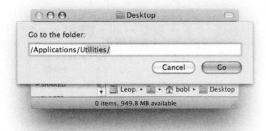

Go to the folder:

/Applications/Utilities/

Cancel   Go

0 items, 949.8 MB available

Esta ventana en lo particular es clarividente; intenta averiguar qué carpeta desea usted por la primera letra o dos que usted escribe. Por ejemplo, en la Figura 5-11, yo escribí la letra A e hice una pausa, y la ventana adivinó que yo quería Applications (Aplicaciones). Luego presioné la tecla de la flecha hacia la derecha para aceptar lo que adivinó y escribí U, y la ventana adivinó el resto (tilities [tilidades]) y llenó el espacio por mí.

> ✔ **Connect to Server (Conectarse al servidor) (⌘+K):** Si su Mac está conectada a una red o al Internet, utilice este comando para alcanzar esos recursos remotos.

Personalizar la Ventana del Finder

El Finder es extremadamente conveniente. No sólo le da un acceso conveniente a múltiples ventanas, sino que también ofrece formas de ajustar lo que usted ve hasta que obtenga lo que mejor funciona para usted. Así que, al igual que en secciones anteriores, en este capítulo explico lo que es el Finder y cómo funciona, las siguientes secciones preguntan, "¿Cómo le gustaría que fuera?"

Su tarea principal cuando está personalizando el Finder es establecer las preferencias. View Options (Opciones del vista) también ofrece ajustes para los listados de íconos, listas, columnas y flujo de portadas. Pero eso no es todo. ¿Recuerda el menú Action (Acción)? Bueno, puede ser que sea demasiado tonto para usted, pero usted puede personalizar ese menú, también, para que sus acciones favoritas estén en la punta de sus dedos.

Agregar carpetas a la barra lateral

Es fácil agregar cualquier carpeta que desee a la barra lateral. Todo lo que necesita hacer es seleccionar el elemento que desea agregar y seleccionar File⇨Add to Sidebar (Archivo⇨Agregar a barra lateral) desde la barra de menú (o presione ⌘+T). Ahora puede llegar al elemento al hacer clic en el mismo en la barra lateral de la ventana del Finder.

Establecer preferencias del Finder

Usted puede encontrar las preferencias del Finder y del Escritorio al seleccionar Finder⇨Preferences (Finder⇨Preferencias). En la ventana Finder Preferences (Preferencias del Finder) que aparece, usted encuentra cuatro paneles: General, Labels (Etiquetas), Sidebar (Barra lateral) y Advanced (Avanzados), los cuales se muestran en la Figura 5-12.

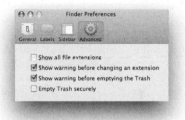

Figura 5-12:
Establecer
preferencias
del Finder
aquí.

En el panel **General,** usted encuentra las siguientes opciones:

- **Los cuadros Show These Items on the Desktop (Mostrar estos elementos en el Escritorio):** Seleccionar o eliminar la selección de estos cuadros para seleccionar si los íconos son para discos duros, CD, DVD y otros tipos de discos y servidores que aparecen en el Escritorio. Mac OS

X selecciona las tres opciones de forma predeterminada (que copia las versiones anteriores de Mac OS). Pero si usted no desea tener íconos en su bello Escritorio, usted tiene la opción de eliminar la selección de estos cuadros (borrar). Si se les elimina la selección, usted todavía puede trabajar con CD, DVD y otros tipos de discos. Usted sólo tiene que abrir una ventana del Finder y hacer clic en una que usted desee en la barra lateral.

✔ **Menú emergente New Finder Windows (Nuevas ventanas del Finder):** Aquí usted puede seleccionar si abrir una nueva ventana del Finder muestra su carpeta Principal, la ventana de la computadora o cualquier otra carpeta. (La ventana Principal es el valor predeterminado).

✔ **Cuadro Always Open Folders in a New Window (Siempre abrir carpetas en una ventana nueva):** Seleccionar este cuadro hace que OS X trabaje de la misma manera que Mac OS 9.

Pruebe la forma OS X — con ventanas abriendo "en su lugar" para evitar el desorden de ventanas. Presione ⌘ antes de dar doble clic para forzar que una carpeta se abra en una nueva ventana. Ha aprendido a que me agrade esta nueva manera, aunque al principio la odié. Ahora, entre esta función y el listado de columnas, raramente necesito más de dos o tres ventanas en la pantalla, y me basta la mayoría del tiempo con una sola ventana en el listado de columnas.

El panel **Labels (Etiquetas)** le permite cambiar el nombre de las etiquetas a colores que aparecen en el menú File (Archivo). Los nombres predeterminados son los mismos que su color, pero usted puede cambiarlos al que a usted guste, al ingresar nuevas etiquetas en los cuadros de texto que se muestran en la Figura 5-12.

Para asignar una etiqueta a cualquier ícono, seleccione el ícono, seleccione File➪Label (Archivo➪Etiqueta) y haga clic en uno de los puntos de color. El ícono seleccionado toma ese color. ¿Por qué quisiera hacer eso? Bueno, de forma parcial porque los íconos de colores son festivos, pero más que nada porque entonces usted utiliza la etiqueta como el criterio para sus búsquedas, como se describió al inicio de este capítulo.

Éste es un ejemplo: Si usted aplica la etiqueta roja a cada archivo y carpeta asociada, digamos Project X — a todas las carpetas, archivos DOC, archivos PDF, archivos JPEG y así sucesivamente — usted luego puede buscar elementos con etiqueta roja y ver todos estos elementos de una vez, sin importar en qué carpeta están almacenados o en qué aplicación fueron creados.

Otro uso que tienen las etiquetas es usarlas para designar carpetas que usted desea como una utilidad de copia de seguridad de terceros, como EMC/Dantz Development's Retrospect, para copiarlo automáticamente. (Las copias de seguridad se cubren en detalle en el Capítulo 17).

Esto es que muchos usuarios sienten que las etiquetas no son útiles y pasan los años sin nunca haber aplicado una sola etiqueta a un archivo o carpeta.

El panel **Sidebar (Barra lateral)** le permite seleccionar qué elementos se muestran en la barra lateral. Seleccione el cuadro para mostrar el elemento; elimine la selección del cuadro para no mostrarlo.

El panel **Advanced (Avanzado)** es lo suficientemente grande para ofrecer los siguientes cuadros:

- **El cuadro Show All File Extensions (Mostrar las extensiones de todos los archivos)** le dice al Finder que muestre los sufijos de los nombres del archivo de tres, cuatro o más caracteres (como .doc in summary.doc) que hace que las listas de archivos de su Mac se vean como los de un usuario de Windows. Finder los oculta para que usted no los vea de forma predeterminada, pero si usted desea poder verlos en el Finder y cuando usted abra y guarde archivos, usted necesita usar esta opción.

- **El cuadro Show Warning before Emptying (Mostrar advertencia antes de vaciar la papelera) (activado de forma predeterminada)** le permite desactivar el molesto diálogo que le indica cuántos elementos se encuentran en la papelera y le pregunta si realmente desea eliminarlos.

- **El cuadro Show Warning before Changing an Extension (Mostrar advertencia antes de cambiar una extensión)** le permite desactivar otro molesto diálogo que aparece, si usted intenta cambiar la extensión del archivo de tres, cuatro o más caracteres.

- **El cuadro Empty Trash Securely (Vaciar la papelera de forma segura)** hace que vaciar la papelera de forma segura sea el valor predeterminado. La función Secure Empty Trash (Vaciar la papelera de forma segura) sobre escribe los archivos eliminados con datos insignificantes para que los archivos no se puedan recuperar.

Acerca del uso de opciones de listado

La ventana View Options (Opciones de listado) le permite mejorar la forma en que cualquier ventana se ve y experimenta. Usted puede hacer esto de forma global (para que todas las ventanas utilicen el mismo listado cuando se abran) o puede hacerlo ventana por ventana.

Para encontrar estas opciones, siga estos pasos:

1. **Decida si desea modificar un listado de íconos, listas, columnas o flujo de portadas al desplegar la ventana en ese listado.**

   La opción del listado de la ventana determina qué opciones ve en la ventana View Options (Opciones del vista). La siguiente sección describe esas opciones.

2. **Seleccione View⇨Show View Options (Vista⇨Mostrar opciones del vista) (o utilice la combinación de letras del teclado ⌘+J).**

Aparece la ventana View Options (Opciones del vista). Las opciones que usted establece en esta ventana afectan sólo la ventana activa del Finder a menos que haga clic en el botón Use As Defaults (Utilizar como valores predeterminados), que le explicaré en breve.

Opciones del listado de íconos

La siguiente lista describe las opciones del listado que usted ve luego de seleccionar el listado de íconos (consulte la Figura 5-13):

Figura 5-13: Las opciones para listado de íconos.

- ✔ **Siempre abierto en el listado de íconos:** Realiza simplemente lo que el nombre implica — hace que esta ventana (que se muestra en la Figura 5-13) siempre se abra en el listado de íconos aun si usted la cambió a un listado diferente la última vez que la utilizó.

- ✔ **Tamaño del ícono:** Utilice el deslizador de tamaño del ícono para agrandar o achiquitar los íconos. Para ahorrar espacio valioso de la pantalla, le recomiendo que sus íconos se mantengan pequeños. El tamaño más grande del ícono es nada menos que enorme.

- ✔ **Espaciado de la cuadrícula:** Utilice el deslizador de espaciado de la cuadrícula para cambiar la distancia entre íconos.

Observe la ventana activa del Finder mientras mueve los deslizadores para que pueda supervisar el tamaño y espaciado de los íconos a medida que se achiquitan o agrandan, dependiendo de cuánto mueva el deslizador.

✔ **Text Size (Tamaño del texto):** Lo que su nombre dice. . . el tamaño del nombre del ícono. Simplemente seleccione el tamaño del punto que desea desde el menú emergente.

✔ **Label Position (Posición de la etiqueta):** Seleccione el botón de radio de la parte inferior o de la derecha para establecer en donde aparecerá el nombre del ícono — abajo o a la derecha del mismo.

✔ **Icon Arrangement (Orden de los íconos):** De acuerdo, Icon Arrangement (Orden de los íconos) no pone una etiqueta en este grupo de cuadros, pero icon arrangement (orden de los íconos) es el que hace estas opciones. Con estos cuadros, usted especifica que los íconos deben estar encerrados o en orden libre:

  • *Show Item Info (Mostrar información del elemento):* Agrega una línea de texto abajo del nombre del ícono con información sobre el archivo (o carpeta).

  • *Show Icon Preview (Mostrar vista previa del ícono):* Hace que el ícono se vea como la imagen del documento que contiene, asumiendo que el documento contiene una imagen (esto es, si es un archivo tipo TIFF, JPEG, PDF o de gráfica), como se muestra en la Figura 5-14.

Figura 5-14: Un ícono con la vista previa desactivada (a la izquierda) y activada (a la derecha).

  • *Ordenar por:* Le permite especificar el tipo de orden para sus íconos desde el menú emergente. Sus opciones son None (Ninguno), Snap to Grid (Encasillar), Name (Nombre), Date Modified (Fecha de modificación), Date Created (Fecha de creación), Size (Tamaño), Kind (Tipo) y Label (Etiqueta).

✔ **Background (Fondo):** Desde esta lista de botones de radio, usted puede elegir un color o imagen para sus ventanas u optar por ninguno (blanco es el valor predeterminado). La Figura 5-15 muestra cómo se ve una carpeta con una imagen al fondo. No estoy seguro si las ventanas deben tener imágenes a los fondos, pero si a usted le gustan, a continuación le muestro la forma de realizarlo.

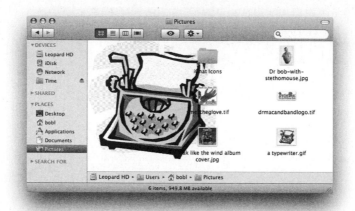

Figura 5-15: Esta ventana ahora tiene una máquina de escribir como su imagen al fondo.

RECUERDE

Lo que sea que usted seleccione — inserte una imagen, seleccione un color o simplemente el color blanco — aparece en la ventana que actualmente está activa a menos que usted haga clic sobre el botón Use As Defaults (Utilizar como valores predeterminados), lo que hace que esto aparezca en todas las ventanas.

Si usted desea que *todas* sus ventanas en el listado de íconos para utilizar estos ajustes; aquí le presento qué debe hacer: Primero, establezca todas las opciones previas simplemente de la forma en que usted las desea para las ventanas del listado de íconos. Luego, haga clic en el botón Use As Defaults (Utilizar como valores predeterminados) de la ventana View Options (Opciones del vista). Eso es todo — ¡está listo! De ahora en adelante, todas sus ventanas en el listado de íconos tendrán esas características.

Cuando haya finalizado, cierre la ventana View Options (Opciones del vista).

Opciones del listado (y flujo de portadas)

Suponga que usted prefiere el listado (en lugar del listado de íconos) y desea cambiar las opciones para ver sus elementos de esta manera. (Las opciones Cover Flow view [Vista de flujo de portadas] son similares a las opciones List view [Listado], debido a que Cover Flow [Flujo de portadas] incluye un listado en la parte inferior). Para cambiar estas opciones de listado, siga estos pasos:

1. **Con la ventana View Options (Opciones de vista) aún abierta, abra una ventana del Finder en el listado.**

2. **Desde el grupo de cuadros debajo del encabezado Show Columns (Mostrar columnas) en la Figura 5-16, seleccione los que usted desea que aparezcan en la ventana List view (Listado).**

Figura 5-16:
Seleccione qué campos mostrar en el listado List (Listas).

La mayoría de opciones que se presentan aquí le dicen a Mac OS X qué campos mostrar u ocultar. Las opciones dependen de qué información desea que se muestre, como:

- *Date Modified (Fecha de modificación):* Anota la última vez que alguien guardó un cambio al archivo a un elemento en una carpeta.

- *Date Created (Fecha de creación):* Muestra cuándo fue creado un archivo o una carpeta.

- *Size (Tamaño):* Indica el tamaño del elemento en kilo bytes, mega bytes o giga bytes.

- *Kind (Tipo):* Indica el tipo del elemento — carpeta, archivo PDF y así sucesivamente.

- *Version (Versión):* Indica el número de versión de un archivo (si estuviera disponible).

- *Comments (Comentarios):* Muestra los comentarios escritos en el campo Spotlight Comments (Comentarios importantes) en la ventana Get Info (Obtener información) del ícono.

El campo Spotlight Comments (Comentarios importantes) en la ventana Get Info (Obtener información) puede ayudarle a encontrar archivos o carpetas más fácilmente. Por ejemplo, agregue el nombre de un proyecto o la palabra urgent (urgente), o cualquier descripción que le ayude a encontrar el archivo más tarde. (Descubrirá más acerca de la ventana Get Info [Obtener información] más adelante en este capítulo y más acerca de Spotlight searches [Búsquedas importantes] en el Capítulo 6).

- *Label (Etiqueta):* Muestra la etiqueta asignada a ese ícono (si se ha asignado una etiqueta, como se discutió al inicio de este capítulo).

Usted puede siempre cambiar sus selecciones luego si ve que usted no está utilizando un campo en particular.

Los primeros tres — modification date (fecha de modificación), creation date (fecha de creación) y size (tamaño) — pueden ser útiles, si usted desea ordenar estos elementos por algo más que no sea el nombre.

3. **Seleccione el cuadro Use Relative Dates (Utilizar fechas relativas) si desea que Mac OS X inteligentemente sustituya equivalentes de palabras relativas — como lo es yesterday (ayer) o today (hoy) — para fechas numéricas.**

4. **Seleccione el cuadro Calculate All Sizes (Calcular todos los tamaños) si desea dar instrucciones a Mac OS X para (seguro) que calcule todos los tamaños. Seleccione este listado para ver cuánto material se encuentra en cada carpeta cuando usted ve el mismo en el listado.**

Los elementos (incluyendo carpetas) en la ventana activa están clasificados en orden descendente, del mayor al menor, cuando los ordena por tamaño.

Si usted no selecciona el cuadro Calculate All Sizes (Calcular todos los tamaños), los elementos que no son carpetas se ordenan por tamaño, con todas las carpetas — sin importar su tamaño — apareciendo en la parte inferior de la lista (o en la parte superior, si el orden de clasificación es ascendente).

5. **Cerca de la parte superior de la ventana View Options (Opciones del vista), usted encuentra los botones de radio Icon Size (Tamaño del ícono); seleccione uno de estos dos botones de radio para seleccionar íconos pequeños o grandes en sus listados.**

En mi opinión, creo que los más pequeños hacen que una ventana se vea más rápidamente — y ellos definitivamente permiten que se muestren más elementos. (Sus medidas pueden variar).

Si quiere que todas las ventanas de su listado utilicen estos ajustes, no hay ningún problema. Primero, establezca todo de la forma en que usted desea para todas las ventanas del vista. Luego, haga clic en el botón Use As Defaults (Utilizar como valores predeterminados) de la ventana View Options (Opciones del vista). ¡Eso es todo!

6. **Seleccione el cuadro Show Icon Preview (Muestre vista previa del ícono) para hacer que los íconos se vean como la imagen que contiene el documento, asumiendo que el documento contiene una imagen (esto es, si es un TIFF, JPEG, PDF u otro tipo de archivo de gráfica).**

7. **Seleccione el cuadro Always Open in List View (Siempre abierta en el vista) para hacer que esta ventana siempre se abra en el listado, aún si usted lo cambió a un listado diferente la última vez que lo utilizó.**

8. **Cierre la ventana View Options (Opciones del vista).**

Opciones del listado de columnas

Por último pero no menos importante, para alterar las opciones para las ventanas en el listado de columnas, siga estos pasos:

1. **Con la ventana View Options (Opciones de vista) abierta, abra una ventana del Finder en el listado.**

2. **Establezca las opciones que desea utilizar en esta ventana Column view (Vista de columnas).**

   Sólo cuatro opciones se encuentran disponibles para las ventanas en el listado de columnas:

   - *Text Size (Tamaño del texto):* Seleccione el tamaño que desea desde el menú emergente.

   - *Show Icons (Mostrar íconos):* Retire la selección de este cuadro, y usted sólo ve texto en las columnas en lugar de texto e íconos.

   - *Show Preview Column (Mostrar columna preliminar):* Determina si usted ve una vista preliminar en la columna más a la derecha cuando se selecciona un archivo (como se muestra en la Figura 5-6, al inicio de este capítulo).

   - *Ordenar por:* Este menú emergente le permite seleccionar el orden en que se mostrarán los elementos en las columnas. Sus opciones son Name (Nombre), Date Modified (Fecha de modificación), Date Created (Fecha de creación), Size (Tamaño), Kind (Tipo) y Label (Etiqueta).

   Encuentro que ordenar las columnas por cualquier opción excepto por nombre es algo totalmente desconcertante.

   Si quiere que todas las ventanas de su listado de columnas utilicen estos ajustes, no hay ningún problema. Primero, establezca todas las opciones simplemente de la forma en que usted las desea para las ventanas del listado de columnas. Luego, haga clic en el botón Use As Defaults (Utilizar como valores predeterminados) de la ventana View Options (Opciones del vista). ¡Eso es todo!

3. **Seleccione el cuadro Always Open in Column View (Siempre abierta en el vista de columnas), aun si usted lo cambió a un listado diferente la última vez que lo utilizó.**

4. **Cierre la ventana View Options (Opciones del vista).**

Personalizar el Finder con acciones de la carpeta

Apple cuenta con esta tecnología realmente divertida llamada AppleScript. Ha estado presente desde que salió System 7 y nunca se le ha dado la atención que se merece. AppleScript le permite programar tareas repetitivas para que no tenga que pasar por todos los pasos cada vez que desea realizar dicha tarea. (Encontrará un poco más de información sobre AppleScript en el Capítulo 16).

Hacer que funcione AppleScript cuando se agregan elementos a una carpeta cerrada me suena como una herramienta maravillosa para carpetas desplegables — ¿qué le parece a usted? Por ejemplo, podría lanzar el correo y enviar una notificación a su jefe de proyecto o equipo de proyecto siempre que se haya agregado un nuevo archivo a la carpeta. A continuación lo que necesita hacer:

1. **Crear u obtener AppleScripts para realizar las tareas que desea que se realicen.**

   Programar AppleScript va más allá del alcance de este libro. De hecho, un libro que le informa a usted todo sobre programar AppleScript es del tamaño de todo este libro — éste es *AppleScript For Dummies (AppleScript Para Dummies),* Segunda edición escrito por Tom Trinko (Wiley). Más que a la mano, usted puede encontrar escrituras listas para acciones de carpetas en su disco duro en

   ```
   Library/Scripts/Folder Action Scripts
   ```

   Y más en el sitio Web de Apple en las páginas de AppleScript (www. apple.com/macosx/features/applescript).

2. **Active las acciones de la carpeta al hacer clic derecho o Control+ clicking (Control+clic) en el ícono de la carpeta y al seleccionar More⇨Enable Folder Actions (Más⇨Activar acciones de la carpeta) desde el menú contextual.**

3. **Configure una acción de la carpeta al hacer clic derecho o Control+ clicking (Control+clic) en el ícono de la carpeta y al seleccionar More⇨Attach a Folder Action (Más⇨Adjuntar una acción de la carpeta) desde el menú contextual.**

   Esto abre un diálogo Choose a File (Seleccione un archivo) (realmente un diálogo abierto, del cual le hablaré en el Capítulo 6). El diálogo de forma predeterminada se coloca convenientemente en la carpeta Folder Action Scripts (Escrituras de acción de la carpeta) mencionada con anterioridad.

4. **Seleccione su escritura de acción de la carpeta, haga clic en Choose (Seleccionar) y está listo para seguir.**

   Si desea saber más sobre cómo escribir escrituras de acción de la carpeta, consulte `www.apple.com/applescript/folderactions`.

Conocer Sus Íconos del Finder

Ahora es el momento de ver más detenidamente algunos de los diferentes íconos que usted encontrará en el Finder. En el más amplio sentido de la palabra, los íconos representan cosas con las que usted trabaja en su Mac, como programas, documentos y carpetas.

No confunda los íconos del Acoplador con los íconos del Finder — son dos cosas diferentes. Los *íconos del Acoplador y de la Barra lateral* son simplemente punteros para los elementos que se encuentran en su disco duro. Los íconos en las ventanas del Finder, por el otro lado, representan cosas reales que se encuentran en su disco duro — sus carpetas y sus documentos. Sin embargo, la gran diferencia es que usted puede seleccionar íconos regulares del Finder con un doble clic; los íconos del Acoplador y de la barra lateral no pueden seleccionarse y usted hace clic sobre ellos una vez para abrirlos.

Los íconos del Finder vienen en varias formas y tamaños. Después de que ha estado usando Macintosh por algún tiempo, usted desarrolla un sexto sentido sobre lo que contiene un ícono y usted lo sabe al sólo mirarlo. Los tres tipos principales de íconos son aplicaciones, documentos y carpetas. Bueno, realmente hay cuatro tipos — alias que son un tipo de ícono en su propia ley. Pero, no se preocupe — yo le mostraré los cuatro tipos de íconos en este instante:

- ✔ **Los íconos de aplicaciones** son *programas* — el software que usted utiliza para cumplir las tareas en su Mac. Mail (Correo), Safari e iCal son aplicaciones. Igual que Microsoft Word y Adobe Photoshop.

  Los íconos de las aplicaciones vienen en una variedad de formas. Por ejemplo, los íconos de las aplicaciones (o sea un programa) frecuentemente tienen forma cuadrada. Algunas veces tienen forma de diamante, rectangulares o simplemente tienen una forma extraña. En la Figura 5-17, usted puede ver los íconos de las aplicaciones de varias formas.

- ✔ Los **íconos de documentos** son archivos que las aplicaciones crean. Una carta dirigida a su mamá, que usted crea en TextEdit, es un documento, al igual que mi última columna escrita en Microsoft Word y mis archivos de datos de Quicken. Los íconos de documento son casi siempre un recordatorio de un pedazo de papel, como se muestra en la Figura 5-18.

Figura 5-17:
Los íconos
de las
aplicacio-
nes vienen
en difer-
entes
formas.

Figura 5-18:
Íconos de
documentos
habituales.

✔ Los **íconos de carpetas** son los contenedores organizadores de la Mac.
Usted puede colocar íconos — y las aplicaciones o documentos para lo
que fueron creados — en carpetas. También puede colocar carpetas
dentro de otras carpetas. Las carpetas se ven, bueno, como sobres de
manila (qué concepto) y pueden contener casi cualquier otro ícono.
Utilice carpetas para organizar sus archivos y aplicaciones en su disco
duro. Usted puede tener tantas carpetas como lo desee, por lo que no

tema crear nuevas carpetas. El objetivo que se tiene detrás de todo este asunto de las carpetas es bastante obvio — si su disco duro es un gabinete de archivo, las carpetas son sus gavetas y carpetas (¡obvio!). La Figura 5-19 muestra algunos íconos regulares de carpetas.

Figura 5-19:
Algunos íconos ordinarios.

► Los **alias** son maravillosas — no, fabulosas — herramientas para organizar. A mí me encantan los alias, de hecho, que creo que merecen tener su propia sección. Continúe leyendo para obtener mayor información sobre esta extremadamente útil herramienta.

Si está buscando detalles de cómo organizar sus íconos en carpetas, trasládelos o elimínelos y mucho más, revise el Capítulo 6, el cual le explica todo lo que necesita saber sobre organización y administración de archivos.

Alias: La Cosa Más Maravillosa Desde Que Se Lanzó el Producto

Un *alias* es un pequeño archivo que abre automáticamente el volumen del archivo, carpeta, disco o red que éste representa. Aunque un alias es técnicamente un ícono, es diferente de los otros íconos — realmente no hace nada más que abrir un ícono automáticamente cuando usted hace doble clic sobre el mismo.

Visto de otra manera, los alias son herramientas para organizar que le permiten colocar un ícono en más de un lugar sin tener que crear múltiples copias del archivo que el ícono representa.

Un alias es muy diferente de un archivo duplicado. Por ejemplo, la aplicación iTunes usa alrededor de 90 mega bytes (MB) de espacio de disco duro. Un *duplicado* de iTunes me da dos archivos, cada uno requiriendo alrededor de 90MB de espacio en mi disco duro. Un *alias* de iTunes, por el otro lado, utiliza únicamente 68 kilo bytes (K).

Por lo que usted coloca alias de los programas y aplicaciones que usted utiliza con frecuencia en lugares convenientes como el Escritorio.

En efecto, Microsoft le robó la función del alias a Apple. (Si usted ha utilizado Windows, puede ser que conozca los alias como *accesos directos*). Pero ¿qué más hay de nuevo? Una nota importante es que los alias no se rompen cuando usted los traslada o renombra el archivo original, los accesos directos sí se rompen.

¿Por qué otra razón pienso que los alias son tan maravillosos? Bueno están abiertos para cualquier archivo o carpeta en cualquier disco duro desde cualquier lugar en cualquier disco duro — lo que es un truco excelente. Pero hay muchas más razones de por qué pienso así de los alias:

- ✔ **Comodidad:** Los alias le dan la capacidad de hacer que sus elementos aparentaran estar en más de un lugar, lo que en muchas ocasiones es exactamente lo que usted desea hacer. Por ejemplo, mantener un alias de su procesador de texto en su Escritorio y otro en su carpeta de documentos para un rápido acceso. Los alias le permiten abrir su procesador de textos rápida y fácilmente sin navegar demasiado en la carpeta de sus aplicaciones cada vez que lo necesita.

  Mientras se encuentra en esto, puede ser que desee colocar un ícono de su procesador de texto en el Escritorio y en la Barra lateral para hacer aún más fácil abrir su procesador de textos sin tener que hacer clic demasiadas veces.

- ✔ **Flexibilidad y organización:** Usted puede crear alias y almacenarlos en cualquier parte de su disco duro para representar el mismo documento en diferentes carpetas. Esto es de gran ayuda cuando usted necesita archivar un documento que lógicamente se almacenará en cualquiera de los muchos archivos. Si usted redacta un memorando dirigido a Fred Smith sobre la campaña de mercadeo de Smythe para que se realice en el cuarto trimestre, ¿a qué carpeta pertenecerá el documento? ¿Smith? ¿Smythe? ¿Mercadeo? ¿Memorandos? ¿Cuarto trimestre? Respuesta correcta: Con los alias, éste puede ir en todos, si usted así lo desea. Entonces puede encontrar el memorando en cualquier lugar que busque en lugar de adivinar en qué carpeta fue archivado.

  Con los alias, esto no importa. Usted puede colocar el archivo real en cualquier carpeta y luego crear un alias del archivo, colocándolos en cualquier otra carpeta que aplique.

- ✔ **Integridad:** Algunos programas deben permanecer en la misma carpeta que sus archivos y carpetas de soporte. Muchos programas, por ejemplo, no funcionan correctamente a menos que se encuentren en la misma carpeta que sus diccionarios, tesauros, archivos de datos (para juegos), plantillas y así sucesivamente. Sin embargo, no puede colocar el ícono de verdad para dichos programas en el Escritorio sin deteriorar su funcionalidad. Un alias le permite acceder a un programa como éste desde cualquier parte de su disco duro.

Crear alias

Cuando usted crea un alias, su ícono se ve igual que el ícono que el mismo representa, pero el sufijo *alias* está fijado a su nombre, y una flechita llamada *badge (insignia)* aparece en la esquina inferior izquierda de su ícono. La Figura 5-20 muestra un alias y su ícono *padre* (esto es, el ícono que abre si le da doble clic sobre el alias).

Figura 5-20:
Un ícono de un alias (a la derecha) y su ícono padre.

I am the parent icon   I am the parent icon's alias

Para crear un alias de un ícono, realice una de las siguientes acciones:

✔ **Haga clic en el ícono padre y seleccione File⇨Make Alias (Archivo⇨Hacer alias).**

✔ **Haga clic en el ícono padre y presione ⌘+L.**

✔ **Haga clic en cualquier archivo o carpeta, presione y mantenga presionado ⌘+Option (Opción), y luego arrastre el archivo o carpeta mientras mantiene presionado ⌘+Option (Opción).**

¡Listo! Aparece un alias en donde usted libera el botón del ratón.

✔ **Haga clic en un ícono mientras mantiene presionada la tecla Control y luego seleccione el comando Make Alias (Crear alias) del menú contextual que aparece.**

El alias aparece en la misma carpeta que su ícono padre. (Usted puede explorar menús contextuales — los cuales son muy divertidos — en el Capítulo 2).

Cuando cree por primera vez un archivo, lo guardé en su propia carpeta dentro de la carpeta Documents (Documentos) en mi carpeta principal. Si no es un documento en el que planeo trabajar por más de un día o dos (como un artículo de revista o un capítulo de un libro), creo un alias del documento (o carpeta) y lo coloco en el Escritorio. Después de que termino el artículo o capítulo y lo presento a un editor, mando el alias a la papelera, guardando el archivo original en su propia carpeta.

Eliminar alias

Esta es una sección corta porque eliminar un alias es una tarea fácil. Para eliminar un alias, simplemente arrástrelo al ícono Trash (Papelera) en el Acoplador. ¡Eso es todo! Usted también puede presionar Control+click (Control+clic) sobre el mismo y seleccionar Move to Trash (Trasladar a papelera) desde el menú contextual que aparece, o seleccione el ícono y use la combinación de teclas del teclado ⌘+Delete (Eliminar).

Eliminar un alias *no* elimina el elemento padre. (Si desea eliminar el elemento padre, usted tiene que cazarlo y matarlo usted mismo).

Cazar el alias padre

Supongamos que crea un alias de un archivo, y luego desea eliminar tanto el alias como su archivo padre, pero no puede encontrar el archivo padre. ¿Qué debe hacer? Bueno, usted puede utilizar la función Find (Buscar) del Finder para encontrar (intento decirle que tres veces más rápido), pero aquí hay tres formas rápidas para encontrar el ícono padre de un alias:

- ✔ Seleccione el ícono alias (alias) y seleccione File➪Show Original (Archivo➪Mostrar original).
- ✔ Seleccione el ícono alias (alias) y utilice la combinación de teclas del teclado ⌘+R.
- ✔ Haga Control+click (Control+clic) sobre el ícono alias (alias) y seleccione Show Original (Mostrar original) desde el menú contextual.

Incursionar por Datos del Ícono en la Ventana de Información

Cada ícono tiene una ventana de información que le proporciona — ¡una gran sorpresa! — la información sobre ese ícono y le da la capacidad de seleccionar qué otros usuarios (si hubiera alguno) desea que usted tenga el privilegio de utilizar este ícono. (Discuto compartir archivos y privilegios en detalle en el Capítulo 15). La ventana de información también se encuentra donde usted asegura un ícono para que no pueda cambiársele el nombre o arrastrarse a la papelera.

Para ver la ventana de información de un ícono, haga clic en el ícono y seleccione File➪Get Info (Archivo➪Obtener información) (o presione ⌘+I). Aparece la ventana Info (Información) para ese ícono. La Figura 5-21 muestra la ventana Info (Información) para el ícono QuickTime Player.

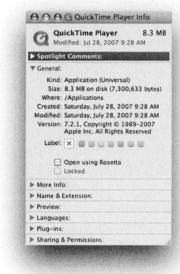

Figura 5-21:
Una
ventana
habitual de
información
para una
aplicación
(QuickTime
Player, en
este caso).

Los documentos, carpetas y discos tienen cada uno ventanas de información levemente diferentes. En esta sección, le doy detalles sobre el tipo de información y opciones que usted puede encontrar.

Los triángulos grises revelan qué información para un ícono se encuentra disponible en esta ventana particular de información. Las secciones que usted ve para la mayoría de íconos incluyen lo siguiente:

✔ **Spotlight Comments (Comentarios importantes):** Proporciona un campo en el que usted escribe sus comentarios acerca de este ícono para comentarios importantes que va a utilizar en sus búsquedas. (Hablo un poco acerca de esto al inicio de este capítulo y discuto las búsquedas importantes en el Capítulo 6).

✔ **General:** Para obtener información de carácter general, como

 • *Kind (Tipo):* Qué tipo de archivo es éste — una aplicación, documento, disco, carpeta y así sucesivamente.

 • *Size (Tamaño):* Cuánto espacio del disco duro utiliza este archivo.

 • *Where (Lugar):* La ruta para la carpeta que contiene este archivo.

 • *Created (Fecha de creación):* La fecha y la hora en que fue creado este archivo.

 • *Modified (Fecha de modificación):* La fecha y la hora en que este archivo fue modificado por última vez (es decir, guardado).

 • *Version (Versión):* Información de derechos de autor y el número de versión del archivo.

- *Label (Etiqueta):* Seleccione o cambie el color de la etiqueta para este elemento.

- *Open Using Rosetta (Abrir utilizando Rosetta)(cuadro):* Algunas aplicaciones — conocidas como aplicaciones Universales — están diseñadas para funcionar tanto en computadoras Macintosh basadas en Intel como Macs basadas en PowerPC. Algunas de estas aplicaciones Universales podrían usar extensiones o complementos que no funcionen en una Mac basada en Intel, a menos que usted seleccione este cuadro.

  Si usted tiene una Mac basada en Intel y un programa pareciera no funcionar en la misma, inténtelo seleccionando este cuadro.

✔ **More Info (Más información):** Cuando se abrió el ícono por última vez.

✔ **Name & Extension (Nombre y extensión):** Expresa el nombre completo, incluyendo (posiblemente oculta) la extensión.

✔ **Preview (Vista previa):** Cuando usted selecciona el ícono de un documento, el menú le ofrece una opción Preview (Vista previa) que usted utiliza para ver brevemente lo que se encuentra en ese documento. También puede ver esta vista previa cuando selecciona el ícono de un documento en Column view (Vista de columnas) — mágicamente aparece en la esquina en el extremo derecho. Si usted selecciona una película o sonido de QuickTime, usted puede incluso representarlo allí en el panel de vista previa sin tener que lanzar una aplicación separada. ¡Nítido!

✔ **Languages (Idiomas):** Administra el idioma que utiliza la aplicación para menús y diálogos.

  Esta opción aparece sólo si está utilizando una ventana de información para ver ciertos programas de aplicación (usualmente la clasificación que contiene múltiples `.lproj` carpetas dentro de sus carpetas Contenido/Recursos).

✔ **Plug-Ins (Complementos):** Muestra los componentes complemento para las aplicaciones que tienen arquitectura de complemento, como por ejemplo QuickTime.

  Esta opción aparece sólo si está utilizando una ventana de información para ver ciertos programas de aplicación (usualmente la clasificación que contiene múltiples `.lproj` carpetas dentro de sus carpetas Contenido/Recursos).

✔ **Sharing & Permissions (Compartir y permisos):** Regula que los usuarios tengan acceso a este ícono y cuánto acceso se les permite. (Consulte el Capítulo 15 para obtener más información sobre privilegios de acceso).

Y eso es todo acerca de los íconos, que se encuentran entre las partes más fundamentales de lo que hace de su Mac una Mac (y no un tostador o un Xbox).

Parte II
Domar al Leopard (U "Organización para Gente Inteligente")

The 5th Wave   Por Rich Tennant

"Lo chistoso es que pasó 9 horas organizando el escritorio en su computador."

En esta parte . . .

Examine los capítulos de esta parte para descubrir cómo organizar virtualmente todo en su Leopard. No se preocupe demasiado — este material es sencillo. De hecho, yo considero esta parte como "La guía del perezoso para organizarse y mantenerse organizado".

Empiezo mostrándole más acerca del tan importante Finder, incluyendo las dos habilidades más importantes de todas: guardar y abrir archivos. Luego descubrirá el gusto de trabajar con discos (de todo tipo) — ¡ciertamente algo bueno de saber! Luego viene un breve discurso sobre control y sincronización de sus calendarios y alguna otra información importante sin tener que tirarse del cabello.

Puede parecer impresionante, pero le aseguro que esta parte no es (en su mayoría) complicada.

Capítulo 6

Organizar y Manejar de Archivos y Carpetas

Quizás éste sea el capítulo más importante de este libro. Si usted no entiende cómo abrir y guardar archivos con el diálogo Open (Abrir) y las hojas Save (Guardar) o cómo usar el sistema de archivos y carpetas, se le dificultará mucho aprender a usar su Mac. Pregúntele a cualquier usuario de Mac — la antigua queja es bastante común: "Bueno, guardé el archivo pero no sé a dónde se fue". A los usuarios nuevos les sucede todo el tiempo; si no dominan estas técnicas esenciales, muchas veces se confunden respecto al sitio donde están ubicados los archivos en su disco duro.

Este capítulo es el remedio para todas sus penas relacionadas con archivos y carpetas. Acompáñeme y preste atención; pronto todo estará claro como el agua.

En las aplicaciones usted trabaja con diálogos Open (Abrir) y hojas Save (Guardar). Sólo los ve *después* de iniciar un programa y usar el menú File (Archivo) de ese programa para abrir o guardar un archivo. (Para obtener más información sobre cómo iniciar aplicaciones, lea los párrafos del Capítulo 5 que tratan de los íconos; para obtener más información acerca de crear y abrir documentos, consulte la documentación para el programa que está usando).

Entender la Estructura de la Carpeta Mac OS X

Empiece por estudiar la estructura de carpetas de una instalación típica de Mac OS X. Abra una ventana Finder y haga clic en el ícono de su disco duro (que usualmente se llama Macintosh HD) en la Barra lateral. Ahora deberá ver por lo menos cuatro carpetas — Applications (Aplicaciones), Library (Biblioteca), System (Sistema) y Users (Usuarios).

En la carpeta User (Usuario), cada una de las personas que usa esta Mac tiene su propio juego de carpetas que contiene documentos, preferencias y demás información que pertenece a cada persona.

Si usted es la única persona que tiene acceso a su Mac, probablemente tiene sólo un usuario. Independientemente de esto, la estructura de carpetas que usa Mac OS X es la misma, sin importar si hay un usuario o docenas de usuarios.

En la carpeta Users (Usuarios), usted encontrará su carpeta personal Home (Inicio) y una carpeta Shared (Compartidos) donde podrá colocar los archivos que desea compartir con otros usuarios.

Todos estos archivos se almacenan en una estructura de carpetas guardadas que al principio es un poco difícil de entender. Usted comprenderá mejor esta estructura después de dedicar algún tiempo a estudiarla y entender algunos conceptos básicos.

Si hace visible la barra Path (Ruta) en la parte inferior de sus ventanas al seleccionar View (Vista)⇨Show Path Bar (Mostrar barra de ruta), empezará a entender mucho más rápido.

Si observa la Figura 6-1, podrá ver cómo estas carpetas principales se relacionan entre ellas. En las secciones siguientes estudiará más detalladamente estas carpetas y aprenderá más acerca de lo que contiene cada una de ellas.

Entender las carpetas guardadas

Muchas veces las carpetas contenidas dentro de otras carpetas se denominan *carpetas guardadas*. Para aprender cómo funcionan las carpetas guardadas en Mac OS X, consulte la Figura 6-2. En la figura podrá ver lo siguiente:

- La Carpeta 1 tiene una profundidad de un nivel.
- La Carpeta 2 está dentro de la Carpeta 1, que tiene una profundidad de un nivel más que la Carpeta 1, o sea una profundidad de dos niveles.

Figura 6-1:
Perspectiva general de las carpetas clave de su Mac y la estructura de las mismas.

✔ La Carpeta 3 está dentro de la Carpeta 2 y tiene una profundidad de tres niveles.

✔ Los archivos que están dentro de la Carpeta 3 tienen una profundidad de cuatro niveles.

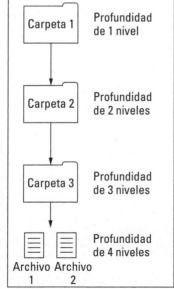

Figura 6-2:
Carpetas guardadas que llegan a una profundidad de cuatro niveles.

Si entiende la lista arriba incluida, ya comprendió. Aquí lo importante es que usted puede visualizar la ruta de acceso a la Carpeta 3. Es decir, para llegar a los archivos que están dentro de la Carpeta 3, usted abre la Carpeta 1 y luego abre la Carpeta 2 para poder abrir la Carpeta 3. Es importante entender este concepto para comprender la relación entre archivos y carpetas. Continúe leyendo esta sección y en algún momento entenderá el concepto — se golpeará la cabeza y dirá: "¡Ahora entiendo!"

Desde arriba: La carpeta Computer (Computadora)

Empiezo con la carpeta Computer (Computadora), que es el nivel superior en la jerarquía de carpetas. La carpeta Computer (Computadora) muestra todos los dispositivos de almacenamiento (discos duros, CD- o DVD-ROM, disco Zip, etc.) que actualmente están conectados a su Mac. Los siguientes pasos muestran cómo puede iniciar en la carpeta Computer (Computadora) y profundizar en la estructura de carpetas:

1. **Para encontrar la carpeta Computer (Computadora), escoja Go (Ir)⇨ Computer (Computadora) o use la combinación de teclas ⌘+Shift+C.**

   En la Figura 6-3, la carpeta Computer (Computadora) se llama MacBookPro, y contiene un ícono de disco duro (LeopardHD) y un ícono Network (Red), con el cual puede acceder a los servidores u otras computadoras en su red local. (¿No está seguro de qué significa eso? Lea el Capítulo 15 para obtener la información completa sobre cómo compartir archivos con otras Mac y cómo compartir su Mac con otros usuarios).

Figura 6-3:
Contenido de la carpeta Computer (Computadora).

Si no ve un ícono Computer (Computadora) en su Barra lateral, seleccione Finder⇨Preferences (Preferencias), haga clic en el ícono Sidebar (Barra lateral) ubicado en la parte superior y luego seleccione el cuadro Computer (Computadora). Puede cambiar el nombre de la computadora (MacBookPro en la Figura 6-3) en el panel Sharing System Preferences (Preferencias del sistema para compartir) al cual puede obtener acceso al iniciar la aplicación System Preferences (Preferencias de sistema) (desde la carpeta Applications [Aplicaciones], el acoplador o el menú Apple) y luego hacer clic en el ícono Sharing (Compartir).

Es posible que tenga más o menos íconos en su carpeta Computer (Computadora) de los que aparecen en la Figura 6-3 (dependiendo de cuánto discos tiene instalados).

2. **Haga doble clic en el ícono que contiene sus cosas de Mac OS X. (Técnicamente, éste se denomina su unidad de arranque).**

   En la Figura 6-3, ese disco duro se denomina LeopardHD. Por supuesto, no tengo idea cómo se llama el suyo; si no lo ha cambiado, probablemente se llama Macintosh HD.

3. **Vea las carpetas que encuentra allí.**

   Deberá ver por lo menos cuatro carpetas (a menos que haya agregado algunas — y si, por ejemplo, instaló las herramientas de programación Xcode, entonces tendrá más carpetas). En las siguientes secciones le explicaré lo que puede encontrar en cada una de las carpetas.

Un vistazo a la carpeta Applications (Aplicaciones)

Se puede obtener acceso a la carpeta Applications (Aplicaciones), ubicada en el nivel de origen de su unidad de arranque (aquel donde está instalado OS X), al hacer clic en el ícono Applications (Aplicaciones) en la Barra lateral, desde el menú Go (Ir) o al usar la combinación de teclas ⌘+Shift+A. En esta carpeta encontrará aplicaciones y funciones que Apple incluye con Mac OS X. Todos los usuarios de una Mac tienen acceso a los ítems incluidos en la carpeta Applications (Aplicaciones).

Encontrar tipos de letra (y más) en la carpeta pública Library (Biblioteca)

La carpeta Library (Biblioteca) en el nivel de origen del disco duro de su Mac OS X es como una biblioteca pública — guarda ítems que cualquier persona con acceso a esta Mac puede usar. Puede encontrar dos carpetas Library (Biblioteca) diferentes en su disco duro — la que está en el nivel de origen de su disco OS X y otra en su carpeta Home (Inicio).

Está bien, no dije toda la verdad, pero fue por su bien: En realidad hay una tercera carpeta Library (Biblioteca) dentro de la carpeta System (Sistema), de la que hablaré dentro de una o dos páginas. Pero por ahora, preste atención a esta advertencia: **Deje en paz la carpeta \System\Library (\Sistema\ Biblioteca)** — no la traslade o elimine ni modifique su nombre, no haga nada con ella. Es el centro neurológico de su Mac. En otras palabras, nunca debe tocar esta tercera carpeta Library (Biblioteca).

Encontrará un montón de carpetas dentro de la carpeta Library (Biblioteca) en el nivel de origen (la carpeta pública Library [Biblioteca]). La mayoría de ellas contiene archivos que nunca tiene que abrir, trasladar o borrar.

En términos generales, la subcarpeta pública Library (Biblioteca) que tiene el mayor uso es la carpeta Fonts (Tipos de letra), que alberga muchos de los tipos de letra instalados en la Mac. Básicamente, los tipos de letra pueden hacerse disponibles en una de dos formas:

- **Para todos los usuarios de la Mac:** Si ése es el caso, están almacenados aquí en la carpeta Fonts (Tipos de letra).

- **Para un solo usuario:** En este caso, los tipos de letra se colocan en la carpeta Library (Biblioteca) del usuario (la que está ubicada en la carpeta Home [Inicio] del usuario).

En el Capítulo 13 hablaré más sobre los tipos de letras. Mientras tanto, otras subcarpetas públicas Library (Biblioteca) que puede usar o agregar son las carpetas iMovie, iTunes, iPhoto e iDVD (donde coloca complementos para esos programas); la carpeta Scripts (Escrituras) (que alberga AppleScripts que están accesibles para todos los usuarios); y la carpeta Desktop Pictures (Imágenes de escritorio) (donde puede colocar imágenes a usarse como imágenes de fondo del escritorio).

No toque mucho la carpeta "pública" Library (Biblioteca) a no ser que esté usando la carpeta Fonts (Tipos de letra) o que sepa qué está agregando a una de las demás carpetas. No elimine, modifique el nombre ni traslade ningún archivo o carpeta. Mac OS X usa estos ítems y es muy exigente respecto a dónde se localizan y qué nombre tienen.

Nota: Bajo la mayoría de circunstancias, en realidad usted no agregará ni eliminará ítems de las carpetas en esta Library (Biblioteca) por su cuenta. Los instaladores de software generalmente realizan el trabajo pesado por usted al colocar todas las piezas pequeñas en carpetas Library (Biblioteca) apropiadas. No debe tocar esta Library (Biblioteca) con mucha frecuencia, si es que alguna vez necesita tocarla. Dicho esto, el hecho de saber qué son estas carpetas — y quién puede acceder a su contenido — podría resultar útil más adelante.

Si su Mac está configurada para múltiples usuarios, sólo los usuarios con privilegios de administrador (admin) pueden colocar algo en la carpeta pública (nivel de origen) Library (Biblioteca). (Para obtener más información sobre los privilegios de administrador [admin] consulte el Capítulo 15).

Déjela estar: Carpeta System (Sistema)

La carpeta System (Sistema) contiene archivos que Mac OS X necesita para arrancar y seguir funcionando.

Deje en paz esta carpeta — no la traslade ni elimine ni modifique su nombre, ni haga nada en ella. Forma parte del centro neurológico de su Mac.

Utilidad de la carpeta Users (Usuarios)

Al abrir la carpeta Users (Usuarios), verá una carpeta para cada una de las personas que usan la Mac, además de la carpeta Shared (Compartido).

La carpeta Shared (Compartido) que usted puede ver en la carpeta Users (Usuarios) permite a todos los usuarios de la Mac usar los archivos almacenados allí. Si usted desea que otras personas que usan la Mac tengan acceso a un archivo o carpeta, la carpeta Shared (Compartido) es el lugar indicado para almacenarlo. Puede ver mi carpeta Shared (Compartido) justo debajo de mi carpeta Home (Inicio) (bobl) arriba, en la Figura 6-1.

Estoy consciente que muchas personas no comparten su Mac con otras. Y si usted es una de esas personas, podría preguntarse por qué menciono repetidamente el compartir y los usuarios múltiples y temas similares. Bien, Mac OS X se basa en el sistema operativo UNIX — un sistema operativo de múltiples usuarios que se encuentra en servidores y estaciones de trabajo de alta calidad que muchas veces comparten varias personas. Mac OS X tiene el beneficio de este arreglo y un poco de la confusión provocada cuando un solo usuario (¿podría ser usted?) inicia una computadora que podría estar configurada para varias personas. Es por eso que las carpetas Mac OS X están organizadas de esta forma — con diferentes jerarquías para cada usuario y para la computadora en general.

No hay un lugar como Home (Inicio)

Desde la carpeta Users (Usuarios), puede entrar en la carpeta Home (Inicio) para ver qué hay adentro. Cuando el usuario se conecta a esta Mac, su carpeta Home (Inicio) aparece siempre que hace clic en el ícono Home (Inicio) en la Barra lateral, selecciona Go (Ir)⇨Home (Inicio) o usa la combinación de teclas ⌘+Shift+H.

RECUERDE

Su carpeta Home (Inicio) es la carpeta más importante para usted como usuario — o al menos es aquella donde usted almacena la mayoría de sus archivos. Recomiendo enfáticamente que almacene todos los archivos que crea en una subcarpeta dentro de su carpeta Home (Inicio), de preferencia en una subcarpeta en su carpeta Home/Documents (Inicio/Documentos). La ventaja de hacerlo es que su carpeta Home/Documents (Inicio/Documentos) es fácil de encontrar, y muchos programas la usan como la carpeta por omisión para abrir o guardar un archivo.

Al abrir su carpeta Home (Inicio), verá una ventana Finder, con un ícono pequeño de una casa y su nombre de usuario abreviado en la barra de título. El ver su nombre de usuario abreviado en la barra de título le indica que usted se encuentra en *su* carpeta Home (Inicio). Cada usuario tiene una carpeta Home (Inicial) con su nombre de usuario abreviado (según se especifica en el panel Accounts System Preferences [Preferencias de sistema de cuentas]). En la Figura 6-4, podrá ver que mi carpeta Home (Inicio) se llama bobl — el nombre abreviado que usé cuando configuré mi Mac por primera vez.

Figura 6-4: Mi carpeta Home (Inicio).

Si su Mac tiene más de un usuario, podrá ver las carpetas Home (Inicio) de los demás usuarios en la carpeta Users (Usuarios) pero Mac OS X le impide abrir los archivos en estas carpetas o guardar archivos en ellas.

Su carpeta Home (Inicial), por omisión, contiene varias carpetas creadas por Mac OS X. Las siguientes cuatro carpetas son las más importantes:

✔ **Desktop (Escritorio):** Si coloca ítems (archivos, carpetas, aplicaciones o alias) en el Escritorio, en realidad se almacenan en la carpeta Desktop (Escritorio).

✔ **Documents (Documentos):** Éste es el lugar para colocar todos los documentos (cartas, hojas electrónicas, recetas y novelas) que usted crea.

- ✔ **Library (Biblioteca):** Las preferencias (los archivos que contienen las configuraciones que usted crea en System Preferences [Preferencias del sistema] y otros lugares) se almacenan en la carpeta Library (Biblioteca), junto con los tipos de letra que únicamente están disponibles para usted (según se describió anteriormente en este capítulo) y otras cosas que usted y sólo usted usa.

- ✔ **Public (Archivos públicos):** Si otras personas conectadas a su red de área local usan la función de compartir archivos para conectarse con su Mac, no pueden ver ni usar los archivos o carpetas localizados en su carpeta Home (Inicio). Pero pueden compartir los archivos que usted almacenó en la carpeta Public (Archivos públicos) dentro de su carpeta Home (Inicio). (En el Capítulo 15 puede leer más sobre compartir archivos y carpetas Public [Archivos públicos]).

Si lo desea puede crear más carpetas. De hecho, *todas* las carpetas que usted crea (al menos cada carpeta que usted crea en este disco duro o volumen particular) *debe* estar dentro de su carpeta Home (Inicio). Más adelante en este capítulo explicaré más detalladamente cómo crear carpetas y subcarpetas y cómo organizar sus cosas dentro de ellas.

A continuación le incluyo más sugerencias para que las tenga en mente mientras explora su carpeta Home (Inicio):

- ✔ Si decide que ya no desea tener un ítem en el Escritorio, bórrelo al arrastrar su ícono de la carpeta Desktop (Escritorio) a la papelera o al arrastrar su ícono del propio Escritorio a la papelera. Ambas técnicas tienen el mismo efecto: El archivo está en la papelera, donde permanece hasta que usted la vacíe. O si ya no desea que esté en el Escritorio pero tampoco quiere deshacerse de él, puede arrastrarlo del Escritorio a cualquier otra carpeta que desee.

- ✔ Las otras cinco carpetas que podría ver en su carpeta Home (Inicio) son Downloads (Descargas), Movies (Películas), Music (Música), Pictures (Imágenes) y Sites (Sitios). Todas estas carpetas excepto Sites (Sitios) están vacías hasta que usted (o un programa como iTunes, iPhoto o iMovie que automáticamente crea archivos dentro de estas carpetas cuando usted los inicia por primera vez) coloque algo dentro de ellas. La carpeta Sites (Sitios) contiene algunos archivos que su Mac necesita si usted activa Web Sharing (Compartir por la red) en el panel Sharing System Preferences (Preferencias del sistema para compartir), según describo en el Capítulo 15.

Su tarjeta Library (Biblioteca) personal

La subcarpeta Library (Biblioteca) de su carpeta Home (Inicio) es el depósito de todo lo que necesita Mac OS X para personalizar *su* Mac según *sus* gustos. Si desea agregar algo a una carpeta Library (Biblioteca), usualmente es mejor agregarlo a su carpeta Home/Library (Inicio/Biblioteca). No invertirá mucho tiempo (si es que algo) en agregar cosas a la carpeta Library (Biblioteca) o trasladarlas dentro de la carpeta, pero es buena idea que sepa qué contiene esta carpeta. En la sección "Encontrar los tipos de letra (y más) en la carpeta pública Library (Biblioteca)" anteriormente en este capítulo, hablo sobre la carpeta Library (Biblioteca) que se usa para especificar las preferencias para la Mac como un todo. Pero *esta* carpeta Library (Biblioteca) es para usted y sus cosas.

Me estoy adelantando un poco, pero temo que si no menciono esto ahora podría confundirle: Las versiones anteriores de Mac OS X colocaban los archivos descargados en su Escritorio por omisión; Mac OS X 10.5 Leopard coloca los archivos descargados en la carpeta Downloads (Descargas) (nueva en Leopard) en su carpeta Home (Inicio) por omisión. (Les hablaré más sobre la descarga y navegar la Red con Safari, pero esto no será sino hasta en el Capítulo 9).

Tenga cuidado con la carpeta Library (Biblioteca) porque OS X es muy quisquilloso respecto a la forma como están organizados sus carpetas y archivos. Como mencioné anteriormente en este capítulo, usted puede agregar y eliminar ítems en forma segura de la mayoría de las carpetas Library (Biblioteca) pero *deje en paz las carpetas en sí*. Si elimina o si modifica el nombre de la carpeta equivocada, podría provocar que OS X sea inoperable. Es como ese viejo chiste sobre el tipo que le dijo al médico: "Duele cuando hago eso" y el médico responde: "Entonces no lo haga".

Para encontrar la carpeta Library (Biblioteca), haga clic en el ícono Home (Inicio) en la Barra lateral de cualquier ventana Finder o use la combinación de teclas ⌘+Shift+H y luego abra la carpeta Library (Biblioteca). Debe ver varias carpetas; el número exacto depende del software que instale en su Mac. Por ejemplo, si tiene una cuenta de correo electrónico, deberá ver carpetas llamadas Addresses (Direcciones) y Mail (Correo). (Por supuesto, si no tiene cuenta de correo electrónico configurada quizá estas carpetas no estén allí).

Algunas de las carpetas estándar más importantes en la carpeta Library (Biblioteca) incluyen las siguientes:

- **Documentation (Documentación):** Algunas aplicaciones almacenan aquí sus archivos Help (Ayuda). Otras almacenan sus archivos en la carpeta pública Library (Biblioteca) principal (nivel de origen).

- **Fonts (Tipos de letra):** Esta carpeta está vacía hasta que usted instale aquí sus propios tipos de letra. Los tipos de letra que vienen con Mac OS X no están almacenados aquí, sino en la carpeta Library (Biblioteca) en el nivel de origen para todos los usuarios de esta Mac. Hablo sobre este tema en una sección previa de esta capítulo. Si usted desea instalar tipos de letra para que sólo usted tenga acceso a ellos, colóquelos en la carpeta Fonts (Tipos de letra) en *su* carpeta Library (Biblioteca).

Para instalar un tipo de letra, arrastre su ícono hacia la carpeta Fonts (Tipos de letra) dentro de su carpeta Home/Library (Inicio/ Biblioteca). Sólo estará disponible cuando esté conectado; ningún otro usuario podrá usar un tipo de letra almacenado aquí. Para instalar un tipo de letra que esté disponible para cualquier usuario de esta Mac, arrástrelo hacia la carpeta Fonts (Tipos de letra) en la carpeta pública Library (Biblioteca) — la que está en el nivel de origen que usted puede ver al abrir el ícono de su unidad de disco duro.

✔ **Preferences (Preferencias):** Los archivos de aquí contienen la información sobre cualquier cosa que usted personalice en Mac OS X. Siempre que usted modifica una preferencia del sistema o de aplicación, esa información se almacena en un archivo en la carpeta Preferences (Preferencias).

¡No se meta con la carpeta Preferences (Preferencias)! No debería ser necesario jamás que abra o use esta carpeta a no ser que ocurra algo malo — por ejemplo, usted sospecha que un archivo de preferencias específico está *corrupto* (es decir, dañado). Mi consejo es que se olvide de esta carpeta y permita que haga su trabajo. De hecho, déjeme ir aún más allá y decir: "No se meta con ninguna de las carpetas que están dentro de su carpeta Home/Library (Inicio/Biblioteca), a no ser que tenga una razón ridículamente buena". Si no sabe por qué está haciendo algo en una carpeta (que no sea la carpeta Fonts [Tipos de letra]) en su Home/Library (Inicio/Biblioteca), *no lo haga*.

Guardar Su Documento antes de Que Sea Demasiado Tarde

Si entiende la estructura de Mac OS X, puede empezar con los temas importantes — dígase, cómo guardar documentos y dónde guardarlos. Puede crear el número de documentos que desee, con un programa o docenas de ellos, pero todo está perdido si no guarda los archivos en un dispositivo de almacenamiento tal como su unidad de disco duro u otro disco.

Al *guardar* un archivo, está enviando una copia a un disco — ya sea que se trate de un disco instalado en su Escritorio, uno que está disponible a través de una red o un disco extraíble como un Zip o disco flexible.

En estas secciones le muestro cómo guardar sus obras maestras. Evite penas innecesarias en su vida al desarrollar buenos hábitos de almacenamiento. Recomiendo que guarde su trabajo

✔ En intervalos de pocos minutos

✔ Antes de cambiarse a otro programa

  ✔ Antes de imprimir un documento

  ✔ Antes de levantarse

Si no hace caso a este consejo y si el programa que está usando falla cuando cambia de programa, imprime o mientras está en modo de descanso (lo que, no por casualidad, son los tres momentos más probables cuando ocurre una falla), perderá todo lo que hizo desde que guardó por última vez. El hecho que una falla de programa no provoca una falla de todo el sistema (como sucedía con Mac OS 9) es un consuelo insuficiente cuando pierde todo lo que ha escrito, dibujado, copiado, pegado o lo que sea que haya hecho después de la última vez que guardó su trabajo.

En casi todos los programas de Mac la combinación de teclas para Save (Guardar) es ⌘+S. Memorícela. Véalo en sus sueños. Entrene los músculos de sus dedos para que lo hagan inconscientemente. Utilícela (la combinación de teclas) o piérdalo (su trabajo no guardado).

Esconder sus cosas debajo de la piedra correcta

En las versiones anteriores de Mac OS, las reglas respecto a dónde guardar las cosas eran mucho menos estrictas. No era para nada importante guardar todo dentro de su carpeta Documents (Documentos). Pero Mac OS X organiza los archivos de sistema, aplicaciones y otras cosas de manera un poco diferente a lo que lo hacían las versiones anteriores.

Le recomiendo enfáticamente que almacene todos sus archivos de documentos y las carpetas que los contienen en la carpeta Documents (Documentos) dentro de su carpeta Home (Inicio) o la carpeta Movies (Películas), Music (Músico) o Pictures (Imágenes) de su carpeta Home (Inicio), si ése es el lugar recomendado por la aplicación (como iMovie, iTunes o iPhoto). Los archivos que usted coloca fuera de la carpeta Documents (Documentos) se pueden perder mientras navega por un laberinto de alias y carpetas que pertenecen a (y que hacen sentido a) programas particulares o partes del software del sistema — y no a usted como usuario. Una excepción a esta regla es colocar los archivos que necesita compartir con otros usuarios en la carpeta Shared (Compartido), dentro de la carpeta Users (Usuarios) en donde reside su carpeta Home (Inicio).

Si otras personas usan su Mac y cambian la configuración de privilegios para darle acceso a sus directorios (ver el Capítulo 15), hasta podría guardar un archivo en la carpeta de otro usuario por equivocación, en cuyo caso probablemente no lo volvería a encontrar jamás.

Entonces, confíe en mí cuando digo que la carpeta Documents (Documentos) en su carpeta Home (Inicio) es el lugar correcto para empezar, no sólo porque es fácil de recordar sino, porque está a una distancia de sólo un comando de menú (Go [Ir]⇨Home [Inicio]) o una combinación de teclas (⌘+Shift+H), donde sea que esté trabajando en su Mac.

Seguir pasos básicos para guardar

Cuando usted elige guardar un archivo por primera vez (al seleccionar File (Archivo)⇨Save (Guardar) o pulsa ⌘+S), aparece una hoja Save (Guardar) en frente de la ventana que usted está guardando, como se muestra en la Figura 6-5. A esto le llamo una hoja Save (Guardar) básica (y no una hoja Save [Guardar] ampliada, de la que hablaré en un momento). Los siguientes pasos lo guían a través de todas las opciones para que pueda guardar su archivo de la forma que desee cuando lo guarde por primera vez:

1. **En el campo Save As (Guardar como), escriba un nombre para su archivo.**

   Cuando una hoja Save (Guardar) aparece por primera vez, el campo Save As (Guardar como) está activo y muestra el nombre del documento. Se selecciona el nombre del documento (usualmente Untitled [Sin título]); al empezar a escribir, el nombre desaparece y es reemplazado por el nombre que usted escribe.

2. **Revise si el menú emergente Where (Dónde) indica la ubicación donde usted desea guardar su archivo. Si es así, selecciónela de la lista y proceda al Paso 5. Si no, haga clic en el triángulo de revelación (ver la Figura 6-5).**

   Usted puede seleccionar cualquier carpeta o volumen enumerado en la Barra lateral de una ventana Finder al hacer clic en un menú emergente Where (Dónde) de una hoja Save (Guardar) básica y hacer su elección. O si hace clic en el triángulo de revelación, la hoja se amplía para que pueda navegar en las carpetas tal como lo haría en el Finder: al abrirlas para ver su contenido.

   En una hoja Save (Guardar) básica, el menú emergente Where (Dónde) funciona como menú de acceso directo para todos los ítems de una Barra lateral de una ventana Finder. El menú emergente Where (Dónde) enumera una o más ubicaciones donde usted puede guardar sus archivos (Documents [Documentos], Home [Inicio]), además de otras carpetas donde usted ha abierto o guardado archivos recientemente. Si se cambia a la vista ampliada al hacer clic en el triángulo de revelación (en la Figura 6-6 puede ver la vista ampliada), el menú emergente Where (Dónde) sigue la ruta de acceso a la carpeta (como lo hicieron todas las hojas Save [Guardar] en las versiones anteriores de Mac OS).

3. **Para empezar a navegar en la hoja Save (Guardar) ampliada para encontrar la carpeta donde usted desea guardar su archivo, seleccione una de las vistas al hacer clic en el botón de vista Icon (Ícono) (nuevo en Leopard), List (Listados) o Column (Columna). (Los botones tienen el mismo aspecto que sus contrapartes en las ventanas Finder).**

   Haga clic y sostenga el botón de vista Icon (Íconos) para ajustar el tamaño del ícono y la posición de la etiqueta.

Triángulo de revelación
(Disclosure triangle)

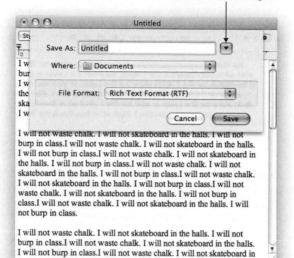

Figura 6-5:
Por lo
general, las
hojas Save
(Guardar)
básicas
tienen este
aspecto.

Figura 6-6:
Usualmente,
las hojas
Save
(Guardar)
ampliadas
tienen este
aspecto
(Vista List
del lado
izquierdo,
vista Icon
en el centro,
vista Column
del lado
derecho).

En la vista Icon (Íconos), haga doble clic sobre una carpeta para abrirla. La vista List (Listados) no ofrece triángulos de revelación (como se ven en las ventanas Finder de las vistas List [Listados]), por lo que debe hacer doble clic en las carpetas para abrirlas y ver su contenido. En la vista Column (Columnas), haga clic en un ítem del lado izquierdo para ver su contenido del lado derecho, igual como lo hace en una ventana Finder de una vista Column (Columnas).

En una hoja Save (Guardar) ampliada, el menú emergente muestra una ruta de acceso desde la carpeta que actualmente está seleccionada; es similar al menú que se ve al hacer ⌘+clic en el título de una ventana Finder pero con Recent Places (Lugares recientes) insertado en su parte inferior.

También puede usar los botones Forward (Adelante) y Back (Atrás) en la Barra lateral, ambos únicamente disponibles en un diálogo Save (Guardar) ampliado, para navegar en su disco de forma conveniente. Muchas de estas ayudas para navegar funcionan igual que las de Finder; para obtener más información consulte el Capítulo 5.

Puede ampliar la hoja Save (Guardar) para ver más de la misma forma como amplía una ventana Finder — arrastra la esquina inferior derecha de la hoja hacia abajo o hacia la derecha.

Si no puede encontrar la carpeta donde desea guardar su documento, escriba el nombre de la carpeta en el cuadro Search (Buscar). Tres botones aparecen justo debajo del menú emergente Where (Dónde). Haga clic en el botón Computer (Computadora) (MacBookPro, en las figuras anteriores) para buscar en todos lados, el botón Home (Inicio) (bobl en las figuras anteriores) para buscar sólo en su carpeta Home (Inicio) o el botón de la carpeta activa (que tiene el nombre de la carpeta activa) para buscar sólo en la carpeta activa. Ni siquiera tiene que pulsar Enter (Intro) o Return (Retorno); la hoja Save (Guardar) se actualiza para mostrarle únicamente los ítems que coinciden con los caracteres como usted los escribió.

 4. **Seleccione la carpeta donde desea guardar su archivo en el menú emergente Where (Dónde). Si desea crear una nueva subcarpeta de la carpeta seleccionada para guardar su archivo, haga clic en el botón New Folder (Carpeta nueva), asigne un nombre a la carpeta nueva y luego guarde su archivo en ella.**

En la Figura 6-7, seleccioné la carpeta Novels (Novelas). Se puede notar que está seleccionada por el resaltado en el nombre de la carpeta y porque aparece en el menú emergente Where (Dónde) de la hoja Save (Guardar) ampliada. Recuerde que la carpeta seleccionada es el lugar donde se guardará su archivo.

Figura 6-7:
Guardar un
archivo en
la carpeta
Novels
(Novelas).

La combinación de teclas para New Folder (Carpeta nueva) es
⌘+Shift+N. Nunca he visto esta combinación de teclas documentada en
Mac Help (Ayuda) (o de hecho, en ningún otro lado), por lo que bien
puede ser una combinación de teclas exclusiva para *Mac OS X Leopard
para Dummies*.

5. **En el menú emergente File Format (Formato de archivo), asegúrese de
   que el formato seleccionado es el que desea.**

6. **Si desea desactivar la vista de extensiones de archivos (como `.rtf`,
   `.pdf`, o `.txt`) en las hojas Save (Guardar), seleccione el cuadro Hide
   Extension (Ocultar extensión).**

7. **Revise cuidadosamente el menú emergente Where (Dónde) una última
   vez para asegurarse de haber seleccionado la carpeta correcta. Luego
   haga clic en el botón Save (Guardar) para guardar el archivo en la
   carpeta activa.**

   Si hace clic en Save (Guardar), ahora el archivo aparece en la carpeta
   que seleccionó. Si cambia de parecer respecto a guardar este archivo, al
   hacer clic en Cancel (Cancelar) la hoja Save (Guardar) desaparece sin
   guardar nada, en ningún lugar. En otras palabras, el botón Cancel
   (Cancelar) regresa las cosas a la forma como eran antes de que
   apareciera la hoja Save (Guardar).

Después de haber guardado un archivo por primera vez, al seleccionar File
(Archivo)⇨Save (Guardar) o presionar ⌘+S ya no aparece una hoja Save
(Guardar). Sólo guarda el archivo otra vez sin ninguna intervención adicional
de su parte. Acostúmbrese a pulsar ⌘+S con frecuencia. No tiene nada que
perder, y algún día podría salvar su trabajo.

Usar la tecla Tab en la hoja Save (Guardar)

En la vista ampliada, si pulsa la tecla Tab mientras el campo Save As (Guardar como) está activo, éste se inactiva y el cuadro Search (Buscar) se activa. Pulse Tab otra vez, y la Barra lateral se activa. Pulse la tecla Tab una vez más, y el cuadro de la lista de archivos (conocido más específicamente como el *panel de detalles* — la parte con la vista Icon (Íconos), List (Listados) o Column (Columnas) se activa. Esto se debe a que el cuadro con la lista de archivos, el cuadro Search (Buscar), la Barra lateral y el campo Save As (Guardar como) son mutuamente excluyentes. Sólo uno de ellos puede estar activo en un momento dado.

Siempre puede saber cuál ítem está activo por el borde delgado azul o gris alrededor de él.

Si desea cambiarse a una carpeta diferente para guardar un archivo, haga clic en la carpeta en la Barra lateral o haga clic en cualquier lugar en el cuadro de la lista de archivos para activar la lista de archivos.

Los siguientes trucos le ayudarán a entender todo este asunto de activo e inactivo:

- Busque el borde azul delgado que le muestra qué parte de la hoja Save (Guardar) está activa.

- Si escribe mientras el cuadro de la lista de archivos está activo, el cuadro de la lista selecciona la carpeta que se ajusta más al carácter o caracteres que usted escribe.

Es un poco extraño porque no verá lo que está escribiendo: Estará escribiendo a ciegas, por así decirlo. Anímese e inténtelo.

- Cuando la lista de archivos está activa, los caracteres que escribe no aparecen en el campo Save As (Guardar como). Si desea escribir el nombre de un archivo, debe activar nuevamente el campo Save As (Guardar como) (al hacer clic en él o usar la tecla Tab) antes de que pueda escribir en él.

- Si escribe mientras la Barra lateral está activa, no ocurre nada. Sin embargo, puede usar las teclas de flecha hacia arriba y hacia abajo para desplazarse en la Barra lateral.

- Sin importar cuál cuadro o campo esté activo en ese momento, al pulsar la tecla Tab se activa el siguiente en la secuencia.

- Al pulsar Shift (Mayúsc.) se invierte el orden de la secuencia. Si pulsa Shift+Tab (Mayúsc.+Tab), el ítem activo se desplaza del campo Save As (Guardar como) al cuadro de la lista de archivos a la Barra lateral al cuadro Search (Buscar) y de regreso al campo Save As (Guardar como).

Si no tiene ganas de pulsar la tecla Tab, puede lograr el mismo efecto al hacer clic en el cuadro de la lista de archivos, la Barra lateral o el campo Save As (Guardar como) para activarla.

En las Figuras 6-5 y 6-6, verá, respectivamente, la hoja Save (Guardar) para el programa TextEdit, básica y ampliada. En programas que no son TextEdit, la hoja Save (Guardar) podría contener opciones adicionales, menos opciones u opciones diferentes y, por lo tanto, podría tener un aspecto ligeramente diferente. Por ejemplo, el menú File Format (Formato de archivo) es una función específica de TextEdit y puede que no aparece en las hojas Save (Guardar) de otras aplicaciones. No se preocupe. La hoja Save (Guardar) siempre *funciona* de la misma forma, independientemente de las opciones que ofrezca.

Se ve como Save (Guardar), funciona como Save (Guardar) — ¿por qué se llama Save As (Guardar como)?

El comando Save As (Guardar como) — que puede encontrar en el menú File (Archivo) de casi todos los programas hasta la fecha elaborados (por lo menos los que crean documentos) — le permite volver a guardar un archivo que ya se guardó al darle un nombre diferente.

¿Por qué podría querer hacer eso? Éste es un buen ejemplo (aunque es un poco rústico):

Supongamos que tiene dos primas, Kate y Nancy. Usted le escribe una carta larga y platicadora a Kate y guarda este documento con el nombre Letter to Kate (Carta para Kate). Más tarde decide que desea enviarle casi la misma carta a Nancy pero quiere realizar unas cuantas modificaciones. Entonces modifica la parte donde cuenta sobre su cita de anoche (Nancy no es tan liberal como Kate) y reemplaza todas las referencias al esposo de Kate, Kevin, por el nombre del esposo de Nancy, Norman. (¿No son una maravilla las computadoras?)

Así que realiza todas estas modificaciones a Letter to Kate (Carta para Kate) pero aún no ha guardado este documento. Y aunque el documento que aparece en su pantalla en realidad es una carta para Nancy, el nombre del archivo sigue siendo Letter to Kate (Carta para Kate). Imagine qué ocurriría si usted la guardara ahora sin usar la función Save As (Guardar como): Letter to Kate (Carta para Kate) refleja las modificaciones que usted acaba de realizar (se pierde lo que la carta contenía que estaba dirigido a Kate y es reemplazado por lo que le escribe a Nancy). Por lo tanto, el nombre de archivo Letter to Kate (Carta para Kate) no es correcto. Y lo que aún es peor, ¡ya no tendría una copia de la carta que envió a Kate!

¿La solución? Simplemente use Save As (Guardar como) para dar un nuevo nombre a este archivo, Letter to Nancy (Carta para Nancy), al seleccionar File (Archivo)⇨Save As (Guardar como). Aparece una hoja Save (Guardar) donde puede escribir un nombre de archivo diferente en el campo Save As (Guardar como). También puede navegar hacia otra carpeta, si lo desea, y guardar allí la versión del archivo con el nuevo nombre.

Ahora tiene dos archivos distintos: Letter to Kate (Carta para Kate) y Letter to Nancy (Carta para Nancy). Ambas cartas contienen lo que deben contener pero ambas empezaron a partir del mismo archivo. *Para eso* sirve Save As (Guardar como).

Acá hay otra razón por la cual podría usar Save As (Guardar como): Si tuviera un archivo gráfico TIFF abierto en Preview (Visualización preliminar) y quisiera convertirlo en un archivo JPEG, lo haría con Save As (Guardar como).

Una idea aún mejor es seleccionar Save As (Guardar como) justo antes de empezar a modificar el documento y darle un nuevo nombre. De esta forma, cuando haya terminado de realizar cambios no tiene que recordar seleccionar Save As (Guardar como) — y simplemente puede usar el habitual Save (Guardar). Además, le protege de guardar accidentalmente una parte de la carta a Nancy sin cambiar primero su nombre (lo que podría hacer si sigue mi consejo de guardar con frecuencia). Entonces, si decide que volverá a usar un documento, use Save As (Guardar como) *antes* de empezar a trabajar con él, para estar seguro.

Abrir Sez Me

Usted puede abrir cualquier ícono — ya sea un archivo o una carpeta — de por lo menos seis formas diferentes. (Bueno, hay por lo menos *siete* formas pero una de ellas pertenece a los alias, y la menciono en el Capítulo 5). De cualquier manera, éstas son las formas:

- ✔ **Haga clic en el ícono una vez para seleccionarlo y luego seleccione File (Archivo)⇨Open (Abrir).**
- ✔ **Haga clic en el ícono dos veces seguidas en sucesión rápida.**

Si el ícono no se abre, hizo doble clic muy lento. Puede probar cuán sensible es su ratón a la velocidad de los dobles clic y puede ajustar la sensibilidad en el panel Keyboard & Mouse System Preferences (Preferencias del sistema de ratón y teclado), al que puede obtener acceso al iniciar la aplicación System Preferences (Preferencias de sistema) (desde la carpeta Applications [Aplicaciones], el acoplador o el menú Apple) y luego hacer clic en el ícono Keyboard & Mouse (Teclado y ratón).

- ✔ **Seleccione el ícono y luego pulse ya sea ⌘+O o ⌘+↓.**
- ✔ **Haga un clic con el botón secundario o Control+clic en él y luego seleccione Open (Abrir) en el menú contextual.**
- ✔ **Si el ícono es un documento, arrástrelo sobre un ícono de aplicación (o el ícono Dock [Acoplador] de una aplicación) que pueda abrir ese tipo de documentos.**
- ✔ **Si el ícono es un documento, haga clic con el botón secundario o Control+clic en él y luego seleccione una aplicación del submenú Open With (Abrir con) del menú contextual.**

Claro que también puede abrir cualquier ícono de documento desde dentro de una aplicación. Así es como funciona:

1. **Sólo inicie su programa favorito y escoja File (Archivo)⇨Open (Abrir) (o use la combinación de teclas ⌘+O, que funciona en el 98 por ciento de todos los programas alguna vez elaborados).**

Aparece un diálogo Open (Abrir), como el que se muestra en la Figura 6-8.

Cuando usa un diálogo Open (Abrir) de un programa, sólo los archivos que el programa puede abrir aparecen activados (en negro y no en gris claro) en la lista de archivos. En otras palabras, el programa filtra los archivos que no puede abrir, por lo que apenas se pueden ver en el diálogo Open (Abrir). Este método de mostrar ciertos ítems en forma selectiva en los diálogos Open (Abrir) es una función de la mayoría de las aplicaciones. Por lo tanto, al usar TextEdit, el diálogo Open (Abrir) opaca todos sus archivos de hojas electrónicas (esto se debe a que TextEdit sólo puede abrir textos, archivos en formato Rich Text, Microsoft Word y algunos archivos de imágenes). Buenísimo, ¿verdad?

2. **En el diálogo, simplemente navegue al archivo que desea abrir (usando las mismas técnicas que usa en una hoja Save [Guardar]).**

3. **Con el archivo que desea abrir seleccionado, haga clic en el botón Open (Abrir).**

Si hiciera clic en el botón Open (Abrir) en la Figura 6-8, el archivo `Scary Novel` (Novela de terror) se abriría en TextEdit, el programa que estoy usando.

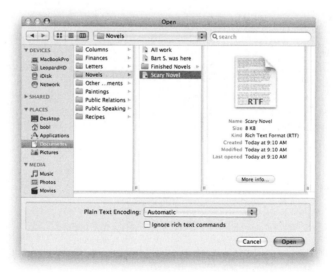

Figura 6-8:
El diálogo
Open (Abrir)
en toda
su gloria.

Algunos programas — como AppleWorks, Microsoft Word y Adobe Photoshop — tienen un menú Show (Mostrar) o Format (Formato) en sus diálogos Open (Abrir). Este menú le permite especificar el tipo o tipos de archivos que desea ver en el diálogo Open (Abrir). Usualmente puede abrir un archivo que aparece opacado al seleccionar All Documents (Todos los documentos) en el menú Show (Mostrar) o Format (Formato) (en aquellas aplicaciones con diálogos Open [Abrir] que ofrecen este tipo de menú).

Además, Mac OS X ofrece algunos trucos que le ayudan a buscar los archivos que desea abrir y que le permiten decidir qué aplicación abre un archivo determinado. Consulte los siguientes párrafos para obtener más sugerencias, trucos y ayuda para la solución de problemas.

Con un vistazo rápido

El comando Quick Look (Vista rápida) es nuevo en Leopard y muestra el contenido del archivo que actualmente está seleccionado en una ventana flotante sin iniciar una aplicación, como se muestra en la Figura 6-9. Esta función puede ser útil si usted desea dar un vistazo al contenido de un archivo antes de abrirlo y asegurarse que tiene el archivo correcto. Sólo seleccione el archivo y luego seleccione File (Archivo)⇨Quick Look (Vista rápida), pulse ⌘+Y o, lo más fácil, simplemente pulse la barra espaciadora.

Figura 6-9:
Ventana Quick Look (Vista rápida) con un archivo gráfico (una foto mía con el nombre *Soy un archivo gráfico*) seleccionado.

Observe el botón de doble flecha ubicado en la parte inferior de la ventana Quick Look (Vista rápida). Amplía el contenido de la ventana Quick Look (Vista rápida) para que ocupe toda la pantalla.

Si mantiene presionado Option (Opción) antes de seleccionar Quick Look (Vista rápida) en el menú File (Archivo), el comando cambia de Quick Look (Vista rápida) a Slideshow (Presentación de diapositivas) y su combinación de teclas cambia de ⌘+Y a ⌘+Option+Y. Si selecciona Slideshow (Presentación de diapositivas), el contenido de la ventana Quick Look (Vista rápida) se amplía inmediatamente hasta ocupar toda la pantalla, sin que usted tenga que pulsar el botón arriba mencionado.

En el modo Slideshow (Presentación de diapositivas [pantalla completa]), pulse Esc para regresar a la ventana Quick Look (Vista rápida).

Si selecciona múltiples ítems antes de invocar Quick Look (Vista rápida), aparece una serie de controles de presentaciones de diapositivas en la parte inferior de la ventana Quick Look (Vista rápida) (o la pantalla, si la está viendo como presentación de diapositivas) para permitirle avanzar o retroceder un ítem a la vez o ver todos los ítems seleccionados al mismo tiempo (se denomina una *hoja de índice*).

Al terminar con la ventana Quick Look (Vista rápida), haga clic en el botón X en la esquina superior izquierda o use la combinación de teclas ⌘+Y para cerrarla.

Con arrastrar y soltar

Usualmente, el *drag-and-drop (arrastrar y soltar)* de Macintosh sirve para arrastrar texto y gráficos de un lugar a otro. Pero hay otra característica de drag-and-drop (arrastrar y soltar) — una que tiene que ver con archivos e íconos.

Se puede abrir un documento al arrastrar su ícono sobre el de la aplicación apropiada. Por ejemplo, se puede abrir un documento creado con Microsoft Word al arrastrar el ícono del documento sobre el ícono de la aplicación de Microsoft Word. El ícono de Word se resalta y el documento se abre. Por supuesto que usualmente es más fácil sólo hacer doble clic en el ícono de un documento para abrirlo; la aplicación indicada se abre automáticamente cuando lo hace — o al menos lo hace en casi todos los casos. Lo que me recuerda. . . .

Cuando su Mac no logra abrir un archivo

Si usted trata de abrir un archivo pero Mac OS X no logra encontrar un programa para abrir el archivo, Mac OS X le muestra una ventana de alerta, como se muestra en la Figura 6-10. Aquí puede hacer clic en Cancel (Cancelar) (y cancelar el intento de abrir el archivo) o escoger otra aplicación para abrirlo al hacer clic en el botón Choose Application (Seleccionar aplicación).

Figura 6-10:
¡Ay! Mac OS
X le ayuda a
encontrar la
aplicación
correcta.

Figura 6-10:
¡Ay! Mac OS
X le ayuda a
encontrar la
aplicación
correcta.

Si hace clic en el botón Choose Application (Escoger aplicación), aparece un diálogo (abierto convenientemente en su carpeta Applications [Aplicaciones] y que se muestra en la Figura 6-11). Las aplicaciones que Mac OS X considera que no se pueden usar para abrir el archivo están opacadas. Para obtener una selección más amplia de aplicaciones, seleccione All Applications (Todas las aplicaciones) (en lugar de Recommended Applications [Aplicaciones Recomendadas]) en el menú emergente Enable (Activar).

Figura 6-11:
Escoger una
aplicación
para
abrir este
archivo de
documento.

Aquí hay una mejor forma de hacerlo: Si hace clic en Cancel (Cancelar), puede arrastrar y soltar para abrir un archivo con un programa diferente al que se iniciaría *normalmente* cuando usted abre el documento.

No se puede abrir cada archivo con cada programa. Por ejemplo, si trata de abrir un archivo MP3 (música) con Microsoft Excel (una hoja electrónica), simplemente no funcionará — obtendrá un mensaje de error o una pantalla llena de incoherencias. A veces tiene que seguir intentándolo hasta encontrar el programa indicado; otras veces, no tiene un programa que pueda abrir el archivo.

Con la aplicación de su elección

No sé si le ocurre a usted, pero a mí la gente me envía archivos todo el tiempo que se crearon en aplicaciones que no uso. . . o al menos, que no uso para ese tipo de documento. Mac OS X le permite especificar la aplicación con que desea abrir un documento en el futuro cuando hace doble clic en él. Y más que eso, usted puede especificar que desea que todos los documentos de ese tipo se abran con la aplicación especificada. "¿Dónde se oculta esta viñeta mágica?" pregunta usted. Ahí mismo en la ventana Show Info (Mostrar información) del archivo.

Asignar un tipo de archivo a una aplicación

Supongamos que usted desea que todos los archivos gráficos `.tiff` que se abren por omisión en Preview (Visualización preliminar) se abran en GraphicConverter (una de mis partes favoritas de software para compartir OS X–savvy shareware). A continuación lo que debe hacer:

1. **Simplemente haga clic en uno de estos archivos en el Finder.**

2. **Seleccione File (Archivo)⇨Get Info (Obtener información) (⌘+I).**

3. **En la ventana Info (Información) haga clic en el triángulo gris para revelar el panel Open With (Abrir con), como se muestra en la Figura 6-12.**

4. **En el menú emergente, escoja de las aplicaciones de las cuales Mac OS X considera que abrirá este tipo de documentos.**

   En la Figura 6-12, selecciono GraphicConverter. Ahora GraphicConverter se abre cuando hago doble clic en este documento particular.

5. **(Opcional) Si hace clic en el botón Change All (Cambiar todo) ubicado en la parte inferior del panel Open With (Abrir con) (no lo puede ver en la Figura 6-12 porque el menú emergente lo oculta), usted convierte a GraphicConverter en la aplicación por omisión para abrir todos los documentos `.tiff` que de lo contrario se hubieran abierto en Preview (Visualización preliminar).**

Figura 6-12:
Seleccione
una
aplicación
para abrir
este
documento.

Abrir un archivo con una aplicación que no sea la aplicación por omisión

Una última técnica funciona muy bien cuando usted desea abrir un documento con un programa que no sea el programa por omisión. Simplemente arrastre el archivo sobre el ícono de la aplicación o el ícono alias o el ícono Dock (Acoplador) y listo — el archivo se abre en esa aplicación.

Por ejemplo, si hiciera doble clic en un archivo MP3, el archivo se abriría en iTunes. Pero muchas veces quiero escuchar archivos MP3 en QuickTime Player (para que no sean añadidos a mi biblioteca de música de iTunes). Arrastrar el archivo MP3 sobre el ícono de QuickTime Player en la carpeta Applications (Aplicaciones) o su ícono Dock (Acoplador) (si está en el acoplador) resuelve este problema de manera rápida y fácil.

Si el ícono no se resalta y usted suelta el botón del ratón de todas formas, el documento termina en la misma carpeta que la aplicación con el ícono que no se resaltó. Si eso sucede, simplemente seleccione Edit (Editar)⇨Undo (Deshacer) (o pulse ⌘+Z), y el documento perdido regresa mágicamente al lugar donde estaba antes de que usted lo soltara. Sólo recuerde — no haga nada después de soltar el archivo, de lo contrario Undo (Deshacer) quizá no funcione. Si Undo (Deshacer) no funciona, usted debe trasladar manualmente el archivo para colocarlo de nuevo en su ubicación original.

Sólo las aplicaciones que *podrían* tener la capacidad de abrir el archivo se resaltarán cuando usted arrastre el documento sobre ellas. Eso no significa que el documento se podrá usar — sólo que la aplicación lo podrá *abrir*. Basta con decir que Mac OS X es suficientemente inteligente como para descubrir cuáles aplicaciones en su disco duro pueden abrir qué tipos de documentos — y ofrecerle una elección.

Organizar Sus Cosas en Carpetas

No pretenderé que puedo organizar su Mac por usted. Organizar sus archivos es algo tan personal como sus gustos para escuchar música; con la Mac, usted desarrolla su propio estilo. Pero ahora que usted sabe cómo abrir y guardar documentos al usar aplicaciones, estos párrafos le dan algo sobre qué reflexionar — algunas ideas sobre cómo organizo las cosas — y algunas sugerencias que pueden facilitarle la forma de organizarse, independientemente de cómo decida hacerlo usted.

Entonces, estos párrafos examinan la diferencia entre un archivo y una carpeta, cómo configurar carpetas guardadas y cómo funcionan algunas características especiales de las carpetas. Después de saber estas cosas, es casi seguro que será un usuario más instruido — y mejor organizado — de Mac OS X.

Archivos versus carpetas

Cuando hablo de un *archivo,* hablo de lo que está conectado a cualquier ícono excepto un ícono de carpeta o disco. Un archivo puede ser un documento, una aplicación, un alias de un archivo o una aplicación, un diccionario, un tipo de letra o cualquier otro ícono que *no sea* una carpeta o disco. La principal diferencia es que no puede introducir algo *dentro de* la mayoría de íconos de archivos.

Las excepciones son los íconos que representan los paquetes de Mac OS X. Un *paquete* es un ícono que funciona como archivo pero no lo es. Los ejemplos de íconos que en realidad son paquetes incluyen muchos instaladores de software y aplicaciones, además de "documentos" guardados por algunos programas (como Keynote o GarageBand). Cuando usted abre un ícono que representa un paquete de la forma usual (doble clic, File (Archivo)➪Open (Abrir), ⌘+O, entre otros), el programa o documento se abre. Si desea ver el contenido de un ícono que representa un paquete, debe hacer Control+clic sobre el ícono primero y luego seleccionar Show Package Contents (Mostrar contenido del paquete) en el menú contextual. Si usted ve ese ítem, el ícono es un paquete y usted puede ver los archivos y carpetas que contiene al seleccionar Show Package Contents (Mostrar contenido del paquete); en el menú contextual, el ícono representa un archivo y no un paquete.

Cuando hablo de *carpetas,* hablo de las cosas que funcionan como carpetas manila en el mundo real. Sus íconos tienen el aspecto de carpetas, como el que está en el margen del lado izquierdo; pueden contener archivos u otras carpetas, llamadas *subcarpetas.* Puede colocar cualquier ícono — cualquier archivo o carpeta — en una carpeta.

Hay una excepción: Si coloca un ícono de disco dentro de una carpeta, obtendrá un alias del disco, a no ser que mantenga presionada la tecla Option (Opción). Recuerde que no puede colocar un ícono de disco en una carpeta sobre sí mismo. En otras palabras, sólo puede copiar un ícono de disco a un disco diferente. Dicho de otra manera, nunca puede copiar un ícono de disco a una carpeta que reside en ese disco. Para obtener más información sobre los alias consulte el Capítulo 5; para obtener información detallada sobre el trabajo con los discos, consulte el Capítulo 7.

Los íconos de archivos pueden tener prácticamente cualquier aspecto. Si el ícono no tiene el aspecto de una carpeta o uno de los numerosos íconos de disco, puede estar bastante seguro que no es un archivo.

Organizar sus cosas con subcarpetas

Como mencioné anteriormente en este capítulo, puede colocar carpetas dentro de otras carpetas para organizar sus íconos. Las carpetas que están dentro de otras carpetas se llaman *subcarpetas.*

Puede crear subcarpetas de acuerdo a un sistema que tenga sentido para usted — pero ¿por qué reinventar la rueda? A continuación encontrará algunas ideas respecto al tema de la organización y ejemplos de nombres para subcarpetas:

- **Por tipo de documento:** Documentos de procesamiento de palabras, documentos de hojas electrónicas, documentos de imágenes

- **Por fecha:** Documentos Mayo–Junio, Documentos Primavera '03

- **Por contenido:** Memos, Cartas salientes, Informes de gastos

- **Por proyecto:** Proyecto X, Proyecto Y, Proyecto Z

Si usted nota que sus carpetas se están llenando y empezando a volverse desorganizadas (es decir, se están llenando de un montón de archivos), subdivídalas nuevamente al usar una combinación de estos métodos que tenga sentido para usted. Supongamos que empieza subdividiendo su carpeta Documents (Documentos) en múltiples subcarpetas. Más adelante, cuando esas carpetas empiezan a llenarse, puede subdividirlas aún más, como se muestra en la Figura 6-13.

Figura 6-13: Antes (izquierda) y después (derecha) de organizar las carpetas Novels (Novelas) y Finance (Finanzas) con subcarpetas.

Mi punto (¡sí, tengo un punto!): Permita que su estructura de carpeta sea orgánica, que crezca conforme usted necesita que vaya creciendo. Deje que suceda. No permita que las carpetas se llenen tanto que sea incómodo lidiar con ellas. Cree nuevas subcarpetas cuando las cosas se empiezan a amontonar. En el siguiente párrafo explicaré cómo crear carpetas.

Si desea experimentar con algunas subcarpetas, un buen lugar para empezar es la carpeta Documents (Documentos) — está dentro de su carpeta Home (Inicio) (es decir, la carpeta Documents [Documentos] es una *subcarpeta* de su carpeta Home [Inicio]).

Si usa mucho una carpeta particular, colóquela en su acoplador o cree un alias de ella y traslade el alias de la carpeta Documents (Documentos) a su carpeta Home (Inicio) o a su Escritorio (para obtener más información sobre los alias, consulte el Capítulo 5) para que sea más fácil tener acceso a la carpeta. O arrastre la carpeta (o su alias) hacia la Barra lateral, donde siempre está disponible, incluso en los diálogos Open (Abrir) y las hojas Save (Guardar). Por ejemplo, si escribe muchas cartas podría mantener un alias de su carpeta Correspondence (Correspondencia) en su carpeta Home (Inicio), en el Acoplador o en su Escritorio para tener fácil acceso. (A propósito, no hay razón para que una carpeta no aparezca en los tres lugares, si usted lo desea. De eso se tratan los alias, ¿correcto?)

Crear subcarpetas . . . o no

¿Cuán lleno es demasiado lleno? ¿Cuándo debería empezar a crear subcarpetas? Es imposible decirlo pero tener demasiados ítems en una carpeta puede ser una pesadilla, al igual que puede serlo tener demasiadas subcarpetas que contienen sólo uno o dos archivos. Mi directriz es ésta: Si encuentra más de 15 ó 20 archivos en una sola carpeta, empiece a idear formas cómo subdividirla.

Por otra parte, algunas de mis subcarpetas más voluminosas contienen cosas que no uso con frecuencia. Por ejemplo, mi carpeta Bob's Correspondence 1992 (Correspondencia de Bob 1992) contiene más de 200 archivos. Pero ya que quiero mantener esta carpeta en mi disco duro en caso necesite localizar algo en ella — aunque no lo use con frecuencia — su condición sobrecargada no me molesta. (Su nivel de tolerancia puede variar).

A continuación algunas sugerencias para ayudarle a decidir si desea usar subcarpetas o dejar las cosas como están:

✔ **No cree subcarpetas hasta que las necesite.** En otras palabras, no cree un montón de carpetas vacías porque considera que podría necesitarlas algún día. Espere para crear carpetas nuevas hasta que las necesite; de esa forma, evita abrir una carpeta vacía cuando está buscando otra cosa — una pérdida de tiempo completa.

✔ **Permita que su estilo de trabajo decida la estructura de archivos.** Cuando empieza a trabajar con su Mac, tal vez desee guardar todo en su carpeta Documents (Documentos) por una semana o dos (o un mes o dos, dependiendo de cuántos documentos nuevos guarda cada día). Cuando un grupo considerable de documentos se haya acumulado en la carpeta Documents (Documentos), considere examinarlos y crear subcarpetas lógicas para ellos.

Si crea sus propias subcarpetas en la carpeta Documents (Documentos), puede hacer clic sobre ellas en el acoplador para mostrarlas, como muestra la Figura 6-14. En el Capítulo 4 le muestro cómo personalizar el acoplador.

Crear carpetas nuevas

¿Así que usted considera que Apple ya le ha dado suficientes carpetas? ¿No se le ocurre por qué podría necesitar más? Piense en la creación de carpetas nuevas de la misma forma como piensa en colocar una etiqueta en una carpeta nueva en el trabajo, para un proyecto específico. Las carpetas nuevas le ayudan a mantener organizados sus archivos, permitiéndole reorganizarlos como usted quiera. En realidad, crear carpetas es bastante sencillo.

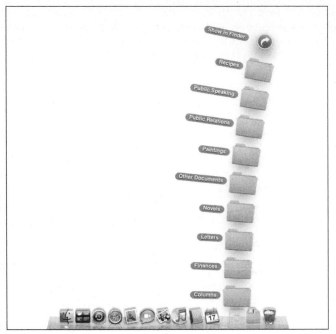

Figura 6-14:
La nueva característica Stacks (Pilas) de Leopard hace que sea super conveniente tener su carpeta Documents (Documentos) en el Acoplador.

Para crear una carpeta nueva, simplemente siga estos pasos:

1. **Decida en qué ventana desea que aparezca la carpeta nueva y luego asegúrese que esa ventana está activa.**

   Si desea crear una carpeta nueva en el Escritorio, asegúrese que *ninguna* ventana está activa.

   Puede activar una ventana al hacer clic en ella, y puede activar el Escritorio si tiene ventanas en pantalla al hacer clic en el propio Escritorio.

2. **Seleccione File (Archivo)⇨New Folder (Carpeta nueva) (o pulse ⌘+Shift+N).**

   Una carpeta nueva, sin título, aparece en la ventana activa con su cuadro de nombre resaltado, listo para que escriba un nuevo nombre.

3. **Escriba un nombre para su carpeta.**

   Si accidentalmente hace clic en cualquier otro lado antes de escribir un nombre para la carpeta, el cuadro del nombre ya no estará resaltado. Para volver a resaltarlo, seleccione el ícono (haga un clic) y luego pulse Return (Retorno), o Enter (Intro), una vez. Ahora puede escribir el nuevo nombre.

Asigne nombres relevantes a sus carpetas. Las carpetas con títulos nebulosos, como sfdghb o Cosas — o, lo que es peor, Sin título — no le facilitarán encontrar algo dentro de seis meses.

Para las carpetas y archivos que podría compartir con usuarios de computadoras que no son Macintosh, ésta es la regla para lograr una máxima compatibilidad: no use signos de puntuación ni use caracteres de tecla Option (Opción) en el nombre de la carpeta. Particularmente los puntos, diagonales, diagonales invertidas y comas pueden estar reservados para el uso por otros sistemas operativos. Al decir caracteres de la tecla Option (Opción), hablo de aquellos como ™ (Option [Opción] +2), ® (Option [Opción] +R), ¢ (Option [Opción] +4) e incluso © (Option [Opción] +G).

Navegar con carpetas que se abren de un golpe

Una carpeta *que se abre de un golpe* se abre cuando usted arrastra algo sobre ella sin soltar el botón del ratón. Las carpetas que se abren de un golpe funcionan con todos los íconos de carpeta o disco en todas las vistas y en la Barra lateral. Ya que usted acaba de recibir el curso corto sobre carpetas y subcarpetas y diversas formas como puede organizar sus cosas, está listo para la introducción a una de mis formas favoritas de usar discos, carpetas y subcarpetas.

Así es como funcionan:

1. **Seleccione cualquier ícono excepto un ícono de disco.**

   La carpeta se resalta para indicar que está seleccionada.

2. **Arrastre el ícono seleccionado sobre cualquier carpeta o ícono de disco — pero no suelte el botón del ratón.**

   A esto le llamo *rondar* porque eso es lo que usted está haciendo — rondar con el cursor sobre un ícono de carpeta o disco sin soltar el botón.

   En uno o dos segundos, la carpeta o disco resaltado destella dos veces y luego se abre, justo debajo del cursor.

   Puede pulsar la barra espaciadora para que la carpeta se abra inmediatamente.

3. **Después de que la carpeta se abrió, hay otras operaciones útiles que puede realizar:**

   • Puede continuar navegando en su estructura de carpetas de esta forma. Las subcarpetas se siguen abriendo hasta que usted suelte el botón del ratón.

   • Si suelta el botón del ratón, el ícono que ha arrastrado cae en la carpeta que está activa en ese momento. Esa ventana permanece abierta — pero todas las ventanas por las que usted pasó se cierran automáticamente dejando su ventana limpia y ordenada.

- Si desea cancelar una carpeta que se abrió de un golpe, arrastre el cursor en dirección opuesta al ícono de la carpeta o fuera de los bordes de la ventana emergente que está abierta — y la carpeta se cierra.

Después de acostumbrarse a las carpetas que se abren de un golpe, se preguntará cómo pudo arreglárselas sin ellas. Funcionan en las cuatro vistas de ventanas y funcionan con los íconos de la Barra lateral o el Acoplador. Inténtelo y no podrá dejarlo.

En la ventana Finder's Preferences (Preferencias del buscador) puede activar o desactivar la función de las carpetas que se abren de un golpe. También hay un ajuste para determinar el tiempo que el Finder espera antes de abrir la carpeta de un golpe. Para obtener más información sobre Finder Preferences (Preferencias del buscador), consulte el Capítulo 5.

Carpetas inteligentes

Ahora, como a Steve Jobs le gusta decir al llegar hacia el final de sus discursos inaugurales anuales: "Hay una cosa más". Esas cosas se llaman Smart Folders (Carpetas inteligentes).

Las Smart Folders (Carpetas inteligentes) le permiten guardar los criterios de búsqueda y luego funcionan en segundo plano para reflejar esos criterios en tiempo real. En otras palabras, las Smart Folders (Carpetas inteligentes) se actualizan continuamente para encontrar siempre todos los archivos en su computadora que corresponden a los criterios de búsqueda. Entonces, por ejemplo, usted puede crear una Smart Folder (Carpeta inteligente) que contiene todos los archivos en formato Rich Text que están en su computadora que usted abrió en las últimas dos semanas, como se muestra en la Figura 6-15; o puede crear una Smart Folder (Carpeta inteligente) que muestra los archivos gráficos, pero sólo aquéllos que son más grandes (o más pequeños) que un tamaño de archivo especificado. Entonces todos esos archivos aparecen en forma conveniente en una sola Smart Folder (Carpeta inteligente).

Las posibilidades son ilimitadas. Y ya que las Smart Folders (Carpetas inteligentes) se valen de una tecnología similar a los alias para mostrar los ítems, los archivos reales residen en un solo lugar — la carpeta donde usted los colocó originalmente. En otras palabras, las Smart Folders (Carpetas inteligentes) no reúnen archivos en un lugar separado sino reúnen alias de los archivos dejando los originales en el lugar donde usted los acumuló. ¡Buenísimo!

Figura 6-15:
Smart
Folder
(Carpeta
inteligente)
que sólo
reúne los
archivos
Rich Text
creados
en las
últimas dos
semanas.

Además, debido a que Spotlight (tema que se discute en la parte final de este capítulo) está incorporado en la médula del sistema de archivos y núcleo de Mac OS X, las Smart Folders (Carpetas inteligentes) siempre están actualizadas, aun si usted añadió o eliminó archivos en su disco duro desde que creó la Smart Folder (Carpeta inteligente).

Las Smart Folders (Carpetas inteligentes) son tan útiles que Apple proporciona cinco formas diferentes de crearlas. Los siguientes pasos le muestran cómo:

1. **Inicie su Smart Folder (Carpeta inteligente) al usar alguno de los siguientes métodos:**

   • Seleccione File (Archivo)⇨New Smart Folder (Carpeta inteligente nueva) en la barra de menú de Finder.

   • Use la combinación de teclas ⌘+Option+N.

   • Seleccione File (Archivo)⇨Find (Buscar).

   • Use la combinación de teclas ⌘+F.

   • Escriba por lo menos un carácter en el cuadro Search (Buscar) en una ventana Finder.

2. **Refine los criterios de su búsqueda al hacer clic en el botón + para añadir un criterio o el botón – para borrar un criterio.**

3. **Cuando esté satisfecho y listo para convertir sus criterios en una Smart Folder (Carpeta inteligente) haga clic en el botón Save (Guardar) que está ubicado debajo del cuadro Search (Buscar).**

   Baja una hoja.

4. **Seleccione dónde desea guardar su carpeta.**

   Mientras se puede ver la hoja Save (Guardar), si lo desea puede añadir la Smart Folder (Carpeta inteligente) a la Barra lateral al hacer clic en el cuadro Add to Sidebar (Añadir a Barra lateral).

5. **Cuando haya terminado de editar los criterios, haga clic en el botón Save (Guardar) para guardar la carpeta con sus criterios.**

Después de crear su Smart Folder (Carpeta inteligente) la puede trasladar hacia cualquier lugar en cualquier disco duro y luego usarla como cualquier otra carpeta. Si desea cambiar los criterios de una Smart Folder (Carpeta inteligente) ábrala y haga clic en el botón del menú Action (Acción) y seleccione Show Search Criteria (Mostrar criterios de búsqueda), como muestra la Figura 6-16. Luego haga clic en el botón Save (Guardar) para volver a guardar su carpeta. Puede ser que le pregunten si desea reemplazar la Smart Folder (Carpeta inteligente) anterior que tiene el mismo nombre; usted (generalmente) lo hace.

Las Smart Folder (Carpetas inteligentes) le pueden ahorrar mucho tiempo y esfuerzo; entonces, si aún no las ha explorado mucho (o si aún no las ha explorado), asegúrese de intentar usarlas.

Figura 6-16:
Abra una Smart Folder (Carpeta inteligente) que creó y haga clic en el botón del menú Action (Acción) para cambiar sus criterios de búsqueda.

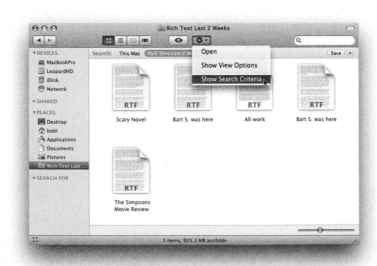

Cambiar de Lugar los Archivos y Carpetas

A veces es necesario cambiar de lugar los archivos y carpetas para mantenerlos organizados. Otras veces, deseará copiarlos, cambiarles el nombre o comprimirlos para enviarlos a un amigo. En esta parte se explica todo eso y más.

Todas las técnicas que explico en los siguientes párrafos funcionan por lo menos tan bien para las ventanas que usan la vista List (Listados) o Column (Columnas) como para las ventanas que usan la vista Icon (Íconos). En otras palabras, sólo uso la vista Icon (Íconos) en las figuras incluidas en esta parte del texto porque es la vista en que las imágenes le muestren mejor lo que está ocurriendo. Por si sirve de algo, considero que trasladar y copiar archivos es mucho más fácil en las ventanas que usan la vista List (Listados) o Column (Columnas).

Entender el portapapeles

Antes de que empiece a cambiar de lugar sus archivos, permítame presentarle el Clipboard (Portapapeles). El *Clipboard (Portapapeles)* es un área que conserva temporalmente lo último que usted acaba de cortar o copiar. Ese ítem copiado puede ser texto, una imagen, una parte de una imagen, un objeto de un programa de dibujo, una columna de números de una hoja electrónica, cualquier ícono excepto un disco, o cualquier otra cosa que se puede seleccionar. En otras palabras, el Clipboard (Portapapeles) es el área de almacenamiento temporal de la Mac.

La mayor parte del tiempo, el Clipboard (Portapapeles) trabaja silenciosamente en segundo plano, pero usted puede solicitar al Clipboard (Portapapeles) que aparezca al seleccionar Edit (Editar)➪Show Clipboard (Mostrar portapapeles) en la barra del menú Finder. Este comando hace que aparezca la ventana Clipboard (Portapapeles), que enumera el tipo de ítem (como texto, imagen o sonido) que está en el Clipboard (Portapapeles) y un mensaje que le informa si se puede mostrar el ítem que está en el Clipboard (Portapapeles).

Como área de almacenamiento, el contenido del Clipboard (Portapapeles) es temporal. *Muy* temporal. Si corta o copia un ítem, ese ítem sólo permanece en el Clipboard (Portapapeles) hasta que usted corte o copie otra cosa. Al cortar o copiar otra cosa, el ítem nuevo reemplaza el contenido del Clipboard (Portapapeles), que a su vez permanece en el Clipboard (Portapapeles) hasta que usted corte o copie otra cosa. Y así es como funciona.

Claro que el contenido del Clipboard (Portapapeles) está destinado para caer inmediatamente en el olvido si su computadora falla, si hay un corte de energía eléctrica, si usted cierra o desconecta la computadora; por eso, no cuente con él demasiado o por demasiado tiempo.

Los comandos Clipboard (Portapapeles) en el menú Edit (Editar) sólo se activan cuando en efecto se pueden usar. Si el ítem seleccionado actualmente se puede cortar o copiar, los comandos Cut (Cortar) y Copy (Copiar) del menú Edit (Editar) están activados. Si el ítem seleccionado no se puede cortar o copiar, los comandos no están disponibles y aparecen opacados (en gris). Si el Clipboard (Portapapeles) está vacío o si el documento actual no puede aceptar lo que hay en el Clipboard (Portapapeles), el comando Paste (Pegar) aparece en gris. Finalmente, cuando no hay nada seleccionado, los comandos Cut (Cortar), Copy (Copiar) y Clear (Borrar) aparecen en gris.

Los íconos no se pueden cortar, sólo se pueden copiar o pegar. Por eso, cuando se selecciona un ícono, el comando Cut (Cortar) siempre aparece en gris.

Copiar archivos y carpetas

Una forma de copiar íconos de un lugar para pegarlos en otro es por medio del Clipboard (Portapapeles).

Después de seleccionar un archivo o carpeta, seleccione Edit (Editar)⇨ Copy (Copiar) (o use la combinación de teclas ⌘+C) para copiar el ícono seleccionado al Portapapeles. Note que con esto no borra el ítem seleccionado sino sólo hace una copia de él que se coloca en el Clipboard (Portapapeles). Luego, para copiar el ícono copiado a otra ubicación seleccione Edit (Editar)⇨ Paste (Pegar) (o use la combinación de teclas ⌘+V).

Otros métodos de copiar íconos para pegarlos en otro lugar incluyen los siguientes:

🖊 **Arrastre un ícono de un ícono de carpeta a otro ícono de carpeta manteniendo presionado la tecla Option (Opción).** Suelte el botón del ratón cuando la segunda carpeta esté resaltada. Esta técnica funciona sin importar si la ventana de la segunda carpeta está abierta. Si no mantiene presionada la tecla Option (Opción), trasladará el ícono a una nueva ubicación en vez de copiarlo, como explico más adelante en esta sección.

🖊 Si copia algo al arrastrarlo y soltarlo manteniendo presionada la tecla Option (Opción), el cursor cambia para incluir un pequeño signo de (+) junto a la flecha, como se muestra en el margen. ¡Buenísimo!

🖊 **Arrastre un ícono a una ventana abierta de otra carpeta mientras mantiene presionada la tecla Option (Opción). Arrastre el ícono del**

archivo o carpeta que desea copiar hacia la ventana abierta de una segunda carpeta (o un disco extraíble, como un disco flexible).

✔ **Seleccione File (Archivo)⇨Duplicate (Duplicar) (⌘+D) o haga Control+clic en el archivo o carpeta que desea duplicar desde el menú contextual que aparece. Esto hace una copia del ícono seleccionado, añade la palabra** *copy (copia)* **al nombre y luego coloca la copia en la misma ventana donde se encuentra el ícono original. Usted puede usar el comando Duplicate (Duplicar) para cualquier ícono excepto los íconos de disco.**

No puede duplicar un disco completo en sí mismo. Pero puede copiar un disco entero (llámelo Disco 1) a cualquier otro disco (llámelo Disco 2) siempre y cuando haya suficiente espacio disponible en el Disco 2. Sólo mantenga presionado Option (Opción) y arrastre el Disco 1 sobre el ícono del Disco 2. El contenido del Disco 1 se copia al Disco 2 y aparece en el Disco 2 en una carpeta llamada Disco 1.

Puede cortar el nombre de un ícono pero no puede cortar el propio ícono; sólo puede copiar los íconos.

Para lograr el efecto de cortar un ícono, seleccione el ícono, cópielo en el Clipboard (Portapapeles), péguelo en su nueva ubicación y luego traslade el ícono original a la Papelera.

Si se pregunta por qué alguien querría alguna vez copiar un archivo, confíe en mí: Algún día querrá hacerlo. Supongamos que tiene un archivo llamado Long Letter to Mom (Carta larga para mamá) en una carpeta llamada Old Correspondence (Correspondencia antigua). Usted considera que su mamá ya se olvidó de esa carta, y quiere volver a enviársela. Pero antes de hacerlo será mejor que cambie la fecha y borre la referencia a Clarence, su perro, que murió el año pasado. Así que ahora debe colocar una copia de Long Letter to Mom (Carta larga para mamá) en su carpeta Current Correspondence (Correspondencia actual). Esta técnica tiene el mismo resultado que hacer una copia de un archivo usando Save As (Guardar como), que describí arriba en este capítulo.

Cuando copie un archivo, es bueno cambiar el nombre del archivo copiado. Tener más de un archivo en su disco duro con exactamente el mismo nombre no es buena idea, aun si los archivos están en carpetas diferentes. Confíe en mí, tener 10 files llamados Expense Report (Informe de gastos) o 15 archivos titulados Doctor Mac Consulting Invoice (Factura de consultoría Doctor Mac) puede causar confusiones, independientemente de cuán bien organizada esté su estructura de carpetas. Añada palabras distintivas o fechas a los nombres de archivos y carpetas para que tengan un nombre más explícito, como Expense Report 10-03 (Informe de gastos 10-03) o Doctor Mac Consulting Invoice 4-4-05 (Factura de consultoría Doctor Mac 4-4-05).

Puede tener muchos archivos con el mismo nombre *en el mismo disco* (aunque, como mencioné anteriormente, probablemente no sea buena idea). Pero su Mac no le permitirá tener más de un archivo con el mismo nombre *en la misma carpeta*.

Copiar desde el Clipboard (Portapapeles)

Como mencioné anteriormente, para colocar el ícono que está en el Clipboard (Portapapeles) en otra ubicación, haga clic en el lugar en donde quiere guardar el ítem y luego seleccione Edit (Editar)⇨Paste (Pegar) o use la combinación de teclas ⌘+V para pegar lo que copió o cortó.

Pegar no purga el contenido del Clipboard (Portapapeles). De hecho, los ítems permanecen en el Clipboard (Portapapeles) hasta que usted corte, copie, reinicie, apague, desconecte o hasta que la computadora falle. Esto significa que usted puede copiar el mismo ítem una y otra y otra vez, lo que a veces puede ser bastante útil.

Casi todos los programas tienen un menú Edit (Editar) y usan el Clipboard (Portapapeles) de Macintosh, lo que significa que usualmente puede cortar o copiar algo de un documento en un programa y pegarlo en un documento en otro programa.

Generalmente.

Trasladar archivos y carpetas

Puede trasladar archivos y carpetas dentro de una ventana cuanto quiera, siempre y cuando esa ventana esté en vista Icon (Por íconos). Sólo haga clic y arrastre cualquier ícono a su nueva ubicación en la ventana.

Algunas personas invierten horas arreglando los íconos en una ventana para que tengan un orden específico. Pero ya que el usar la vista Icon (Por íconos) desperdicia tanto especio en la pantalla, yo evito usar íconos en una ventana.

No se pueden mover íconos en una ventana que aparece en vista List (Listados), Columns (Columnas) o Cover Flow (Flujo de portadas) lo que, pensándolo bien, es totalmente lógico. (Bueno, puede trasladarlos para colocarlos en otra carpeta en la vista List [Listados], Column [Columnas] o Cover Flow [Flujo de portadas] pero en realidad, eso no es trasladarlos).

Como podría esperar de Apple, hay varias formas para trasladar un archivo o carpeta hacia otra carpeta. Puede usar estas técnicas para trasladar cualquier ícono — carpeta, documento, alias o ícono de programa — hacia carpetas o hacia otros discos.

- ✔ **Arrastre un ícono sobre un ícono de carpeta:** Arrastre el ícono de una carpeta (o archivo) sobre el ícono de otra carpeta (o disco) y luego suéltelo cuando se resalta el segundo ícono (ver la Figura 6-17). Ahora la primera carpeta está dentro de la segunda carpeta. Dicho de otra manera, ahora la primera carpeta es una subcarpeta de la segunda carpeta.

  Esta técnica funciona sin importar si la ventana de la segunda carpeta está abierta.

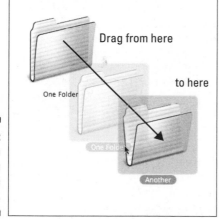

Figura 6-17:
Colocar una carpeta dentro de otra.

- ✔ **Arrastre un ícono hacia la ventana de una carpeta abierta:** Arrastre el ícono de una carpeta (o archivo) hacia la ventana abierta de una segunda carpeta (o disco), como muestra la Figura 6-18.

Si desea trasladar un ítem desde un _disco_ a otro, no puede usar los trucos que acabo de describir. Su ítem se copia, no se traslada. Si desea _trasladar_ un archivo o carpeta de un disco a otro, debe mantener presionada la tecla ⌘ al arrastrar un ícono de un disco a otro. La ventanita Copying Files (Copiando archivos) hasta cambia e indica _Moving_ Files (_Trasladando_ archivos). Bonito detalle, ¿verdad?

Figura 6-18:
También puede trasladar un archivo o carpeta al arrastrarlo hacia la ventana abierta de otra carpeta.

Seleccionar varios íconos

A veces querrá trasladar o copiar varios ítems a una sola carpeta. El proceso es bastante similar a cuando copia un archivo o carpeta (es decir, sólo arrastra el ícono a la ubicación donde desea que esté y lo suelta allí). Pero primero debe seleccionar todos los ítems que desea antes de poder arrastrarlos, en grupo, a su destino.

Si desea trasladar todos los archivos de una carpeta particular, seleccione Edit (Editar)⇨Select All (Seleccionar todo) o pulse ⌘+A. Este comando selecciona todos los íconos de la ventana activa, independientemente de si los puede ver en pantalla. O si no hay ninguna ventana activa, al usar Select All (Seleccionar todo) se seleccionan todos los íconos en el Escritorio.

Pero, ¿qué pasa si sólo quiere seleccionar algunos de los archivos de la ventana activa o el Escritorio? Éste es el método más conveniente:

1. **Para seleccionar más de un ícono en una carpeta, realice una de las siguientes acciones:**

   • Haga clic una vez dentro de la ventana de la carpeta (no haga clic sobre un ícono) y arrastre su ratón mientras continúa presionando el botón del ratón. Al arrastrar los íconos verá un cuadro sombreado que rodea los íconos, y todos los íconos que están dentro de ese cuadro o en contacto con él se resaltan (ver la Figura 6-19).

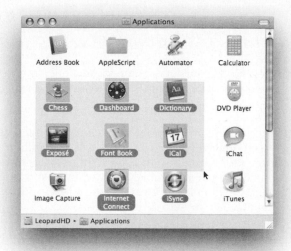

Figura 6-19:
Seleccione
más de un
ícono con
su ratón.

- Haga clic en un ícono y luego mantenga presionada la tecla Shift
  (Mayúsc.) mientras hace clic en otros íconos. Mientras mantenga
  presionada la tecla Shift, cada ícono nuevo en que haga clic se
  añade a la selección. Para cancelar la selección de un ícono, haga
  clic en él una segunda vez mientras continúa presionando la tecla
  Shift.

- Haga clic en un ícono y luego mantenga presionada la tecla
  Command (Comando) (⌘) mientras hace clic en otros íconos.
  La diferencia entre usar las teclas Shift y ⌘ es que al usar la tecla
  ⌘ no se selecciona todo entre ésta y el primer ítem seleccionado,
  cuando su ventana está en vista List (Listados) o Column
  (Columnas). En la vista Icon (Íconos), en realidad no hay mucha
  diferencia.

Para cancelar la selección de un ícono, haga clic en él mientras presiona
la tecla ⌘.

2. **Después de seleccionar los íconos, haga clic en uno de ellos (al hacer
   clic en cualquier otro lugar se cancela la selección de los íconos) y
   arrástrelos a la ubicación hacia donde desea trasladarlos (o haga
   Option [Opción]+arrastrar para copiarlos.)**

Tenga cuidado al hacer varias selecciones, especialmente al arrastrar íconos
a la Papelera. Puede fácilmente teclear — y, por error — seleccionar más de
un ícono, por eso tenga cuidado de no colocar el ícono equivocado en la
Papelera por no prestar suficiente atención. Más adelante en este capítulo
explicaré más detalladamente cómo funciona el ícono de la Papelera.

Jugar el juego de los nombres de los íconos: Cambiar el nombre a los íconos

Ícono, ícono, bo-bícono, banana-fana fo-fícono. ¡Le apuesto que puede cambiar el nombre de cualquier ícono! Bueno, en realidad eso no es del todo cierto. . . .

Si un ícono está bloqueado, ocupado (una aplicación que actualmente está abierta) o si usted no tiene permiso del propietario de cambiar el nombre de ese ícono (para obtener información detallada sobre los permisos consulte el Capítulo 15), entonces no puede cambiarle el nombre. De manera similar, no deberá cambiar jamás el nombre de ciertos íconos reservados (como las carpetas Library [Biblioteca], System [Sistema] y Desktop [Escritorio]).

Para cambiar el nombre de un ícono, puede hacer clic directamente en el nombre del ícono (no haga clic en el propio ícono porque de esa manera seleccionará el ícono) o haga clic en el ícono y luego pulse Return (Retorno) (o Enter [Intro]) una vez.

De cualquiera de las dos formas, el nombre del ícono se selecciona y se rodea de un cuadro, y ahora usted puede escribir un nombre nuevo (como se muestra en la Figura 6-20). Además de seleccionar el nombre, el cursor cambia de una flecha a una barra en forma de I de edición de texto. Un *cursor de barra en forma de I* (que se muestra en el margen izquierdo) es la forma de la Mac de avisarle que ahora puede escribir. En este momento, si hace clic con el cursor de barra en forma de I en cualquier sitio dentro del cuadro del nombre, puede editar el nombre original del ícono. Si no hace clic con el cursor de barra en forma de I en el cuadro del nombre, simplemente empiece a escribir y el nombre original del ícono será reemplazado por lo que usted escriba.

Figura 6-20:
Cambiar el nombre de un ícono al escribir encima del nombre anterior cuando éste está resaltado.

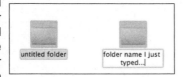

Si nunca ha cambiado el nombre de un ícono, inténtelo. Y no olvide: Si hace clic en el propio ícono, éste se selecciona y no podrá cambiar el nombre. Si selecciona el ícono por error, pulse Return (Retorno) (o Enter [Intro]) una vez para editar el nombre del ícono.

Comprimir archivos

Si piensa enviar archivos como archivos adjuntos de un mensaje de correo electrónico, al crear primero un archivo comprimido de los archivos y enviar este archivo comprimido en lugar de los archivos originales ahorra tiempo al enviar los archivos y le ahorra tiempo de descarga a la persona que los recibe. Para crear este archivo comprimido, simplemente seleccione el archivo o archivos y luego seleccione File (Archivo)⇨Compress (Comprimir). De esta manera se crea un archivo comprimido `.zip` que contiene los archivos que usted seleccionó. El archivo comprimido es más pequeño que el archivo original, a veces por mucho.

Deshacerse de íconos

Para deshacerse de un ícono — cualquier ícono — simplemente arrástrelo a la Papelera en su acoplador.

Al enviar un alias a la Papelera se deshará sólo del alias y no del archivo original. Pero al enviar un ícono de documento, carpeta o aplicación a la Papelera éste entra a la Papelera donde será borrado en forma permanente la próxima vez que usted vacíe la Papelera. El menú Finder ofrece varios comandos que le ayudan a manejar la Papelera:

✔ **Finder⇨Empty Trash (Vaciar Papelera):** Borra todos los ítems que están en la Papelera de su disco duro — punto.

Quizá diga esto más de una vez: *Use este comando con mucha precaución.* Después de arrastrar un archivo a la Papelera y vaciar la Papelera, el archivo se fue, se fue, se fue. (Está bien, quizá el programa Data Rescue II de Ingeniería de ProSoft u otros programas de terceros pueden recuperarlo, pero yo no apostaría a que esto es posible).

✔ **Finder⇨Secure Empty Trash (Vaciar Papelera en forma segura):** Al escoger esta opción, las probabilidades de recuperación por el "hacker" más apasionado o la herramienta de recuperación de discos más costosa son difíciles o prácticamente imposibles. Ahora bien, la parte del disco que contenía los archivos que usted está borrando será sobrescrita 1, 7 ó 35 veces (su selección en el submenú) con incoherencias generadas al azar.

Si colocó algo en la Papelera por error, casi siempre puede volver a trasladarlo a la ubicación de donde provino: Simplemente invoque el mágico comando Undo (Deshacer). Seleccione Edit (Editar)⇨Undo (Deshacer) o use la combinación de teclas ⌘+Z. El archivo que se envió a la Papelera por error regresará a su ubicación original. Por lo general.

Desafortunadamente, Undo (Deshacer) no siempre funciona — y cuando *sí* funciona sólo recuerda la última acción que usted realizó — así que, no confíe demasiado en este comando.

Encontrar Sus Cosas, Rápidamente

Aun si sigue todos los consejos incluidos en este capítulo, llegará el momento cuando usted no logrará encontrar un archivo o carpeta aunque esté seguro que está allí en su disco duro. En algún lugar. Afortunadamente, Leopard incluye una tecnología fabulosa llamada Spotlight que le puede ayudar a encontrar casi cualquier cosa en cualquier disco instalado en pocos segundos. Spotlight puede

- Buscar archivos
- Buscar carpetas
- Buscar texto dentro de documentos
- Buscar archivos y carpetas según sus metadatos (por ejemplo, fecha de creación, fecha de modificación, tipo, tamaño, y así sucesivamente)

Spotlight encuentra lo que usted está buscando y luego ordena sus resultados en forma lógica, todo esto en un instante (en la mayoría de las Mac).

Spotlight es ambos una tecnología y una función. La tecnología abarca todo Leopard y es el poder que subyace detrás de los cuadros de búsqueda en muchas aplicaciones y funciones de Apple, como Mail (Correo), Address Book (Libreta de direcciones), System Preferences (Preferencias del sistema) y Finder (Buscador). Además, puede usarlo desde el menú Spotlight — la pequeña lupa que se encuentra al lado derecho de la barra de menú. Además, puede volver a usar búsquedas Spotlight en el futuro al convertirlas en Smart Folders (Carpetas inteligentes) (que expliqué anteriormente en este capítulo).

Nunca ha sido más rápido o fácil encontrar archivos y carpetas de lo que es en Leopard. Así que, en estos párrafos, trato el tema de las dos formas separadas pero relacionadas de cómo Spotlight le ayuda a encontrar archivos, carpetas y aun texto dentro de archivos de documentos — el cuadro Search (Buscar) en las ventanas Finder y el menú Spotlight.

Además de las herramientas Spotlight mencionadas aquí, el comando Find (Encontrar) tiene mucho que ofrecer. En el Capítulo 5 podría obtener información detallada acerca de cómo funciona.

El cuadro Search (Buscar) en las ventanas Finder

Si usted usó versiones anteriores de Mac OS X, quizá piense que sabe cómo funciona el cuadro Search (Buscar) en la barra de herramientas de la ventana Finder. Pero no lo sabe. Aunque parece casi igual que antes, es un cuadro Search (Buscar) de calibre mayor. Con el poder proporcionado por Spotlight, definitivamente éste no es el cuadro Search (Buscar) de su padre.

Entonces, ¿qué es nuevo y diferente? Me alegra que pregunte. Los siguientes pasos describen todas las características:

1. **En cuanto usted escribe un solo carácter en el cuadro Search (Buscar), tal como lo muestra la Figura 6-21, observe que la ventana cambia completamente.**

Figura 6-21: En cuanto usted escribe el primer carácter en el cuadro Search (Buscar), los resultados empiezan a aparecer.

2. **(Opcional) Puede usar los ítems Search For (Buscar por) en la Barra lateral para limitar su búsqueda.**

   Los ítems por omisión son Today (Hoy), Yesterday (Ayer), Past Week (Semana pasada), All Images (Todas las imágenes), All Movies (Todas las películas) y All Documents (Todos los documentos). Haga clic en uno de ellos antes de empezar a escribir en el cuadro Search (Buscar) para usarlo.

Si desea cambiar los criterios para uno o más de estos ítems, es igual que cambiar los criterios para una Smart Folder (Carpeta inteligente) — haga clic en el ítem en la Barra lateral y luego haga clic en el botón del menú Action (Acción) y seleccione Show Search Criteria (Mostrar criterios de búsqueda). Cuando haya terminado de cambiar los criterios de búsqueda, haga clic en el botón Save (Guardar) para guardar de nuevo su carpeta.

3. **Si la carpeta o volumen que desea explorar no es la carpeta This Mac (Esta Mac) o su carpeta Home (Inicio), abra la carpeta que desea explorar y escriba su búsqueda en el cuadro Search (Buscar) de la ventana de esa carpeta.**

4. **Haga clic en el botón Contents (Contenido) o File Name (Nombre del archivo) para buscar el contenido de un documento o el nombre de un archivo o carpeta.**

5. **Al encontrar el archivo o carpeta, puede abrir cualquier ítem de la lista al hacer doble clic en él.**

Lo último, pero no lo menos importante, si desea saber dónde reside un archivo o carpeta en su disco duro, lea la fila que está en el extremo inferior de la ventana, donde podrá ver la ruta de acceso para ese archivo.

Así que, ahí está — las búsquedas rápidas son más fáciles en el Finder. Pero hay muchas formas de obtener acceso al poder de Spotlight, y el cuadro Search (Buscar) en la barra de herramientas de las ventanas Finders sólo es una de ellas.

Usar el menú de Spotlight

Otra forma de buscar archivos y carpetas es usando el propio Spotlight — la lupa color aguamarina ubicada del lado extremo derecho en su barra de menú. Haga clic en el ícono para abrir el cuadro Search (Buscar) de Spotlight y luego escriba un carácter, palabra o serie de palabras en el cuadro Search (Buscar) para encontrar un ítem, como lo muestra la Figura 6-22.

Otra forma de abrir el cuadro Search (Buscar) de Spotlight es con la combinación de teclas para esto, que es ⌘+barra espaciadora por omisión.

Puede cambiar esta combinación de teclas a la combinación que usted desee en el panel Spotlight System Preferences (Preferencias de sistema Spotlight).

Pero Spotlight es más que sólo un menú. También puede usar la ventana Spotlight para generar y realizar búsquedas más sofisticadas.

Figura 6-22:
Haga clic en
la lupa del
cuadro
Search
(Buscar)
(izquierda);
escriba en
el cuadro
Search
(Buscar)
y sus
resultados
aparecerán
inmediata-
mente
(derecha).

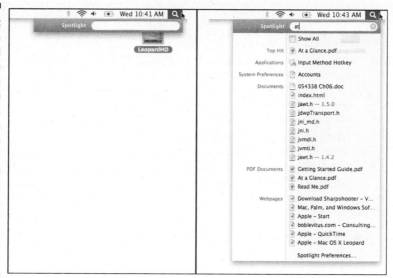

Puede obtener acceso a esta ventana de dos formas:

✔ Haga clic en el ítem Show All (Mostrar todo) en el menú Spotlight o use
la combinación de teclas (⌘+Option [Opción]+barra espaciadora por
omisión).

CONSEJO

Puede cambiar esta combinación de teclas a la combinación que usted
desee en el panel Spotlight System Preferences (Preferencias de sistema
Spotlight).

✔ En la ventana Spotlight, use los ítems Search For (Buscar a) en la Barra
lateral — Today (Hoy), Yesterday (Ayer), Past Week (Semana pasada),
All Images (Todas las imágenes), All Movies (Todas las películas) y All
Documents (Todos los documentos) — para refinar su búsqueda.

✔ Use los criterios ubicados en la parte superior de la ventana para definir
más su búsqueda.

CONSEJO

¡Éste es exactamente el mismo proceso que usted usó para crear Smart
Folders (Carpetas inteligentes)! La única diferencia es que no hará clic
en el botón Save (Guardar) al final para crear una Smart Folder (Carpeta
inteligente) a partir de su búsqueda.

Independientemente del método que usted selecciona para invocarlo — el
cuadro Search (Buscar) en una ventana Finder, el cuadro Search (Buscar) de
Spotlight Search en la barra de menú o la ventana Spotlight — Spotlight le
ahorra tiempo y esfuerzo.

Encontrar archivos por color

Si usted es del tipo de persona que piensa en colores, las etiquetes de color (las preferencias para estas etiquetas se describen en el Capítulo 5) constituyen otro truco nítido que le ayuda a encontrar archivos rápidamente. Para que las etiquetas funcionen, debe planificar y seleccionar File (Archivo)➪Color Label (Etiqueta de color) para aplicar una etiqueta de color al ícono seleccionado. Luego, cuando quiera encontrar todos los archivos que tienen una etiqueta de un color particular, puede presionar ⌘+F y seleccionar la opción Color Labels (Etiquetas de color). Y luego simplemente seleccione el color que está buscando.

Sugerencia: Cuando aplique colores, el ítem Color Label (Etiqueta de color) también aparece en el menú contextual de un ícono (Control+clic); muchas veces es más fácil usarlo en vez de usar el menú File (Archivo).

Capítulo 7

Tratar con Discos

*E*n este capítulo, le muestro los conceptos básicos de los discos: cómo formatearlos, cómo formatearlos de modo que sus hermanos (y hermanas) que usan Windows los puedan usar, cómo expulsarlos, cómo copiar o trasladar archivos entre discos y mucho más. ¡Adelante!

Este capítulo le ofrece abundante información que concierne a todo usuario de Mac —, incluyendo la gestión de carpetas y trasladar o copiar archivos hacia y desde discos independientes a su disco duro interno. También le muestro cómo trabajar con medios ópticos, tales como CD-R, CD-RW, DVD-R, DVD+R, DVD-RW, DVD+RW y DVD+R DL (de doble capa) — todo lo cual afrontan con regularidad muchos usuarios de Mac. Si posee una Mac de reciente creación, por ejemplo, es probable que tenga un SuperDrive interno (reproductor/grabador de CD y DVD). O bien, podría haber agregado una unidad externa de dispositivo USB flash o un reproductor/grabador de disco óptico.

La cuestión es que el disco externo o las unidades de disco le permiten copiar fácilmente archivos para amigos, sin importar si utilizan una Mac o una computadora con Windows, así como trasladar sus archivos entre la casa y el trabajo.

Comprender los Discos

Debe pensar en los íconos de disco que aparecen en el escritorio (o en la barra lateral de ventanas Finder), como si se tratara de carpetas. Eso es porque su Mac no ve a los discos *sino* como carpetas gigantes. Cuando hace doble clic sobre ellos, su contenido aparece en una ventana Finder, tal como si se tratara de una carpeta. Puede arrastrar el contenido hacia adentro y hacia afuera de la ventana de un disco, y también puede manipular la ventana del disco de todas las formas usuales, igual que una carpeta.

En inglés, ¿se llama "disk" o "disc"?

Así que, en todo caso, ¿cómo deletrea esta criatura? Algunas veces lo ve deletreado como d-i-s-*k;* en otras ocasiones, lo ve deletreado como d-i-s-*c*. Si se está preguntando qué pasa con eso, aquí le informamos. En los buenos tiempos de antaño, el único tipo de disco de computadora que existía era el "disk" con *k:* el floppy disk (disco flexible), el disco duro, el Bernoulli disk (disco de Bernoulli), etc. Pero entonces sucedió que un día se inventó el disco compacto (ya sabe, el CD). Y las personas que lo inventaron optaron por deletrearlo con una *c* en lugar de una *k*, probablemente porque luce redondo como un *disc*us (piense en las disciplinas de atletismo). De ese tiempo para acá, se han utilizado ambas formas de escritura más o menos indistintamente.

En la actualidad, habrá algunos que le digan que los medios magnéticos (flexible, duro, Zip, Jaz, etc.) se llaman (en inglés) *disks* (con *k*). Y dichos medios ópticos — es decir, discos que se leen por medio de láser, tales como CD-ROM, CD-RW, CD de audio y DVD — se llaman (en inglés) *discs* (con *c*). Quizá sea cierto, pero los dos términos se han usado muy indistintamente durante tanto tiempo que no se puede confiar en la última letra para indicar si un disco es magnético u óptico.

En resumidas cuentas, debo llegar a un acuerdo. Cuando hablo de forma general sobre algo que podría ser ya sea un "disk" o un "disc," me quedo con el término *disk*. Pero si me refiero estrictamente a medios ópticos (CD y DVD), uso el término *disc*.

Espero que haya quedado claro. Si no, fueron mis editores los que me *obligaron* a hacerlo.

Aunque para toda intención y finalidad, los discos son carpetas, algunas veces los primeros se comportan de maneras singulares. Las siguientes secciones explican lo que necesita saber.

Algunos discos necesitan que primero se les formatee

Los discos que se usan por primera vez algunas veces necesitan que se les *dé formato* — y que se les prepare para recibir archivos Macintosh — antes de que pueda utilizarlos.

Cuando inserta un disco no formateado, su Mac generalmente despliega un diálogo que le pregunta qué desea hacer con el disco. Usualmente, una opción es *formatear* (o *inicializar*) el disco — es decir, tenerlo listo para grabar datos. Si escoge formatear el disco, el programa Disk Utility se inicia automáticamente, de modo que pueda formatear el disco desde la ficha Erase (Borrar).

Si alguna vez necesita formatear o inicializar un disco en blanco y no ve el diálogo, todo lo que necesita hacer es abrir manualmente Disk Utility (Utilidad de disco) (dentro de su carpeta `Applications/Utilities` [Aplicaciones/Utilidades]) y usar la ficha Erase (Borrar) para formatear el disco.

Mover y copiar íconos de disco

Mover un ícono de archivo de un disco en pantalla a otro funciona igual que mover un ícono de una carpeta a otra, con una excepción notable: Cuando traslada un archivo de un disco a otro, automáticamente realiza una copia del mismo, lo que deja el original inalterado y en el mismo lugar. Si desea trasladar un archivo o carpeta completamente de un disco a otro, tiene que eliminar el original restante al arrastrarlo a la carpeta Trash (Papelera) o al mantener sostenida la tecla ⌘ cuando lo arrastra de un disco al otro.

No puede eliminar un archivo de un disco de sólo lectura (tal como un CD-R o un DVD-R) ni de una carpeta en la que no tenga permiso de escritura. Pero debería poder trasladar o eliminar archivos y carpetas de todos los demás tipos de discos que pudiera encontrar.

Copiar todo el contenido de cualquier disco o volumen (CD, DVD o unidad externa de disco, entre otros) en un nuevo destino funciona de forma un tanto diferente. Para hacerlo, haga clic en el ícono del disco y luego, mientras sostiene la tecla Option (Opción), arrastre el ícono de disco sobre cualquier ícono de carpeta o disco, o bien, sobre cualquier ventana Finder abierta. Cuando se termina la copia, en la carpeta o el disco de destino aparece una carpeta que lleva el mismo nombre que el disco copiado. La nueva carpeta contiene todos y cada uno de los archivos que contiene el disco del mismo nombre.

Es práctico copiar archivos de esta forma cuando desea tomar todos los archivos de un CD o DVD y colocarlos en su disco duro.

Si no mantiene presionada la tecla Option (Opción) cuando arrastra un ícono de disco a otro destino, se crea un *alias* del disco (es decir, un enlace de regreso al original) en lugar de una copia de su contenido. Como podría esperarse, el alias no tendrá casi ningún valor después de que expulse el disco — si lo abre, le pedirá que inserte el disco original.

Si le gusta usar el comando Duplicate (Duplicar), tenga en cuenta que no puede usar la combinación de teclas para Duplicate (⌘+D) en un disco, aunque la puede usar en una carpeta.

Para tener acceso a detalles completos sobre las funciones de trasladar, copiar y pegar, pase al Capítulo 6.

Sorpresa: ¡Los Discos de Su Computadora También Funcionan!

Una de las características más excepcionales de Mac OS X (si tiene amigos tan desafortunados que no tengan sus propias Mac y desea compartir archivos con ellos) es que lee y escribe CD y DVD que se pueden leer en computadoras con Windows.

Aunque su Mac puede leer discos formateados por una computadora con Windows, los *archivos* contenidos en ellos podrían o no funcionar para usted. Si los archivos son documentos, tales como archivos con extensión .doc de Microsoft Word o extensión .xls de Microsoft Excel, es probable que uno de los programas de su Mac pueda abrirlos. Si los archivos son programas de Windows (con frecuencia llevan la extensión .exe, que se refiere a *executable* [ejecutable]), su Mac no puede hacer nada con ellos sin un software adicional diseñado para ejecutar programas de Windows.

Dicho software adicional depende del procesador en su Mac. Si tiene un procesador PowerPC, necesita *Virtual PC* de Microsoft (www.microsoft. com). Si su procesador es Intel, necesita un programa como Parallels Desktop de Parallels (www.parallels.com). Ambos programas imitan a una computadora con Pentium, de modo que pueda ejecutar sistemas operativos genuinos de Microsoft Windows (Windows XP Professional o XP Home, Windows 2000, Windows Me y Windows 98) en su Mac.

Así que con una copia de Virtual PC (alrededor de $200; incluye una copia de Windows) o Parallels Desktop (cerca de $80; no incluye copia de Windows), su Mac *puede* ejecutar dichos archivos .exe (y también la mayoría de programas de Windows).

Lamentablemente, debido a que imitar un procesador Pentium y una tarjeta de video para PC exige mucho de su Mac, el rendimiento que obtenga de su Virtual PC es más lento que aún el de una computadora económica, hasta en las Mac más rápidas con G5. Así que aunque se trata de un programa útil para ejecutar la mayoría de aplicaciones de Windows (incluyendo navegadores Web, los cuales se ejecutan nítidamente con Virtual PC), los juegos de rápido movimiento (tales como Doom, Quake y Unreal Tournament) no se pueden reproducir. Qué lástima. Por otro lado, el juego Solitario, que viene con el paquete de Windows, funciona bastante bien con Virtual PC.

Parallels Desktop logra velocidades mucho más útiles con la mayoría de aplicaciones de Windows. Dependiendo de la Mac con Intel que posea, hasta podrá ser lo suficientemente rápida para reproducir videojuegos de acción para una sola persona, tales como Doom, Quake y Unreal Tournament. Para la mayoría de otras aplicaciones (incluyendo el Solitario que viene con el paquete), Parallels Desktop en una Mac con Intel es tremendamente más rápido que Virtual PC en una Mac con PowerPC — y también bastante más rápido que muchas Dell, Lenovo y HP.

Grabar CD y DVD

Con Mac OS X (versión 10.1 o posterior), puede reproducir, crear y publicar audio y video en medios ópticos. Según el tipo de unidad óptica con que esté equipada su Mac, puede grabar algunos o todos los siguientes tipos de discos: CD-R, CD-RW, DVD-R, DVD+R, DVD-RW, DVD+RW y DVD+R DL (de doble capa).

En las secciones que siguen, muestro dos formas de grabar archivos en un CD o un DVD. Para la primera forma, inserte un disco y luego seleccione los archivos que desea grabar. El segundo método, crear una segunda carpeta Burn (Grabar), le permite guardar la lista de archivos que ha grabado.

¿Cómo puedo saber qué tipo de discos puede grabar mi Mac?

Excelente pregunta. Si no sabe qué tipos de discos puede grabar su Mac, he aquí una fácil manera de averigüarlo:

1. **En su carpeta Applications (Aplicaciones), abra la carpeta Utilities (Utilidades) y luego abra la aplicación System Profiler (Perfil del sistema).**

2. **En el panel Contents (Contenido) ubicado a la izquierda, haga clic en Hardware y luego en Disc Burning (Grabación de disco), como se muestra en la siguiente figura.**

El lado derecho de la ventana revela en ese momento abundante información acerca de las capacidades de grabación de discos de esa Macintosh.

3. **Consulte la información sobre CD-Write (CD-escritura) y DVD-Write (DVD escritura) cerca de la parte inferior para enterarse de los tipos de discos que contiene su Mac.**

Esta información le indicará si puede grabar discos ópticos de CD-R, CD-RW, DVD-R, DVD+R, DVD-RW, DVD+RW y DVD+R DL (de doble capa).

Grabar improvisadamente

Una forma de grabar archivos en un CD o un DVD es sencillamente insertar un disco y seleccionar archivos de forma improvisada. Sólo siga estos pasos:

1. **Inserte un disco vacío.**

   Verá una alerta (como se muestra en la Figura 7-1) que le pregunta lo que desea hacer con el disco.

Figura 7-1:
Inserte un
CD en
blanco en
su unidad
para medios
ópticos y
prepárese
para sentir la
grabación.

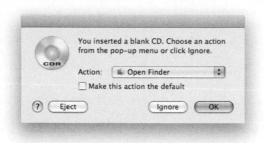

En este caso, el disco vacío era un CD-R, pero sucede lo mismo si inserta un DVD grabable.

2. **Ahora seleccione Open Finder (Abrir Finder) del menú emergente Action (Acción).**

   Open Finder es la opción por omisión, a menos que haya cambiado este ajuste por omisión en el panel CDs & DVDs System Preferences (Preferencias del sistema para CD y DVD) o según se explica en esta sugerencia.

   Las otras opciones son Open iTunes (Abrir iTunes) y Open Disk Utility (Abrir utilidad de disco). Si selecciona la primera, iTunes se abre automáticamente cuando inserta un CD vacío; si selecciona la segunda, Disk Utility (Utilidad de disco) se abre automáticamente. Si desea que cualquiera de estas acciones sea el valor por omisión de modo que se ejecute la próxima vez que inserte un disco vacío (y todo el tiempo de ahí en adelante), seleccione el cuadro Make This Action the Default

(Hacer que esta acción sea el valor por omisión). Para efectos de estos pasos, por el momento me inclino por Open Finder (Abrir Finder).

3. **Haga clic en OK (Aceptar).**

   Su CD vacío se *instala* (aparece como un ícono) en el escritorio igual que cualquier otro disco extraíble, pero su ícono distintivo le indica que se trata de un CD (o un DVD) grabable, como se muestra en la Figura 7-2.

4. **Arrastre archivos o carpetas hacia el ícono de disco en su escritorio, hasta que el disco contenga todos los archivos que desea incluidos en el mismo.**

Figura 7-2: A los discos ópticos grabables se les asigna un ícono distintivo con etiqueta.

5. **(Opcional) Si lo desea, puede cambiar el nombre del disco de Untitled CD/DVD (CD o DVD sin título) de la misma forma que cambia el nombre de cualquier archivo o carpeta.**

   Los reproductores MP3 reproducen archivos en el orden en que están escritos, o sea alfabéticamente. De modo que si desea reproducirlos en un orden específico, asegúrese de numerarlos desde el principio. Por fortuna, iTunes facilita lo anterior con la opción Create File Names with Track Number (Crear nombres de archivos con número de pista) en las preferencias Importing (Importación).

6. **Cuando esté listo para finalizar (grabar) su CD (o DVD), abra su ícono de disco y haga clic en el botón Burn (Grabar) en la esquina superior derecha de la ventana del disco, o bien, haga clic en el ícono Burn (Grabar) (que se asemeja al símbolo de advertencia para radioactividad) a la derecha del disco en la barra lateral; ambos se muestran en la Figura 7-3.**

Botón Grabar
(Burn button)

Figura 7-3:
Haga clic en
el botón
Burn
(Grabar) en
la ventana
o en el
ícono burn
(grabar)
junto al
ícono del
disco en la
barra lateral
para grabar
su disco.

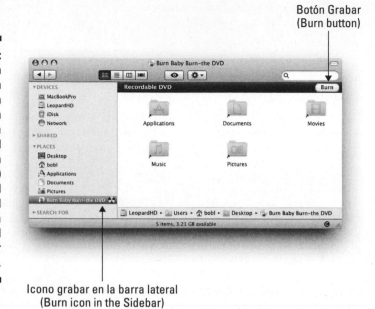

Icono grabar en la barra lateral
(Burn icon in the Sidebar)

Como alternativa, puede

- Pulsar la tecla Control más un clic del ratón o un clic con el botón secundario en el ícono de disco y escoger Burn Disc (Grabar disco) (sí; en inglés Apple lo deletrea con c) del menú contextual (a la derecha en la Figura 7-4).

- Seleccionar el ícono y escoger Burn *Disc Name* (Grabar *Nombre del disco*) del menú File (Archivo) (a la izquierda en la Figura 7-4). Si escoge Eject (Expulsar) ya sea del menú contextual o del menú File (Archivo) se le pregunta si desea grabar el disco primero.

- Si arrastra el ícono de disco hacia el ícono Trash/Eject Disk (Papelera/Expulsar disco) en su Dock (Acoplador), el ícono Trash/Eject Disk (Papelera/Expulsar disco) se convierte en el ícono Burn Disc (Grabar disco) (que todavía luce como el símbolo de advertencia para radioactividad). Suelte el ícono de disco sobre el ícono de radioactividad en el Dock (Acoplador), y el proceso de grabación comienza.

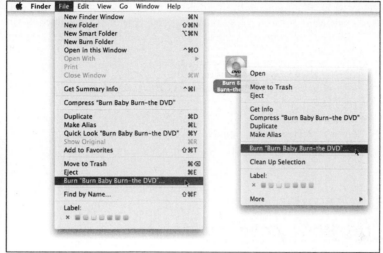

Figura 7-4:
Dos formas
adicionales
de grabar
un disco.

7. **Después de que haya elegido grabar un disco, verá el diálogo que se
muestra en la Figura 7-5. Seleccione una velocidad del menú emergente
Burn Speed (Velocidad de grabación); luego, haga clic en el botón
Burn (Grabar) y habrá finalizado.**

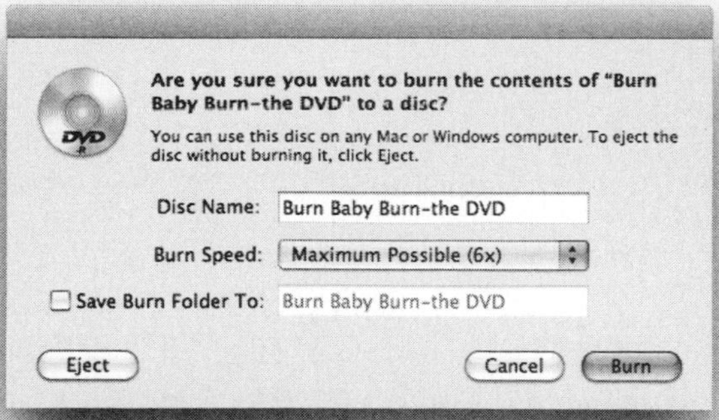

Figura 7-5:
El último
paso antes
de que
inicie la
grabación.

Por lo general uso una velocidad de grabación más lenta (2x) pero más confiable, a menos que tenga mucha prisa. Me han fallado muchos discos a velocidades más rápidas. (A estos discos los podemos llamar "posavasos").

Seleccione el cuadro Save Burn Folder To (Guardar carpeta de grabación en) si cree que algún día querrá grabar otra copia de este disco.

Una última cosa: Grabar un CD de música es un proceso diferente que se realiza por medio de iTunes. No se preocupe — encontrará todo acerca de este proceso en el Capítulo 11.

Crear una Burn Folder (Carpeta para grabar)

Una Burn Folder (Carpeta para grabar) le permite grabar archivos seleccionados en un CD o un DVD muchas veces. Quizá lo más útil que podría hacer con Burn Folder es crear una que contenga sus archivos más importantes y, después, grabar regularmente las versiones actuales de dichos archivos en un CD o un DVD como copia de seguridad.

Siempre que arrastre un ítem hacia la Carpeta para grabar, el Finder crea un alias de dicho ítem en la carpeta. Así que cuando grabe un disco por medio de una Carpeta para grabar, los archivos fuente (originales) se graban en el disco, no los alias.

Así se crea y usa una carpeta para grabar:

1. **Escoja File (Archivo)⇨New Burn Folder (Nueva carpeta para grabar).**

   Aparece una carpeta con el título Burn Folder (Carpeta para grabar) en el escritorio.

2. **Asígnele un nombre a la Burn Folder (Carpeta para grabar).**

3. **Arrastre algunos íconos hacia la Burn Folder (Carpeta para grabar).**

4. **Cuando esté listo para grabar el contenido de la carpeta en un disco, haga doble clic sobre ella y luego clic en Burn (Grabar).**

5. **Inserte un disco y siga las instrucciones en pantalla.**

Si el Finder no puede encontrar el archivo fuente para un alias, éste pregunta si usted desea cancelar la grabación o continuar sin dicho ítem. Si cancela, el disco permanece vacío.

Si hay una carpeta para grabar en la barra lateral de una ventana Finder, puede grabar rápidamente su contenido en un disco al hacer clic en el ícono de grabar que se encuentra a la derecha del mismo, como se muestra en la Figura 7-6.

Figura 7-6:
Una de las formas en que puede grabar ítems de una Carpeta para grabar a un disco.

Otra forma de grabar el contenido de una carpeta para grabar es hacer clic en el botón secundario o pulsar la tecla Control + clic y luego escoger Burn Disc (Grabar disco) del menú contextual.

Extraer Discos de Su Mac

Las secciones anteriores le indican casi todo lo que hay que saber acerca de los discos, con excepción de un aspecto importante: cómo expulsar un disco. Elemental, en realidad. Éstas son varias formas, todas sencillas de recordar:

- ✔ Haga clic en el ícono de disco para seleccionarlo y luego escoja File (Archivo)⇨Eject (Expulsar) (o bien, use la combinación de teclas ⌘+E).

- ✔ Arrastre el ícono de disco hacia la carpeta Trash (Papelera). Cuando arrastra un ícono de disco, el ícono Trash (Papelera) en el Dock (Acoplador) cambia a un ícono Eject (Expulsar), como el que se muestra en el margen izquierdo.

El método anterior de expulsar un disco es algo que solía volverme loco (como a muchos otros) antes de Mac OS X. En los viejos tiempos, el ícono Trash (Papelera) no cambiaba a un ícono Eject (Expulsar). Y esto confundía a muchos nuevos usuarios, quienes luego me hacían la misma pregunta (una y otra vez): "¿Pero arrastrar algo hacia Trash (Papelera) lo borra del disco?"

✔ Haga clic el pequeño ícono Eject (Expulsar) ubicado a la derecha del nombre del disco en la barra lateral.

✔ Pulse la tecla Eject (Expulsar) en su teclado, si hay una disponible. (Si la hay, probablemente tenga el ícono Eject [Expulsar] sobre ella).

Si su teclado no tiene una tecla Eject (Expulsar), pulse la tecla F12 y manténgala sostenida durante uno o dos segundos. En muchos teclados que no cuentan con una tecla Eject (Expulsar), ésta es la combinación de teclas para expulsar un disco.

✔ Haga clic en el botón secundario o pulse la tecla Control + un clic en el ícono de disco y luego escoja Eject (Expulsar) del menú contextual.

Hay una forma más, si le agradan los pequeños menús a la derecha de su barra de menú. Para instalar su propio menú Eject (Expulsar) en la barra de menú, navegue hacia `System/Library/CoreServices/MenuExtras` (Sistema/Biblioteca/Servicios básicos/Adicionales del menú) y luego abra (con doble clic) el ícono del menú Eject (Expulsar). Su menú Eject (Expulsar) aparece a la derecha de su barra de menú.

Capítulo 8

Organizar Su Vida

. . . .

En Este Capítulo

▶ Organizar eventos y asuntos pendientes con iCal

▶ Preparar notas adhesivas con Stickies

▶ Sincronizar sus datos con iSync

▶ Examinar brevemente los servicios en línea .Mac

. . . .

Cuando usted adquiere el Mac OS X Leopard, los amigos de Apple son generosos en incluir aplicaciones que pueden ayudarle a simplificar y organizar sus asuntos cotidianos, concretamente iCal, Stickies e iSync (y .Mac).

De hecho, el Mac OS X viene con una carpeta entera llena de aplicaciones — software que puede usar para hacer de todo, desde navegar por Internet y capturar una imagen de la pantalla de su Mac hasta reproducir películas en QuickTime y revisar el tiempo. Técnicamente, la mayoría de estas aplicaciones ni siquiera forma parte del Mac OS X. Más bien, la gran mayoría de ellas son lo que se conoce como aplicaciones *incluidas* — programas que vienen con el sistema operativo, pero que no se relacionan con su función. Los lectores (benditos ellos) tienden a quejarse cuando omito las aplicaciones incluidas, así que menciono casi todas ellas en este libro.

Pero en este capítulo, se le presenta una breve perspectiva sólo de las aplicaciones que le ayudan a organizar su vida cotidiana — sus citas, sus asuntos pendientes, notas para usted mismo, así como todos las diversos dispositivos que puede conectar a y desconectar de su Mac.

Las aplicaciones discutidas en este capítulo se almacenan en (¿dónde más?) la carpeta Applications (Aplicaciones), a la cual puede acceder de tres maneras:

✔ Haga clic en la carpeta Applications (Aplicaciones) en la barra lateral de cualquier ventana Finder.

✔ Elija Go (Ir a)➪Applications (Aplicaciones).

✔ Use la combinación de teclas ⌘+Shift+A.

Otras aplicaciones incluidas en las que pudiera usted tener interés especial incluyen Safari (Capítulo 9), Addres Book (Libreta de direcciones) y Mail (Correo) (Capítulo 10), iTunes (Capítulo 11), una gama completa de aplicaciones multimedia que le permiten reproducir video y más en su Mac (Capítulo 12), así como Text Edit (Edición de textos) (Capítulo 13). Para obtener aún más información sobre las aplicaciones que vienen incluidas con el Mac OS X, consulte *Macs For Dummies (Mac Para dummies)* 9ª edición, del columnista de *USA Today*, Edward C. Baig.

Llevar un Control con iCal

iCal es un extraordinario programa que combina un completo calendario de citas diarias/semanales/mensuales, así como una lista de pendientes. Ofrece varios calendarios codificados por color, algunos tipos de alarmas de recordatorio, programación repetitiva de eventos y más. Puede publicar su o sus calendarios en la Web de modo que otras personas lo vean (para lo cual se necesita una cuenta .Mac u otro servidor WebDav) y puede suscribirse a calendarios publicados por otros usuarios de iCal.

Se trata de una versátil herramienta para mejorar la memoria y si usted se habitúa a grabar sus citas y asuntos pendientes en iCal, casi nunca se le olvidarán.

Me encanta iCal y la mantengo abierta en todo momento en mis Mac. En las secciones siguientes, comparto algunas de las características que considero más útiles.

Navegar por las vistas de iCal

iCal le permite mostrar la ventana principal de iCal justo de la forma en que le gusta.

✔ **Puede ver su calendario por día, semana o mes.** La Figura 8-1 muestra una vista semanal. Para seleccionar una vista, haga clic en el botón Day (Día), Week (Semana) o Month (Mes) ubicado en la parte superior de la ventana.

✔ **Para desplazarse hacia atrás o hacia adelante,** haga clic en los botones de flecha en cada lado de los botones Day (Día), Week (Semana) y Month (Mes). Tiene a la vista la semana anterior o la semana siguiente en la vista semanal; se desplaza por día hacia atrás o hacia adelante en la vista Day (Día), etc.

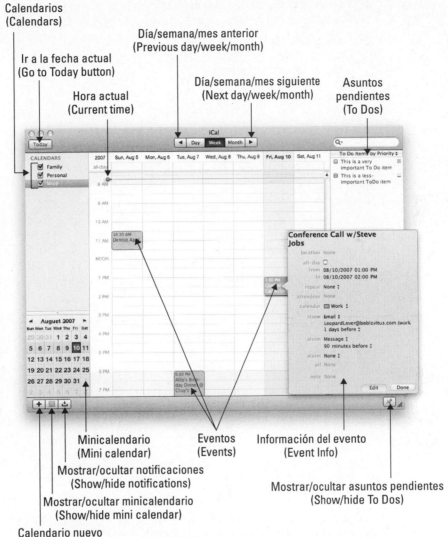

Calendarios
(Calendars)

Día/semana/mes anterior
(Previous day/week/month)

Ir a la fecha actual
(Go to Today button)

Día/semana/mes siguiente
(Next day/week/month)

Asuntos
pendientes
(To Dos)

Hora actual
(Current time)

Figura 8-1:
La ventana
principal
iCal, que se
muestra
aquí en la
vista que
utilizo más,
la vista
Week
(Semana).

Minicalendario
(Mini calendar)

Eventos
(Events)

Información del evento
(Event Info)

Mostrar/ocultar notificaciones
(Show/hide notifications)

Mostrar/ocultar minicalendario
(Show/hide mini calendar)

Mostrar/ocultar asuntos pendientes
(Show/hide To Dos)

Calendario nuevo
(New calendar)

✔ **Para mostrar u ocultar las funciones Event Info (Información
de eventos), Mini Calendar(s) (Minicalendarios), Notifications
(Notificaciones), Search Result (Resultados de búsqueda), To Dos
(Asuntos pendientes) y All-Day Events (Eventos de todo el día),** haga
clic en el botón Show/Hide (Mostrar/Ocultar) correspondiente a dicha
característica. (Consulte la Figura 8-1).

✔ **Para ir a la fecha del día,** haga clic en el botón Go to Today (Ir a la fecha actual).

✔ **Para trasladarse a otra fecha, semana o mes** (según la vista que ha seleccionado), sencillamente haga clic en el mini calendario ubicado en la parte inferior izquierda.

Puede encontrar todos estos ítems, la mayoría de los cuales tienen prácticas combinaciones de teclas, en el menú iCal View (Vista iCal), según se muestra en la Figura 8-2. Este menú ofrece control casi total sobre lo que ve y la forma en que navega

Figura 8-2:
El menú
iCal View
(Vista iCal).

CONSEJO

Si quiere dominar iCal, sería conveniente que pase más tiempo experimentando con esta vista y los comandos y opciones de navegación.

Crear calendarios

Si consulta la Figura 8-1, verá cuadros que corresponden a Family (Familia), Personal (Personal) y Work (Trabajo) en la parte superior izquierda. Estos cuadros representan diferentes calendarios configurados en iCal. Los cuadros le permiten activar (al tenerlo marcado) y desactivar (al cancelar la selección) la visibilidad de los calendarios.

Para crear un nuevo calendario en iCal:

1. **Escoja File (Archivo)⇨New Calendar (Nuevo calendario), utilice la combinación de teclas ⌘+Option (Opción)+N, o bien, haga clic en el botón + en la esquina inferior izquierda de la ventana principal de iCal.**

   Se crea un nuevo calendario con el nombre Untitled (Sin título) que se añade a la lista de calendarios.

2. **Para asignarle un nombre a su calendario, seleccione Untitled (Sin título) y escriba un nuevo nombre por medio del teclado.**

   También puede añadir una descripción de este calendario, si lo desea.

3. **Para codificar por color las entradas correspondientes a este calendario, seleccione primero el calendario (al hacer clic en él). Luego, haga clic en el botón Show Info (Mostrar información) y seleccione un color al hacer clic y sostener la trama de muestra de colores, según se muestra en la Figura 8-3.**

   Ahora, cualquier ítem que cree mientras se seleccione este calendario en la lista a la izquierda aparece en el calendario en el color que seleccionó. Y cuando se selecciona un calendario en la lista de la izquierda, los eventos que pertenecen al calendario se muestran en un tono más brillante del color.

Figura 8-3:
Cambie el color de un calendario al hacer clic en la trama de muestra de colores de la gaveta.

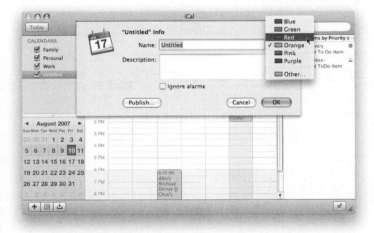

En mi modesta opinión, Other (Otros) es la opción práctica en realidad, porque le permite seleccionar colores que no sean los seis aburridos colores que aparecen por omisión.

Agrupar calendarios

Puede también organizar calendarios en grupos que contengan más de un calendario. Para crear un nuevo grupo de calendarios en iCal:

1. **Escoja File (Archivo)⇨New Calendar Group (Nuevo grupo de calendarios), utilice la combinación de teclas ⌘+Shift+N, o bien, pulse Shift y luego haga clic en el botón + en la esquina inferior izquierda de la ventana principal de iCal.**

Se crea un nuevo grupo de calendarios con el nombre Group (Grupo) que se añade a la lista de calendarios.

2. **Asígnele un nombre al nuevo grupo al seleccionar Group (Grupo) y escribir un nuevo nombre por medio del teclado.**

3. **Para añadir calendarios al grupo, sencillamente arrástrelos debajo del nombre del grupo en la lista, como se muestra en la Figura 8-4.**

   En este momento puede mostrar u ocultar todos los calendarios del grupo al seleccionar un solo cuadro o cancelar su selección. Y desde luego, aún así puede mostrar u ocultar calendarios individuales al seleccionar sus cuadros o cancelar la selección de los mismos.

Así es como podría emplear esta característica. Podría crear calendarios individuales para cada miembro de su familia y luego colocar todos los calendarios individuales de la familia en un grupo que se llame Family (Familia). Posteriormente, podría hacer visibles o invisibles todos los calendarios de miembros de la familia al hacer un solo clic en el cuadro de calendarios de grupo.

Si tiene una cuenta .Mac (como se discute en el Capítulo 9), puede publicar sus calendarios e invitar a otros a suscribirse a los mismos al escoger Calendar (Calendario)➪Publish (Publicar). Los otros reciben un mensaje por correo electrónico para invitarlos a suscribirse a su calendario. Esto es lo que hace mi familia. Cada uno de nosotros actualiza y publica su propio calendario y se suscribe al de cada uno de los demás. De esa manera, podemos apreciar de un vistazo quién está haciendo qué y cuándo lo va a hacer. Ésta es definitivamente la solución más eficiente que hemos encontrado.

Figura 8-4:
Añada calendarios a un grupo de calendarios al arrastrarlos bajo el nombre del grupo, así.

En cualquier evento

El corazón de iCal es el evento. Para crear uno nuevo, siga estos pasos:

1. **Escoja File (Archivo)⇨New Event (Nuevo evento), pulse ⌘+N o haga doble clic en cualquier parte del calendario.**

   En la Figura 8-5 se muestra un evento recién creado en el calendario my Work (Mi trabajo).

Figura 8-5: Se modifica un evento al cambiar el valor de los ítems que se muestran en su información emergente de evento.

2. **Si el evento no aparece en el lugar apropiado, sólo haga clic en él y arrástrelo hacia el lugar que desee.**

3. **Para cambiar los valores de los ítems del evento — nombre del evento, ubicación, hora y duración, repetición, asistentes, calendario, alarma, URL y notas — haga clic en el botón Show Info (Mostrar información) en la esquina inferior derecha.**

   • *Para mostrar u ocultar la información del evento,* haga clic en el botón Show/Hide Info (Mostrar/Ocultar información) (el botón *i* que aparece en el margen), el cual puede encontrar en la esquina inferior derecha del la ventana iCal.

   • *Para cambiar la fecha, hora o duración del evento,* haga clic en el ítem apropiado para seleccionarlo y escriba un nuevo valor para dicho ítem.

   • *Para hacer que un evento se repita cada día, semana o mes, o bien, en un cronograma creado por usted según sus necesidades,* haga clic y mantenga sostenida la doble flecha contigua a la palabra *Repeat* (Repetir) como se muestra en la Figura 8-6.

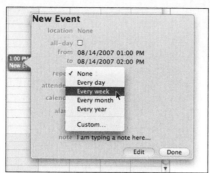

Figura 8-6: Hacer que este evento se repita cada semana en el mismo día.

- *Para invitar a otros a que asistan a un evento,* seleccione a las personas que desea invitar a un evento programado. Para añadir asistentes, puede abrir ya sea la Address Book (Libreta de direcciones) o el panel iCal Address (Direcciones de iCAL) (Window⇨Address Panel [Panel de direcciones] o ⌘+Option [Opción]+A) y arrastre los contactos sobre el evento de iCal. Como alternativa, puede escribir las primeras letras del nombre en el campo Attendees (Asistentes) y aparecen como por arte de magia los nombres que coinciden. Por ejemplo, en la Figura 8-7, yo escribí las letras *st* e iCal me proporcionó una opción de mis dos contactos con nombres que empiezan con *st* — concretamente, Steve LeVitus y Stanley Steamer. ¡Qué belleza! (Si no está familiarizado con la Address Book [Libreta de direcciones], trasládese directamente al Capítulo 10 para conocer detalles).

- *Para fijar una alarma,* sólo haga clic en la palabra *None* (Ninguno) con la doble flecha justo a la derecha de la palabra *alarm* (alarma). Aparece un menú. Escoja el tipo de alarma que desea desde el menú y luego cambie sus valores de acuerdo con sus necesidades. Encuentro tan útiles las alarmas Message with Sound (Mensaje con sonido) y Email (Correo electrónico) que las uso para casi todos los eventos que creo.

  Puede tener todas las alarmas que desee para cada evento. Cuando añade una alarma a un evento, aparece un nuevo ítem de alarma debajo de éste. Sólo haga clic en la palabra *None* (Ninguno) con la doble flecha justo a la derecha de la palabra *alarm* (alarma) para crear una segunda (o tercera o décimo quinta) alarma. Para eliminar una alarma, haga clic en la palabra *alarm* (alarma) y escoja *None* (Ninguno) del menú emergente.

Todas las características mencionadas hasta el momento son maravillosas, pero realmente mi favorita de iCal tiene que ser la de alarmas. Ahora es difícil que me pierda de un evento importante — iCal me recuerda cada uno de ellos con anticipación.

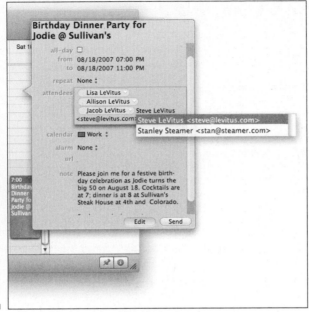

Figura 8-7:
Escriba las primeras letras del nombre de un contacto e iCal le proporciona una lista de nombres de contactos que coinciden.

Asunto pendiente o no pendiente

iCal tiene una más en la manga para ayudarle a estar siempre organizado — el ítem To Do (Asuntos pendientes). A diferencia de un evento, un ítem To Do (Asuntos pendientes) no se asocia necesariamente con un día u hora en particular y se puede asignar a un nivel de prioridad: Very Important (Muy importante), Important (Importante), Not Important (No importante) o None (Ninguno).

Para crear un nuevo ítem To Do (Asuntos pendientes), elija File (Archivo)⇨ New To Do (Nuevo asunto pendiente), pulse ⌘+K, o bien, haga doble clic en cualquier parte de la lista To Do (Asuntos pendientes).

 Para mostrar u ocultar la lista To Do (Asuntos pendientes), haga clic en el botón para pulsar (se muestra en el margen), que puede encontrar en la esquina inferior derecha de la ventana iCal.

Stickies (Notas Adhesivas)

 Las "Stickies" son notas adhesivas para su Mac. Son lugares convenientes para colocar notas breves o números telefónicos. En la Figura 8-8 aparecen algunas notas adhesivas.

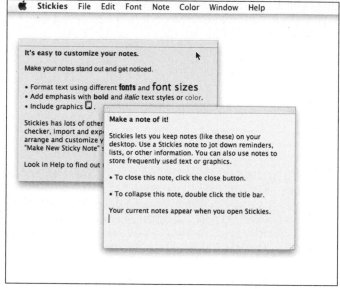

Figura 8-8:
Cree notas
adhesivas
para su
Mac.

Las notas adhesivas son tremendamente flexibles.

- Movílícelas alrededor de la pantalla (sólo arrástrelas por sus barras de título).

- Cambie su texto a cualquier tipo de letra y color que desee por medio del menú Note (Nota).

- Haga que sus Notas adhesivas luzcan del color que desee con el menú Color.

- Minimice una Nota adhesiva al hacer doble clic en su barra de título.

- Imprima una Nota adhesiva e importe o exporte archivos de texto desde el menú de aplicación Stickies (Notas adhesivas).

Si desliza el cursor sobre una nota adhesiva sin hacer clic, las fechas y horas de creación y modificación emergen en una pequeña ventana al estilo de una sugerencia de herramientas, como se muestra en la Figura 8-8.

Cualquier cosa que escriba en una Nota adhesiva se guarda automáticamente siempre que mantenga esa nota abierta. Pero cuando cierra una nota (al hacer clic en su cuadro Close (Cerrar), escoger File (Archivo)⇨Close (Cerrar) o usar la combinación de teclas ⌘+W), pierde su contenido para siempre. Por fortuna, las notas adhesivas le proporcionan una advertencia y una segunda oportunidad de guardar la nota en un archivo separado en su disco duro. También puede exportar Notas adhesivas (escoja File [Archivo]⇨Export Text [Exportar texto] y guárdelas como texto simple, archivos con formato de texto enriquecido (RTF), o bien, como RTF con archivos adjuntos (RTFD). Los últimos dos formatos admiten tipos de letra y otros elementos de formato que el formato de texto simple no admite.

Otras bondades de las Notas adhesivas incluyen un corrector ortográfico y notas con audio, ambos en el menú Edit (Editar).

iSync

iSync es el software de sincronización de Leopard que le permite sincronizar sus entradas de la Address Book (Libreta de direcciones) y calendarios de iCal con más de 20 modelos de teléfonos celulares (Bluetooth es necesario tanto en la Mac como en el teléfono para aprovechar esta característica), su iPod, o su PDA (Palm, Visor u otros). También le permite sincronizar sus entradas en la Address Book (Libreta de direcciones) calendarios de iCal y marcadores Safari entre varias Mac en diferentes ubicaciones por medio de una cuenta .Mac.

Aquí puede encontrar una lista de dispositivos compatibles con iSync: `www.apple.com/macosx/features/isync/devices.html`.

Esta es una breve información acerca de cómo sincronizar datos en su Mac con diversos dispositivos:

- **Teléfono celular con Bluetooth:** Abra System Preferences (Preferencias del sistema) y haga clic en el ícono Bluetooth. En la ficha Devices (Dispositivos), haga clic en el pequeño signo + para añadir su teléfono. El Bluetooth Setup Assistant (Asistente de configuración para Bluetooth) se iniciará automáticamente y le llevará por un recorrido en todo el proceso.

- **iPod o iPhone:** Configure la sincronización al seleccionar su iPod o iPhone en la lista iTunes Devices (Dispositivo iTunes) (ubicada a la izquierda) y luego haga clic en las fichas apropiadas.

- **Otras Mac (necesitan suscripción a .Mac):** Abra System Preferences (Preferencias del sistema) (desde la carpeta Applications [Aplicaciones], Dock [Acoplador] o menú) y haga clic en el ícono .Mac. Haga clic en la ficha Sync y marque los cuadros que corresponden a los ítems que desea sincronizar con otras Mac — biblioteca Automator, marcadores, calendarios, widgets (componentes) del Dashboard (consola de instrumentos), ítems de Dock (Acoplador), Stickies (Notas adhesivas), etc. Ahora haga lo mismo en cada Mac con la que desee sincronizar estos ítems.

- **Palm, Visor, Blackberry u otro PDA:** Consulte la documentación que se incluye con su dispositivo.

Parte III

Cómo Hacer las Cosas con Leopard: Realizar las Tareas

The 5th Wave   Por Rich Tennant

"Increíble, no sabía que el sistema operativo X pudiera redirigir un correo electrónico así."

En esta parte . . .

Entrando en materia, la Parte III consta de instrucciones para realizar cosas con su Mac. En esta sección nos vamos primero a Internet — cómo hacerla funcionar y qué hacer con ella después. Después usted descubrirá dos de los programas de Apple cuyos nombres hacen un despliegue de imaginación: La excelente aplicación de correo electrónico llamada Mail (Correo) y la maravillosa lista de contactos conocida como Address Book (Libreta de direcciones). A esto le sigue un par de capítulos dedicados a trabajar con medios — música, películas, DVD y fotos digitales. Finalmente, usted descubrirá lo básico del procesamiento de textos y el uso de tipos (de letras).

Esta es una sección excelente, plagada de útil información (si yo lo digo, así tiene que ser . . .) y nos referimos a datos que definitivamente no querrá perderse.

Capítulo 9

Trabajar en Internet

· ·

En Este Capítulo

▶ Obtener información general de Internet

▶ Navegar preliminarmente con el panel Network System Preferences (Preferencias del sistema de red)

▶ Aprender sobre los servicios .Mac (*punto-Mac*)

▶ Navegar en la Web con Safari

▶ Buscar con Google

▶ Chatear con iChat AV

· ·

*E*n la actualidad, trabajar en red en línea es más fácil que encontrar un tronco con el cual tropezarse: Simplemente usa Internet para conectar su Mac con un cúmulo de información que reside en computadoras alrededor del mundo. Por fortuna para usted, Mac OS X cuenta con las mejores y más completas herramientas de Internet que jamás se hayan incorporado en ningún sistema operativo Mac.

Mac OS X ofrece conectividad incorporada de Internet inmediatamente después de sacarlo del empaque. Por ejemplo, Mac OS X Leopard viene con

✔ El **navegador Web Safari** de Apple, que se usa para navegar en la Web, descargar archivos remotos vía FTP y más

✔ **iChat AV,** el cliente para chatear directo en línea de Apple que funciona con otros usuarios de iChat, personas que usan clientes de Mensajería Instantánea de AOL (AIM), personas que usan Jabber (un protocolo de chateo de fuente abierta) y Bonjour (que descubre a otros usuarios en su red de área local)

✔ La aplicación **Mail** (para correo electrónico)

En este capítulo, abarcaré los dos puntos principales por los que más se usa Internet: la *World Wide Web* (red mundial) (es decir, la *www* que se ve tan frecuentemente en las direcciones de Internet) y *live chatting* (chateo en vivo) con iChat AV. Puede encontrar todo acerca del Mail (Correo electrónico) y la Address Book (Libreta de direcciones) en el Capítulo 10.

Pero antes de que pueda hablar sobre navegadores, software para correo electrónico y chateo, debo ayudarle a configurar su conexión de Internet. Cuando haya terminado, puede jugar con sus navegadores, correo electrónico y aplicaciones de chat para el regocijo de su corazón.

Prepararse para Navegar

Antes de que pueda navegar en Internet, es necesario que despeje del camino algunas pequeñas tareas. En esta sección, le llevaré a un recorrido por todas ellas. Si usted es un típico usuario residencial, necesita tres cosas para navegar por Internet:

- ✔ **Un módem u otra conexión de Internet,** tal como una Digital Subscriber Line (DSL) (Línea de suscripción digital), un módem de cable, una Integrated Services Digital Network (ISDN) (Red de servicios digitales integrados) o un servicio de Internet satelital.

    Si usa tecnología que no sea un módem ordinario (análogo), DSL, o módem de cable para conectar su computadora a Internet, su administrador de red (la persona a la que acude en el trabajo cuando algo falla con su computadora) o ISP podría tener que ayudarle a configurar su Mac, porque la instalación de esas otras configuraciones (suspiro...) se escapa del alcance de este libro.

- ✔ **Una cuenta con un ISP** (un proveedor de servicio de Internet) tal como EarthLink, Comcast, RoadRunner o AOL.

- ✔ **Instalación por omisión Mac OS X Leopard.** Es probable que necesite adaptar unos cuantos ajustes, como lo explico en la próxima sección "Instalar los ajustes de su conexión de Internet".

Después de configurar cada uno de estos componentes, puede lanzar y usar Safari, Mail, iChat AV o cualquier otra aplicación de Internet.

Configurar su módem

Si dispone de un módem de cable, DSL u otra conexión de Internet de alta velocidad, o bien, está pensando de adquirir alguno de los anteriores, puede usarlos con su Mac. En la mayoría de casos, simplemente conecta su Mac a Internet a través de un cable conectado al puerto Ethernet de su Mac y a una caja externa, que se conecta ya sea con un cable o la salida de teléfono, lo que dependerá de qué tipo de acceso a Internet posee.

La vieja escuela: Acerca de módems análogos

Un *módem* es un dispositivo pequeño y económico que convierte datos (es decir, archivos de computación) en sonidos y luego desplaza estos sonidos por las líneas telefónicas. En el otro extremo, otro módem recibe estos sonidos y los vuelve a convertir en datos (es decir, sus archivos). Antes de los días del acceso habitual a Internet por banda ancha (tal como módem de cable y DSL), todas las Mac incluían un módem interno. Desafortunadamente, todas las Mac que se venden actualmente exigen la compra de un módem externo de USB si pretende usar una conexión de Internet mediante marcación telefónica. *Sugerencia:* Apple vende uno llamado Módem USB Apple que cuesta aproximadamente $50.

Para usar un módem análogo, simplemente enchufe en él una línea telefónica básica de las tradicionales.

✔ **En equipos Mac con módems internos,** eso significa sencillamente enchufar un extremo del cable telefónico en el puerto con forma de enchufe telefónico ubicado a un costado o en la parte trasera de su Mac y el otro extremo en una salida telefónica directa (o el enchufe telefónico en un supresor de sobretensión que posee una línea de teléfono que conecta con su salida telefónica).

✔ **Si dispone de un módem externo,** enchufe el cable de teléfono en el módem y el módem a un puerto USB. Por último, enchufe el módem en una fuente de alimentación de CA, si éste necesita alimentación de CA. (Algunos módems no lo necesitan, ya que reciben energía del puerto USB de su Mac).

El puerto de módem en los equipos Mac con módems internos se parece mucho al puerto Ethernet, pero es más pequeño. Podría enchufar un cable de teléfono en el puerto Ethernet, pero no se acoplaría correctamente y no le conectaría a Internet. El puerto módem es el más pequeño de los dos — busque el ícono de teléfono junto al mismo. Por el contrario, el puerto Ethernet es el más grande de los dos. Busque un ícono que luzca algo así: <• • •>. Preste atención a las diferencias: Ambos puertos y sus íconos aparecen en la siguiente figura (el puerto Ethernet es el de la izquierda).

En caso visite una tienda repleta de novedades de computación, un conector telefónico se conoce como un RJ-11, y a un conector de Ethernet se le llama RJ-45.

Puerto Ethernet
(Ethernet port)

Puerto módem
(Analog modem port)

La persona que le instala el cable o DSL debe encargarse de preparar todo. Si no lo hace, debe llamar a ese proveedor de servicio para solicitar asistencia — la solución de problemas en una conexión de alta velocidad es particularmente de difícil comprensión (lo que la coloca fuera del alcance de este libro).

Su proveedor de servicio de Internet y usted

Después de asegurarse de que dispone de un módem que funciona, tiene que seleccionar una empresa que le proporcione acceso a Internet. Estas empresas se conocen como *Proveedores de servicio de Internet* (ISP, por sus siglas en inglés). Los precios y servicios que ofrecen los ISP varían, con frecuencia de minuto a minuto. Tenga en mente lo siguiente cuando escoja a un ISP:

- **Si utiliza un módem de cable, su ISP será probablemente su compañía de cable.** En la mayoría de casos, lo mismo aplica a DSL — salvo que su proveedor sea su compañía de teléfonos local o un ISP que haya escogido para que le preste servicio conectado a través de su compañía de teléfonos. En ese caso, su ISP se pone en contacto por lo regular con la compañía de teléfonos y se encarga de la instalación y configuración.

  En otras palabras, la elección del ISP no recae en usted cuando se decide por un servicio de cable o DSL.

- **La tarifa estándar por acceso ilimitado de banda ancha a Internet comienza en aproximadamente $25 al mes.** Si su proveedor de servicio le pide mucho más que eso, averigüe por qué. Los paquetes de mayor rendimiento para módem de cable, DSL u otras conexiones de alta velocidad podrían costarle el doble. Por ejemplo, mi DSL de la más alta velocidad de AT&T cuesta $60 al mes.

Debido a que a la mayoría de usuarios de Mac les agrada que todo sea fácil, el Mac OS X incluye una novedosa característica en su Asistente de configuración para ayudarle a encontrar y configurar una cuenta con un ISP. Cuando instaló el OS X (si asumimos que lo hizo y que no venía previamente instalado en su Mac), es probable que el programa Installer (Instalador) le haya hecho un sinfín de preguntas sobre su conexión de Internet y luego se haya encargado de instalarle todo. Este proceso se detalla en el apéndice de este libro. Si no contaba con conexión de Internet (un ISP) en ese momento, debe configurar usted mismo el panel Network System Preferences (Preferencias del sistema de red). Aunque se abarca en detalle el panel Network System Preferences (Preferencias del sistema de red) en la próxima sección, cómo configurarlo de modo que su Mac funcione con su ISP es algo que tiene que discutir con dicho ISP. Si tiene preguntas o problemas que no se hayan respondido en este libro, su ISP debe estar en capacidad de brindarle asistencia. Y si su ISP no puede ayudarle, probablemente sea momento de probar un ISP diferente.

Establecer los ajustes de su conexión de Internet

Si no configuró su conexión a Internet cuando instaló Mac OS X, debe abrir System Preferences (Preferencias del sistema) (desde la carpeta Applications [Aplicaciones], el Dock [Acoplador] o el menú ) y hacer clic en el ícono Network (Red). El panel Network (Red) ofrece opciones para que conecte su Mac a Internet o a una red. La forma más fácil de usarlo es hacer clic en el botón Assist Me (Ayudarme) ubicado en la parte inferior y dejar que su Mac realice el dificultoso despegue. Dicho lo anterior, estas son algunas sugerencias y trucos para ayudarle a iniciar.

Si forma parte de la red de una oficina grande, verifique con su administrador de sistema antes de cambiar cualquier cosa en este panel. Si ignora este aviso, corre el riesgo de perder su conexión de red por completo.

Configurar manualmente su conexión de Internet en el panel Network System Preferences (Preferencias del sistema de red) está fuera del alcance de este libro. Dicho lo anterior, éste es un brevísimo resumen de las cosas que debe hacer en caso se sienta inclinado a configurar manualmente su conexión de red.

Según el tipo de conexión que posea, es necesario que configure algunos o todos los ítems de la lista siguiente.

Una vez más, recomiendo encarecidamente que haga clic en el botón Assist Me (Ayudarme) del panel Network System Preferences (Preferencias del sistema de red) y permita que su Mac se encargue de configurarle la conexión. Si le hace una pregunta que no puede responder, pídale la respuesta al ISP o administrador de red. Es imposible que en este libro pueda indicarle cómo, ya que existen demasiadas configuraciones posibles y cada una depende de su ISP y servicio en particular.

Dicho lo anterior, éste es un breve resumen de las cuestiones más comunes que podría ser necesario que sepa para configurar una conexión de red:

- **TCP/IP:** TCP/IP es el lenguaje de Internet. Es posible que le hagan preguntas específicas de cuestiones tales como su dirección IP, servidores del nombre de dominio y dominios de búsqueda.

- **PPP o PPPoE:** Estos acrónimos corresponden a *Point-to-Point Protocol* (Protocolo de punto a punto) y *Point-to-Point Protocol over Ethernet*

(Protocolo de punto a punto por Ethernet). Cuál es el que ve dependerá de qué servicio esté usando para conectarse. Todos los módems análogos usan PPP; algunos módems de cable y DSL usan PPPoE.

- **AppleTalk:** AppleTalk es un protocolo de red de producción propia inventado por Apple. Algunas (mas no todas) de las impresoras conectadas en red necesitan tenerlo encendido para que funcionen.

- **Proxies:** Si está en una red grande o su Mac está respaldada por un firewall, es posible que necesite especificar uno o más servidores proxy. Si es así, su administrador de red o ISP puede ayudarle a configurarlo. Si es usuario residencial, probablemente nunca necesite tocar esta ficha. Finalmente, algunos ISP requieren que especifique los servidores proxy; si es necesario que lo haga, pregúntele a su ISP qué hacer.

Si usa su Mac en más de un lugar, puede instalar una configuración independiente para cada ubicación y luego escogerla de este menú. En este contexto, una ubicación consiste de todos los ajustes de todos los ítems en el panel Network System Preferences (Preferencias del sistema de red). Después de que haya configurado este panel completo de la forma en que desea, despliegue el menú Location (Ubicación) y escoja Edit Locations (Editar ubicaciones). Haga clic en el pequeño botón con forma de engranaje ubicado en la parte inferior de la columna Locations (Ubicaciones) y escoja Create New Location (Crear nueva ubicación). Escriba un nombre descriptivo para la nueva ubicación (AirPort en Starbucks, Ethernet en la oficina de Joe, etc.), seleccione el cuadro correspondiente al servicio o servicios que utiliza esta ubicación y, luego, haga clic en Done (Terminado). De aquí en adelante, puede cambiar todos sus ajustes de red al mismo tiempo al escoger la ubicación apropiada del menú emergente Location (Ubicación).

Si, por otro lado, su Mac tiene una sola red o conexión de Internet (como tiene la mayoría de usuarios residenciales), sólo deje el menú Location (Ubicación) establecido en Automatic (Automático) y termine con esto.

El uso del Network Setup Assistant (Asistente de configuración de red) (haga clic en el botón [Ayudarme] ubicado en la parte inferior del panel Network System Preferences [Preferencias del sistema de red]) para crear una conexión de red usualmente hace innecesario que usted tenga que lidiar con la mayoría de estos ítems. Aún así, pienso que debería por lo menos conocer los conceptos básicos.

Iniciar una cuenta .Mac

.Mac (que se pronuncia *punto Mac*) es un conjunto de servicios opcionales de Internet que se integran divinamente con Mac OS X y cuesta alrededor de $100. Aunque .Mac no es específicamente una característica de Mac OS X, es un servicio basado en Internet que se me ocurre pensar que bien vale la pena

pagarlo (y yo pago por él). Así que sería desconsiderado si ni siquiera le hubiera contado un poco acerca de él.

Al momento de esta publicación, .Mac ofrece correo electrónico, servicio de host para páginas Web, una función de galería de imágenes, 10 GB de almacenamiento (denominado iDisk, para correo electrónico, copias de seguridad, páginas Web, etc.) y mucho más. Visite www.mac.com para enterarse de los detalles más recientes y busque una versión gratuita de prueba de 60 días para que pueda probarlo antes de pagar un solo centavo.

 El panel de .Mac le permite configurar su suscripción a .Mac e iDisk (si cuenta con ellos). Pone a disposición cuatro fichas:

✔ **Account (Cuenta):** Si tiene una cuenta .Mac, puede escribir su nombre y contraseña allí, de modo que no tenga que escribirlos cada vez que use su iDisk o Mail (Correo electrónico). (Vea la barra lateral cercana "A quick overview of .Mac" [Un breve resumen de .Mac] para enterarse de detalles).

Haga clic en el botón Sign Up (Inscribirse) y se abrirá su explorador Web que lo llevará hacia la página Sign Up (Inscribirse) de .Mac de Apple.

✔ **Sync (Sincronizar):** La ficha Sync es donde puede especificar qué servicios de sincronización desea emplear. Puede usar iSync para controlar marcadores de Safari; calendarios de iCal; información de la Address Book (Libreta de direcciones); secuencias de llaves y reglas del Mail (Correo electrónico), cuentas de correo electrónico, firmas y buzones inteligentes.

✔ **iDisk:** Esta ficha muestra cuánto de su iDisk (su disco remoto que se actualiza en los servidores de Apple para miembros de .Mac) se usa, cuánto está disponible y cómo tiene distribuido el espacio entre el almacenamiento del disco y el almacenamiento del correo. También le permite mantener una copia local de su iDisk en su disco duro, sincronizarlo automática o manualmente y hacer que su Public Folder (Carpeta pública) sea Read/Write (de leer/escribir) o Read-Only (de sólo leer) con o sin contraseña.

✔ **Advanced (Avanzado):** Use este panel para registrar varias Mac para sincronización mediante su cuenta .Mac.

Navegar la Web con Safari

Con su conexión de Internet configurada, está preparado para navegar en la Web. En las siguientes secciones, me concentro en navegar la Web con Safari porque es el navegador Web instalado con OS X Leopard. (Si no le agrada Safari, le recomiendo que examine ya sea OmniWeb o Firefox, que están repletos de funciones que no puede encontrar en Safari).

Para comenzar, sólo abra su navegador Web. No hay problema. Como es usual, existe más de una forma. Puede iniciar Safari al

✔ Hacer clic en el ícono Safari en el Dock (Acoplador) (busque la gran brújula azul que se asemeja un cronómetro, como se muestra en el margen)

✔ Hacer doble clic en el ícono Safari en su carpeta Applications (Aplicaciones)

✔ Hacer un solo clic en un enlace URL en un mensaje de correo electrónico u otro documento

✔ Hacer doble clic en un documento con enlace URL en el Finder

Cuando inicia Safari por primera vez, éste automáticamente lo conecta a Internet y por omisión muestra la página inicial de Apple (consulte la Figura 9-1). En las secciones que siguen, cubro los puntos destacados sobre el uso de Safari, comenzando en la parte superior de la pantalla.

Figura 9-1:
La página inicial de Apple.

Navegar con los botones de la barra de herramientas

Los botones a lo largo de la parte superior de la ventana realizan funciones que están estrechamente ligadas con lo que los nombres implican. De izquierda a derecha, estos botones son

- **Back/Forward (Atrás/Adelante):** Cuando abre una página y posteriormente pasa hacia una segunda página (o una tercera o cuarta), el botón Back (Atrás) lo lleva a una página que visitó anteriormente. Recuerde que es necesario que retroceda antes de que funcione el botón Forward (Adelante).

- **Reload/Stop (Volver a cargar/Cancelar):** Haga clic en Reload (Recargar) para asegurarse de que está recibiendo la versión más actualizada de una página. Stop (Cancelar) le indica a una página lenta que deje de intentar mostrarse, de modo que le permita avanzar.

- **Open This Page in Dashboard (Abrir esta página en Consola de instrumentos):** Crea un componente a partir de la página o la parte de la página que seleccione. La página/componente permanece disponible en Dashboard (Consola de instrumentos) hasta que lo cierre. (Pulse Option [Opción] y haga clic en la X que aparece en la esquina superior izquierda).

- **Add Bookmark (Añadir un marcador):** Cuando encuentra una página a la que sabe que le gustaría volver, si hace clic en este botón le estará indicando a Safari que la recuerde por usted. Explico los marcadores con más detalle un poco más adelante en este capítulo.

Juegue un poco con los botones y verá a lo que me refiero.

Otros botones disponibles incluyen Home (Inicio), AutoFill (Llenado automático), Text Size (Tamaño del texto), Print (Imprimir) y Bug (Virus) (denuncie un virus a Apple); puede añadir o eliminarlos al escoger View (Ver)➪Customize Address Bar (Personalizar barra de direcciones).

Debajo del campo Address (Dirección) hay algunos botones de marcador que lo llevan directamente a las páginas que podrían ser de su interés, tales como Amazon.com, eBay y Yahoo!

El ítem News (Noticias) en esta fila de botones es un menú emergente (de hecho, desplegable), como se muestra en la Figura 9-2. Hacer clic en cualquiera de estos botones o escoger un ítem del menú desplegable News (Noticias) lo transporta a esa página.

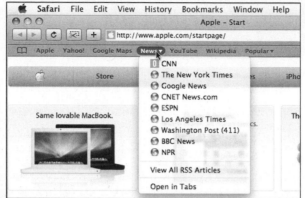

A la derecha de la fila superior de botones se encuentra el campo Address (Dirección). Aquí es donde usted escribe las direcciones Web, o *URL* (siglas que corresponden a Uniform Resource Locators [Localizadores de recursos uniformes]), que desea visitar. Sólo escriba una y pulse Return (Retorno) para navegar hasta dicho sitio.

Las direcciones Web casi siempre comienzan con `http://www`. Pero Safari tiene un truco novedoso: Si sólo escribe un nombre, usualmente se traslada al sitio Web apropiado de esa forma — sin escribir `http`, `//` o `www`. Por ejemplo, si escribe **apple** en el campo Address (Dirección) y luego pulsa Return (Retorno), se traslada a `www.apple.com`. O bien, si escribe **boblevitus**, el sistema lo desplaza a `www.boblevitus.com`. Inténtelo — es muy novedoso.

Colocar marcadores a sus páginas favoritas

Cuando encuentra una página Web a la que desee retornar, usted la marca. Así es como funciona:

1. **Haga clic en el botón Add Bookmark (+) (Añadir marcador) en la barra de herramientas de Safari, escoja Bookmarks (Marcadores)⊏⊐ Add Bookmark (Añadir marcador), o use la combinación de teclas ⌘+D.**

   Aparece una hoja. En ella, usted puede cambiar el nombre del marcador o usar el nombre proporcionado por Safari.

2. **(Opcional) Para colocar este marcador en una carpeta existente, escoja la carpeta del menú emergente debajo del nombre del marcador.**

Puede escoger dónde guardar el marcador — la barra de marcador, el menú de marcador o una carpeta en cualquier lugar — desde el menú emergente debajo del nombre del marcador. Estas carpetas le permiten agrupar sus marcadores de modo que pueda retornar a ellos de manera más fácil.

3. **Haga clic en el botón Add (Añadir) para guardar el marcador.**

4. **Cuando desee regresar a una página con marcador, escoja Bookmarks (Marcadores)⇨Show All Bookmarks (Mostrar todos los marcadores), escriba la combinación de teclas ⌘+Option (Opción)+B, o bien, haga clic en el botón Show All Bookmarks (Mostrar todos los marcadores) (que se muestra en el margen).**

Aparece la ventana Bookmarks (Marcadores), como se muestra en la Figura 9-3.

Figura 9-3: La ventana Bookmarks (Marcadores) en todo su esplendor.

Puede ver el contenido de cualquier Collection (Colección) (es decir, una carpeta llena de marcadores) al hacer clic en el nombre en el panel Collections (Colecciones). La Figura 9-3 muestra, específicamente, el contenido de la carpeta Bookmarks Bar (Barra de marcadores) con el contenido de la subcarpeta News (Noticias) extendida.

Si activa Auto-Click (Clic automático) para tener acceso a una colección de marcadores, cuando hace clic en el botón de la colección, no le aparecerá un menú desplegable. En su lugar, todas las páginas de dicha colección se abren de una vez, cada una en su propia ficha separada. Aún así puede usar el menú desplegable, pero tiene que hacer clic y sostener el botón en lugar de sólo hacer clic.

Para organizar su ventana Bookmarks (Marcadores) o colocar marcadores en la barra de herramientas o el menú Bookmarks (Marcadores), desplace los marcadores al arrastrarlos. Puede colocar marcadores y carpetas de marcadores en la barra Safari Bookmarks (Marcadores de Safari) al arrastrarlos hacia la carpeta apropiada. Si arrastra una carpeta de marcadores hacia la carpeta Bookmarks Bar (Barra de marcadores) (o directamente sobre la misma barra Bookmarks [Marcadores]), el resultado es un menú desplegable, como se muestra antes en la Figura 9-2.

5. **Abra páginas que tienen marcador en la ventana Bookmarks (Marcadores) al hacer doble clic en ellas.**

   Para eliminar un marcador, selecciónelo en la ventana Bookmarks (Marcadores) y luego pulse Delete (Eliminar) o Backspace (Retroceso).

Los marcadores son los favoritos y los favoritos son los marcadores. Ambas palabras describen exactamente la misma y exacta cosa — combinaciones de teclas hacia sitios Web. En este capítulo, uso *marcadores* porque así es como los llama Safari. Otros navegadores los llaman *favoritos*.

Su copia de Safari viene previamente cargada con marcadores que le llevan a otros ingeniosos sitios de Mac para que los conozca. Puede encontrar enlaces con los sitios de Apple, proveedores de hardware y software, publicaciones de Mac, entre otros. Vea las carpetas llenas de excelentes páginas Web que sus amigos de Apple han diseñado — Mac, Kids (Niños), Sports (Deportes), Entertainment (Entretenimiento), etc. Asegúrese de explorar todos los marcadores incluidos cuando disponga de algún tiempo; vale la pena conocer más de la mayoría de ellos, si no es que de todos.

Simplificar la navegación con fuentes RSS

Uno de los mayores revuelos de la exploración de la Web en estos días (aparte de los *blogs,* una forma de diario personal publicado en la Web) es *RSS,* siglas que corresponden a *Really Simple Syndication* (Redifusión realmente sencilla) (de acuerdo con la mayoría de personas que saben acerca de esto). Usted observa extractos de lo que está disponible en el sitio que suministra *fuentes RSS* — lo que le da una idea general de duración ajustable con un enlace a la historia completa. Así es como funcionan:

1. Cuando una página Web cuenta con una fuente RSS (así es como se les llama a los enlaces especiales de RSS) asociada, usted ve un pequeño ícono de RSS ubicado al extremo derecho de la barra de direcciones, justo como el que se mostró anteriormente en la Figura 9-1.

2. Haga clic en él para ver todos los extractos de RSS correspondientes al sitio, como aparece en la Figura 9-4.

3. Vuelva a hacer clic en él y los extractos de RSS desparecen y los sustituye el contenido de la página, como se mostró anteriormente en la Figura 9-1.

Figura 9-4: Los extractos de RSS para la página inicial de Apple, mostrados anteriormente en la Figura 9-1.

Si le gusta esto de RSS (y ¿por qué no le agradaría?), tenga en cuenta que Safari incluye muchas fuentes interesantes entre las cuales puede escoger. Haga clic en el pequeño ícono de libro (debajo de la flecha Back (Atrás) cerca de la esquina superior derecha de la ventana) y luego haga clic en la colección All RSS Feeds (Todas las fuentes RSS) a la izquierda. Una numerosa lista de fuentes RSS disponibles aparece a la derecha; haga doble clic en uno o más ítems de la lista Bookmark (Marcador) a la derecha para ver su fuente.

Buscar con Google

¿Está buscando algo en Internet? Visite Google, un fantástico motor de búsqueda integrado con Safari para ayudarle a buscar hasta encontrar casi todo en Internet de manera rápida y fácil.

En esta sección, usted descubrirá cómo usar Google para buscar en Internet y encontrar casi todo, así como la forma de obtener ayuda con Google cuando todo lo demás falla.

Para buscar en Internet con Google, siga estos pasos:

1. **Simplemente escriba una palabra o frase en el campo Google ubicado a la derecha de la barra de direcciones, cerca de la parte superior de la ventana Safari.**

2. **Pulse Return (Regresar) o Enter (Intro) para comenzar la búsqueda.**

   Google ofrece casi de inmediato una lista de resultados, como aparece en la Figura 9-5.

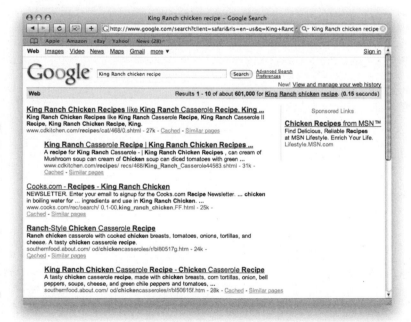

Figura 9-5: Una búsqueda en Google de una receta para preparar pollo al estilo de King Ranch.

3. **Haga clic en uno de los enlaces de resultados — aparecen en azul y subrayados — y el sistema lo trasladará instantáneamente a esa página en particular.**

4. **Si no es justo lo que está buscando, haga clic en el botón Back (Atrás) e intente otro enlace de resultado.**

5. **Si Google ofrece demasiados resultados que sencillamente no son correctos, haga clic en el enlace Advanced Search (Búsqueda avanzada) cerca de la parte superior de la página de resultados y depure su búsqueda.**

   Puede depurar su búsqueda con una multitud de opciones, como se muestra en la Figura 9-6.

Figura 9-6:
Una búsqueda avanzada en Google de una receta para preparar pollo al estilo de King Ranch.

6. **Haga clic en el botón Google Search (Búsqueda en Google).**

   Aparece rápidamente una página depurada de resultados. Como antes, haga clic en un enlace de resultado para visitar esa página. Si simplemente no es lo que está buscando, haga clic en el botón Back (Atrás) e intente un enlace de resultado distinto.

Una última característica que probablemente le gustaría conocer es el menú desplegable que recuerda sus búsquedas recientes en Google. Haga clic en el triángulo junto al lente de aumento en el campo Google para ver sus términos anteriores de búsqueda, como se muestra en la Figura 9-7.

Figura 9-7: Escoger un término de búsqueda anterior desde el menú desplegable.

Esto es prácticamente todo lo que necesita saber para pasar excelentes momentos navegando en la Web con Google.

Dar un vistazo al Help Center (Centro de ayuda)

Al decir la verdad, Safari cuenta con muchas más funciones y podría escribir un capítulo entero acerca del uso de Safari, pero una de las reglas que nosotros, los autores de *Para Dummies,* debemos seguir es que nuestros libros no pueden tener 1,000 páginas de contenido. Así que le voy a proporcionar lo que más se parece a eso: Abra el Help Center (Centro de ayuda) (escoja Help (Ayuda)⇨Safari Help (Ayuda de Safari). Aparece una ventana especial Safari Help (Ayuda de Safari); aquí puede buscar cualquier tema relacionado con Safari o solución para cualquier problema relacionado con Safari.

Comunicarse vía iChat AV

La mensajería instantánea y las salas de chat permiten comunicación interactiva entre los usuarios de todas partes del mundo. Si le gusta la mensajería instantánea, iChat AV le brinda acceso inmediato a todos los demás usuarios de AIM, Jabber y .Mac. Todo lo que necesita son sus nombres de pantalla y estará listo para despegar. Hasta puede unirse a cualquier sala de chat de AOL sólo con escoger File (Archivo)⇨Go to Chat (Ir al chat).

Platicar con iChat

Sus charlas de texto pueden ser de persona a persona o sesiones en grupo. iChat AV está integrado en la Address Book (Agenda de direcciones), para que no tenga que introducir dos veces la información de sus amigos. También se comunica directamente con la aplicación Mail (Correo). Ésta es toda la información esencial que necesita para empezar:

✔ **Para iniciar una sesión de chat,** abra iChat, seleccione a un amigo de su lista de amigos y escoja Buddies (Amigos)⇨Invite to Chat (Invitar al Chat).

La imagen (o ícono) de cada participante aparece a la par de cualquier cosa que diga, lo cual se muestra en una burbuja de idea como de tira cómica, según se muestra en la Figura 9-8. Si encuentra las burbujas de idea un poco (demasiado) infantiles, puede apagarlas desde el menú View (Ver).

✔ **Para invitar a una tercera o cuarta persona a su chat,** seleccione al amigo en su lista de amigos y escoja Buddies (Amigos)⇨Invite to Chat (Invitar al chat).

Figura 9-8:
Un chat conmigo mismo. (Tengo dos Mac en la misma red.)

✔ **Para adjuntar una imagen a una persona de su Address Book (Libreta de direcciones)** (como lo he hecho para mí mismo con una fotografía en una Mac y una imagen de tira cómica en la otra), copie una imagen de dicha persona en el Clipboard (Portapapeles) en su aplicación favorita de gráficos (Preview [Vista preliminar], por ejemplo). Ahora abra la Address Book (Libreta de direcciones) y muestre la tarjeta correspondiente a la persona a la que desea añadir una imagen. Haga clic en el pequeño cuadro vacío ubicado en la parte superior de la tarjeta y pegue la imagen en el Clipboard (Portapapeles). Debería ver dicha imagen en la tarjeta Address Book (Libreta de direcciones) y también cuando sostiene una iChat con la persona. ¡Excelente!

✔ **Para transferir archivos,** sólo arrastre el ícono del documento hacia el cuadro de mensajes, como se muestra en la Figura 9-9, y pulse Return (Retorno) o Enter (Intro). El archivo viaja a gran velocidad en el espacio cibernético. Ésta es una forma muy conveniente de compartir fotografías o documentos sin recurrir a archivos compartidos o el correo electrónico.

Figura 9-9:
Transferir un archivo con iChat AV.

✔ **Para enviar un correo electrónico desde iChat,** sólo seleccione a un amigo en la lista de amigos de iChat AV y luego escoja Buddies (Amigos)⇨ Send Email (Enviar correo electrónico) (o bien, use la combinación de teclas ⌘+Option+E). El Mail (Correo) se inicia (si no es que ya está abierto) y dirige un nuevo mensaje al amigo seleccionado, listo para que usted comience a escribir el texto.

¡Denme una A! ¡Denme una V!

La característica más sobresaliente de iChat es el chat con audio/video, que es a lo que se refiere la sigla *AV* en el nombre. Las funciones de audio y video de iChat son fáciles de configurar y usar.

La última mejora a las capacidades de AV de iChat es que ahora puede realizar una conferencia de una sesión de chat con video con hasta tres personas más al mismo tiempo y una sesión de chat con audio con hasta nueve personas adicionales simultáneamente.

Para llevar a cabo una sesión de chat con video o con audio:

1. **Conecte una cámara FireWire o un micrófono compatible a su Mac.**

   Aunque muchas cámaras de video FireWire funcionan aceptablemente bien para sesiones de chat con video, la combinación de cámara/ micrófono iSight de Apple está diseñada justamente para este propósito (y funciona aún mejor en la mayoría de casos). En la actualidad, viene integrada en todas las computadoras portátiles Mac y en iMacs, de modo que es probable que no tenga que comprar nada para sostener una sesión de chat con video (y audio).

   Cuando tenga el hardware apropiado conectado a su Mac, los nombres de sus amigos incluidos en las listas de amigos muestran pequeños íconos verdes de teléfono o cámara, si es que ellos cuentan con el hardware correcto por su lado.

2. **Para iniciar una conferencia con audio o video, haga clic en el o los íconos verdes apropiados.**

   Sus amigos reciben una invitación para comenzar una sesión de chat con audio o video.

3. **Si aceptan la invitación, aparece una ventana Video Chat (Chat con video), como se muestra en la Figura 9-10.**

Figura 9-10: Durante una sesión de iChat con mi amigo Dave Hamilton.

Enviar archivos y mensajes con Bonjour e iChat

El soporte de la aplicación incorporada Bonjour de Mac OS X (Apple solía llamarla Rendezvous) hace que la sesiones de chat sean mejor. Con Bonjour, Mac OS X puede reconocer automáticamente en una red a otras personas que estén disponibles para chatear. Así que puede enviar un breve mensaje o archivos desde una computadora a otra de manera rápida y fácil. Por ejemplo, al tener activado Bonjour, he enviado y recibido mensajes desde/hacia mi PowerBook equipado con AirPort y desde/hacia mi computadora de escritorio sin ninguna configuración de red ni tener que añadir manualmente a nadie a mi lista de amigos. Sólo escoja Window (Ventana)⇨Bonjour y seleccione la persona con la que desea chatear desde la ventana Bonjour. Desde ahí, puede enviar un mensaje o archivo.

Para que Bonjour se conecte con otra computadora, es necesario que ambos usuarios tengan Bonjour activado y deben conectarse ya sea con la misma red o tener incorporado AirPort para red inalámbrica. Fuera de eso, no es necesario configurar la conexión; no tiene que hacer nada para formar parte de una red Bonjour, porque su Mac se configura a sí misma y se integra automáticamente.

iChat con Bonjour es también una forma excelente y rápida para enviar un archivo de una Mac hacia otra sin la molestia de configurar archivos compartidos o ni siquiera añadir a alguien a su lista de amigos. Sólo escoja Buddies (Amigos)⇨Send File (Enviar archivo) (o use la combinación de teclas ⌘+Option+F) y use iChat en su lugar.

Si posee una cámara iSight o una cámara de video FireWire a la mano o si su Mac cuenta con una cámara iSight incorporada, ¿por qué no intentarlo? Mi indicador de chat es boblevitus@mac.com; siéntase en libertad de invitarme a una sesión de chat con video, si me ve en línea.

Compartir pantalla remota — notable e inmejorablemente satisfactorio

Me gustaría llamar su atención hacia una última característica de iChat. Se llama Remote Screen Sharing (Pantalla remota compartida) y es lo más nuevo y posiblemente la característica más útil de iChat que se haya lanzado. Le permite controlar otra Mac en cualquier parte del mundo, u otro usuario de Mac puede controlar su Mac desde cualquier ubicación.

Así que ahora, cuando llama a su mamá y le dice "Estoy intentando recibir mi correo, pero la cosa en la que hice clic desapareció", no tiene que intentar descifrar la descripción que ella le hizo y explicarle cómo sustituir el ícono Mail (Correo) en el Dock (Acoplador). En lugar de eso, dígale tranquilamente, "Mami, sólo abre iChat y déjame mostrarte cómo arreglar eso". Así es como funciona:

1. Ella inicia iChat en su Mac. Usted lanza iChat en la suya.

2. Ella hace clic en el nombre suyo incluido en su lista Buddy (Amigo) y escoge Buddies (Amigos)⇨Share My Screen (Compartir mi pantalla) (o bien, usted hace clic en el nombre de ella en su lista Buddy [Amigos] y escoge Buddies [Amigos]⇨Share Remote Screen [Compartir pantalla remota]).

3. Emerge una ventana en la pantalla de mamá, en donde ella le otorga a usted permiso para controlar su pantalla; una vez que se ha otorgado el permiso, usted puede ver su pantalla en la Mac *de usted* (y controlar la Mac de ella con su ratón y teclado.

   Más específicamente, después de que ella le otorga permiso, usted ve una imagen de proxy de la pantalla de ella que indica `Switch to Mom's Computer` (Cambiar a computadora de mamá) como se muestra en la Figura 9-11. (De hecho, ésta indica `Switch to Bob LeVitus's Computer` [Cambiar a computadora de Bob LeVitus] en la figura porque mi mamá no estaba disponible cuando hice la toma de la figura. Así que sólo haga de cuenta que soy Mamá durante el resto de este ejercicio, ¿le parece?)

Figura 9-11: Si hago clic en cualquier lugar de la ventana Bob LeVitus's Computer ubicada a la izquierda, mi pantalla queda sustituida por la pantalla Bob LeVitus's Computer.

4. Cuando hago clic en cualquier parte de la pequeña ventana Bob LeVitus's Computer (Computadora de Bob LeVitus) (o la computadora de mamá o de quien sea) que se muestra a la izquierda en la Figura 9-11, cambia mi pantalla y, en lugar de mis asuntos, veo la pantalla remota, como se muestra en la Figura 9-12.

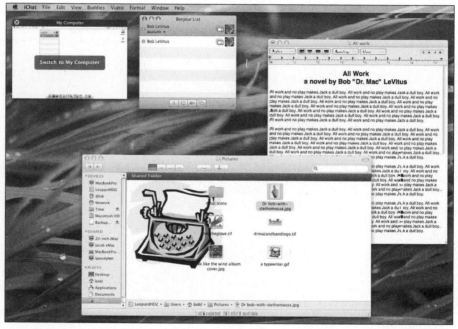

Figura 9-12: Mi computadora muestra la pantalla de la computadora remota.

5. Para regresar a la pantalla my Mac (Mi Mac), sólo hago clic en la ventana My Computer (Mi computadora) ubicada en la parte superior izquierda de la Figura 9-12 y desaparece la pantalla de la computadora remota y regresa la mía.

Ésta es la mejor manera de ayudar a otro usuario de Mac a que realice cualquier tarea. De hecho, mi negocio de consultoría ha estado empleando software similar para ayudar a usuarios de Mac durante años. Es fantástico poder hablar con amigos por teléfono mientras usted controla las Mac de ellos. Puede arreglar problemas en una fracción del tiempo que le tomaría explicar cómo hacerlo sólo por teléfono.

Antes de que se emocione demasiado, existen algunas condiciones:

- ✔ Tanto usted como el otro usuario deben estar ejecutando Mac OS X Leopard.

- ✔ Tanto usted como el otro usuario deben tener una cuenta de iChat (en .Mac, AIM, Jabber o Google Talk).

- ✔ Tanto usted como el otro usuario necesitan acceso a Internet de alta velocidad.

Puede combinar esta característica con la función de archivos compartidos de iChat descrita anteriormente para colaborar con otros usuarios en documentos o proyectos.

Cuando comparte su pantalla, la persona con la que la comparte tiene el mismo grado de acceso a sus archivos que el que usted tiene. Lo que significa que debe compartir su pantalla únicamente con las personas en quien confía incondicionalmente. Además, si tiene archivos en su Mac que preferiría que la otra persona no viera, le sugiero que los oculte bien en una subcarpeta en alguna parte o los elimine antes de que comience su sesión de pantalla compartida.

Capítulo 10

El Correo Electrónico Simplificado

En Este Capítulo

▶ Controlar contactos con Address Book (Libreta de direcciones)

▶ Dominar el correo electrónico con Mail (Correo)

*E*n este capítulo, verá un par de programas que trabajan juntos y hacen que el control de sus contactos y correo electrónico sea muy sencillo. Descubrirá cómo funcionan estos dos programas epónimos — Address Book (Libreta de direcciones) y Mail (Correo) — y cómo usarlos de forma independiente y como equipo.

Mantener los Contactos a la Mano con la Address Book (Libreta de Direcciones)

La Address Book (Libreta de direcciones) es donde almacena información de contacto de familiares, amigos y cualquier otra persona de quien desee estar al tanto. Trabaja a la perfección con la aplicación Mail (Correo), permitiéndole buscar rápidamente direcciones de correo electrónico cuando está listo para enviar un mensaje.

De hecho, Address Book (Libreta de direcciones) trabaja con varias aplicaciones, tanto en como más allá de su Mac, entre las que se incluyen las siguientes:

✔ Úsela con iChat (tema cubierto en el Capítulo 9) para chatear rápidamente con sus amigos en línea.

✔ Úsela con iCal al escoger Window (Ventana)⇨Address Panel (Panel de direcciones) o pulsar ⌘+Option (Opción) +A. Entonces podrá arrastrar el nombre de cualquier persona dentro de su Address Book (Libreta de direcciones) desde el Address Panel (Panel de direcciones) hasta cualquier fecha y hora en el calendario, e iCal crea automáticamente un evento especial de Meeting (Reunión). El evento cuenta incluso con un botón Send Invitation (Enviar invitación) — si hace clic en él, se inicia el Mail (Correo) y le envía a la persona una invitación a esta reunión. Cosas muy novedosas.

✔ La aplicación Address Book (Libreta de direcciones) puede funcionar también con cualquier otra aplicación cuyos programadores hayan escogido hacer la conexión o con cualquier dispositivo compatible con Address Book (Libreta de direcciones). Por ejemplo, mi teléfono inalámbrico Sony Ericsson puede obtener la información de mis contactos (¡de forma inalámbrica!) desde Address Book (Libreta de direcciones) a través de la magia de Bluetooth, según se describe en el Capítulo 8.

Puede encontrar una lista de dichos dispositivos aquí: `www.apple.com/macosx/features/isync/devices.html`.

En las siguientes secciones, descubrirá las mejores formas de llenar la Address Book (Libreta de direcciones) con contactos y mantener esos contactos organizados.

Añadir contactos

Siga estos pasos para crear una nueva entrada en la Address Book (Libreta de direcciones):

1. **Inicie la aplicación Address Book (Libreta de direcciones) al hacer doble clic en el ícono en la carpeta Applications (Aplicaciones) o al hacer clic en el ícono Dock (Acoplador).**

   Aparece la Address Book (Libreta de direcciones). La primera vez que abre Address Book (Libreta de direcciones) ve dos tarjetas: Apple Computer (Computadora Apple) y la que contiene información de identificación personal que suministró cuando creó su cuenta.

2. **Para crear una nueva entrada, haga clic en el botón + en la parte inferior de la columna Name (Nombre) de la Address Book (Libreta de direcciones).**

   Aparece una tarjeta con una dirección sin título. El campo de texto First name (Primer nombre) se selecciona inicialmente. (Puede notarlo porque está resaltado, como se muestra en la Figura 10-1).

   Las pequeñas flechas hacia arriba y hacia abajo que ve en la Figura 10-1 entre las etiquetas y sus campos de contenido son menús emergentes que ofrecen etiquetas alternativas para el campo. Por ejemplo, si fuera a hacer clic en las flechas contiguas a la palabra *Work (Trabajo)* podría escoger Home (Casa), Mobile (Celular), Main (Principal), Home Fax (Fax casa), Work Fax (Fax del trabajo), Pager (Buscapersonas), Other (Otro) o Custom (Personalizar) para sustituir la etiqueta Work (Trabajo).

3. **Escriba el primer nombre de la persona en el campo de texto First (Primer nombre).**

   Aquí, escribo **Doctor**.

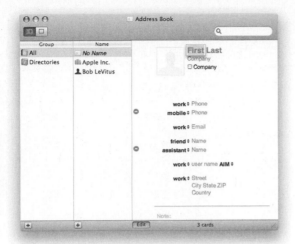

Figura 10-1:
Una nueva
tarjeta de
dirección
en Address
Book
(Libreta de
direcciones).

4. **Pulse Tab.**

   Su cursor debería estar ahora en el campo de texto Last (Apellido).

   Siempre puede moverse de un campo al siguiente pulsando Tab — en efecto, esta combinación de teclas funciona en casi todos los programas Mac que tienen campos como estos. (Puede desplazarse al campo anterior si pulsa Shift+Tab).

5. **Escriba el apellido de la persona que está añadiendo a su Address Book (Libreta de direcciones).**

   Aquí escribo **Mac**.

   Continúe con este proceso, llenando el resto de los campos que aparecen en la Figura 10-2.

6. **Cuando haya terminado de ingresar la información, haga clic en el botón Edit (Editar) para salir del modo de edición.**

   El contacto que creó con este paso aparece en la Figura 10-2.

   La pequeña tarjeta de contacto se conoce como una *vCard* (tarjeta de presentación virtual).

   Para añadir más información acerca de cualquier entrada de Address Book (Libreta de direcciones), seleccione el nombre en la columna Name (Nombre) (<Doctor Mac>) en la Figura 10-2. Puede notar cuando se selecciona un nombre porque se resalta, como lo está Doctor Mac en la Figura 10-2. Luego, haga clic en el botón Edit (Editar) ubicado en la parte inferior de la ventana Address Book (Libreta de direcciones) y realice los cambios.

Repita este proceso para todos los que conoce y con quienes desee mantenerse en contacto.

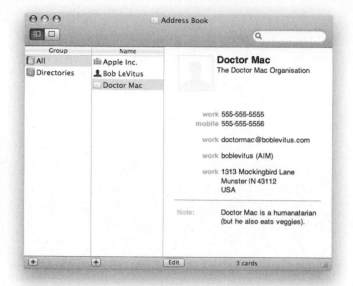

Figura 10-2:
La tarjeta de
dirección
que se
muestra en
la ventana
Address
Book
(Libreta de
direcciones).

Importar contactos desde otros programas

Si ya cuenta con contactos que haya creado en otro programa, podría estar en capacidad de importarlos hacia la Address Book (Libreta de direcciones). Address Book (Libreta de direcciones) puede importar contactos en formato vCard, LDIF o archivo de texto.

Lo primero que necesita hacer es exportar los datos desde el otro programa en uno de estos formatos. Luego, escoja File (Archivo)⇨Importa (Importar)⇨ vCard (o bien, LDIF o archivo de texto, según sea el caso), escoja el archivo de datos exportado en el diálogo Open File (Abrir archivo) y luego haga clic en el botón Open (Abrir).

Crear un grupo básico

Ahora permítame explicar cómo organizar los contactos en grupos. ¿Por qué desearía organizar sus contactos en grupos? El motivo principal, al menos para mí, es que puedo enviar correo electrónico a cualquiera que forme parte de un grupo que haya definido con un solo clic. Así que cuando sea momento de enviar un comunicado de prensa, simplemente puedo enviarlo a mi grupo Press (Prensa), con lo que transmito el correo electrónico a todas las 50 personas que están en dicho grupo. Y cuando deseo enviar un correo electrónico a todos los padres de los chicos que integran el equipo de fútbol sala de mi hijo, sencillamente lo dirijo a mi grupo Flag Football Parents (Padres de equipo de fútbol) y las 12 familias que integran dicho grupo lo reciben.

Así es como se crea un grupo y se añaden contactos al mismo:

1. **Inicie la aplicación Address Book (Libreta de direcciones) al hacer doble clic en el ícono en la carpeta Applications (Aplicaciones) o al hacer clic en el ícono Dock (Acoplador).**

2. **Para crear un nuevo grupo, haga clic en el botón + ubicado en la parte inferior de la columna Group (Grupo).**

   Aparece un grupo sin título en la columna Group (Grupo) con el Group Name (Nombre del grupo) resaltado, como se muestra en la Figura 10-3.

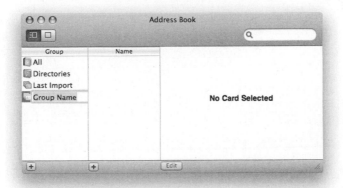

Figura 10-3: Un grupo recién creado listo para que se le asigne nombre.

3. **Escriba un nombre descriptivo para este grupo y luego, pulse Enter (Intro) o Return (Retorno).**

   Al mío le asigné el nombre PR, que corresponde a Public Relations (Relaciones Públicas).

4. **Haga clic en el grupo All (Todos) de la columna Group (Grupo) para mostrar todos los contactos de la columna Name (Nombre).**

5. **Haga clic en los contactos que desee incluir en el grupo en la columna Name (Nombre), sosteniendo la tecla ⌘ a tiempo que hace clic si desea seleccionar más que un contacto.**

6. **Arrastre al grupo los nombres de contacto seleccionados, como se muestra en la Figura 10-4.**

   Address Book (Libreta de direcciones) muestra por consideración el número de contactos que está arrastrando, que resultan ser dos en este ejemplo.

Y eso es todo lo que hay acerca de crear sus propios grupos.

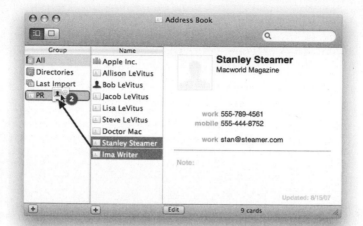

Figura 10-4:
Añadir dos
contactos al
grupo PR.

Configurar un grupo inteligente (de acuerdo con criterios de contacto)

Un segundo tipo de grupo — llamado un Smart Group (Grupo inteligente) — podría serle aún más útil. Un Smart Group (Grupo inteligente) reúne contactos en su Address Book (Libreta de direcciones) de acuerdo con los criterios que usted especifique. Así que, por ejemplo, usted podría crear un grupo que seleccione automáticamente integrantes del equipo de Apple, como lo muestro en un momento.

La gran ventaja que tiene un Smart Group (Grupo inteligente) sobre un grupo ordinario es que cuando añado un nuevo contacto que trabaje en Apple, dicho contacto se convierte automáticamente en un miembro del Smart Group (Grupo inteligente) sin que necesite realizar nada más.

Para crear un Smart Group (Grupo inteligente), siga estos pasos:

1. **Escoja File (Archivo)⇨New Smart Group (Nuevo grupo inteligente), use la combinación de teclas (⌘+Option+N) o pulse la tecla Option (Opción) y luego, haga clic en el botón + en la parte inferior de la columna Group (Grupo).**

   Aparece una hoja Smart Group (Grupo inteligente) frente a la ventana Address Book (Libreta de direcciones), como se muestra en la Figura 10-5.

2. **Asígnele un nombre al Smart Group (Grupo inteligente).**

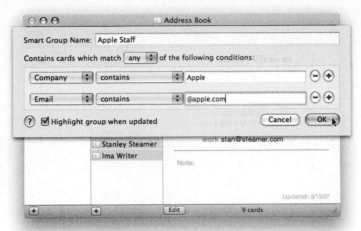

Figura 10-5:
Crear un
nuevo
Smart
Group
(Grupo
inteligente).

3. **Seleccione los ítems apropiados desde los menús — Any (Cualquiera), Company (Compañía), Contains (Contiene), Email (Correo electrónico), etc.**

   En la Figura 10-5, he creado un Smart Group (Grupo inteligente) que incluye cualquier contacto con Apple en el campo Company (Compañía) o @apple.com en cualquier campo de correo electrónico.

4. **Cuando esté satisfecho con los criterios especificados, haga clic en OK (Aceptar).**

Para eliminar un contacto, grupo o Smart Group (Grupo inteligente) de su Address Book (Libreta de direcciones), haga clic para seleccionarlo y, luego, pulse Delete (Eliminar) o Backspace (Retroceso).

Enviar un correo electrónico a un contacto o grupo

Esta sección es acerca de la forma en que puede crear y enviar un mensaje de correo electrónico a un contacto o grupo de su Address Book (Libreta de direcciones).

Ni siquiera tiene que abrir Address Book (Libreta de direcciones) para enviar un correo electrónico a un contacto o grupo contenido en su Address Book (Libreta de direcciones). En la sección siguiente, verá cómo Mail (Correo) busca contactos o grupos sin iniciar Address Book (Libreta de direcciones). Pero si ya tiene abierta la Address Book (Libreta de direcciones), esta técnica para enviar correo electrónico a un contacto o grupo es probablemente la más conveniente.

Para crear un mensaje en blanco de correo electrónico para un contacto, haga clic en la etiqueta contigua a la dirección de correo electrónico y manténgala presionada; escoja Send Email (Enviar correo electrónico) desde el menú emergente que aparece, como se muestra en la Figura 10-6.

Figura 10-6:
Enviar correo electrónico a alguien que esté en su Address Book (Libreta de direcciones) es tan fácil como hacer clic aquí.

El programa Mail (Correo) se vuelve activo y aparece en su pantalla un mensaje de correo electrónico en blanco dirigido al contacto. Sólo escriba su correo electrónico como normalmente lo haría.

 En la Figura 10-6, he ocultado las columnas Group (Grupo) y Name (Nombre) al hacer clic en el pequeño botón cuadrado justo debajo de los botones con forma de gomita amarillo y verde. Para hacer que vuelvan a aparecer las columnas, haga clic en el botón justo a la izquierda — el pequeño cuadro con líneas a su lado izquierdo (para representar las columnas Group [Grupo] y Name [Nombre]). Los botones en el margen a la izquierda son los a los que me refiero.

Enviar y Recibir Correo Electrónico con Mail

Mail (Correo) es un programa para enviar, recibir y organizar su correo electrónico.

Mail es rápido y fácil de usar, además. Haga clic en el ícono Mail en el Dock (Acoplador) o haga doble clic en el ícono Mail en la carpeta Applications (Aplicaciones) para lanzar Mail. El ícono de Mail luce como una estampilla de correos cancelada, como se muestra en el margen.

Puede usar otras aplicaciones para leer el correo de Internet. Mozilla (Thunderbird) y AOL, por ejemplo, tienen sus propios lectores de correo, como los tiene Microsoft Office (Entourage). Y a una enorme cantidad de usuarios conocedores le gustan las funciones de edición tipo BBEdit de MailSmith (BareBones Software). Pero para las Mac, el mejor y más fácil lector de correo disponible (lo que quiere decir, el mejor de su disco duro por omisión) es casi con toda certeza Mail. Y, por supuesto, no puede rebatir el precio — ¡es gratis!

Las siguientes secciones, en algunos casos, le ofrecen puntos de partida. Aún así, debería encontrar algo que vaya directamente al grano. Si se le ocurre una pregunta que no se responda en las siguientes secciones, recuerde que siempre puede solicitar la asistencia de Help (Ayuda)⇨Mail Help (Ayuda de Mail).

Configurar Mail

Si esta es la primera vez que inicia Mail, es necesario que configure su cuenta de correo electrónico antes de poder continuar. Aparece automáticamente un conjunto de pantallas New Account (Nueva cuenta). Sólo llene los espacios en blanco en cada pantalla y haga clic en el botón Continue (Continuar) hasta que haya terminado.

Si no sabe qué escribir en uno o más de estos campos en blanco, comuníquese con su ISP (Proveedor de servicios de Internet) o proveedor de correo para solicitar asistencia.

Después de que haya configurado una o más cuentas de correo electrónico, verá un mensaje Welcome (Bienvenida) que le pregunta si le gustaría ver lo que hay de nuevo en Mail. Si hace clic en Yes (Sí), el Help Viewer (Proyector de ayuda) se inicia y le muestra la página What's New in Mail (Qué hay de nuevo en Mail), mientras la ventana principal de Mail, que luce como en la Figura 10-7, aparece en segundo plano. De lo contrario, si hace clic en No, aparece inmediatamente la ventana principal de Mail como la ventana activa.

A la ventana principal de Mail se le llama de hecho *ventana de proyector* o una *ventana de proyector de mensajes*. Puede tener más de una de éstas en su pantalla, si lo desea — sólo escoja File (Archivo)⇨New Viewer Window (Ventana de proyector nueva) o pulse ⌘+Option+N.

Panel de buzón
(Mailbox pane)

Panel de lista de mensajes
(Message list pane)

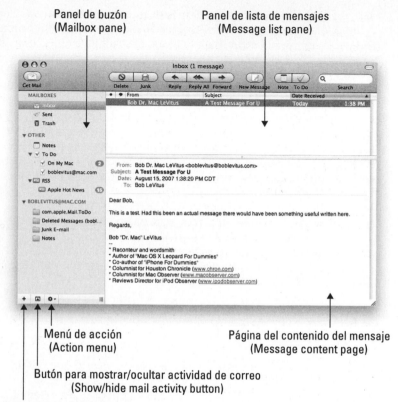

Figura 10-7:
Ventana
principal de
Mail.

Menú de acción
(Action menu)

Página del contenido del mensaje
(Message content page)

Butón para mostrar/ocultar actividad de correo
(Show/hide mail activity button)

Butón para agregar buzón
(Add mailbox button)

Redactar un nuevo mensaje

Así se crea un nuevo mensaje de correo electrónico:

1. **Escoja File (Archivo)⇨New Message (Nuevo mensaje), haga clic en la barra de herramientas o pulse ⌘+N.**

   Aparece una nueva ventana; es aquí donde redacta su mensaje de correo electrónico, como se muestra en la Figura 10-8.

2. **Coloque su cursor en el campo To (Para) y escriba la dirección electrónica de alguien.**

   Use mi dirección (`Leopard4Dummies@boblevitus.com`) si no conoce a nadie más a quien enviarle el correo.

   Si el destinatario ya se encuentra en su Address Book (Libreta de direcciones) (como se encuentra Steve Jobs en la mía), Mail completa automáticamente el nombre del destinatario después de que haya escrito algunos caracteres. Así que, por ejemplo, en la Figura 10-8 escribí *st* y

Mail llenó el resto, *eve Jobs <Steve@apple.com>,* que aparece resaltado en la Figura 10-8. Si más de un nombre de contacto comienza con *st,* aparecería una lista de todos los contactos con nombres que comienzan con *st* debajo del campo To (Para). Fabuloso, ¿no?

3. **Pulse la tecla Tab dos veces para desplazar su cursor hacia el campo de texto Subject (Asunto) y escriba un asunto para este mensaje.**

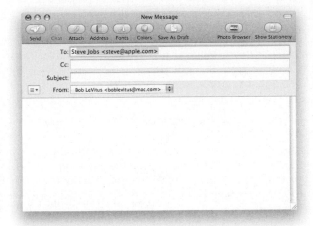

Figura 10-8: Redactar un mensaje de correo electrónico.

4. **Haga clic en la parte de la ventana que corresponde al mensaje principal (consulte la Figura 10-8) y escriba ahí su mensaje.**

A propósito, para esto sirven los demás botones que se muestran en la Figura 10-8:

- **Attach (Adjuntar):** Se abre una hoja estándar Open File (Abrir archivo) para que pueda elegir uno o varios archivos para adjuntar este mensaje.

  Para adjuntar varios archivos, sostenga la tecla ⌘ a tiempo que hace clic en cada archivo que desee adjuntar.

  Si el destinatario de este mensaje utiliza Windows, es probable que desee seleccionar el cuadro Send Windows-Friendly Attachments (Enviar adjuntos compatibles con Windows) ubicado en la parte inferior de la hoja Open File (Abrir archivo).

- **Address (Dirección):** Abre el Address Panel (Panel de direcciones), una representación en miniatura de su Address Book (Libreta de direcciones). Puede arrastrar los contactos o grupos desde el Address Panel (Panel de direcciones) hacia el campo To (Hacia) o CC del mensaje.

- **Fonts (Tipos de letra):** Abre el panel Fonts (Tipos), en donde puede cambiar el tipo de letra, tamaño, color, subrayado, tachado, sombreado, color del documento y más.

- **Colors (Colores):** Abre el panel Color Picker (Selector de color) para que pueda cambiar rápidamente el color del texto seleccionado en su mensaje.

- **Photo Browser (Explorador de fotos):** Abre el panel Photo Browser (Explorador de fotos), que muestra las fotos en su biblioteca iPhoto y le permite arrastrarlas y colocarlas en un mensaje de correo.

- **Show Stationery (Mostrar plantilla):** Abre una hoja con una selección de plantillas que puede usar para su mensaje de correo electrónico. (Averigüe más sobre esta característica dentro de unas cuantas páginas).

- **La pequeña cosita en forma de flecha a la izquierda del menú emergente From (De):** Este pequeño cacharro es de hecho un menú emergente que le permite añadir campos al encabezado de su mensaje. ¿Qué campos? Me alegra que haya preguntado. . . . Puede escoger el campo de dirección CC (Copia de carbón), el campo de dirección BCC (Copia de carbón oculta), el campo de dirección Reply To (Responder a) o el campo Priority (Prioridad). O bien, si escoge Customize (Personalizar), verá todos los campos disponibles con cuadros a la par de ellos para que pueda marcarlos o cancelarlos a su discreción.

  Observe que los cambios que realiza con este menú se convierten en el valor por omisión. En otras palabras, si añade un campo BCC (Copia de carbón oculta) a este mensaje, todos los mensajes posteriores también tendrán un campo BCC.

5. **Cuando haya terminado de escribir su mensaje, haga clic en el botón Send (Enviar) para enviar el mensaje de correo electrónico de inmediato, o bien, escoja File (Archivo)⇨Save (Guardar) para guardarlo en el buzón Drafts (Borradores) para que pueda trabajar en él más adelante.**

Si guarda su mensaje en el buzón Drafts (Borradores) (de modo que pueda escribir más tarde, quizás), puede enviarlo cuando esté listo al abrir el buzón Drafts (Borradores), hacer doble clic en el mensaje y luego hacer clic en el botón Send (Enviar).

Una breve idea general sobre la barra de herramientas

Antes de que avance más, examine los nueve prácticos botones en la barra de herramientas de la ventana del proyector por omisión:

✔ **Delete (Eliminar):** Elimina el o los mensajes seleccionados ("A test message for U" [Un mensaje de prueba para usted] en la Figura 10-7, que se mostró anteriormente).

Para seleccionar más de un mensaje de la lista, mantenga presionada la tecla ⌘ cuando haga clic en el segundo y siguientes mensajes.

✔ **Junk (No deseado):** Marca el o los mensajes seleccionados como correo no deseado. Mail tiene un filtro incorporado de correo no deseado que se puede activar o desactivar en Mail Preferences (Preferencias de correo). (Escoja Mail [Correo]⇨Preferences [Preferencias] y luego haga clic en el ícono Junk Mail [Correo no deseado] en la barra de herramientas.) Si recibe un mensaje de *correo no solicitado* (correo no deseado), selecciónelo y haga clic en este botón para ayudar a entrenar al filtro de correo no deseado de Mail.

Si se ha marcado un mensaje como correo no deseado, el botón cambia a Not Junk (Correo deseado).

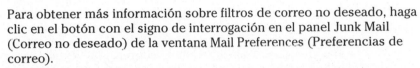

Para obtener más información sobre filtros de correo no deseado, haga clic en el botón con el signo de interrogación en el panel Junk Mail (Correo no deseado) de la ventana Mail Preferences (Preferencias de correo).

✔ **Reply (Responder):** Crea una respuesta únicamente para el remitente.

✔ **Reply All (Responder a todos):** Crea una respuesta al remitente y a todos los de la lista CC (Copia de carbón).

✔ **Forward (Adelante):** Crea una copia de este mensaje que puede enviar a alguien que no sea el remitente ni otros destinatarios.

✔ **New (Nuevo):** Crea un mensaje de correo electrónico nuevo, en blanco.

✔ **Get Mail (Recibir correo):** Verifica si hay mensajes de correo electrónico nuevos.

✔ **Note (Nota):** Crea una nota nueva, en blanco. Puede escribir usted mismo la nota (o copiar y pegar información en una nota) y guardarla para futura referencia. Por omisión, se coloca en el buzón Notes (Notas) cuando la guarda, pero la puede arrastrar hacia cualquier buzón que desee.

✔ **To Do (Asuntos pendientes):** Crea un nuevo ítem To Do (Asuntos pendientes), coloca una copia en el buzón To Do del Mail y la añade a su lista To Do en iCal. (Consulte el capítulo 8 para conocer detalles acerca de los ítems To Do [Asuntos pendientes] en iCal).

Finalmente, en la barra de herramientas hay un campo Search (Buscar) que busca una palabra o frase en cualquier ítem almacenado en Mail, como se muestra en la Figura 10-9. Haga clic en los botones ubicados en la parte superior del panel de la lista para restringir su búsqueda a buzones específicos o para buscar únicamente partes específicas (campos From [De], To [Para], Subject [Asunto], etc.) de mensajes.

Figura 10-9:
Buscar
ítems de
"bob" en
todos los
buzones
despliega 34
ítems.

Buscar en Mail le debe parecer familiar — funciona de la misma manera que buscar en el Finder. Así que, por ejemplo, si desea guardar una búsqueda como un Smart Mailbox (Buzón inteligente) (la versión de Mail correspondiente a la Smart Folder [Carpeta inteligente] del Finder), haga clic en el botón Save (Guardar).

Trabajar con plantillas

Las plantillas para mensajes de correo electrónico son algo nuevo en Leopard, y aunque en lo personal lo encuentro tonto, probablemente usted pensaría que es lo máximo desde que existen los gatitos, así que he aquí algunas sugerencias para trabajar con ellas. Para usarlas, haga clic en el botón Show Stationery (Mostrar plantillas) en una ventana New Message (Nuevo mensaje).

Soy muy conservador cuando se trata del correo electrónico. Cuando comencé a usar el correo electrónico hace mucho, mucho tiempo, se consideraba de mal gusto añadir cualquier cosa que no fuera texto a un mensaje de correo electrónico. Era generalmente acordado que los mensajes de correo electrónico debían incluir únicamente lo que era necesario para trasladar la información y nada más. Es por eso que todas estas flores y bordes tan rebuscados me irritan y por eso los encuentro un desperdicio de ancho de banda. Así que le agradeceré que me haga un favor: Si decide enviarme un mensaje por correo electrónico, no use plantillas bobas.

Éstas son algunas sugerencias para ayudarle a divertirse más con las plantillas:

✔ **Añadir favoritos:** Si descubre que está usando mucho una plantilla en particular, puede añadirla a la categoría Favorites (Favoritos) para hacerla más fácil de usar. Para lograrlo, simplemente haga clic en la categoría apropiada de la lista ubicada a la izquierda (Simple [Sencilla], Photos [Fotos], Greetings [Saludos] o Invitations [Invitaciones]); luego haga clic en la plantilla que desee para convertirla en favorito y arrástrela sobre la palabra *Favorites* (Favoritos) en la lista ubicada a la izquierda. Cuando se resalta *Favorites* (Favoritos), coloque la plantilla y listo — esa plantilla aparecerá en la categoría Favorites (Favoritos) para siempre.

✔ **Estilo griego:** Puede cambiar el texto en griego que aparece en todas las plantillas si lo selecciona, lo elimina y escribe cualquier texto que desee que aparezca. Sólo tiene que hacerlo una vez — el texto que escriba en cualquier plantilla aparece en todas las demás plantillas.

✔ **Sustituir imágenes:** Puede sustituir cualquier imagen en cualquier plantilla con una imagen propia. Sólo arrastre una imagen — del Photo Browser (Explorador de fotos) (Window [Ventana]⇨Photo Browser [Explorador de fotos]) o el Finder — sobre cualquier imagen en cualquier plantilla. He sustituido el texto estereotipado y las tres bobas imágenes en la plantilla Air Mail (Correo aéreo), como lo puede ver en la Figura 10-10.

✔ **Eliminar plantillas:** Si decide que no desea usar plantilla con un mensaje después de que la haya aplicado, haga clic en la categoría Simple (Sencilla) y escoja la plantilla Original (Original), que cambia el mensaje de nuevo a una página limpia y en blanco.

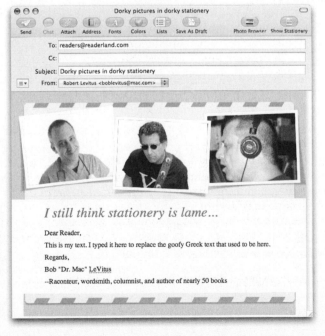

Figura 10-10:
Arrastre y coloque sus propias imágenes en cualquier lugar donde vea una imagen en una plantilla.

Revisar su correo

¿De qué manera revisa y abre su correo? Simple. Sólo haga clic en el botón Get Mail (Recibir correo) ubicado en la parte superior de la ventana Mail (Correo) (consulte la Figura 10-9).

✔ **Para leer un nuevo mensaje,** selecciónelo. Su contenido aparece en el panel Message Content (Contenido del mensaje).

✔ **Para eliminar un mensaje seleccionado,** haga clic en el botón Delete (Eliminar) en la barra de herramientas.

✔ **Para recuperar un mensaje que haya eliminado accidentalmente,** haga clic en Trash (Papelera) a la izquierda y arrastre el mensaje hacia Inbox (Bandeja de entrada) u otro buzón.

✔ **Para configurar Mail para que envíe y revise su correo cada _X_ minutos,** escoja Mail⇨Preferences (Preferencias) y luego haga clic en el ícono General ubicado en la parte superior de la ventana. Despliegue el menú emergente Check for New Mail (Revisar si hay correo nuevo) y haga una selección — cada 1, 5, 15, 30 ó 60 minutos —, o bien, escoja Manually (Manualmente) si no desea que Mail revise en lo absoluto el correo de forma automática. (El ajuste por omisión es revisar si hay correo cada cinco minutos).

✔ **Para añadir un remitente a Address Book (Libreta de direcciones),** cuando alguien que no se encuentra ya en su Libreta de direcciones le envía un mensaje por correo electrónico, sencillamente escoja Message (Mensaje)⇨Add Sender to Address Book (Añadir remitente a la libreta de direcciones) (combinación de teclas: ⌘+Y).

Añadir un remitente a su Libreta de direcciones tiene un beneficio adicional: Protege los mensajes de esa persona para que no sean confundidos con correo no deseado. En otras palabras, su Address Book (Libreta de direcciones) es una _lista blanca_ para el filtro de correo no solicitado; si aparecen remitentes específicos en su Libreta de direcciones, sus mensajes nunca se marcarán equivocadamente como correo no deseado.

Ocuparse del correo no solicitado

Al hablar de correo no deseado, aunque el correo electrónico es algo maravilloso, algunas personas por ahí intentan arruinarlo. Se les llama _spammers_ y son personas del bajo mundo que comparten sus listas entre sí — y antes de que usted se entere, su bandeja de correo electrónico se ve inundada de artimañas para hacerse rico en poco tiempo, anuncios de publicidad para sitios Web pornográficos y salas de chat y todo el correo no deseado más tradicional para realizar ventas.

Por fortuna, Mail viene con un filtro para correo no deseado que analiza los asuntos, remitentes y contenido de los mensajes entrantes, a fin de determinar cuáles es probable que contengan correo a masa o correo no deseado. Cuando abre Mail por primera vez, está funcionando en su modo de entrenamiento, que es la forma en que Mail aprende a diferenciar entre lo que él considera correo no deseado y lo que usted considera correo no deseado; todo lo que necesita son sus aportes. Mail identifica mensajes que cree que son no deseados, pero si usted no está de acuerdo con sus decisiones, esto es lo que debe hacer:

✔ Haga clic en el botón Not Junk (Correo deseado) en la barra marrón para cualquier mensaje que *no sea* correo no deseado.

✔ Por el contrario, si un mensaje de correo no deseado se desliza por los filtros de Mail y termina en la bandeja de entrada, seleccione el mensaje y luego haga clic en el botón Junk (Correo no deseado) en la barra de herramientas de la ventana de Mail.

Después de algunos días (o semanas, dependiendo del volumen de su correo), Mail debería manejarlo correctamente casi la mayor parte del tiempo. Cuando llegue a ese punto, escoja modo Automatic (Automático) en la ficha Junk Mail (Correo no deseado) del panel de preferencias de Mail. Mail comienza a desplazar el correo no deseado automáticamente hacia afuera de su bandeja de entrada y en dirección de un buzón Junk (Correo no deseado), en donde puede analizar los ítems rápidamente y colocarlos en la papelera cuando usted esté listo.

Si (por alguna razón que no comprendo) prefiere recibir y procesar manualmente su correo no deseado, puede desactivar el procesamiento de correo no deseado al desactivarlo en la ficha Junk Mail (Correo no deseado) del panel de preferencias de Mail.

Cambiar sus preferencias

En realidad, las preferencias de Mail son más de las que podría esperar considerando el nombre. Se trata del centro de control para Mail, en donde puede

✔ Crear y eliminar cuentas de correo electrónico.

✔ Determinar qué tipos y colores se usan para sus mensajes.

✔ Decidir si se descargan y guardan archivos adjuntos (tales como imágenes).

✔ Decidir si se envía correo con formato o texto simple.

✔ Decidir si se activa el corrector ortográfico.

El valor por omisión es corregir ortografía a medida que escribe, lo que muchas personas (me incluyo en ellas) encuentran fastidioso.

✔ Decidir si va a anexar una firma automática a sus mensajes.

✔ Establecer reglas para procesar el correo que recibe.

Las reglas de Mail son lo mejor

Si realmente desea explotar el poder de Mail, es necesario establecer *reglas*. Con algunas reglas novedosas, puede marcar mensajes automáticamente con color; archivarlos en un buzón específico; responder a/reenviar/redirigir los mensajes automáticamente (práctico cuando tiene que ausentarse por un tiempo); responder mensajes automáticamente y *eliminar archivos* de mensajes (sólo eliminarlos sin siquiera molestarse en examinarlos — ¿qué mejor final para el correo de personas que detesta?).

No existe forma de que pueda hacerles justicia a las reglas en las pocas páginas que me quedan para este capítulo, pero éste es un rápido análisis sobre cómo crear una:

1. **Escoja Mail (Correo)⇨Preferences (Preferencias).**

2. **Haga clic en el ícono Rules (Reglas) en la barra de herramientas de la ventana Preferences (Preferencias).**

3. **Haga clic en el botón Add Rule (Añadir regla).**

   La primera condición debería decir From (De) en el primer menú emergente y Contains (Contiene) en el segundo menú emergente. Examine sus opciones en estos menús, pero regréselos a su estado original — From (De) y Contains (Contiene) — cuando termine de ver.

4. **En el campo a la derecha del menú emergente Contains (Contiene), escriba** LeVitus.

   Debajo de la condición que acaba de crear, debería ver una acción debajo de las palabras *Perform the Following Actions (Ejecutar las siguientes acciones)*. Debería decir Move Message (Mover mensaje) en el primer menú emergente y No Mailbox Selected (Ningún buzón seleccionado) en el segundo menú emergente.

5. **Examine las opciones en estos menús, pero en este momento, cambie el primero de Move Message (Mover mensaje) a Play Sound (Reproducir sonido) y el segundo de No Mailbox Selected (Ningún buzón seleccionado) a Blow (Explosión).**

6. **Escriba una descripción de la regla, tal como** Message from LeVitus (Mensaje de LeVitus) **en el campo Description (Descripción).**

   Ahora, su regla debe lucir idéntica a la Figura 10-11.

7. **Haga clic en OK (Aceptar).**

Mail pregunta si desea aplicar su o sus reglas a los buzones seleccionados.

8. **Escoja Apply (Aplicar) si desea que Mail ejecute esta regla en los buzones seleccionados o escoja Don't Apply (No aplicar) si no lo desea.**

Y así es como se crea una regla. A partir de este punto, cada vez que reciba un mensaje mío, escucha el sonido Blow (Explosión).

Figura 10-11:
Cuando recibe un mensaje mío, Mail reproduce el sonido Blow (Explosión).

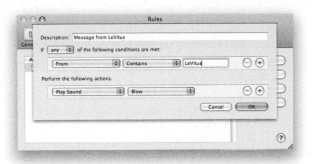

Observe los pequeños botones + (signo más) y – (signo menos) ubicados a la derecha de cada condición y acción. Use el botón + para añadir más condiciones o acciones y el botón – para eliminar una condición o acción. Si tiene varias condiciones, puede escoger Any (Cualquiera) o All (Todos) del menú emergente que está arriba de ellos, que ejecuta esta regla cuando se cumplen cualquiera o todas las condiciones. De cualquier manera, todas las acciones que cree siempre se ejecutan cuando se acciona esta regla.

Buzones de correo inteligentes y simples

Las siguientes secciones realizan un análisis más a fondo de ambos tipos de buzones de correo — simple e inteligente.

Buzones de correo tradicionales simples

Los buzones de correo simples son justo como carpetas en el Finder — usted las crea y les asigna nombre y se mantienen vacías hasta que coloca algo en ellas. Hasta lucen como carpetas en el panel de buzón de correo del Mail. Usa buzones de correo para organizar cualquier mensaje que desee guardar.

Éstas son algunas formas de crear un buzón de correo simple:

✔ Escoja Mailbox (Buzón de correo)⇨New Mailbox (Nuevo buzón de correo).

✔ Haga clic en el pequeño signo + ubicado en la parte inferior del panel de buzón de correo a la izquierda de la ventana del proyector.

✔ Haga clic en el menú Action (Acción) en la parte inferior del panel del buzón de correo (el que tiene aspecto de rueda dentada) y escoja New Mailbox (Nuevo buzón de correo).

✔ Haga clic con el botón secundario del ratón o pulse Control+ un clic en el panel del buzón de correo y escoja New Mailbox (Nuevo buzón de correo) del menú contextual.

Cualquiera que sea la forma que escoja, lo que sucede a continuación es que la hoja se despliega con un menú emergente Location (Ubicación) y un campo para que escriba el nombre que desea asignarle a este buzón de correo. Escoja On My Mac (En mi Mac) del menú Location (Ubicación) y asígnele al buzón de correo cualquier nombre que desee. Haga clic en OK (Aceptar) y se crea el buzón de correo en el panel de buzón de correo.

Puede crear buzones de correo dentro de otros buzones para seguir subdividiendo sus mensajes. Para hacerlo, haga clic en un buzón de correo para seleccionarlo antes de crear un nuevo buzón de correo usando cualquiera de las técnicas en la lista anterior.

En la Figura 10-12, he dividido mi buzón de correo Books (Libros) en tres buzones secundarios de correo: Dr. Mac: Los OS X Files (Archivos del OS X), iPhone For Dummies (iPhone para Dummies) y Mac OS X Leopard For Dummies (Mac OS X Leopard para Dummies).

También puede arrastrar y colocar un buzón de correo desde el nivel superior de la lista (tal como Columns [Columnas] o Teaching [Instrucción] en la Figura 10-12) sobre otro buzón de correo (tal como Books [Libros] o cualquiera de sus tres carpetas secundarias de correo) para convertirlos en buzones secundarios de correo. Si arrastra un buzón de correo hacia un buzón secundario de correo, éste se vuelve un buzón terciario de correo. Y así sucesivamente.

Para eliminar un buzón de correo, haga clic en él para seleccionarlo y luego

✔ Escoja Mailbox (Buzón de correo)⇨Delete (Eliminar).

✔ Haga clic en el menú Action (Acción) ubicado en la parte inferior del panel del buzón de correo (el que luce como una rueda dentada) y escoja Delete (Eliminar).

Figura 10-12:
Mi buzón
de correo
Books
(Libros) se
divide
en tres
buzones
secundarios
de correo.

Buzones de correo inteligentes

Un buzón de correo inteligente es la versión del Mail para la carpeta inteligente del Finder. En pocas palabras, los buzones de correo inteligentes son buzones de correo que muestran los resultados de una búsqueda. Los mensajes que ve en un buzón de correo inteligente son *virtuales,* lo que significa que no están realmente en el buzón de correo inteligente. El buzón de correo inteligente muestra una lista de mensajes almacenados en otros buzones de correo que coinciden con cualquier criterio que haya definido para dicha carpeta inteligente. Y como sucede con las carpetas inteligentes en el Finder, los buzones de correo inteligentes se actualizan automáticamente cuando se reciben nuevos mensajes que cumplen con los criterios.

Éstas son algunas formas de crear un buzón de correo inteligente:

✔ Escoja Mailbox (Buzón de correo)➪New Smart Mailbox (Nuevo buzón de correo inteligente).

✔ Mantenga presionada Option (Opción) y haga clic en el pequeño signo + ubicado en la parte inferior del panel de buzón de correo a la izquierda de la ventana del proyector.

✔ Haga clic en el menú Action (Acción) en la parte inferior del panel del buzón de correo (el que tiene aspecto de rueda dentada) y escoja New Mailbox (Nuevo buzón de correo).

✔ Haga clic con el botón secundario del ratón o pulse Control+ un clic en el panel del buzón de correo y escoja New Mailbox (Nuevo buzón de correo) del menú contextual.

Cualquiera que sea la forma que escoja, lo que sucede a continuación es que se despliega una hoja con un campo que corresponde al nombre del buzón de correo inteligente, más algunos menús emergentes y cuadros, como se muestra en la Figura 10-13.

Figura 10-13: Este buzón de correo inteligente reúne mensajes que contengan la palabra *Leopard* en el cuerpo de texto o asunto.

Asígnele un nombre a su buzón de correo inteligente; determine los criterios del mismo usando los menús emergentes, botones más y menos, y cuadros; luego, haga clic en OK (Aceptar). La carpeta inteligente aparece en el panel de buzón de correo con una pequeña rueda dentada en ella para denotar que es inteligente. Puede ver el buzón de correo inteligente Smart Leopards en la Figura 10-12. Observe que tiene una rueda dentada y los buzones de correo simples no la tienen.

Firme aquí, por favor

Si usted es como yo, preferiría no escribir su "firma" completa cada vez que envía un mensaje de correo electrónico. Y no tiene que hacerlo con Mail. Si crea firmas grabadas, puede usarlas en mensajes salientes sin escribir un solo carácter.

Así es como funciona:

1. **Escoja Mail (Correo)⇨Preferences (Preferencias) o use la combinación de teclas ⌘+, (es decir, ⌘+coma).**

2. **Haga clic en el ícono Signatures (Firmas) en la barra de herramientas de la ventana Preferences (Preferencias).**

3. **Haga clic en el nombre de la cuenta de correo para la que desea crear esta firma en la columna izquierda (`boblevitus@mac.com` en la Figura 10-14).**

4. **Haga clic en el pequeño signo + ubicado en la parte inferior de la columna intermedia para crear una nueva firma en blanco.**

5. **Escriba un nombre descriptivo para esta firma para sustituir el nombre por omisión `Signature #1` (Firma Nº 1) (`BL Long` [BL larga] en la Figura 10-14).**

6. **Escriba la firma exactamente de la forma que desea que aparezca en los mensajes salientes en la columna derecha. (`Regards, Bob "Dr. Mac" LeVitus -- * Raconteur etc.` [Saludos, Bob "Dr. Mac" LeVitus *Anecdotista, etc.] en la Figura 10-14).**

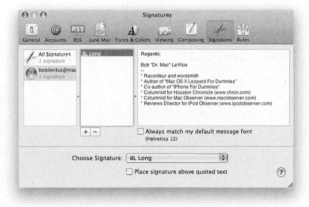

Figura 10-14: Mi recientemente creada firma BL larga.

Y aquí concluimos con las firmas. Si tiene más de una firma, puede escoger la que desee usar como la firma por omisión para cada cuenta al seleccionar la cuenta en la columna de la izquierda y luego escoger la firma apropiada del menú emergente Choose Signature (Escoger firma).

Si tiene más de una firma, sucede otra cosa novedosa: Aparece un menú Signature (Firma) en nuevos mensajes, como se muestra en la Figura 10-15, así que puede escoger una firma que no sea la que escogió del menú emergente como la firma por omisión, si lo desea (`BL Short` [BL corta] en la Figura 10-15).

Figura
10-15:
Escogiendo
mi firma BL
corta del
menú
Signature
(Firma).

Muéstreme las fotos (en diapositivas)

Una última característica novedosa y habrá terminado con Mail. Esa nueva característica es el botón Slideshow (Proyector) que aparece en el encabezado de cualquier mensaje que reciba que contenga más de una imagen. Si hace clic en el botón Slideshow (Proyector), su pantalla se torna negra con una foto en el centro de ella y un conjunto de botones de control — Back (Atrás), Play (Reproducir), Next (Siguiente), Index Sheet (Hoja de índice), Fit to Screen (Ajustar a la pantalla), Add to iPhoto (Añadir a iPhoto) y Close (Cerrar) — debajo de la foto, como se muestra en la Figura 10-16.

Ésta es la realidad sobre tales botones:

- **Play/Pause (Reproducir/Pausa):** Haga clic en este botón para iniciar o detener el proyector. Éste muestra cada una de las imágenes adjuntas durante aproximadamente cinco segundos con una suave transición de desvanecimiento entre ellas.

- **Back/Next (Atrás/Siguiente):** Haga clic en estos botones para ver la imagen anterior o siguiente.

- **Index Sheet (Hoja de índice):** Muestra todas las imágenes adjuntas al mismo tiempo, al contraerlas hasta un tamaño más pequeño, si fuera necesario, para alojarlas todas en la pantalla. Haga clic en una imagen una vez ver su nombre; haga clic dos veces en una imagen para mostrarla en pantalla completa.

- **Fit to Screen (Ajustar a la pantalla):** Ajusta la imagen de modo que llene la pantalla.

✔ **Add to iPhoto (Añadir a iPhoto):** Haga clic en este botón para que su Mac se derrita en un montículo humeante de chatarra. Es broma. Como probablemente habrá adivinado, este botón añade la imagen actual a su biblioteca de iPhoto.

✔ **Close (Cerrar): Sale del proyector.**

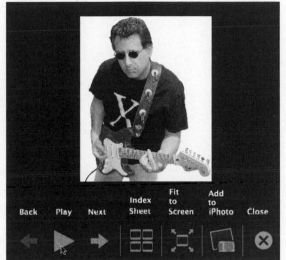

Figura 10-16: Haga clic en el botón Slideshow (Proyector) y un proyector como éste llena su pantalla.

De modo que aquí lo tiene — la mayor parte de lo que necesita saber para aprovechar al máximo de los programas Address Book (Libreta de direcciones) y Mail (Correo) de Leopard. Abarco una gran cantidad de material en poco espacio, así que si hay algo que desee averigüar acerca de Address Book (Libreta de direcciones) o Mail (Correo) que no cubro en este capítulo, no se olvide de la fabulosa asistencia que puede encontrar en Help (Ayuda)⇨Mail Help (Ayuda de Mail).

Capítulo 11

La Mac Musical

Hace mucho tiempo, antes de que se inventaran el iPod y iTunes Store, iTunes era un programa que se usaba para almacenar y controlar sus archivos de música de MP3. En el transcurso de los años, este programa ha evolucionado mucho más. En la actualidad, iTunes no sólo controla su colección de música, sino que lo hace también con su colección de videos. Y si usa dispositivos tales como iPod, Apple TV e iPhone, también *los* controla por medio iTunes.

De hecho, hoy en día iTunes realiza mucho más que controlar sus melodías que me sorprende que Apple no lo haya rebautizado como iMedia, iAV o algo por el estilo.

De modo que el anacrónicamente llamado iTunes es el programa que se usa para controlar archivos de audio y video en su disco duro así como sus dispositivos iPod, Apple TV o iPhone.

Aunque se han dedicado libros enteros sólo al tema de iTunes, comparto los aspectos más importantes — las pocas cosas que realmente necesita saber — en este capítulo.

Presentar iTunes

iTunes tiene que ser como la navaja suiza del software multimedia. Después de todo, ¿qué otro programa le permite reproducir CD de audio; crear (grabar) sus propios CD de audio o de MP3; escuchar archivos de MP3, AIFF, AAC, WAV y Audible.com; ver los artes de las portadas de los álbumes; disfrutar bellas presentaciones visuales; ver y controlar programas de TV, películas y otros archivos de video; controlar iPods (u otros reproductores MP3), TV de Apple o iPhones; escuchar estaciones de radio en Internet y más? Para cerrar con broche de oro, se encuentra la interfaz con iTunes de Apple, la fuente (legítima) más importante del mundo de contenido descargable de música y videos. (¡Qué suerte!)

Empiezo por una descripción general acerca de los elementos de la interfaz de iTunes, como se muestra en la Figura 11-1.

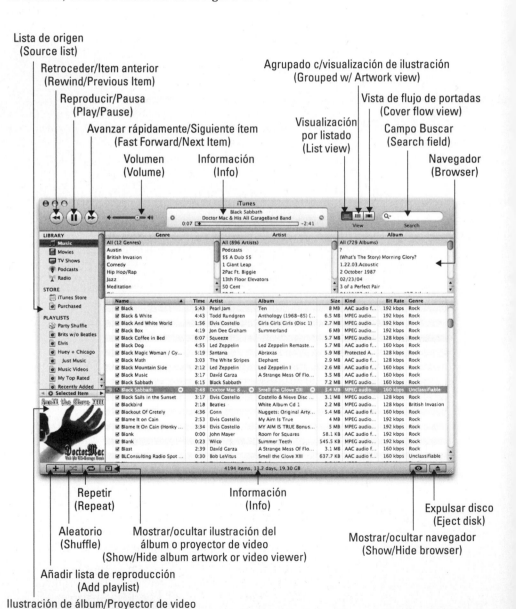

Lista de origen
(Source list)

Retroceder/Item anterior
(Rewind/Previous Item)

Reproducir/Pausa
(Play/Pause)

Avanzar rápidamente/Siguiente ítem
(Fast Forward/Next Item)

Volumen
(Volume)

Información
(Info)

Agrupado c/visualización de ilustración
(Grouped w/ Artwork view)

Vista de flujo de portadas
(Cover flow view)

Visualización
por listado
(List view)

Campo Buscar
(Search field)

Navegador
(Browser)

Figura 11-1: Analizar la interfaz de iTunes.

Repetir
(Repeat)

Información
(Info)

Expulsar disco
(Eject disk)

Aleatorio
(Shuffle)

Mostrar/ocultar ilustración del
álbum o proyector de video
(Show/Hide album artwork or video viewer)

Mostrar/ocultar navegador
(Show/Hide browser)

Añadir lista de reproducción
(Add playlist)

Ilustración de álbum/Proyector de video
(Album artwork/video viewer)

En pocas palabras, cualquier cosa que seleccione en la Source List (Lista de origen) a la izquierda se refleja en la lista principal a la derecha. En la Figura 11-1 se selecciona la biblioteca Music (Música). En la parte inferior de la ventana, puede ver que hay 4,194 ítems en la biblioteca My Music (Mi música), lo que demoraría 13.2 días en escucharse de inicio a fin y utiliza 19.3 GB de espacio de mi disco duro.

En lugar de intentar explicar lo que hace cada ítem que aparece en la Figura 11-1, lo exhorto a que haga clic en cualquier parte y cualquier cosa que vea en la ventana principal iTunes. Experimente con las vistas, muestre y oculte el explorador y el arte de la portada del álbum, haga clic en diferentes ítems de la Source List (Lista de origen) y vea lo que sucede.

Me gustaría que tomara nota de unos cuantos ítems adicionales:

✔ iTunes ofrece un ecualizador gráfico de diez bandas que puede lograr que su música (o video) suene considerablemente mejor. Sólo escoja View (Ver)➪Show Equalizer (Mostrar ecualizador) para que aparezca en la pantalla. Puede ver el ecualizador en la parte inferior de la Figura 11-2.

✔ Otra característica novedosa es que la ventana principal iTunes se contrae a un tamaño mucho más controlable cuando hace clic en el botón verde en forma de gomita, como se muestra en la parte superior de la Figura 11-2. Haga clic de nuevo en el botón verde en forma de gomita para ampliarla a su tamaño normal.

Figura 11-2:
El ecualizador de iTunes y la ventana principal minimizada.

✔ No se pierda el Visualizador de iTunes, que ofrece un estupendo espectáculo luminoso que baila al compás de la música, como se muestra en la Figura 11-3. Lo enciende al escoger View (Ver)➪Turn on Visualizer (Encender visualizador) o al usar la combinación de teclas ⌘+T.

Cuando se aburra del Visualizador (como seguramente sucederá), sólo escoja View (Ver)➪Turn off Visualizer (Apagar visualizador) o use la combinación de teclas ⌘+T para hacerlo desparecer.

Figura 11-3:
El espectáculo de luces sicodélicas de iTunes se conoce como el Visualizer (Visualizador).

Si le gusta el visualizador, puede encontrar cientos de complementos gratuitos y de bajo costo proporcionados por terceros en sitios como VersionTracker (www.versiontracker.com).

Trabajar con Medios

iTunes es el primer y principal gestor y reproductor de medios, de modo que la próxima cuestión que voy a examinar es cómo colocar sus discos favoritos *en* iTunes. Desde luego, existe una serie de formas, lo que depende del tipo de medios y en dónde residen los archivos. Por ejemplo, puede añadir archivos de canciones o videos que haya descargado de sitios Web o recibido como adjuntos en mensajes de correo electrónico. O bien, puede añadir canciones al copiar CD de audio desde un dispositivo multimedia en el disco duro. Puede comprar música, películas, programas de TV, libros con audio y juegos para iPod en la iTunes Store. También puede suscribirse a archivos de audio gratuitos podcast en la tienda iTunes Store. Y puede escuchar toda clase de música en las estaciones de radio de Internet que se incluyen en iTunes.

Tenga en cuenta que iTunes Store y la radio por Internet requieren que esté conectado a Internet antes de que pueda usarlos. Y aunque ambos trabajan por medio de una conexión a Internet mediante marcación (más o menos), estas dos características funcionan mucho mejor cuando se usan a través de una conexión de banda ancha.

En las siguientes secciones, descubrirá las diversas formas de añadir medios — canciones, películas, videos y archivos de audio podcast — a su biblioteca de iTunes, seguido de un breve curso sobre cómo escuchar estaciones de radio por medio de iTunes en Internet.

Añadir canciones

Puede añadir canciones de una gran cantidad de fuentes y la forma en que añada una canción a iTunes depende de la proveniencia de dicha canción. Éstas son las formas más comunes en que las personas añaden sus canciones:

✔ **Para añadir un archivo de canción tal como un documento en MP3 o AAC desde su disco duro,** arrastre el documento hacia la ventana iTunes, como se muestra en la Figura 11-4, o bien, escoja File (Archivo)⇨ Import (Importar) (combinación de teclas: ⌘+Shift+O) y escoja el archivo en el diálogo Open File (Abrir archivo). En cualquiera caso, el archivo se añade a su biblioteca Music (Música) de iTunes.

Figura 11-4:
Arrastre y coloque canciones en la ventana iTunes para añadirlas a su biblioteca Music (Música).

✔ **Si desea añadir canciones desde un CD de audio comprado en una tienda o grabado en casa,** inicie iTunes e inserte el CD. Debe aparecer un diálogo que le pregunta si desea importar el CD a su biblioteca iTunes. Haga clic en el botón Yes (Sí) y las canciones contenidas en ese CD se añaden a su biblioteca Music (Música) de iTunes.

Si no ve un diálogo cuando inserta un CD de audio, de todos modos puede importar las canciones contenidas en ese CD. Sólo seleccione el CD en la Source List (Lista de origen) ubicado a la izquierda y haga clic en el botón Import CD (Importar CD) cerca de la esquina superior derecha de la ventana iTunes.

Si su computadora está conectada con Internet, iTunes busca como por magia el título de la canción, el nombre del artista, nombre del álbum, duración de la canción y el género para cada canción contenida en la

CD. Tenga en cuenta que esto funciona solamente para CD comprados en tiendas que contengan música un tanto popular y que iTunes podría no estar capacitado para encontrar información acerca de un CD muy poco conocido de un grupo musical aún menos conocido, incluso si se ha comprado en un almacén. Y en la mayoría de casos, no puede buscar información de CD de audio grabados en casa.

✔ **La última manera en que puede hacer que sus canciones se conviertan a iTunes es comprarlas de la tienda iTunes Store.** Para hacerlo, haga clic primero en la opción iTunes Store (Tienda iTunes) en la Source List (Lista de origen) ubicada a la izquierda. Desde la pantalla inicial de iTunes Store (Tienda iTunes), puede hacer clic en un enlace o escribir el título de una canción, el título de un álbum, el nombre del artista o palabra o frase clave en el campo Search (Buscar) y, luego pulsar Return (Regresar) o Enter (Intro) para iniciar la búsqueda.

Cuando haya encontrado un ítem que le interese, puede hacer doble clic en cualquier canción para escuchar una muestra de 30 segundos de duración o hacer clic en el botón Buy Song (Comprar canción) o Buy Album (Comprar álbum) para comprar la canción o el álbum, como se muestra en la Figura 11-5.

Haga clic aquí para hacer compras
(Click here to shop)

Campo Buscar
(Search field)

Botón Comprar álbum
(Buy Album button)

Botón Registrarse
(Sign In button)

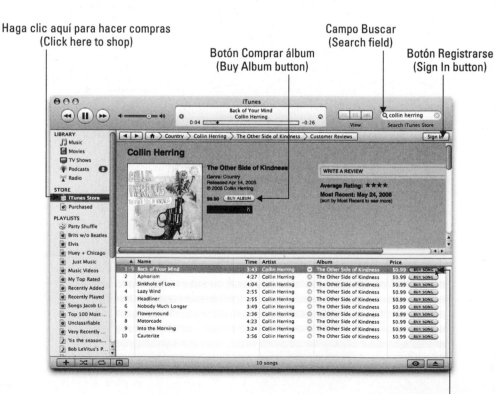

Figura 11-5:
En la tienda iTunes Store, la compra de una canción es tan fácil como hacer clic en el botón Buy Song (Comprar canción).

Botón Comprar canción
(Buy song button)

La primera vez que realiza una compra desde la tienda iTunes Store, tiene que crear una cuenta Apple, si no es que ya tiene una. Para hacerlo, sólo haga clic en el botón Sign In (Registrarse) y luego haga clic en el botón Create New Account (Crear nueva cuenta) en el diálogo Sign In (Registrarse). Después de haber establecido su cuenta, para las futuras cuentas sólo se necesita hacer uno o dos clics.

Añadir películas y videos

Para agregar un archivo de video tal como un documento MOV o MPEG desde su disco duro, arrastre ya sea el documento hacia la ventana iTunes, como se muestra en la Figura 11-4, al inicio de este capítulo, o bien escoja File (Archivo)⇨Import (Importar) (combinación de teclas: ⌘+Shift+O) y escoja el archivo en el diálogo Open File (Abrir archivo). En cualquiera caso, el archivo se añade a su biblioteca Movie (Película) de iTunes.

También puede comprar películas, programas de TV y otro contenido de video desde la tienda iTunes Store. Comprar videos es casi lo mismo que comprar música. Estos son los pasos:

1. **Haga clic en iTunes Store (Tienda iTunes) de la Source List (Lista de origen) ubicada a la izquierda.**

2. **Haga clic en un enlace o escriba un título de película, nombre de video musical, nombre de actor o director u otra palabra o frase clave en el campo Search (Buscar). Pulse Return (Regresar) o Enter (Intro) para comenzar la búsqueda.**

3. **Cuando encuentre un ítem de video que le interese, haga doble clic en él para ver una vista previa de 30 segundos, o bien, haga clic en el botón Buy Episode (Comprar episodio) o Buy Video (Comprar video) para comprar el episodio o video.**

Añadir archivos de audio podcast

Los podcast son como programas de radio, pero puede suscribirse a ellos o escucharlos en cualquier momento si utiliza iTunes o su iPod. Hay disponibles miles de podcasts y muchos (o la mayoría) son gratuitos.

Para encontrar podcast, siga estos pasos:

1. **Haga clic en iTunes Store (Tienda iTunes) de la Source List (Lista de origen) ubicada a la izquierda.**

2. **Haga clic en el enlace Podcasts en la pantalla inicial de la tienda.**

3. **Haga clic en un enlacc en la pantalla Podcasts o escriba una palabra o frase clave en el campo Search (Buscar).**

4. **Cuando encuentre un podcast que le atraiga, haga doble clic en él para escuchar una muestra, haga clic en el botón Get Episode (Obtener episodio) para descargar el episodio actual de dicho podcast, o bien, haga clic en el botón Subscribe (Suscribirse) para recibir automáticamente todos los futuros episodios de dicho podcast.**

La Figura 11-6 le muestra todas estas cuestiones para el podcast Call of the Week (Llamada de la semana) de Car Talk (Charla para automovilistas) transmitido por la National Public Radio (Radio Pública Nacional).

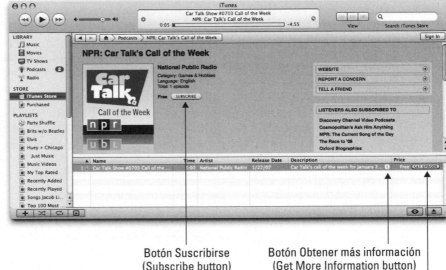

Figura 11-6: El podcast Call of the Week de Car Talk de la National Public Radio.

Botón Suscribirse (Subscribe button)

Botón Obtener más información (Get More Information button)

Botón Obtener episodio (Get Episode button)

Para obtener más información sobre la mayoría de podcast, haga clic en el pequeño botón *i* del lado derecho del campo de descripción para ver los detalles, como se muestra en la Figura 11-7.

Figura 11-7: Más información acerca del podcast Call of the Week de Car Talk.

Si le interesan los temas de Macintosh (y si está leyendo este libro probablemente sea así), revise el podcast MacNotables, que incluye un elenco de primera categoría de autores de libros de Mac, escritores, columnistas y editores destacados (algunas veces hasta incluye a su servidor), quienes se reúnen para discutir las novedades y cuestiones interesantes en el ámbito de la computación de Macintosh por lo menos una vez a la semana. Al tener como anfitrión al siempre inquisidor Chuck Joiner, bien vale la pena probarlo, si yo lo digo, así tiene que ser. . . . Busque MacNotables en la iTunes Store o visite www.macnotables.com para darle un vistazo.

Escuchar la radio por Internet

Por Internet se envía la *transmisión continua de audio* en tiempo real. Imagínese esta transmisión continua de audio justo como sucede con la radio, pero usando Internet en lugar de las ondas aéreas como su mecanismo de transmisión.

Existen dos formas de escuchar estaciones de radio por Internet en transmisión continua con iTunes: la forma fácil y la menos fácil. La forma fácil es escuchar una de las tantas estaciones de radio por Internet incluidas en iTunes. Hasta se encuentran organizadas en cómodas categorías, tales como Rock alternativo/moderno, Blues, Country, Jazz, Públicas, Las 40 mejores/Popular, Urbanas y mucho más.

Para escuchar una de las estaciones de radio por Internet incluidas en iTunes, haga clic en el ítem Radio en la Source List (Lista de origen) a la izquierda y, a continuación, haga clic en un triángulo de divulgación a la izquierda de cada nombre de categoría para desplegar las estaciones incluidas en dicha categoría, como se muestra en la Figura 11-8.

La forma menos fácil es que usted mismo encuentre una estación de radio por Internet al navegar o buscar en la Web por medio de Safari (u otro explorador de la Web). Cuando encuentra una estación de radio por Internet que le gustaría escuchar por medio de iTunes, así es como logra incorporarla en iTunes:

1. **Copie su dirección (su URL) resaltándola y escoja Edit (Edición)⇨Copy (Copiar) (combinación de teclas: ⌘+C).**

2. **Cambie a (o inicie) iTunes.**

3. **Escoja Advanced (Avanzado)⇨Open Stream (Abrir transmisión) (combinación de teclas: ⌘+U).**

4. **Escoja Edit (Edición)⇨Paste (Pegar) (combinación de teclas: ⌘+V).**

5. **Haga clic en OK (Aceptar).**

   La estación aparece en su biblioteca iTunes.

Figura 11-8:
Escuchando
la Rock &
Roll.fm, una
de las 28
transmisiones
continuas
de la
categoría
Classic
Rock (Rock
clásico).

Extrañamente, no existe una forma de lograr que una estación de radio por Internet que usted mismo haya añadido aparezca en la categoría Radio de iTunes. Aparentemente, sólo a Apple se le permite decidir qué es y qué no es "radio."

Todo Acerca de las Listas de Reproducción

Las *Playlists* (Listas de reproducción) constituyen un tema bastante importante en iTunes. Las listas de reproducción le permiten controlar cantidades incontrolables de medios, como las más de 4,000 canciones que tengo en mi biblioteca iTunes. Las listas de reproducción le permiten crear subconjuntos de una gran colección, de modo que es más fácil disfrutar exactamente del tipo de música que desea en iTunes o en su iPod.

Existen dos tipos de listas de reproducción:

✔ Las **Regular playlists** (Listas de reproducción ordinarias) contienen las canciones (o videos, podcasts o estaciones de radio) que usted especifica al arrastrarlas hacia la lista de reproducción.

> ✔ Por otro lado, las **Smart playlists** (Listas de reproducción inteligentes) seleccionan canciones de su biblioteca de acuerdo con el criterio que especifique. Además, las listas de reproducción inteligentes se actualizan automáticamente si añade a su biblioteca nuevos ítems que cumplan con los criterios.

Crear una lista de reproducción ordinaria

Para crear una lista de reproducción ordinaria, siga estos pasos:

1. **Haga clic en el botón + en la esquina inferior izquierda de la ventana iTunes o escoja File (Archivo)⇨New Playlist (Nueva lista de reproducción (combinación de teclas: ⌘+N).**

   Aparece una nueva lista de reproducción denominada "untitled playlist" (lista de reproducción sin título) en la Source List (Lista de origen).

2. **(Opcional) Para cambiarle nombre a una lista de reproducción por otro que sea significativo, haga clic en su nombre para resaltarlo y, a continuación, escriba el nuevo nombre.**

3. **Para añadir una canción a una lista de reproducción, haga clic en la canción en su biblioteca y arrástrela hacia el nombre de la lista de reproducción. Cuando se resalta el nombre de la lista de reproducción, suelte el botón del ratón.**

   La canción se añade a dicha lista de reproducción. Observe que añadir una canción a una lista de reproducción no la elimina de la biblioteca. Así que si elimina una canción de una lista de reproducción, la canción no se elimina de su biblioteca. Y si elimina una lista de reproducción de la Source List (Lista de origen), las canciones que contiene no se eliminan de la biblioteca. En otras palabras, piense en las canciones contenidas en las listas de reproducción como si fueran alias de las canciones de la biblioteca.

4. **Cuando haya terminado, todo lo que tiene que hacer es seleccionar la lista de reproducción en su Source List (Lista de origen) y hacer clic en Play (Reproducir) para escuchar las canciones que contiene.**

Si no desea arrastrar canciones a su lista de reproducción una por una, hay una forma más fácil. Para crear una lista de reproducción ordinaria que incluya canciones que haya seleccionado desde su biblioteca, ⌘+haga clic en las canciones que desea incluir en la lista de reproducción y escoja File (Archivo)⇨New Playlist (Nueva lista de reproducción) de Selection (Selección) (combinación de teclas: ⌘+Shift+N), como se muestra en la Figura 11-9.

Figura 11-9:
Cómo crear una lista de reproducción a partir de canciones que ha seleccionado en la biblioteca Music (Música).

Trabajar con listas de reproducción inteligentes

Para crear una lista de reproducción inteligente que cree por sí misma una lista de acuerdo con criterios y actualizaciones de manera automática, siga estos pasos:

1. **Haga clic en Option (Opción) y en el botón + en la esquina inferior izquierda de la ventana iTunes o escoja File (Archivo)⇨New Smart Playlist (Nueva lista de reproducción inteligente) (combinación de teclas: ⌘+Option+N).**

   Aparece la ventana Smart Playlist (Lista de reproducción inteligente), como se muestra en la Figura 11-10.

2. **Use los menús emergentes para seleccionar los criterios que crearán la lista de reproducción inteligente. Haga clic en el botón + para añadir más criterios.**

3. **Haga clic en OK (Aceptar) cuando haya terminado.**

   La lista de reproducción aparece con sus demás listas de reproducción en la Source List (Lista de origen).

Figura 11-10:
La ventana
Smart
Playlist
(Lista de
reproducción
inteligente)
le permite
especificar
los criterios
para su
lista de
reproducción
inteligente.

Para modificar los criterios de una lista de reproducción inteligente
después de haberla creado, mantenga presionada la tecla Option (Opción)
y haga doble clic en la lista de reproducción inteligente para volver a abrir
la ventana Smart Playlist (Lista de reproducción inteligente) y cambie los
criterios de la lista de reproducción inteligente.

Grabar una lista de reproducción en un CD

Otro uso para las listas de reproducción es la grabación de CD de audio
que puede escuchar en casi cualquier reproductor de CD de audio. El único
truco es asegurarse de que el tiempo total de reproducción de las canciones
contenidas en la lista de reproducción es menor que la capacidad del CD
vacío que está usando, lo que generalmente es de 74–80 minutos. Cuando
tenga todas las canciones que desea en el CD en la lista de reproducción,
escoja File (Archivo)➪Burn Playlist to Disc (Grabar lista de reproducción en
el disco), o bien, haga clic en el botón Burn Disk (Grabar disco) en la esquina
inferior derecha de la ventana iTunes. En unos cuantos minutos, tendrá un
CD de audio que contiene todas las canciones en la lista de reproducción y
las reproducirá en el orden en que se encontraban en la lista de reproducción.

Observe que aunque el tipo de disco por omisión que graba iTunes es un CD de audio, puede también grabar otros dos tipos — CD de MP3 o CD de datos (y DVD).

El CD de MP3 es un formato especial que se puede reproducir en muchos reproductores nuevos de audio para CD. Lo novedoso acerca del CD para MP3 es que en lugar de guardar simplemente 74–80 minutos de música, ¡puede guardar más de 100 canciones! La desventaja acerca de los CD para MP3 es que muchos reproductores de CD de audio de modelos anteriores no los reproducen.

Finalmente, un CD o un DVD de datos no son nada más que un disco formateado para que cualquier computadora, Mac o Windows, lo lea y lo instale. Así que si desea darle a su amigo cientos de canciones, las puede acoplar todas en un solo CD o DVD que se instalaría en el escritorio de la computadora de él y podría posteriormente importarlo a su propia copia de iTunes. Excelente.

Para determinar qué formato graba iTunes desde su lista de reproducción, escoja iTunes⇨Preferences (Preferencias) (combinación de teclas: ⌘+,). Haga clic en el ícono Advanced (Avanzado) en la barra de herramientas y luego haga clic en la ficha Burning (Grabando). Verá botones de radio que le permiten escoger CD de audio, CD para MP3, o bien, CD o DVD de datos. Haga clic en el que desea y habrá conseguido la medalla de oro.

Proteger (Realizar Copia de Seguridad de) Sus Medios de iTunes

Después de dedicar una buena cantidad de tiempo y dinero en coplar canciones desde dispositivos multimedia y comprarlas para llenar su biblioteca iTunes, probablemente desee proteger su inversión con hacer copias de respaldo de su música.

En realidad, debería realizar copias de seguridad de todos los archivos de datos, según verá en el Capítulo 17. Pero si no se decide por realizar copias de seguridad a todos sus datos, considere lo siguiente: Apple no le reemplazará la música que haya comprado en la tienda iTunes Store si la pierde.

Por fortuna, iTunes facilita la realización de copias de seguridad de su biblioteca Music (Música) con el comando incorporado back-up-your-music (Realizar copia de seguridad de su música). Para realizar una copia de seguridad de *su* música:

1. **En iTunes, escoja File (Archivo)⇨Back Up to Disc (Realizar copia de seguridad en disco).**

Aparece el diálogo iTunes Backup (Copia de seguridad de iTunes), como se muestra en la Figura 11-11.

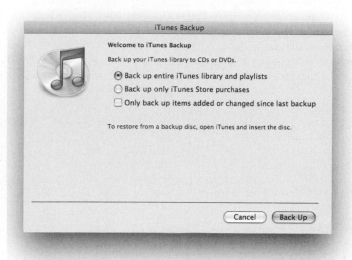

Figura 11-11:
El diálogo
iTunes
Backup
(Copia de
seguridad
de iTunes) le
ofrece estas
opciones.

Tiene dos opciones para realizar la copia de seguridad de su biblioteca iTunes: Puede hacer una copia de seguridad de toda la biblioteca iTunes, o bien, sólo de los ítems que ha comprado en la tienda iTunes Store. Sin importar cuál escoja, tiene la opción de realizar copias de seguridad sólo de los ítems que se han añadido o modificado desde su última copia de seguridad de iTunes.

2. **Realice sus selecciones y luego haga clic en el botón Back Up (Copia de seguridad) para iniciar.**

3. **Inserte un CD o un DVD vacío y comenzará el proceso.**

Si su copia de seguridad requiere más de un disco, iTunes expulsa el disco que está dentro y tendrá que insertar otro.

Es buena idea rotular estos discos — Disco de copia de seguridad de iTunes 1, Disco de copia de seguridad de iTunes 2, etc. De esa manera, si alguna vez tiene que *usar* sus discos de copias de seguridad, puede insertar el correcto cuando se lo pida iTunes.

La parte novedosa acerca de la característica incorporada de copias de seguridad de iTunes es que realiza copias de seguridad en incrementos, lo que reduce el número de discos que necesita. En otras palabras, se realizan copias de seguridad únicamente de los ítems añadidos o cambiados desde la última copia de seguridad.

Por cierto, los discos que crea al usar la característica de copia de seguridad de iTunes se pueden usar únicamente para restaurar sus listas de reproducción y no se pueden reproducir en un dispositivo para CD de audio ni de DVD para video.

Para restaurar su música desde una copia de seguridad de iTunes, simplemente inicie iTunes e inserte el disco (o bien, el primer disco, si la copia de seguridad exige más de un disco); luego, escoja File (Archivo)⇨Back Up to Disc (Realizar copia de seguridad en disco) y haga clic en Restore (Restaurar).

Capítulo 12

La Mac Multimedia

*L*os medios abarcan más que sólo música (el tema del Capítulo 11) y su Mac está preparada, dispuesta y es capaz de manejar la mayor parte de cualquier tipo de medios que pueda lanzarle. Lo cuál se debc a que, además del iTunes antes mencionado, el Mac OS X Leopard incluye aplicaciones para ver y trabajar con medios tales como discos de películas en DVD; archivos de películas en QuickTime y gráficos en una variedad de formatos de archivo, tales como PDF, TIFF y JPEG.

En este capítulo, analizará tres aplicaciones incluidas en el equipo que puede usar para trabajar con dichos medios — concretamente, DVD Player (Reproductor de DVD), QuickTime Player (Reproductor QuickTime) y Preview (Vista preliminar) — seguidas de una breve guía acerca de cómo importar sus propios medios (fotos y videos) en su Mac.

Ver Películas con el Reproductor de DVD

 La aplicación DVD Player (Reproductor de DVD) incluye coquetos y pequeños controladores en pantalla, como se muestra en la Figura 12-1. Estos le permiten ver sus películas en su Mac, de forma muy parecida a si las viera en su TV con su reproductor de DVD, de la manera siguiente:

1. **Inserte un DVD en una Mac con Reproductor de DVD.**

   Este paso inicia automáticamente la aplicación DVD Player (Reproductor de DVD); si no lo hace, puede hacer doble clic en el ícono DVD Player (Reproductor de DVD) en la carpeta Applications (Aplicaciones) para iniciarla.

Figura 12-1:
Accesorios
del
controlador
en pantalla
del DVD
Player
(Reproductor
de DVD).

Si no ve los pequeños accesorios del controlador, puede escoger Window (Ventana)⇨Show Controller (Mostrar controlador) (combinación de teclas: ⌘+Option [Opción]+C) para mostrar el artefacto que luce como control remoto gris que aparece en la parte superior de la Figura 12-1, o bien, puede mover su cursor hacia la parte más inferior de la pantalla para ver los controles transparentes superpuestos que se muestran en la parte inferior de la Figura 12-1.

La plantilla transparente funciona únicamente en el modo Full Screen (Pantalla completa).

2. **Use los controles para reproducir, detener o pausar el DVD y más.**

   Los controles en sí deben ser auto explicativos para cualquiera que haya usado alguna vez un reproductor DVD con decodificador tipo "set-top". Si no está familiarizado con ellos, mueva el cursor sobre cualquier control para revelar una sugerencia de herramienta. Esto funciona para botones en cualquier tipo de controlador.

3. **Use la bandeja Controller (Controlador) si desea darle al Reproductor de DVD los comandos que se usan menos, pero que aún así son útiles.**

   Para abrir (parte superior derecha, Figura 12-1) o cerrar (parte superior izquierda, Figura 12-1) la pequeña gaveta Controller (Controlador), elija Controls (Controles)⇨Open/Close Control Drawer (Abrir/cerrar gaveta de controles), utilice la combinación de teclas ⌘+], o bien, haga clic en la pequeña lengüeta (donde ve los cursores de flecha en la Figura 12-1) y arrastre.

   El controlador podría desaparecer después de unos cuantos segundos. Para hacerlo desaparecer, sacuda el ratón o escoja Window (Ventana)⇨ Show Controller (Mostrar controlador) (combinación de teclas ⌘+Option+C).

   Si se encuentra en el modo Full Screen (Pantalla completa), la barra de menú no aparecerá a menos que desplace el cursor hacia la parte superior de la pantalla. Y el controlador transparente no aparecerá hasta que desplace el cursor hacia la parte inferior de la pantalla.

4. **Vuelva a tomar asiento y disfrute de la película del DVD insertado en la pantalla de su Mac.**

Solucionar problemas de ajustes del reproductor de DVD

El Reproductor de DVD es una aplicación bastante fácil de usar. No obstante, podría descubrir que no está funcionando según sus expectativas debido a un par de motivos:

✔ Ha cambiado el ajuste por omisión — Open DVD Player When You Insert a Video DVD — (Abrir el reproductor de DVD cuando inserta un DVD de video) en el panel CDs & DVDs System Preferences (Preferencias del sistema para CD y DVD), que encontrará en la aplicación System Preferences (Preferencias del sistema).

✔ El Reproductor de DVD no reconoce ciertos reproductores externos de DVD. Si ése es el caso, es necesario usar ya sea el software para visualización que venía con la unidad de disco o un programa, tal como *VLC* (VideoLAN Client).

✔ Es probable que su Mac no cuente con un reproductor de DVD, aunque esta situación posiblemente sea cierta únicamente si posee una Mac un tanto más antigua. Si escoge ⬛⇨About This Mac (Acerca de esta Mac) en el Finder, la ventana About this Mac (Acerca de esta Mac) cuenta con un botón More Info (Más información). Haga clic para iniciar una aplicación que se llama System Profiler (Perfil de sistema). O bien, puede lanzar System Profiler (Perfil del sistema) (que encontrará en la carpeta Utilities [Utilidades]) de la forma tradicional — al hacer doble clic en su ícono. De cualquier manera, esto le puede indicar si tiene una unidad de discos para DVD en su Mac. Sólo haga clic en el ítem Disc Burning (Grabación de disco) en la columna de contenido ubicada a la izquierda; los detalles aparecen a la derecha.

Realmente no hay mucho más referente a esto que lo mencionado, pero he aquí un par de útiles sugerencias y consejos adicionales para usar el Reproductor de DVD:

✔ El menú View (Ver) le permite escoger la visualización de tamaños para su película, incluyendo Full Screen (Pantalla completa), que por lo general luce mejor.

✔ El menú Go (Ir) le permite navegar hacia el menú DVD, al principio del disco, al capítulo anterior o siguiente, cinco segundos adelante o atrás, con convenientes combinaciones de teclas para cada uno de estos comandos.

✔ Varias opciones configurables por el usuario están disponibles en la ventana Preferences (Preferencias): DVD Player (Reproductor de DVD)⇨ Preferences (Preferencias) (combinación de teclas: ⌘+,).

✔ Para obtener más información sobre casi cualquier característica del Reproductor de DVD, escoja Help (Ayuda)⇨DVD Player Help (Ayuda de Reproductor de DVD).

Esta aplicación está presente únicamente en equipos Mac que cuenten con un reproductor de DVD reconocido por Apple o un reproductor/grabador de DVD SuperDrive. Asimismo, si ha cambiado sus preferencias, puede que el Reproductor de DVD no se inicie de manera automática. Vea la barra lateral contigua para enterarse de detalles.

Reproducir Películas y Música en el Reproductor QuickTime

QuickTime es la tecnología de Apple para creación, transmisión y reproducción digital de medios. La usan los programas en una infinidad de formas, tales como iMovie y Final Cut de Apple, también la usan sitios Web como YouTube (`www.youtube.com`) y en videos de capacitación en formato de CD o DVD.

QuickTime Player (Reproductor QuickTime) es la aplicación de Mac OS X que le permite ver películas en QuickTime así como escuchar audio y video por Internet, QuickTime VR (Virtual Reality, o Realidad Virtual), así como también muchos tipos de archivos de audio. La forma más rápida de iniciarlo es al hacer clic en su ícono en el Dock (Acoplador). También se abre automáticamente cuando usted abre cualquier archivo de documento de película en QuickTime.

Para reproducir una película en QuickTime, simplemente haga doble clic en su ícono, y reproductor QuickTime se inicia automáticamente.

Usar el reproductor QuickTime no podría ser más fácil. Todos los controles importantes están disponibles en la ventana del reproductor, como se muestra en la Figura 12-2.

Figura 12-2:
El reproductor QuickTime es fácil de usar.

¿Y QuickTime Pro?

Si ha usado el reproductor QuickTime en alguna forma, seguramente ha notado todos los comandos atenuados en sus menús. Los ítems antecedidos por la palabra *Pro* se ponen a disposición sólo si compra la actualización QuickTime Pro, que tiene un precio de $29.99 al momento de esta publicación. Soy gran fanático de QuickTime Pro y compré la actualización correspondiente a las versiones recién pasadas de QuickTime. Mi característica favorita de Pro es la reproducción en pantalla completa con un control flotante. Una gran cantidad de avances de películas que descargo son de HD (siglas en inglés para alta definición), lo que las hace ver realmente extraordinarias en tamaño completo.

Otra de las buenas características sólo de la versión Pro es la capacidad de compartir fácilmente contenido de QuickTime con mis amigos. Escojo File (Archivo)⇨Share (Compartir) (⌘+Option+S) y QuickTime Pro hace el resto, al contraer la película al tamaño apropiado para correo electrónico o .Mac.

Para comprar la actualización, abra el panel QuickTime System Preferences (Preferencias del Sistema de QuickTime) y haga clic en el botón Buy QuickTime Pro (Comprar QuickTime Pro) en el panel Register (Registrar).

Éstas son unas cuantas características más de QuickTime que podría encontrar útiles:

- **La ventana Movie Inspector (Inspector de películas)** (Ventana⇨Show/Hide Movie Inspector [Mostrar/Ocultar Inspector de películas] o ⌘+I) ofrece mucha información útil acerca de la película actual, tal como su ubicación en su disco duro, formato de archivo, fotogramas por segundo, tamaño del archivo y duración.

- **La ventana A/V Controls (Controles de A/V)** (Ventana⇨Show/Hide A/V Controls [Mostrar/Ocultar controles de A/V] o ⌘+K) le permite ajustar el volumen, el equilibrio estéreo, graves, agudos, brillo, color, contraste, velocidad de reproducción y varias otras características de la película actual.

- **La ventana Content Guide (Guía de contenido)** (Ventana⇨Show/Hide Content Guide [Mostrar/Ocultar guía de contenido] o ⌘+Option+K) muestra una ventana llena de enlaces hacia una variedad de archivos de video y audio. Haga clic en uno y aparece en el reproductor QuickTime, iTunes o Safari, según el tipo de archivo del que se trate.

Ver y Convertir Imágenes y PDF en Preview (Vista Preliminar)

Preview (Vista preliminar) lo usa para abrir, ver e imprimir archivos en formato PDF, así como la mayoría de archivos de gráficos (TIFF, JPEG, PICT, etc.). Los *archivos PDF* son documentos formateados que incluyen texto e imágenes. Los manuales de usuario, libros y similares se distribuyen a menudo como archivos PDF. No se puede editar un archivo PDF con Preview (Vista preliminar), pero puede dar un vistazo por sus páginas o imprimirlo, y puede seleccionar texto y gráficos de él, copiarlos en el Clipboard (Portapapeles) y pegarlos en documentos de otras aplicaciones. También se trata de la aplicación que emerge cuando hace clic en el botón Preview (Vista preliminar) en el diálogo Print (Imprimir), según se describe en el Capítulo 14.

En realidad, eso no es totalmente cierto. Puede editar un cierto tipo de archivo PDF: un formulario con campos en blanco. Preview (Vista preliminar) le permite llenar los espacios vacíos y luego volver a guardar el documento. Y aunque es técnicamente no editable, puede hacer anotaciones en un documento PDF al usar las herramientas Annotate (Anotar) en la barra de herramientas.

Una de las cuestiones más útiles que puede realizar Preview (Vista preliminar) es cambiar un archivo de gráfico en cierto formato de archivo en uno que tenga un formato de archivo diferente. Por ejemplo, está registrándose para un sitio Web y desea añadir una imagen a su perfil. El sitio Web requiere imágenes en formato JPEG, pero el archivo de imágenes en su disco duro que desearía usar está en formato TIFF. Preview (Vista Preliminar) puede manejar la conversión por usted:

1. **Sólo abra el archivo TIFF con Preview (Vista preliminar) al hacer doble clic en el archivo. Si se abre otro programa (tal como Adobe Photoshop) en lugar de Preview (Vista preliminar), arrastre el documento TIFF al ícono Preview (Vista preliminar) o inicie Preview y escoja File (Archivo)⇨Open (Abrir) (combinación de teclas: ⌘+O) para abrir el archivo TIFF.**

2. **Escoja File (Archivo)⇨Save As (Guardar como) (⌘+Shift+S).**

3. **Escoja el formato de archivo apropiado — tal como JPEG — del menú emergente Format (Formato), como se muestra en la Figura 12-3.**

4. **Si desea asegurarse de no confundir su imagen original con la del nuevo formato, cambie el nombre de su archivo en el cuadro Save As (Guardar como).**

5. **Haga clic en Save (Guardar).**

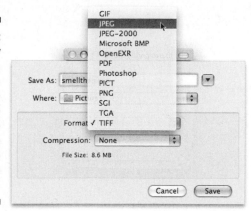

Figura 12-3:
Preview
facilita la
conversión
de este
archivo
gráfico
TIFF en un
archivo
gráfico
JPEG.

Como puede ver en la Figura 12-3, Preview (Vista preliminar) le permite convertir cualquier archivo que pueda abrir en cualquiera de los siguientes formatos de archivo: GIF, JPEG-2000, JPEG, PDF, Photoshop, PICT, PNG, SGI, TGA, TIFF y BMP de Microsoft.

Es probable que nunca necesite convertir un archivo a la mayoría de estos formatos, pero es bueno saber que puede hacerlo si lo necesita.

Casi todos los programas de OS X que tenga un comando Print (Imprimir) le permiten grabar su documento como archivo PDF. Sólo haga clic y sostenga el botón PDF que se encuentra en todos los diálogos Print (Imprimir) y escoja Save As PDF (Guardar como PDF). Luego, en caso de que alguna vez necesite convertir ese archivo PDF a un formato de archivo diferente, puede hacerlo al usar el procedimiento descrito en los pasos anteriores.

Importar Medios

Es probable que algún día desee importar imágenes o video de su cámara digital o su cámara de video DV. Esto es básico. Así que en las siguientes secciones le muestro lo fácil que es ingresar sus fotos digitales a su Mac y le ayudaré iniciarse en el video digital (que es un poco más complejo).

En las secciones siguientes, me enfoco en las aplicaciones que forman parte de Mac OS X. Técnicamente, eso no incluye las aplicaciones iLife. Lo que quiero decir es que si compró una actualización de Mac OS X Leopard dentro de una caja en una tienda, no incluye aplicaciones iLife, tales como iMovie e iPhoto. Casi seguro que su Mac vino con el paquete de programas iLife previamente instalados, pero de acuerdo con la antigüedad de su Mac, es probable que no cuente con las versiones actuales y todas las diversas versiones funcionan de manera diferente. Vea la barra lateral cercana para enterarse de más detalles acerca de iLife.

Descargar fotos de una cámara

Esta es la Mac de la que estoy hablando, así que, desde luego, lograr que las imágenes de su cámara digital se transfieran a su disco duro es una tarea bastante simple. Así es como se hace paso a paso por medio de Image Capture (Captura de imágenes):

1. **Encienda la cámara y colóquela en el modo review (revisar) o playback (reproducir).**

   Es posible que este paso no sea necesario para algunas cámaras. Lo fue para mi vieja Olympus, pero no para mi nueva Nikon P1.

2. **Conecte la cámara en su Mac con el cable USB.**

   En este punto, Image Capture (Captura de imágenes) se inicia automáticamente tan pronto se detecte la cámara digital. (Pero si tiene iPhoto, ésta es la aplicación que se inicia en lugar de la anterior).

   Si tiene ambos programas en su disco duro y se abre el equivocado, puede cambiar ese comportamiento en el panel de preferencias de Image Capture (Captura de imágenes). Escoja Image Capture (Captura de imágenes)➪Preferences (Preferencias) y luego la aplicación apropiada del menú emergente When a Camera Is Connected (Cuando se conecta una cámara), Open Menu (Abrir menú).

   Si asumimos que está usando Image Capture cuando conecta su cámara, aparece una ventana con el nombre de su cámara como título (la mía es Nikon DSC Coolpix P1), como se muestra en la Figura 12-4.

Figura 12-4:
Puede descargar todas las fotos de su cámara.

NIKON DSC COOLPIX P1

Download To: Pictures, Movies, and Music folders

Automatic Task: None

Occurs after downloading

Items to download: 1

Options...   Download Some...   Download All

3. **Desde esa ventana, puede elegir Click Download All (Hacer clic para descargar todas) a fin de descargar todas las fotos en su cámara, o bien, hacer clic en Download Some (Descargar algunas) para escoger cuáles fotos se van a descargar, como se muestra en la Figura 12-5.**

   - *Para escoger fotos contiguas* en la ventana Download Some (Descargar algunas), haga clic en la primera foto que desea descargar, pulse Shift y haga clic en la última foto que desee descargar.

   - *Para escoger fotos no contiguas,* pulse ⌘ y haga clic en cada foto que desee descargar. De cualquier manera, un resaltado en azul le muestra cuáles fotos se van a descargar cuando haga clic en el botón Download (Descargar) (tal como la primera, cuarta y quinta fotos en la Figura 12-5).

Figura 12-5:
Haga clic en Download Some (Descargar algunas) para elegir cuáles fotos descargar.

En las Figuras 12-4 y 12-5, el menú emergente Download Folder (Descargar carpeta) está establecido en Pictures, Movies, and Music Folders (Carpetas de fotos, películas y música). Éste es el ajuste por omisión. Si hace clic en este momento en el botón Download (Descargar), se descargan las fotos de su cámara a la carpeta Pictures (Imágenes) dentro de su carpeta Home (Inicio).

Si desea eliminar las fotos de su cámara después de que estén cargadas en su disco duro, seleccione las fotos que desee eliminar en la ventana Download Some (Descargar algunas) y haga clic en el botón Delete (Eliminar) en la barra de herramientas.

En caso de que un ícono de disco, a menudo con el nombre No Name (Sin nombre) haya aparecido en su Desktop (Escritorio) cuando conectó su cámara, debe expulsar ese disco antes de desconectar su cámara; de lo contrario, podría perder o dañar archivos en su cámara. Así que trate de recordar. Si lo olvida, Image Capture (Captura de imágenes) lo amonesta con un intimidante diálogo de advertencia, como se muestra en la Figura 12-6.

Vivir la vida con iLife

Por menos de $100, el paquete de programas integrados más reciente y fabuloso iLife constituye una de las fantásticas gangas en software. Si tuviera que comprar todos estos programas de otros proveedores, le aseguro que pagaría mucho más. Así que si no cuenta con la última versión de iLife en su disco duro, examine las características y programas que incluye (www.apple.com/ilife) y considere si se beneficiaría de todas las nuevas ventajas que no posee actualmente.

Por ejemplo, en iPhoto, después de que descargue imágenes a la biblioteca de iPhoto, puede organizarlas en álbumes, editarlas, crear con ellas presentaciones con diapositivas para proyector o libros, usarlas en sitios Web con iWeb, procesarlas con Photocast o lo que desee.

Figura 12-6:
Esta advertencia significa que se le olvidó expulsar el ícono de disco de su cámara.

Descargar video DV desde una cámara de video

Descargar un video desde una cámara de video DV hacia su disco duro es casi tan fácil como importar fotos desde su cámara digital. Aunque va más allá del alcance de este libro explicar cómo se descargan videos, las siguientes sugerencias le pueden ayudar para iniciarse:

✔ iMovie funciona bien para descargar videos desde cámaras de video que incluyen salida a través de FireWire.

✔ Si su cámara de video graba en mini DVD o utiliza USB para salidas de video, es probable que no funcione iMovie.

✔ Si en efecto tiene planeado usar iMovie, no se olvide del sistema incorporado Help (Ayuda) (⌘+Shift+?). Allí encuentra abundante ayuda, como se muestra en la Figura 12-7, que constituye la página principal de Help (Ayuda) para iMovie HD.

Figura 12-7:
No se olvide de que puede obtener ayuda con tan sólo dar un clic (o pulsar una tecla).

Capítulo 13

Palabras y Letras

En Este Capítulo

- Procesar palabras con TextEdit
- Descubrir todo sobre los tipos de letras de Leopard
- Administrar los tipos de letras con Font Book (Libreta de letras)

Como discutí en capítulos anteriores, su Mac está bien equipada para crear y manejar medios — música, películas, DVD y fotografías. Pero su Mac también está lista para manejar tareas más comunes como escribir una carta o un ensayo.

Además, su Mac tiene una gran variedad de tipos de letras (algunas veces denominadas *tipografía*), que le permiten cambiar la forma en que se ve el texto en la pantalla y en la hoja impresa, según se muestra en la Figura 13-1.

This is an example of the Times New Roman font, which is businesslike and stately.

This is an example of the Marker Felt font, which is casual and relaxed.

This is an example of the American Typewriter font, which looks like it was created on an old-fashioned typewriter.

Figura 13-1: Cada uno de estos tipos de letra tiene su apariencia única.

En este capítulo, usted verá el programa de composición de texto de Mac OS X Leopard, conocido como TextEdit y explorará los tipos de letras y cómo manejarlos.

Procesar Palabras con TextEdit

TextEdit es un procesador de palabras/editor de texto que puede utilizar para escribir cartas, garabatear notas o abrir archivos de sólo lectura. Aunque no es tan sofisticado como Microsoft Word (o AppleWorks o Pages, de hecho), definitivamente puede utilizarlo para el procesamiento simple de palabras y edición de texto. Tiene cierta capacidad (no mucha) para formatear texto y hasta puede revisar su ortografía.

TextEdit también es compatible con imágenes. Sólo copie una imagen de otro programa y péguela en un documento TextEdit. O bien, puede usar la función de arrastrar y soltar para colocar una imagen en un documento TextEdit desde muchas aplicaciones.

TextEdit incluso puede abrir documentos de Microsoft Word (`.doc` files). Esto es fabuloso si no tiene una copia de Microsoft Word en su disco duro. ¡Excelente!

Es cierto — el procesador de palabras gratuito que se incluye con Mac OS X también puede abrir archivos de Microsoft Word y puede modificarlos y guardarlos de nuevo. ¿Por qué esto me entusiasma y maravilla? Porque ahora, aún si no tiene una copia de Microsoft Word, puede abrir documentos que otras personas crearon con Word, editarlos y guardarlos de nuevo, sin tener que comprar su propia copia de Word. No me malentienda — yo utilizo Word más que cualquier otro programa y no tengo ningún remordimiento. Pero para aquellos que no necesitan un entorno de escritura con funciones completas, de calidad profesional, relativamente caro, el programa gratuito (TextEdit) fácilmente puede ser todo el procesador de palabras que necesite.

Veámoslo más de cerca. . . .

Crear y componer un documento

Cuando inicia TextEdit, debe aparecer un documento en blanco sin título en su pantalla. Si no aparece, escoja File (Archivo)⇨New (Nuevo) o utilice la combinación de teclas ⌘+N. Antes de comenzar a trabajar en cualquier documento, debe guardarlo en su disco duro al escoger File (Archivo)⇨Save (Guardar) o con la combinación de teclas ⌘+S. (Si no conoce las hojas para guardar de Mac OS Leopard, diríjase al Capítulo 6 para obtener detalles).

A medida que trabaja en el documento, es buena idea guardarlo cada pocos minutos, sólo por si acaso. Después de ponerle nombre a su archivo, todo lo que necesita para guardar su estado actual es escoger File (Archivo)⇨Save (Guardar) o utilizar la combinación de teclas ⌘+S.

Ahora comience a escribir su texto. Cuando escribe un texto en un procesador de palabras, debe saber un par de cosas:

✔ **Pulse la tecla Return (Regresar) (o Enter [Intro]) sólo cuando llegue al final de un párrafo.**

No necesita pulsar Return (Regresar) al final de una línea de texto — el programa ajusta de manera automática su texto a la línea siguiente para mantener las cosas ordenadas y nítidas.

✔ **Escriba un sólo espacio después del signo de puntuación al final de una oración, independientemente de lo que su maestra de mecanografía le haya dicho.**

Los procesadores de palabras y las máquinas de escribir no son iguales. Con una máquina de escribir, usted desea dos espacios al final de una oración; con un procesador de palabras no. (Las máquinas de escribir usan letras de *ancho fijo*; las computadoras principalmente utilizan letras con anchos variables. Si deja dos espacios al final de una oración en un documento generado en computadora, el espacio se ve demasiado ancho). Créame.

✔ **Limite la mayoría de documentos a un máximo de dos tipos de letras distintos.**

Mac OS X le ofrece una amplia selección de tipos de letras, pero eso no significa que tenga que usarlas todas en un documento.

Para colocar algunos caracteres en su documento de TextEdit escoja Edit (Editar)⇨Special Characters (Caracteres especiales) (combinación de teclas: ⌘+Option+T). Este comando abre la Character Palette (Paleta de caracteres), en donde puede escoger caracteres especiales como símbolos matemáticos, flechas, adornos, estrellas, caracteres latinos con acento, etc. Para insertar un caracter en su documento en el punto se inserción, sencillamente haga clic sobre él y luego haga clic en el botón Insert (insertar).

Eso es todo lo que tiene que saber para crear documentos que no digan a gritos "¡soy un neófito de la computadora!"

Trabajar con texto

TextEdit funciona según el principio "seleccionar, después funcionar", como lo hace la mayoría de programas de Macintosh, incluyendo Finder. Antes de modificar el texto en su documento — cambiar los tipos de letras, estilo, tamaño, márgenes, etc. — debe seleccionar el texto sobre el cual desea operar.

Puede utilizar varios métodos para seleccionar texto en un documento:

- ✔ Si hace doble clic en una palabra, ésta se selecciona.

- ✔ Si hace clic tres veces en una palabra, el párrafo completo que incluye la palabra se selecciona.

- ✔ Puede hacer clic en cualquier parte del documento, mantener presionada la tecla Shift (Mayúsc.) y hacer clic de nuevo en algún lugar del documento, y se seleccionará todo entre los dos clics.

- ✔ Puede hacer clic en cualquier parte del documento, mantener presionada la tecla Shift (Mayúsc.) y utilizar las teclas de flecha para extender la selección. La Figura 13-2 muestra una parte de texto seleccionado.

Figura 13-2:
La última oración en el primer párrafo está resaltada, lo que indica que está seleccionada en este momento.

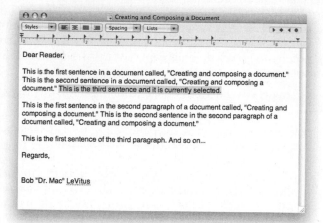

Pruebe cada uno de estos métodos de selección de texto, decida con cuál se siente más cómodo y memorícelo para su uso en el futuro.

Cuando el texto está seleccionado, puede trabajar en él. Por ejemplo, puede utilizar el submenú Font (Tipos de letras) del menú Format (Formato) para cambiar el texto a negritas, cursiva, subrayar, delinear, etc., según se muestra en la Figura 13-3.

La misma idea aplica para tabuladores y márgenes. En la Figura 13-4, arrastré los indicadores del margen izquierdo de 0 pulgadas a media pulgada. Observe que el texto seleccionado tiene una sangría de media pulgada.

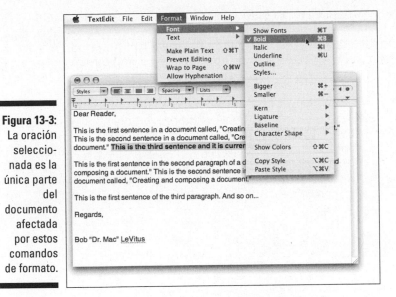

Figura 13-3:
La oración
seleccio-
nada es la
única parte
del
documento
afectada
por estos
comandos
de formato.

Indicadores del margen
(Margin markers)

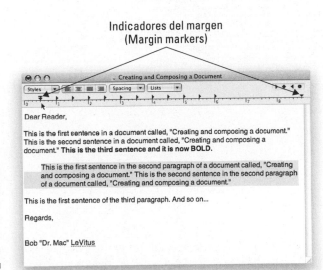

Figura 13-4:
El párrafo
seleccionado
tiene ahora
sangría.

Seleccione parte del texto en su documento y pruebe todos los ítems de los submenús Font (Tipos de letras) y Text (Texto) en el menú Format (Formato). Como puede ver, usted tiene mucho control sobre la forma en que aparecen las palabras en su pantalla. Debido a que TextEdit, como la mayoría de software de Macintosh, es WYSIWYG (lo que ve es lo que obtiene), cuando imprime el documento (al escoger File [Archivo]⇨Print [Imprimir]), la versión impresa debe verse exactamente como la versión que ve en la pantalla. Para obtener ayuda con la impresión, consulte el Capítulo 14.

Antes de imprimir su obra de arte, sin embargo, puede que desee revisar su ortografía y gramática — algo que con TextEdit es extremadamente fácil. Simplemente escoja Edit (Edición)⇨Spelling and Grammar (Ortografía y gramática)⇨Check Document Now (Revisar documento ahora) o utilice la combinación de teclas ⌘+; (punto y coma). TextEdit resalta y subraya los errores de su documento. Haga clic con el botón secundario del ratón (o Control+clic) para corregir el error, como se muestra en la Figura 13-5.

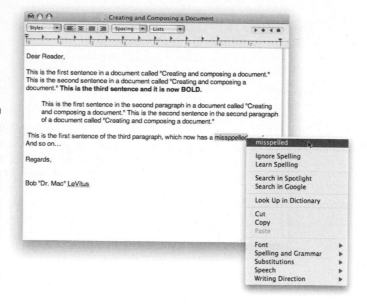

Figura 13-5: Haga clic con el botón secundario del ratón (o Control+clic) para corregir un error de ortografía o gramática.

Agregar gráficas a documentos

Por último, pero no menos importante, tiene un par de formas de agregar imágenes a un documento de TextEdit. La primera funciona de la manera siguiente:

1. **Copie una imagen en otro programa — Preview (Vista previa), Safari o el que sea.**

2. **Coloque el cursor donde desea que aparezca la imagen en su documento de TextEdit.**

3. **Escoja Edit (Edición)⇨Paste (Pegar).**

   La imagen aparece por arte de magia en la página.

O bien, puede arrastrar la imagen desde Finder o algunas aplicaciones (como Safari o Mail [Correo]) a un documento de TextEdit, como lo hice en la Figura 13-6.

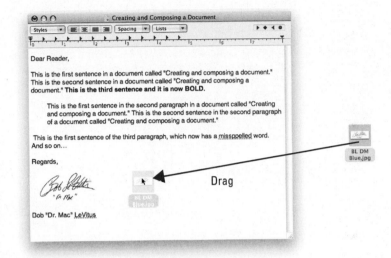

Figura 13-6:
Arrastrar
una imagen
a un
documento
de TextEdit.

Locura por las Letras

Puede animar sus documentos — o hacerlos más serios — con distintos tipos de letras. Para un usuario de computadora, *tipos de letras* significa *tipografías* — cómo se ven los caracteres. Aunque los tipógrafos profesionales pondrían el grito en el cielo con mi generalización, me quedo con esa definición por el momento.

Decenas de miles de tipos de letras distintas están disponibles para Macintosh. Usted no desea utilizar el mismo tipo de letra para un volante de venta de garaje y una hoja de vida ¿cierto? Afortunadamente para usted, Mac OS X viene con un montón de tipos de letras, como se muestra en la Figura 13-7. Algunos son bastante predecibles, como Times New Roman (la letra de este párrafo), pero OS X le proporciona algunas muy artísticas, como Brush Script. Si *verdaderamente* le gustan las letras, puede comprar letras únicas y colecciones de letras en donde compra su software. Grandes cantidades de shareware y tipos de letras del dominio público están disponibles desde servicios en línea y grupos de usuarios. Algunas personas tienen *miles* de tipos de letras. (Tal vez necesiten salir más.)

Los tipos de letras preinstaladas se encuentran en dos carpetas distintas, ambas denominadas Fonts (Tipos de letras). Una se encuentra en la carpeta Library (Biblioteca) a nivel origen en su disco duro; la otra está en la sub-carpeta Library (Biblioteca) dentro de la carpeta System (Sistema). Ambas se muestran en la Figura 13-7. (Para obtener una introducción acerca de las carpetas Library [Biblioteca] consulte el Capítulo 6).

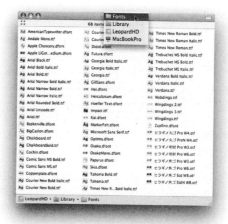

Figura 13-7: Mac OS X incluye todos estos tipos de letras.

Mac OS X en realidad tiene cuatro carpetas Font (Tipos de letras) distintas. La tercera, llamada también Fonts (Tipos de letras) se encuentra en la carpeta Library (Biblioteca) en el directorio principal. La siguiente sección explica las sutiles diferencias entre estas tres ubicaciones. La cuarta es la que se encuentra en la carpeta Network (Red)/Library (Biblioteca) y la ve sólo cuando está conectado a un servidor de red.

Instalar nuevos tipos de letras

Para instalar cualquier tipo de letra nuevo, arrastre su ícono a una de las dos carpetas Fonts a las que tiene acceso, según se describe a continuación:

✔ **Si desea que otros usuarios puedan acceder a la letra nueva,** arrastre el ícono de la letra a la subcarpeta Fonts (Tipos de letras) dentro de la carpeta Library (Biblioteca) que está a nivel de origen de su disco duro. Esta carpeta Fonts (Tipos de letras) tiene acceso universal.

✔ **Si desea limitar el acceso a la nueva letra solo para usted,** arrastre el ícono de la letra a la subcarpeta Fonts (Tipos de letras) que se encuentra en la carpeta Library (Biblioteca) dentro de su carpeta Home (Inicio) — sólo siga buscando y la encontrará.

La carpeta Fonts (Tipos de letras) a la derecha en la Figura 13-7 — la que se encuentra en Library (Biblioteca) dentro de la carpeta System (Sistema) — está reservada para Mac OS X y no se puede modificar con facilidad. Si intenta eliminar una letra de la carpeta — o agregar una, de hecho — primero debe autenticarse como administrador. Hágase un favor y nunca intente eliminar las letras de /System/Library/Fonts (/Sistema/Biblioteca/Tipos de letras). Puede echar a perder su Leopard si elimina una incorrecta.

Si ha designado una carpeta Classic System (Sistema clásico), OS X también carga cualquier letra de su carpeta Fonts (Tipos de letras) para un total de *cinco* carpetas distintas denominadas Fonts. (Algunas aplicaciones — particularmente aplicaciones de diseño de alta tecnología como Adobe InDesign — agregan todavía *más* carpetas Fonts [Tipos de letras] a la mezcla: la carpeta Application Support [Soporte de aplicaciones] dentro de la carpeta Library [Biblioteca] a nivel de origen de su disco duro.) Puede acceder a cualquier tipo de letra en estos remotos lugares sólo cuando está ejecutando el programa que las instaló.

Tipos de letras

Puede encontrar muchos formatos de tipos de letras con nombres como OpenType, Mac TrueType, Windows TrueType, PostScript Type 1, bitmap y dfont. No hay problema — Mac OS X es compatible con todos ellos. De hecho, el único formato de letras que sé que *no* es compatible con Mac OS X es PostScript Type 3.

Dicho esto, los tres formatos más comunes para Mac son TrueType, PostScript Type 1 y OpenType.

- **Letras TrueType:** Estas letras estándar de Apple vienen con Mac OS X. Son de uso común en máquinas Mac y Windows. Eso es en parte porque estas letras son *escalables:* Sólo usan un boceto por letra y su Mac puede hacer sus caracteres más grandes o más pequeños cuando elige un tamaño de letra de un programa.

- **Letras Type 1 (Tipo 1):** Estas letras con frecuencia se conocen como *PostScript Type 1* y son las letras estándar para autoedición en (así como Windows y UNIX). Hay decenas de miles de letras Type 1 disponibles. (Muchas en comparación con las letras TrueType de alta calidad que existen).

  Las letras tipo 1 vienen en dos partes: una *maleta* para guardar el mapa de bits que le indica a la computadora cómo dibujar la letra en su pantalla y una segunda parte (denominada *printer font [Tipo de letra de impresión]*) que le indica a la computadora cómo imprimir la letra en una página. Algunas letras Type 1 vienen con dos, tres o cuatro letras de impresión, que usualmente tienen nombres relacionados. Solo lance todas las partes en la carpeta Library (Biblioteca) correcta y tendrá estas letras disponibles en cada programa que utilice.

✔ **Letras OpenType:** Las letras OpenType son realmente letras TrueType en las que se ha incrustado información PostScript. Esto le brinda el mayor control tipográfico que los tipógrafos de alta calidad requieren mientras conservan la conveniencia de un archivo de TrueType.

Administrar los tipos de letras con Font Book (Libreta de tipos de letras)

Font Book (Libreta de tipos de letras) le permite ver letras instaladas, instalar letras nuevas, agrupar sus letras en colecciones y activar y desactivar letras instaladas. Si alguna vez ha utilizado el programa comercial Extensis Suitcase, puede ver que Font Book (Libreta de tipos de letras) hace casi el mismo trabajo.

La forma más fácil de instalar letras nuevas es hacer doble clic sobre ellas en el Finder. Font Book se abre y muestra la letra. Haga clic en el botón Install Font (Instalar tipos de letra) para instalar el tipo de letra.

Otras formas de instalar nuevos tipos de letras son escoger File (Archivo)➪ Add Fonts (Agregar tipos de letras) o utilizar la combinación de teclas ⌘+O. Un cuadro de diálogo estándar Open (Abrir) le permite seleccionar un tipo de letra o letras a instalar.

Observe que por omisión, las letras nuevas se instalan en Library (Biblioteca) en su carpeta Home (Inicio)➪carpeta Fonts (Tipos de letras). Puede cambiar la ubicación de la instalación por omisión en el panel Font Book Preferences (Preferencias de la Libreta de tipos de letras).

Para ver una letra, haga clic sobre su nombre en la lista Font (Tipos de letras). Para cambiar el tamaño de la letra que ve, escoja un tamaño nuevo del menú desplegable en la esquina superior derecha (lee *Fit [ajustar]* en la Figura 13-8) o mueva el deslizador azul en la derecha de la ventana para subir o bajar.

Para desactivar un tipo de letra para que ya no aparezca en los menús Font (Tipos de letras) de sus aplicaciones escoja Edit (Edición)➪Disable (Desactivar) o haga clic en el botón Disable (Desactivar) (la marca de verificación en un botón cuadrado) en la parte inferior de la ventana.

Para activar un tipo de letra que desactivó anteriormente, escoja Edit (Edición)➪Enable (Activar) o haga clic en el botón Enable (Activar) (igual que el botón Disable [Desactivar]) en la parte inferior de la ventana.

Si elimina un tipo de letra de la colección All Fonts (Todos los tipos de letras) éste desaparece permanentemente. Esta acción no se puede deshacer, de manera que tenga cuidado cuando elimine tipos de letras.

Parte IV

Adueñarse por Completo de Este Leopard

The 5th Wave   Por Rich Tennant

DESPUES DE INSTALAR EL SISTEMA OPERATIVO X, NED Y LORETTA SELECCIONAN EL FONDO DE LA COMPUTADORA.

© RICHTENNANT

"¡Caramba! Me gusta mucho más este fondo que el sótano".

En esta parte . . .

Empiezo esta parte ayudándole a descifrar el gran número de opciones de Print (Impresión) para que pueda convertirse en un Gutenberg moderno. Luego examinará las diferentes formas en que puede compartir datos con otros y acceder a datos que otros usuarios han compartido. Finalmente, usted verá una serie de otras excelentes tecnologías incluidas en su sistema operativo X Leopard de Mac para ayudarle a hacer que su gato se vea, sienta y actúe tal como usted lo desea.

Hay algo para todos en esta parte, así que manténgase en sintonía.

Capítulo 14

Publicar o Perecer: La Guía para Imprimir a Prueba de Fallas

En Este Capítulo

▶ Cómo conectar una impresora

▶ Usar Page Setup (Ajustar página) para preparar su documento para impresión

▶ Imprimir la mayoría de impresoras

▶ Dominar el proceso de impresión

Cuando usted desea poner lo que está en su pantalla en papel, imprimir con Mac OS X debe ser tan sencillo como presionar la combinación de teclas del teclado ⌘+P y, a continuación presionar Return (Regresar) o Enter (Intro). Felizmente, usualmente es así de fácil imprimir algo; cuando no lo es, imprimir puede convertirse en una horrenda pesadilla. Si configura su impresora y software de impresión correctamente, imprimir será lo más fácil del mundo. Eso es bastante sencillo.

En este capítulo, ahuyento a los fantasmas para ayudarle a evitar cualquier pesadilla de impresión. Le acompaño durante todo el proceso como si usted acabara de desempacar y conectar una impresora nueva.

Antes de Lanzarse al Agua . . .

Antes de que empiece a hablar sobre cómo conectar sus impresoras, debe saber algunas cosas esenciales. De manera que a continuación encontrará una pequeña lista que le indicará cuáles son esas cosas:

✔ **Lea la documentación que se incluye con su impresora.** Cientos de distintas marcas y modelos de impresoras están disponibles para Mac, así que si contradigo algo del manual de su impresora, dé prioridad a las instrucciones de su manual. Si ese esfuerzo no funciona, intente con mi método — utilice las técnicas que leerá en el resto de este capítulo.

✔ **Las hojas Print (Imprimir) y Page Setup (Ajustar página) son leve-mente diferentes (a veces muy diferentes) de programa a programa y de impresora a impresora.** Aunque los ejemplos que le muestro en este capítulo representan lo que posiblemente encuentre, es posible que desee revisar ambas hojas que se ven distintas. Por ejemplo, las hojas Print (Imprimir) y Page Setup (Ajustar página) de Microsoft Word incluyen opciones que no explico en este capítulo (como Even or Odd Pages Only [sólo páginas pares o impares], Print Hidden Text [Imprimir texto oculto] y Print Selection Only [Imprimir sólo lo marcado]). Si usted encuentra comandos en su hoja Print (Imprimir) o Page Setup (Ajustar página) que no explico en este capítulo, estos son específicos de esa aplicación; busque en su documentación para obtener una explicación. De manera similar, Adobe Illustrator y Photoshop CS3 han agregado varios dispositivos, botones, etc. a sus diálogos de impresión, al punto en que tal vez no los reconozca como diálogos de impresión.

✔ **No se olvide de Help (Ayuda) de Mac OS.** Muchos programas son com-patibles con esta excelente tecnología de Apple, que puede ser la forma más rápida de resolver una característica que lo tiene perplejo. De manera que no se olvide de revisar el menú Help (Ayuda) antes de entrar en pánico. (Explico el menú Help [Ayuda] en el Capítulo 1).

De manera que, con esto en mente, ¡en sus marcas, listos, impriman!

En Sus Marcas: Conecte y Agregue Su Impresora

Antes de pensar en imprimir algo, debe conectar la impresora con su Mac e indicar a OS X que la impresora existe. Así:

Cómo conectar su impresora

Una vez más, debo recordarle que existen miles de modelos de impresoras que puede conectar con su Mac y cada una es diferente a la próxima. En otras palabras, si lo que está a punto de leer no funciona con la impresora que está intentando conectar, de nuevo, le ruego que *LEA SU MANUAL*. Debo indicarle cómo cargar su tinta o cartuchos de tóner.

Retire todo el material de empaque y las pequeñas tiras de cinta adhesiva, algunas de ellas no se ven si no sabe dónde buscar.

Dicho esto, a continuación encontrará algunos pasos generales para conectar una impresora a su Mac:

1. **Conecte la impresora a su Mac con el cable sujeto firmemente en ambos extremos (Impresora y Mac).**

   Para que su impresora funcione, de alguna manera tiene que conectarla a una fuente de datos. (Recuerde su teléfono — usted no puede recibir llamadas sin algún tipo de conector entre la persona que llama y la persona a quien llama).

2. **Conecte el cordón de corriente AC en un tomacorriente.**

   Sí, el tomacorriente normal de la pared; en una regleta o, incluso mejor en un UPS (Uninterruptible Power Supply, fuente de energía ininterrumpida).

   Algunas impresoras requieren que conecte un extremidad del cordón de corriente AC con la impresora; otros tienen el cordón de corriente AC conectado en forma permanente. El punto es que su impresora no funcionará si no está conectada a una fuente de energía.

3. **Encienda su impresora. (Revise su manual si no encuentra el interruptor).**

4. **Si su impresora incluye software, instálelo en su disco duro, siguiendo las instrucciones que incluye la impresora.**

5. **(Opcional) Reinicie su Mac.**

   Debe hacerlo sólo si tuvo que instalar software y su instalador le indicó que reinicie.

   ¡Eso es todo!

Configuración de su impresora por primera vez

Después de conectar su computadora e impresora con un cable compatible, proporcionar una fuente de energía a su impresora e instalar el software para su impresora, ya está listo . . . para configurar su Mac. No hay descanso para los cansados. Debe hacerlo para que su Mac y su impresora puedan conversar.

El panel Print & Fax System Preferences (Preferencias del sistema de impresora y fax) (que voy a discutir en este momento) es la herramienta que utiliza para indicar a su Mac qué impresoras están disponibles.

Cualquier puerto en una Mac

Antes de que pueda imprimir, debe conectar el cable de la impresora en el puerto correcto en la parte trasera de su Mac.

Ahí está el asunto. La tecnología Mac ha cambiado dramáticamente desde las ediciones anteriores de este libro, cuando yo solía decir, "Comience por conectar la impresora al puerto de impresora en la parte trasera de su Mac (con la Mac y la impresora apagada, por supuesto — pero usted ya sabía eso ¿o no?)" Ah, nostalgia; ahora digo, "Usted debe conectar el cable de la impresora en el puerto correcto. . . ." ¿Por qué soy tan ambiguo? Por que tengo que serlo. Verá, estos días, las impresoras no siempre se conectan al mismo puerto.

✔ Algunas se conectan por medio del puerto de Universal Serial Bus (bus universal en serie, USB).

✔ Otras impresoras se conectan a un puerto Ethernet o a un concentrador Ethernet (que a su vez se conecta en la parte trasera de su Mac).

✔ Algunas se conectan por medio de un puerto FireWire.

De manera que lea las instrucciones que se incluyen con su impresora y conecte su impresora en el agujero (puerto) apropiado de su Mac.

Usualmente, su impresora se conecta a su máquina por medio de USB. No confunda el cable USB con el cordón de corriente AC (es del tipo que encuentra en los electrodomésticos que utiliza a diario). Si su impresora no incluía un cable que se ajuste a uno de los puertos de su Mac, comuníquese con el fabricante de la impresora y pídale uno; es de muy mal gusto no proporcionar el cable adecuado con una impresora. Desafortunadamente, algunos fabricantes hacen impresoras con distintos tipos de conectores en la parte trasera (para venderlas a aquellos incautos que siguen utilizando Windows) y esperan que usted compre su propio cable. Pedir a uno de estos fabricantes un cable es una tarea inútil.

Muchos de los pasos que involucran el panel Print & Fax System Preferences (Preferencias del sistema de impresora y fax) requieren que su impresora se encienda y precaliente (es decir, que ejecute su ciclo de diagnóstico y arranque) anticipadamente.

Realice estos pasos para configurar una impresora por primera vez:

1. **Ejecute System Preferences (Preferencias del sistema), haga clic en el ícono Print & Fax (Impresora y fax) y a continuación, haga clic en el nombre de su impresora, en la lista de impresoras.**

Puede encontrar System Preferences (Preferencias del sistema) en la carpeta Applications (Aplicaciones). Haga clic en el ícono Applications (Aplicaciones) en la barra lateral de cualquier ventana Finder o utilice la combinación de teclas ⌘+Shift+A para abrir la carpeta Applications (Aplicaciones).

Leopard es muy astuto — seguramente ya reconoció su impresora nueva, de manera que el nombre de su impresora debe aparecer en la lista de impresoras del panel Print & Fax System Preferences (Preferencias del sistema de impresora y fax), según se muestra en la Figura 14-1.

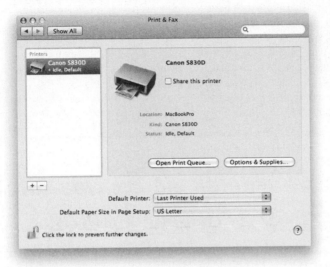

Figura 14-1:
Las impresoras que reconoce Leopard aparecen en la lista de impresoras.

El nombre de mi impresora, como puede ver, es Canon S830D.

Si su impresora *no* se encuentra en la lista, debe instalar (o reinstalar) el software del driver, ya sea desde el CD que se incluyó con la impresora o al descargar el software de driver más reciente del sitio Web del fabricante de su impresora. Consulte la barra lateral cercana para buscar más drivers.

2. **Seleccione la impresora que desea que se elija por omisión en el cuadro de diálogo Print (Imprimir).**

3. **Seleccione el tamaño de papel por omisión que desea utilizar con esta impresora (usualmente tamaño carta de EE. UU. si vive en los Estados Unidos).**

Esto es todo. Cierre System Preferences (Preferencias del sistema) y ¡ya está listo para imprimir su primer documento! Antes de hacerlo, no obstante, asegúrese de que tiene el documento configurado para que se vea justo como desea imprimirlo. Lea la próxima sección ("Listos: Configuración de su documento con Page Setup [Ajustar página]") para obtener más información.

Cómo obtener un driver

Muchos fabricantes de impresoras introducen periódicamente drivers nuevos con funciones mejoradas. De manera que el software de driver del CD en la caja de su impresora puede tener seis meses o un año de antigüedad cuando usted compra la impresora. Siempre es buena idea determinar si el CD contiene la versión más reciente del driver de la impresora, de manera que visite el sitio Web del fabricante, revíselo y descargue una versión más reciente del driver de la impresora, si fuera necesario.

Apple incluye una enorme biblioteca de drivers de impresoras en el disco de instalación de Mac OS X, que cubre la mayoría de marcas y modelos populares de impresoras. Estos drivers se instalan por omisión. Si eligió *no* instalar alguna o todas ellas cuando instaló Leopard de Mac OS X, casi seguramente tendrá que instalar el driver apropiado para la impresora antes de continuar.

Listos: Configuración de Su Documento con Page Setup (Ajustar Página)

Después de configurar su impresora, ya ha pasado la parte difícil. Debe poder imprimir un documento rápida y fácilmente — ¿cierto? No tan rápido, amigo. Lea aquí cómo las funciones de la hoja Page Setup (Ajustar página) pueden ayudarle a resolver la mayoría de problemas básicos de impresión.

Familiarícese con Page Setup (Ajustar página). Es posible que no necesite utilizarla en este preciso segundo, pero es una buena amiga y es bueno que la conozca.

Casi todos los programas que pueden imprimir un documento tienen el comando Page Setup (Ajustar página) en su menú File (Archivo). Observe que algunos programas utilizan el nombre *Page Setup (Ajustar página)* y otros *Print Setup (Configuración de impresión)*. (Print Setup [Configuración de impresión] es un término folclórico y anticuado, más popular en la era de System 6 y en Windows que en las Macs de hoy). De cualquier manera, ésta es la hoja en la que puede elegir su impresora objetivo, tamaño de papel, orientación de página y escala (según se muestra en la Figura 14-2).

Los usuarios de impresoras en red o impresoras PostScript pueden ver versiones un poco diferentes de la hojas Print y Page Setup (Ajustar impresión y página). Las diferencias deben ser mínimas, no son importantes.

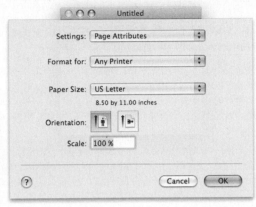

Figura 14-2:
La hoja de
Ajustar
página en
TextEdit.

Haga clic en el signo de interrogación en la esquina inferior izquierda en cualquier momento para obtener ayuda adicional con la hoja Page Setup (Ajustar página). Si lo hace, Page Setup help (Ayuda de ajustar página) se abre de inmediato en Help Viewer (Proyector de ayuda). (De acuerdo, tal vez no *inmediatamente*, pero Help Viewer [Proyector de ayuda] en Leopard es mucho, mucho más rápido que en sus versiones anteriores. . .).

Las opciones dentro de la hoja Page Setup (Ajustar página) son las siguientes:

✔ **Settings (Ajustes):** Cuando tiene todo lo demás configurado en la hoja Page Setup (Ajustar página) de la manera que lo desea para la mayoría de documentos, elija Save As Default (Guardar como por omisión) para guardar la configuración como el valor por omisión para Page Setup (Ajustar página).

✔ **Format For (Formato para):** En este menú emergente, encontrará el nombre de la impresora activa. Si tiene varias impresoras configuradas, puede elegir cualquiera de esta lista.

Usualmente, este menú es por omisión Any Printer (Cualquier impresora), que es el ajuste menos efectivo. A menos que la impresora que usted desea aparezca aquí, posiblemente no obtenga la funcionalidad completa que ofrece la impresora.

✔ **Paper Size (Tamaño de papel):** Utilice las opciones de este menú emergente para elegir el tipo de papel que actualmente se encuentra en la bandeja de papel de su impresora o para elegir el tamaño de papel que desea alimentar manualmente. Las medidas del papel que elige aparecen debajo de su nombre.

Los ajustes de la hoja Page Setup (Ajustar página) (incluso tamaño de papel) siguen vigentes hasta que las cambia. Por ejemplo cuando imprime un sobre, no olvide cambiar de nuevo a carta antes de intentar imprimir en papel tamaño carta de nuevo.

✔ **Orientation (Orientación):** Elija entre las opciones que se muestran aquí para indicar a su impresora si la página que desea imprimir debe ser *portrait-oriented* (orientación vertical, como una carta, más larga que ancha) o *landscape-oriented* (orientación horizontal, de lado, más ancha que larga).

Algunos programas ofrecen opciones de Page Setup (Ajustar página) adicional. Si su programa las ofrece, usualmente aparecen en el menú emergente Settings (Ajustes) en la hoja Page Setup (Ajustar página). (Adobe Photoshop y Microsoft Word los tienen; TextEdit no).

✔ **Scale (Escala):** Para imprimir su página más grande o más pequeña, cambie esta opción a un porcentaje mayor o menor.

Fuera: Imprimir con la Hoja Print (Impresión)

Después de conectar y configurar su impresora y configurar cómo desea que se imprima su documento, usted llega al paso final antes de ese glorioso momento cuando su página impresa sale de la impresora. Navegar por la hoja Print (Impresión) es lo último que se interpone entre usted y sus resultados.

Aunque la mayoría de hojas Print (Impresión) que usted ve son similares a las que muestro en este capítulo, otras pueden ser un poco diferentes. Las características de la hoja Print (Impresión) son estrictamente una función del programa con el que está imprimiendo. Muchos programas eligen utilizar la hoja Apple estándar que se muestra en este capítulo, pero no todos. Si no explico alguna característica en este capítulo, posiblemente la característica es específica a la aplicación o a la impresora que está utilizando (en cuyo caso, la documentación para ese programa o impresora debe ofrecer una explicación).

Impresión de un documento

Si todo le ha salido bien hasta ahora, la acción real de imprimir un documento es muy fácil. Sólo siga estos pasos y, en pocos minutos, las páginas comenzarán a salir de su impresora como por arte de magia. (En las secciones siguientes, describo algunas opciones de impresión que posiblemente necesitará algún día).

1. **Abra un documento que desee imprimir.**

2. **Elija File (Archivo)⇨Print (Imprimir) (o utilice la combinación de teclas del teclado ⌘+P).**

   Usted verá la hoja de impresión básica, según se muestra en la Figura 14-3.

Figura 14-3:
Su hoja de
impresión
básica.

3. **Haga clic en Print (Imprimir).**

   Espere algunos minutos para que la red indique a la impresora qué hacer y diríjase a su impresora para recoger su documento.

Elección entre distintas impresoras

De igual manera que en la hoja Page Setup (Ajustar página), usted puede elegir qué impresora desea utilizar del menú emergente Printer (Impresora) de la hoja Print (Imprimir).

Puede elegir sólo entre las impresoras que ha agregado a través del panel Print & Fax System Preferences (Preferencias del sistema de impresora y fax), según describí anteriormente en este capítulo (en la sección a la que amorosamente nombré "Configuración de una impresora por primera vez").

Elección de ajustes personalizados

Si usted ha creado un grupo personalizado de ajustes con anterioridad, puede elegirlos desde el menú emergente Presets (Preestablecidos) en la hoja Print (Imprimir). Describo mejor esta característica en la sección "Save custom settings (Guardar ajustes personalizados)" más adelante en este capítulo.

Dictando la perfección. . . más o menos

El comando Print (Imprimir) aparece en el menú File (Archivo) en la gran mayoría de programas de Mac que verá y utilizará. Ocasionalmente usted encontrará un programa que no sigue estas convenciones, pero yo diría que *por lo menos* 98 por ciento de los programas comerciales de Mac incluyen el comando Print (Imprimir) en el menú File (Archivo) y utilizan ⌘+P para la combinación de teclas del teclado.

Una de las mejores cosas de Mac es que Apple ha publicado un conjunto de pautas que *todos* los programas Mac deberían utilizar. La consistencia entre programas es una de las características más importantes de Mac. Observe que el 98+ por ciento de todos los programas incluyen los comandos Open (Abrir), Close (Cerrar), Save (Guardar), Save As (Guardar como), Page Setup (Ajustar página) y Print (Imprimir) en sus menús File (Archivo) y los comandos Undo (Deshacer), Cut (Cortar), Copy (Copiar) y Paste (Pegar) en sus menús Edit (Edición). Ese es el tipo de conveniencia y consistencia que Macintosh Human Interface Guidelines (Guía para la interfaz humana de Macintosh) recomiendan.

Macintosh Human Interface Guidelines (Guía para la interfaz humana de Macintosh) también recomienda que la combinación de teclas del teclado ⌘+P se reserve para el comando "plain text" (texto simple) a menos que se utilice para imprimir, en cuyo caso ⌘+T se debe utilizar para texto simple (que funciona en forma muy parecida a la combinación de teclas del teclado ⌘+B y ⌘+I, utilizados para formatear texto en negrilla e itálicas, respectivamente). Lo más importante: ⌘+P casi siempre es la combinación de teclas para el comando Print (Imprimir) en el menú File (Archivo).

Mi punto: Elegir File (Archivo) ⇨ Print (Imprimir) (⌘+P) *no funcionará* si cualquiera de los siguientes es verdadero para el software que está utilizando:

- El comando Print (Imprimir) se encuentra en un menú distinto.

- *No* existe un comando Print (Imprimir). (Oiga, puede suceder.)

- La combinación de teclas del teclado Print (Imprimir) es cualquier cosa menos ⌘+P.

Si cualquiera de los anteriores es verdadero para un programa que está utilizando, usted tendrá que improvisar. Busque en todos los menús y revise la documentación del producto e intente comprender el comando Print (Imprimir) de ese molesto programa. También puede escribir una pequeña nota a la empresa de software, mencionando que facilitarían las cosas para todos al colocar el comando Print (Imprimir) en el lugar correcto y utilizar la combinación de teclas del teclado generalizada.

De manera predeterminada, la hoja Print (Imprimir) se muestra en este estado sencillo. Como tal, sólo tres menús están disponibles — Printer (Impresora), Presets (Preestablecidos) y PDF. Para revelar el resto de las opciones de impresión, haga clic en el triángulo pequeño al lado derecho del menú Printer (Impresora). La hoja extendida Print (Imprimir) reemplaza a la minimizada, según se muestra en la Figura 14-4.

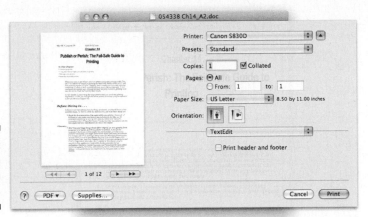

Figura 14-4:
Su hoja de
impresión
extendida.

Haga clic en cualquiera de los campos y presione la tecla Tab. Su cursor salta al campo de texto siguiente en la hoja; similarmente, presione Shift (Mayúsc.)+Tab para que el cursor salte al campo anterior. A propósito, esta combinación de teclas funciona casi en cualquier programa, ventana, cuadro de diálogo o página Web que tenga campos de texto.

✔ **Copies (Copias):** En este campo de texto, establezca cuántas copias desea imprimir. El valor por omisión de la hoja Print (Imprimir) es una copia (1) en la mayoría de aplicaciones, de manera que posiblemente verá el número 1 en el campo Copies (Copias) cuando aparece la hoja Print (Imprimir). Asumiendo que ese sea el caso, no haga nada si solo desea imprimir una copia. Si desea imprimir más de una copia de su documento, resalte el 1 que aparece en el campo Copies (Copias) y reemplácelo al escribir el número de copias que desea.

✔ **Pages (Páginas):** Aquí encontrará dos botones: All (Todo) y From (Desde). El comportamiento por omisión es imprimir el documento completo, de manera que la opción All (Todo) está seleccionada previamente. Pero si desea imprimir sólo una página o un rango de páginas, marque el botón From (Desde) y a continuación escriba el número de páginas que desea en los cuadros de entrada de texto From (Desde) y To (Hasta).

Suponga que imprime un documento de 10 páginas — y después se da cuenta de que hay une error tipográfico en la página 2. Después de corregir su error, no tiene que imprimir de nuevo el documento completo — solo la página con la corrección. Imprima de nuevo solo la página 2 al escribir **2** en los campos From (Desde) y To (Hasta). Puede escribir cualquier rango válido de páginas (claro, no puede imprimir la página 20 si su documento solo tiene 15 páginas) en los campos From (Desde) y To (Hasta).

✔ **Paper Size (Tamaño de papel):** Utilice las opciones de este menú emergente para elegir el tipo de papel que actualmente se encuentra en la bandeja de papel de su impresora o para elegir el tamaño de papel que desea alimentar manualmente. Las medidas del papel aparecen debajo de su nombre.

Usted ya vio este ajuste en Page Setup (Ajustar página). La diferencia es que los ajustes aquí (en la hoja Print [Imprimir]) aplican sólo a este documento, mientras que los ajustes en Page Setup (Ajustar página) son los valores por omisión para todos los documentos y siguen vigentes hasta que los cambia en Page Setup (Ajustar página). Esto puede ser muy útil, por ejemplo, cuando imprime un sobre. Si cambia el ajuste del tamaño del papel para el sobre, no tiene que recordar cambiarlo de nuevo a carta en Page Setup (Ajustar página).

✔ **Orientation (Orientación):** De nuevo, usted ya vio este ajuste en Page Setup (Ajustar página). También de nuevo, la elección que haga en Page Setup (Ajustar página) es el valor por omisión de todas las páginas que imprima, mientras que el ajuste que elige aquí (en la hoja Print [Imprimir]) aplica solo a este documento.

Elija entre estas opciones para indicar a su impresora si la página que desea imprimir debe ser con orientación vertical u orientación horizontal.

Las secciones siguientes describen las características que puede encontrar en el menú no etiquetado que se encuentra en la hoja Print (Imprimir) extendida (el que lee *TextEdit* en la Figura 14-4). Además de TextEdit, Layout (Disposición) y otras opciones que explico en un momento, su menú emergente puede ofrecer opciones como Quality & Media (Calidad y medios), Color Options (Opciones de color), Special Effects (Efectos especiales), Borderless Printing (Impresión sin márgenes), etc. (El que tenga estas opciones depende del modelo de su impresora y del driver.) Revise estas opciones si tiene 'em — usualmente ofrecen características útiles.

TextEdit

La única opción específica de TextEdit es un cuadro que determina si el encabezado y pie de página se imprimirán para este documento.

Disposición:

Elija Layout (Disposición) para establecer el número de páginas por hoja impresa, la dirección de disposición y si prefiere un margen. Estas son sus opciones para Layout (Disposición):

✔ **Pages per Sheet (Páginas por hoja):** Elija los números preestablecidos de este menú emergente para establecer el número de páginas que desea imprimir en cada hoja.

Las páginas aparecen en una pantalla más pequeña que tamaño completo si utiliza esta opción.

✔ **Layout Direction (Dirección de disposición):** Elija uno de los cuatro botones que rigen la forma en que las páginas pequeñas se colocan en la página impresa.

✔ **Border (Margen):** Sus opciones de este menú emergente son, Single Hairline (Filete extrafino único), Single Thin Line (Línea delgada única), Double Hairline (Filete extrafino doble) y Double Thin Line (Línea delgada doble).

✔ **Two-Sided (Dúplex):** Si su impresora es compatible con impresión en los dos lados (conocido como *dúplex*), los tres botones le permiten especificar si va a utilizar impresión en los dos lados y, de ser así, si unirá (o engrapará) en el borde largo o corto del papel.

Color Matching (Combinación de colores)

Elija Color Matching (Combinación de colores) para elegir un método de conversión de colores (usualmente tecnología ColorSync de Apple o Vendor Matching). La idea aquí es que la página impresa se vea tan similar como sea posible a la pantalla.

Los filtros de cuarzo incluyen Black & White (Blanco y negro), Blue Tone (Tono azul), Gray Tone (Tono gris), Lightness Decrease (Disminución de brillo), Lightness Increase (Aumento de brillo), Reduce File Size (Reducir tamaño de archivo) y Sepia Tone (Tono en sepia). Estos se parecen mucho a las muestras cuando los aplica a un trabajo de impresión.

Paper Handling (Manejo del papel)

Elija Paper Handling (Manejo del papel) si desea invertir el orden en que sus páginas imprimen o imprimir solo las páginas con números pares o impares. También puede especificar el tamaño del papel del documento que se va a utilizar (en cuyo caso puede tener líneas que dividen las páginas) o si el resultado debe ser a escala para ajustarse al tamaño de papel elegido.

Cover Page (Portada)

Elija Cover Page (Portada) para agregar una portada a su trabajo de impresión.

Scheduler (Programador)

El Scheduler (Programador) le permite establecer una hora posterior para la impresión (es decir, mientras usted duerme, a la hora del almuerzo o durante una reunión).

Summary (Resumen)

Seleccione Summary (Resumen) para ver los detalles de impresión de su documento, según se muestra en la Figura 14-5. Haga aquí una revisión final para verificar los ajustes de su trabajo de impresión — cuántas copias desea, si las desea ordenadas, el rango de páginas de su trabajo de impresión, sus opciones de disposición, más cualquier ajuste específico para su impresora específica o la aplicación desde donde está imprimiendo.

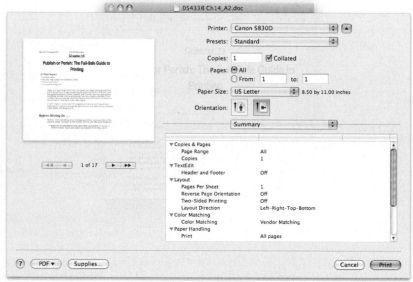

Figura 14-5:
Resumen del documento a punto de imprimir.

Guardar ajustes personalizados

Después de terminar con los ajustes de su impresora para Copies & Pages (Copias y páginas), Layout (Disposición), Paper Handling (Manejo de papel) y cualquier otra opción que proporcione el driver de su impresora, puede guardarlos para utilizarlos en el futuro. Sólo elija Save As (Guardar como) desde el menú emergente Presets (Preestablecidos) y asigne un nombre a los ajustes; de ahí en adelante, el ajuste aparecerá como una opción en el menú emergente Presets (Preestablecidos). Sólo elija su conjunto guardado antes de imprimir cualquier documento y todos los ajustes individuales relacionados con ese valor preestablecido se restauran.

Opciones de Preview (Vista Previa) y PDF

Para tener una idea de cómo se verá su página impresa, elija Open PDF (Abrir PDF) en Preview (Vista previa) desde el menú de botón PDF en la esquina inferior izquierda de la hoja de impresión extendida. Cuando lo haga, verá la página o páginas que va a imprimir, mostradas por la aplicación Preview (Vista previa), según se muestra en la Figura 14-6.

Si tiene alguna duda sobre cómo se verá el documento cuando lo imprima, revise primero Preview (Vista previa). Cuando esté satisfecho con la vista previa del documento, solo elija File (Archivo)➪Print (Imprimir), presione ⌘+P o haga clic en el botón Print (Imprimir) en la parte inferior de la ventana Preview (Vista previa). O bien, haga clic en el botón Cancel (Cancelar) para regresar a su aplicación y hacer cambios en el documento.

Preview (Vista previa) funciona con la aplicación Preview (Vista previa) que Apple incluye con Mac OS X. Con la característica Preview (Vista previa) usted puede hacer cosas excelentes como éstas:

✔ **Ver todas las páginas de su documento en la forma en que se imprimirán, una por una.**

✔ **Acercarse o alejarse para obtener una perspectiva distinta de lo que va a enviar a la impresora (¡excelente!).**

✔ **Girar la imagen 90 grados a la izquierda o a la derecha.**

✔ **Identificar errores antes de imprimir algo.** Una pequeña inspección inicial puede ahorrarle mucho papel, tinta (o tóner) y frustración.

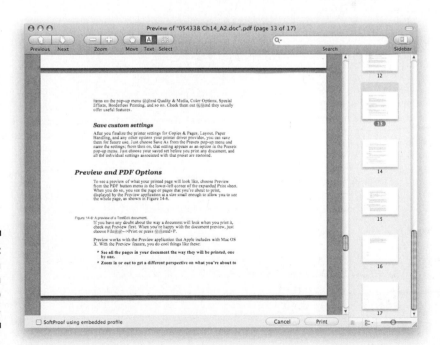

Figura 14-6:
Vista previa
de un
documento
de TextEdit.

Revise los menús View (Ver) y Tools (Herramientas) del programa Preview (Vista previa) así como la barra de herramientas. Aquí puede acercarse, alejarse, girar su documento, avanzar o retroceder (en documentos con muchas páginas) y hacer otras cosas. De manera que lo exhorto a desplegar los menús View (Ver) y Tools (Herramientas) para revisarlos. Si tiene un documento con muchas páginas (o varios documentos) abiertos, una barra lateral aparece en un lado de la ventana para permitirle que se mueva en las páginas, según se muestra en la Figura 14-6.

Para ocultar y mostrar el archivador, haga clic en el botón Sidebar (Barra lateral) elija View (Ver)⇨Sidebar (Barra lateral) o utilice la combinación de teclas del teclado Shift (Mayúsc.)+⌘+D.

Solo el Fax . . .

Mac OS X incluye la capacidad de enviar por fax un documento desde la hoja Print (Imprimir). Sólo elija Fax PDF (Enviar PDF por fax) desde el botón del menú emergente PDF en la parte inferior de cada hoja Print (Imprimir) y la hoja se convierte en una hoja de fax, como se muestra en la Figura 14-7.

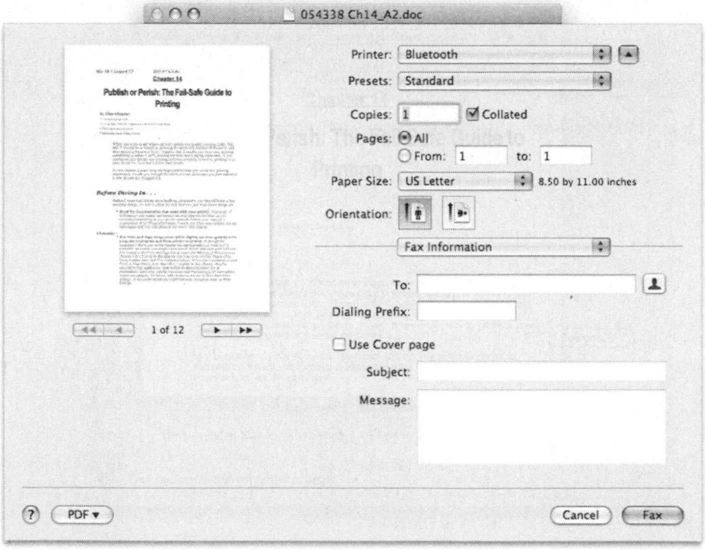

Figura 14-7: En Leopard, enviar por fax un documento es tan sencillo como imprimir.

Para enviar por fax un documento, realice los pasos siguientes:

1. **Elija Fax PDF (Enviar PDF por fax) del menú que aparece cuando mantiene presionado el botón del menú emergente PDF en la hoja Print (Imprimir).**

2. **Escriba el número de fax del destinatario en el campo To (Para).**

    Si hace clic en el botón con la silueta a la derecha del campo To (Para), puede seleccionar un destinatario desde la libreta de direcciones de Mac OS X.

3. **Agregue un prefijo de marcado si su teléfono lo necesita (como 1, que requieren la mayoría de teléfonos en los Estados Unidos para marcar un número de teléfono de diez dígitos y de larga distancia).**

4. **Haga clic en el cuadro Cover page (Portada) si desea una portada. Si lo hace, puede escribir un asunto en el campo Subject (Asunto) y un mensaje breve en el campo Message (Mensaje) si lo desea.**

5. **Seleccione el módem de su fax en el menú emergente Printer (Impresora) si no está seleccionado (como está el mío, denominado Bluetooth, en la Figura 14-7).**

    El resto de cosas de la hoja de fax es igual que en la hoja Print (Imprimir), puede leer todo sobre ella en las secciones anteriores.

6. **Haga clic en el botón Fax.**

    Se envía su fax.

Antes de intentar enviar algo por fax al mundo, asegúrese de que tiene un módem que funcione — y que está configurado y conectado correctamente con una línea telefónica y esté encendido. Si no es así, todo este proceso de enviar por fax (por supuesto) fallará. Observe que la mayoría de Macs que se vendieron en los últimos dos años, incluso todos los modelos basados en Intel, no incluyen un módem análogo, de manera que no tienen incorporado un hardware de fax compatible — debe comprar un módem u otro hardware para utilizar esta función.

Preferencias de Fax y Uso Compartido

Anteriormente en este capítulo, usted estudió las características de impresión del panel Print & Fax System Preferences (Preferencias del sistema de impresora y fax). Ahora vea sus otras dos funciones:

✔ **Faxing (Envío y recepción de fax):** Primero haga clic en el botón + para agregar una máquina de fax a su lista de impresoras/fax. Haga clic en el ícono Fax y escriba su número de fax en el campo Fax Number (Número de fax). Haga clic en el botón Receive Options (Opciones de recepción) si desea recibir faxes en esta Mac con esta máquina de fax. Si es así, puede establecer el número de repiques que desea que el software espere antes de responder una llamada de fax en el campo Answer after __ Rings (Responder después de _____ repiques). Seleccione el cuadro Save To (Guardar en) para activar un menú emergente que le permite elegir en qué carpeta se archivarán los fax entrantes. Seleccione el cuadro Print

To (Imprimir a) para imprimir los fax entrantes en forma automática (a la impresora que seleccionó en el menú emergente junto al cuadro Print To [Imprimir a]). O bien, seleccione el cuadro Email To (Enviar por correo electrónico a) para enviar el fax por correo electrónico a una persona. Puede escribir la dirección de correo electrónico de esa persona en el campo Email To (Enviar por correo electrónico a) o hacer clic en el botón de silueta a la derecha del campo Email To (Enviar por correo electrónico a) y seleccionar un destinatario de su libreta de direcciones

✔ **Sharing (Uso compartido):** Para compartir una impresora o fax, seleccione la impresora o fax que desea compartir en la lista que aparece a la izquierda. A continuación haga clic en el cuadro Share this Printer (Compartir esta impresora) (o Share this fax [Compartir este fax]) para permitir que las impresoras o fax conectados con esta Mac estén disponibles para otras Mac en la red de área local.

Capítulo 15

Compartir Su Mac y Disfrutarlo

. . . .

En Este Capítulo

▶ Comprender el uso compartido

▶ Comprender cómo funcionan las redes

▶ Configurar el uso compartido de archivos

▶ Conocer acerca de los usuarios

▶ Comprender sobre el acceso y los permisos

▶ Compartir archivos, carpetas y discos con otros usuarios

▶ Compartir de forma remota

. . . .

¿Alguna vez ha querido tomar un archivo de su Mac mientras se encuentra haciendo un viaje alrededor del mundo o, incluso, a la vuelta de la esquina? Si es así, tengo buenas noticias para usted: No es difícil hacerlo con Mac OS X (aunque usted no lo crea), aún cuando el trabajo en redes de computadoras, en general, tiene una reputación, bien merecida, de ser complicada y poner los nervios de punta. La verdad es que no encontrará nada que asuste o sea complicado en el uso compartido de archivos, carpetas y discos (e impresoras, para dicho caso) entre computadoras, siempre que éstas sean Macintosh. Y si algunas de las computadoras están ejecutando Windows, Mac OS X Leopard lo hace de forma (casi) imperceptible. Su Macintosh incluye todo lo que necesita para compartir archivos e impresoras — todo, es decir, excepto las impresoras y los cables (y tal vez un hub). Así que éste es el trato: Usted pone el hardware y este capítulo le proporciona el resto. Y cuando ya lo haya conectado todo, puede tomarse un descanso.

Las primeras secciones de este capítulo le proporcionan información general y le dan todas las indicaciones que necesita saber para configurar nuevas cuentas de usuarios y compartir archivos de forma exitosa. No le muestro cómo compartir un archivo, una carpeta o un disco, hasta la sección "Conectarse a un disco o carpeta compartida en una Mac remota", que se encuentra más adelante en esta sección. Créame, existe un método para mi locura. Si intenta compartir archivos sin realizar todo el trabajo de preparación requerido, todo se vuelve confuso y complicado — como trabajar en una red de computadoras con Windows.

Una última cosa: Si usted es la única persona que utiliza su Mac, no pretende compartir ésta o sus archivos con alguien más, y pretende que nunca va a acceder a su Mac desde otra computadora que se encuentra en un lugar diferente, puede omitir sin problemas todo este capítulo, si lo desea.

Redes y Uso Compartido de Archivos

El uso compartido de archivos en Macintosh le permite utilizar archivos, carpetas y discos desde otras Mac en una red — cualquier red, incluso la Internet — de forma tan fácil como si estuviera en su propio disco duro local. Si tiene más de una computadora, el uso compartido de archivos es una bendición. Es fácil y mucho mejor que SneakerNet.

Antes de iniciar y realmente compartir, permítame presentarle algunos términos necesarios:

- **Red:** Para propósitos de este capítulo, una *red* es dos o más Mac conectadas por medio de cables Ethernet, red inalámbrica AirPort o cables FireWire (que son el tipo menos común de conexión de red).

- **Ethernet:** Un protocolo de red y un esquema de cableado que le permiten conectar dos o más computadoras para que puedan compartir archivos, discos, impresoras, o cualquier otro equipo.

- **Puertos Ethernet:** Cuando conecta un cable Ethernet a su Mac.

  Tenga cuidado. En su Mac y en su impresora los puertos Ethernet parecen enchufes para teléfono, y los conectores en los extremos de un cable Ethernet se parecen mucho a los conectores de cable para teléfono. Pero no es lo mismo. Los cables Ethernet usualmente son más gruesos y los conectores (conectores RJ-45) son un poco más largos que los conectores RJ-11 que se utilizan con los teléfonos. (Vea ejemplos de ambos tipos de puertos en el margen). Cuando conecta un cable Ethernet en su Mac, no lo puede colocar en su puerto para módem RJ-11 (y no debe intentarlo). Los cables de teléfono estándar se ajustan (aunque flojos) en los puertos de Ethernet, pero tampoco debe intentarlo — probablemente se caerán con la más ligera vibración. Es poco probable que alguno de estos errores cause algún daño permanente, pero no funcionará y puede frustrarlo.

- **Dispositivos locales:** Los dispositivos que están conectados directamente a sus computadoras, como las unidades de disco duro y las unidades ópticas. Su unidad de disco duro interno, por ejemplo, es un dispositivo local.

- **Dispositivos remotos:** Los dispositivos a los que usted accede (comparte) en la red. La unidad de disco duro de una computadora que se encuentra en la habitación de al lado, por ejemplo, es un dispositivo remoto.

✔ **Protocolos:** Tipos de lenguajes que hablan las redes. Cuando lee o escucha acerca de las redes, probablemente escuchará las palabras *AppleTalk, EtherTalk* (o *Ethernet*), *SMB* y *TCP/IP* con gran regularidad. Todos estos son protocolos. Las Mac pueden hablar distintos protocolos, pero cada dispositivo (Mac o impresora) en una red debe hablar el mismo protocolo al mismo tiempo para poder comunicarse.

Existe soporte para el protocolo TCP/IP en cada Mac. Su Mac incluye todo el software que necesita para configurar una red TCP/IP. El hardware que debe proporcionar tiene cables Ethernet y un hub (si tiene más de dos computadoras) o una estación base AirPort. Aquí estoy utilizando *hub* de forma genérica — sus primos más poderosos, los conmutadores y los routers, también funcionan. La estación base AirPort, por cierto, es un miembro de la clase de los routers.

Mac OS X Jaguar añadió compatibilidad con un protocolo llamado Bluetooth y esto se mejoró en Mac OS X Panther y, de nuevo, en Mac OS X Tiger. Bluetooth ofrece conectividad inalámbrica con dispositivos como teléfonos celulares además de otras computadoras. Sin embargo, sólo funciona en rangos estrechos y a velocidades más bajas que Ethernet o AirPort. A diferencia de TCP/IP, la compatibilidad con Bluetooth no se incluye en todas las Mac como equipo estándar. Usted puede pedir compatibilidad con Bluetooth como una opción que se puede pedir en muchas Mac, o puede utilizar un adaptador USB, conocido como *dongle*, en las Mac que no ofrecen compatibilidad integrada para Bluetooth. La conclusión es que a pesar de que puede utilizar Bluetooth para trabajar en red con las Mac, debido a su velocidad lenta y a su rango estrecho, limito el resto de mi discusión al protocolo que todos los usuarios de Mac OS X ya tienen en sus Mac — TCP/IP.

Compartir archivos es más fácil con Bonjour

Tal vez todo lo que usted desea hacer es compartir ocasionalmente un archivo (no necesariamente una impresora o una conexión de Internet en casa o una carpeta de archivos de música o fotos). En ese caso, revise *Bonjour*, anteriormente conocido como Rendezvous. Es un protocolo de red relativamente nuevo que no necesita configuración y hace que el trabajo en red con la Mac sea sencillo. Si dos dispositivos (y esto incluye a todas las Mac que ejecutan Mac OS X Jaguar o posterior) se comunican con Bonjour, no tiene que realizar *ninguna* configuración, sólo tiene que activar la capacidad de compartir, como lo explico en "Configurar el uso compartido de archivos," más adelante en este capítulo. Bonjour solicita a los otros dispositivos disponibles en la red que revisen los servicios con los que son compatibles y, luego, automáticamente configura las conexiones. ¡Qué bien!

Retrato de una red de oficina pequeña

Una red Mac de oficina pequeña típica consiste de dos Macintosh, un hub Ethernet y una impresora de red (usualmente una impresora láser, aunque las impresoras de inyección de tinta en red se están volviendo más comunes). Revise la Figura 15-1 para ver la configuración de una red Ethernet simple. En la Figura, las líneas negras entre los dispositivos son cables Ethernet; el dispositivo rectangular con esos cables es un hub. (Le hablaré más acerca de cables y hubs en la sección "Tres formas de crear una red", más adelante en este capítulo). Necesita suficiente cable Ethernet para conectar todos sus dispositivos.

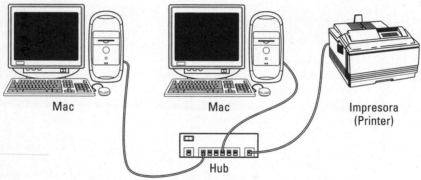

Figura 15-1:
Dos Mac y una impresora forman una red Ethernet Mac simple.

Mac   Mac   Impresora (Printer)

Hub

Con la configuración que se muestra en la Figura 15-1, cualquiera de las dos Mac puede utilizar los archivos de la otra y ambas pueden imprimir en la misma impresora.

Si usted tiene una conexión de Internet de banda ancha, también puede conectar el cable o módem DSL al hub, para que todos los usuarios de Mac en la red puedan compartir la conexión de Internet.

Una red puede — y frecuentemente lo hace — tener docenas o centenas de usuarios. Sin importar si su red tiene 2 nodos (máquinas) ó 2,000, los principios y las técnicas de este capítulo aplican.

Tres formas de crear una red

En este capítulo, asumo que está trabajando en una red pequeña, el tipo que típicamente se encuentra en una casa o en un negocio pequeño. Si usted es parte de una red de una corporación megamonstruosa y tiene dudas sobre su red particular, comuníquese con el PIC (*persona a cargo,* también conocida como *administrador de red*). Si está intentando crear una de estas mega redes, usted necesita un libro mucho más grueso y más difícil de entender que éste.

La siguiente lista le proporciona tres formas comunes de construir una red moderna:

✔ **AirPort:** Si todas sus Mac están equipadas con tarjetas inalámbricas AirPort y usted tiene AirPort o AirPort Extreme Base Station, no necesita ningún cable. Sólo enchufe la estación base y las Mac que tienen tarjetas AirPort se pueden comunicar entre ellas. Si utiliza una impresora Ethernet (conectada a su Mac por medio de un cable Ethernet), debe conectarla a la estación base antes de poder imprimir desde las Mac inalámbricas. Tanto la estación base como la impresora cuentan con puertos Ethernet, así que puede utilizar un cable cruzado para hacer la conexión.

Aunque esta configuración es más cara que los cables Ethernet y un hub, también es más flexible, ya que puede mover sus dispositivos a cualquier lugar. (Bueno, casi cualquier lugar; está limitado a un máximo de 150–200 pies de cada estación base, y eso es asumiendo que no hay absolutamente nada que interfiera con su señal. Su cantidad de millas puede — y probablemente lo hará — variar).

Para obtener mayor información sobre redes inalámbricas, revise la página Web de Apple AirPort Extreme en www.apple.com/airportextreme. También puede revisar *Airport and Mac Wireless Networking For Dummies,* de Michael E. Cohen (Wiley).

✔ **Ethernet pequeño:** Si sólo tiene dos dispositivos en red (dos Mac o una Mac y una impresora Ethernet, en la mayoría de los casos), usted puede utilizar un cable Ethernet para conectarlos directamente entre ellos por medio de los puertos Ethernet. Usted puede comprar un cable Ethernet en su tienda de electrónicos local. *Nota:* Algunas Mac viejas pueden requerir que utilice un tipo especial de cable Ethernet conocido como cable cruzado.

Conecte un extremo del cable Ethernet en un dispositivo y el otro extremo en el otro dispositivo. Si no funciona y una de las Mac tiene más de algunos cuantos años, intente con un cable cruzado.

Un cable cruzado de Ethernet *no* funciona con un hub (según se explica en la barra lateral "¿Cruzar o no?"). Por lo tanto, si compra un cable cruzado, rotule de forma clara como cable cruzado, ya que se ve igual que un cable de Ethernet regular y no se querrá confundir.

✔ **Ethernet tradicional:** Todas las Mac modernas tienen un puerto Ethernet. Para conectar su Mac a una red necesita cables Ethernet para cada Mac y un pequeño dispositivo llamado *hub.* (Un hub es como el centro de una rueda de carreta; los alambres que salen de él son los "rayos"). Un hub de Ethernet típico incluye dos a ocho puertos Ethernet. Usted enchufa el hub en un tomacorriente eléctrico y luego conecta los cables Ethernet de cada una de sus Mac e impresoras (desde sus puertos Ethernet) hacia el hub. Voilà — red al instante. Los hubs son bastante baratos, el precio puede empezar desde menos de $10. Los cables varían su precio desde unos cuantos dólares, e incrementan en precio según aumenta la longitud y la calidad de los mismos.

¿Cruzar o no?

El tipo de cable Ethernet requerido para conectar dos Mac sin un hub o algún otro dispositivo intermedio ha cambiado. En los viejos tiempos usted definitivamente debería tener un cable cruzado, o las Mac no hubieran sido capaces de verse entre ellas.

La regla básica siempre ha sido que para conectar dos Mac usted tiene que utilizar un cable cruzado. Y si usted tenía un hub o un router o algún otro dispositivo intermedio, tenía que utilizar cables de Ethernet regulares.

En estos días eso ya no es tan cierto, porque muchas Mac construidas en los últimos años — y todas las Mac que se venden en la actualidad — tienen un Ethernet nuevo y mejorado que puede determinar el tipo de cable (regular o cruzado) que está utilizando y, automáticamente, se ajusta para que los cables funcionen de forma apropiada.

En estos días puede que encuentre una de tres posibilidades: Si desea conectar dos Mac viejas, necesita un cable cruzado. Si desea conectar una Mac vieja con una Mac más nueva, puede que necesite un cable cruzado. Y, si desea conectar dos Mac más actualizadas, puede utilizar un cable Ethernet regular o un cable cruzado.

Cuando tenga duda, revise Mac OS Help (Ayuda Mac OS) en el menú Help (Ayuda) (pulse ⌘+Shift+?).

Para cada una de estas configuraciones, si tiene un módem o un DSL (Digital Subscriber Line - Línea Digital Abonada), como su conexión de Internet, puede que necesite un router o un conmutador en lugar de un hub. Los routers y los conmutadores son similares a los hubs, pero son un poco más caros y tienen características adicionales que puede o no necesitar. Su ISP puede decirle si necesitará uno. Si le es de algún valor, yo tengo un módem DSL, pero funciona bien con un hub barato.

Configurar el Uso Compartido de Archivos

Antes que esté en el meollo de compartir archivos, debe completar algunas tareas de mantenimiento, como activar el tipo apropiado de compartir archivos.

Siga estos pasos para hacerlo:

1. **Desde el menú , seleccione System Preferences (Preferencias del sistema) y luego haga clic sobre el ícono Sharing (Compartir).**

   Aparece el panel Sharing System Preferences (Preferencias del sistema de archivos compartidos). El nombre largo del usuario de la primera cuenta Admin que se creó en esta computadora aparece en el campo Computer Name (Nombre de la computadora) por omisión.

2. Si desea cambiar el nombre de su computadora del que Leopard decidió a algo más personal, hágalo ahora en el campo de texto Computer Name (Nombre de computadora) que se encuentra en la parte superior del panel Sharing (Compartir).

En la Figura 15-2, usted puede ver que a la mía la nombré `MacBookPro`. Usted puede darle el nombre que le guste a la suya.

Figura 15-2:
Activar y desactivar compartir archivos personales.

3. Seleccione el cuadro File Sharing (Compartir Archivos).

Ahora otros usuarios en su red pueden acceder archivos y carpetas en su computadora, como lo puede ver más adelante en este capítulo.

4. Active el acceso a los usuarios al hacer clic en el botón de radio Folders (Carpetas) o Users (Usuarios) y, luego, haga clic en la carpeta o usuario con el que desea trabajar.

En la Figura 15-2, la carpeta con la que estoy trabajando es mi carpeta de inicio (bobl). He utilizado los menús emergentes que se encuentran a la derecha de cada nombre de usuario para obtener acceso de lectura y escritura y para darle a todos los demás acceso de sólo escritura. Así puedo acceder a mi carpeta Home (Inicio) desde cualquier Mac en mi red local, como lo verá en un momento.

Para escoger un usuario o carpeta distinta con la cual trabajar, haga clic en el nombre del usuario en las listas de Shared Folders (Carpetas compartidas) o Users (Usuarios). Si la carpeta o la persona no aparece en la lista, haga clic en el botón + que se encuentra debajo de la lista y añada la carpeta o la persona.

Compartir con TCP/IP

Aunque usted no tiene que saber de TCP/IP para configurar su red, cuando selecciona el cuadro FTP Access (Acceso FTP) o el cuadro Windows File Sharing (Compartir archivos de Windows) en la ficha Services (Servicios) del cuadro de diálogo Sharing (Compartir), realmente está activando el acceso TCP/IP a esta computadora. *TCP/IP* es el protocolo de red que utiliza Mac OS X Leopard para compartir archivos. Habilita las Mac, las PC y otras computadoras para comunicarse entre ellas (algunas veces, pero no siempre, por medio de Internet), incluso si están ejecutando distintos sistemas operativos. TCP/IP siempre está activo, así que usted no tiene que hacer nada más acerca de esto.

Las computadoras se conectan entre ellas por medio de un sistema de direccionamiento en base a números (*una dirección IP*), que es estándar en todo el mundo. Usted puede (y la mayoría de compañías grandes lo hacen) utilizar este sistema para comunicarse en las oficinas y dentro de la Internet.

Si necesita saber más de lo que le he dicho aquí acerca del uso de TCP/IP para conectarse a computadoras en su red, comuníquese con el administrador del sistema o con el técnico a cargo de estas cosas en el lugar en donde trabaja. También, entro un poco más a detalle sobre TCP/IP en la sección "Conectarse a un disco o carpeta compartida en una Mac remota", más adelante en este capítulo, en donde podrá leer cómo utilizarlo para conectarse a una Mac o a otro servidor que ejecuta este protocolo.

5. **(Opcional) Si desea que usuarios remotos (es decir, en la Internet, no en su red de área local) puedan utilizar FTP (File Transfer Protocol - Protocolo de Transferencia de Archivos), AFP (Apple File Protocol - Protocolo de Archivos Apple) o un programa cliente Samba o SMB (Server Message Block - Bloque de Mensajes para Servidores) (en lugar de utilizar el uso compartido de archivos en otra Mac) para cargar y descargar archivos hacia y desde esta computadora, haga clic en el botón Advanced (Avanzado) y luego seleccione alguno o todos los archivos y carpetas compartidas utilizando los cuadros AFP, FTP o SMB.**

Si desea activar los usuarios de Windows o Linux — o usuarios de otros sistemas operativos — para que puedan compartir archivos con usted, se debe seleccionar el cuadro de FTP o el de SMB.

Otros usuarios de Mac pueden utilizar un cliente FTP para acceder a su Mac, pero probablemente querrán usar archivos compartidos, ya que es más fácil.

Existen riesgos al permitir acceso FTP. Sugiero firmemente que se dirija al sitio Web de Apple (www.apple.com) y lea sobre estos riesgos antes de activar esta característica.

6. **(Opcional) Los usuarios de Windows también pueden compartir archivos si selecciona el cuadro de Windows File Sharing (Compartir Archivos de Windows) en el panel Services (Servicios) de la ficha Sharing (Compartir).**

   Esta característica elimina casi todo el problema de trabajar con personas que utilizan los sistemas Windows de Microsoft.

7. **Seleccione el cuadro On (Sí) (en la columna más a la izquierda) para cada cuenta que desee activar para que utilice estos protocolos cuando acceda a su Mac.**

8. **Haga clic en el botón en forma de gomita Close (Cerrar) cuando haya terminado y luego proceda a la sección "Acceso y permisos: Quién puede hacer qué", que se encuentra más adelante en este capítulo, para continuar con la configuración de su red.**

Acceso y Permisos: Quién Puede Hacer Qué

Después de que configura el uso compartido de archivos (como explico en la sección precedente), su siguiente paso en el camino a compartir archivos en una red es decirle a su Mac quién tiene permiso para ver y acceder a carpetas específicas. La misma información es también útil si comparte su computadora con otros usuarios. Afortunadamente para usted, es exactamente lo que cubro en las siguientes secciones.

Usuarios y grupos e invitados

Archivos compartidos en Macintosh (y por lo tanto, también Mac OS X) se basa en el concepto de usuarios. Usted puede compartir ítems — como unidades o carpetas — sin usuarios, un usuario o muchos usuarios, lo que depende de sus necesidades.

✔ **Usuarios:** Las personas que comparten carpetas y unidades (en su Mac) son *usuarios*. El acceso de un usuario a los ítems de su unidad de disco duro local queda completamente a su discreción. Usted puede configurar su Mac, de tal forma que sólo usted puede acceder a sus carpetas y unidades o, de tal forma, que sólo otra persona (o todos) pueda compartir sus carpetas y unidades.

   Cuando configuró por primera vez su Mac, usted creó su primer usuario. Este usuario automáticamente tiene poderes administrativos, como añadir más usuarios, cambiar preferencias y tener permiso para ver todas las carpetas en el disco duro.

Para propósitos de este libro, asumo que algunos usuarios para quienes creó identidades no son personas que realmente se sientan en frente de su Mac, sino aquellos que se conectan a ella solamente desde un lugar remoto cuando necesitan proporcionar u obtener archivos. Pero *pueden* utilizar el mismo nombre y contraseña para iniciar sesión cuando están sentados en su escritorio.

Para fines prácticos, un usuario remoto y un usuario local son lo mismo. En otras palabras, después de crear una cuenta para un usuario, ese usuario puede acceder a esta Mac mientras se encuentra sentado en la silla de su oficina, desde cualquier lugar en su red de área local por medio de Ethernet, o desde cualquier lugar en el mundo por medio de Internet.

✔ **Usuarios administrativos:** Aunque el análisis completo sobre los permisos especiales que un usuario con permisos de administrador tiene sobre una Mac que ejecuta Mac OS X va mucho más allá de los alcances de este libro, observe dos cosas importantes:

- Al primer usuario que se creó (usualmente cuando usted instala OS X por la primera vez) automáticamente se le otorgan poderes de administrador (admin).

- Sólo un administrador puede crear nuevos usuarios, eliminar algunos (pero, no todos) archivos de las carpetas que no pertenecen a la carpeta Home (Inicio) de él o ella, bloquear o desbloquear los paneles System Preferences (Preferencias del Sistema) y algunas otras cosas más. Si usted intenta algo y no funciona, asegúrese de haber accedido al sistema como un usuario con permisos admin.

Para darle a cualquier usuario permisos de administrador seleccione la cuenta de ese usuario en el panel Accounts System Preferences (Preferencias del sistema de cuentas), haga clic en la ficha Password (Contraseña) y, luego, seleccione el cuadro Allow User to Administer (Permitir que el usuario administre). Usted puede marcar este cuadro cuando crea la cuenta del usuario o más adelante.

✔ **Grupos:** *Grupos* son las designaciones a nivel UNIX para consolidación de privilegios. Por ejemplo, están los grupos `staff` (`personal`) y `wheel` (`rueda`) (al igual que muchos otros). Un usuario puede ser miembro de varios grupos. Por ejemplo, su cuenta principal está en los grupos `wheel` (`rueda`) y `admin` (`administración`) (y en otros, también). No se preocupe — pronto aprenderá más acerca de los grupos.

✔ **Invitados:** Hay dos tipos de invitados. El primer tipo les permite a sus amigos acceder a su Mac cuando se encuentran sentados frente a su escritorio sin una cuenta de usuario o una contraseña. Cuando los invitados salen de la sesión, toda la información y los archivos en la carpeta Home (Inicio) de la cuenta del usuario se eliminan automáticamente.

Si usted desea este tipo de cuenta de invitado, debe activar Guest Account (Cuenta de invitado) en el panel Accounts System Preferences (Preferencias del sistema de cuentas).

El segundo tipo de invitado es aquella persona que accede a las carpetas Public (Archivos públicos) en su Mac por medio de compartir archivos en la red de área local o la Internet. No necesitan un nombre de usuario o una contraseña. Si están en su red local, ellos pueden ver y utilizar su(s) carpeta(s) Public (Archivos pública), al menos que usted o el propietario de la carpeta Public (Archivos públicos) haya alterado los permisos en una o más de las carpetas Public (Archivos públicos). Si están en la Internet y conocen su dirección IP, pueden ver y utilizar su(s) carpeta(s) públicas. Las carpetas Public (Archivos públicos) son todas aquellas a las que pueden acceder los invitados, afortunadamente.

Usted no tiene que hacer nada para activar este tipo de cuenta de invitado.

Crear usuarios

Antes de que los usuarios puedan compartir carpetas y unidades (o tener sus propias cuentas en su computadora, en todo caso), deben tener una cuenta en su Mac. Puede crear dos tipos distintos de cuentas para ellos — User Account (Cuenta de usuario) o Sharing Account (Cuenta compartida).

✔ **Cuando usted crea User Account (Cuenta de usuario)** para una persona (yo le llamo a dicha persona y cuenta *User 1 [Usuario 1])*, la cuenta tiene su propia carpeta Home (Inicio) (llamada — ¿qué más? — User 1 [Usuario 1]), que tiene archivos del Usuario 1. Nadie, sólo User 1 (Usuario 1), puede acceder a los archivos en su carpeta Home (Inicio), al menos que, por supuesto, User 1 (Usuario 1) le haya proporcionado a alguien más el nombre de la cuenta y la contraseña.

✔ **Cuando crea Sharing Account (Cuenta compartida)** para una persona (yo les llamo a dicha persona y cuenta *Sharing 1(Compartida 1)*. La persona que utiliza dicha cuenta no tiene una carpeta Home (Inicio) y no puede acceder a las carpetas Home (Inicio) de otros usuarios. Sharing 1 (Compartida 1) sólo puede acceder a las carpetas públicas que se encuentran dentro de todas las carpetas Home (Inicio) en esa Mac.

Usted puede crear una nueva cuenta de usuario solamente en el panel Accounts System Preferences (Preferencias del sistema de cuentas). Usted puede crear una cuenta compartida en los paneles Accounts (Cuentas) o Sharing System Preferences (Preferencias del sistema compartido).

Cuando hace clic en el botón + debajo de la lista de usuarios en el panel Sharing System Preferences (Preferencias del sistema compartido) y escoge un contacto en su directorio (lo opuesto de escoger una cuenta de usuario existente), usted crea una cuenta compartida para dicha persona.

Los invitados remotos (LAN o Internet) pueden acceder a su(s) carpeta(s) públicas — pero no a otras carpetas — sin tener ninguno de los tipos de cuenta de usuario.

Para acceder remotamente a los archivos en su Mac, un usuario necesita una cuenta compartida en su computadora. En otras palabras, al darle a un usuario acceso a ciertas carpetas en su sistema significa que el usuario también tiene carpetas de él o ella en la Mac. Cuando añade (crea) un usuario, debe indicarle a su Mac quien es esta persona. En este momento también se deben crear las contraseñas y los poderes administrativos para este nuevo usuario. Aquí están las indicaciones:

1. **Desde el menú , seleccione System Preferences (Preferencias del sistema) (o haga clic en el ícono System Preferences [Preferencias del sistema] en el acoplador), haga clic en el ícono Accounts (Cuentas) y luego asegúrese que esté seleccionada la ficha Password (Contraseña).**

   Aparece el panel Accounts System Preferences (Preferencias del sistema de cuentas). En este panel (que aparece en la Figura 15-3), usted puede ver el nombre del primer usuario (Bob LeVitus) y el control administrativo que tiene permitido este usuario. (Note que está seleccionado el cuadro Allow User to Administer This Computer [Permitir a usuario administrar esta computadora]).

   Como lo mencioné anteriormente, el primer usuario creado (usualmente el mismo tiempo que instaló OS X) siempre tiene permisos de administrador.

Figura 15-3: El panel Accounts System Preferences (Preferencias del sistema de cuentas) muestra quién puede utilizar esta Mac.

2. **Haga clic en el botón + que se encuentra debajo de la lista de usuarios.**

   Aparece una hoja en la cual usted introduce la información del nuevo usuario.

   Si el botón + está atenuado, primero debe hacer clic en el candado (parte inferior izquierda), proporcionar un nombre de administrador y una contraseña en el cuadro de diálogo resultante, luego haga clic en OK.

3. **Escoja Standard (Estándar) en el menú Type (Tipo) en la parte superior de la hoja.**

4. **En el cuadro de texto Name (Nombre), escriba el nombre completo de un usuario que quiera añadir.**

   En el cuadro de texto Short Name (Nombre Corto), su Mac inserta un nombre abreviado sugerido (o *nombre corto*, como se le llama). Revise la Figura 15-4, para ver ambos.

   En la Figura 15-4, añadí a `Steven P. Jobs` como usuario, al escribir el nombre completo en el campo Name (Nombre). Usted no tiene que teclear exactamente el nombre completo del usuario, pero yo lo hice en este ejemplo para mostrar la diferencia entre el nombre y el nombre corto.

5. **Presione la tecla Tab para moverse al siguiente campo.**

   Mac OS X sugiere una versión abreviada del nombre en el campo Short Name (Nombre Corto) (como aparece en la Figura 15-4).

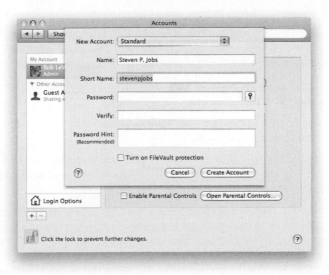

Figura 15-4:
Coloque el nombre del nuevo usuario. Su Mac sugiere un nombre corto.

Debido a que este Steve es el único por estos rumbos, cambié el nombre corto sugerido de `stevenpjobs` a sólo `steve`, el cual es más corto que el nombre corto recomendado por Mac OS X. (En otras palabras), yo escribí **steve,** en el campo del nombre corto y reemplacé el sugerido `stevenpjobs`).

El nombre de la carpeta de cada usuario (en la carpeta Users [Usuarios]) se toma del nombre corto que ingresó cuando creó al usuario.

Los usuarios se pueden conectar a su Mac (o iniciar sesión en sus propias Mac) con el nombre corto en lugar de tener que teclear sus nombres completos. El nombre corto también se utiliza en ambientes en los cuales los nombres de los usuarios no tienen espacios y están limitados a ocho o menos caracteres. Aunque OS X Leopard permite nombres de usuarios más largos (pero sin espacios), puede que sea mejor que mantenga su nombre corto con menos de ocho caracteres, por cualquier caso.

Asegúrese de estar satisfecho con el nombre corto que escogió — no existe ninguna forma fácil de cambiarlo después que creó la cuenta.

6. **Con la tecla Tab cambie al campo New Password (Nueva Contraseña) e ingrese una contraseña inicial para este usuario.**

   Si le hace clic al pequeño botón cuadrado que tiene la llave y que está a la derecha del campo Password (Contraseña), aparece Password Assistant (Asistente de contraseñas). Usted puede utilizar Password Assistant (Asistente de Contraseñas) para ayudar a generar una contraseña que debería ser bastante fácil de recordar para el usuario, pero difícil de descifrar para un programa pirata o para cumplir con otros requisitos.

   Para hacer su contraseña todavía más difícil de adivinar o descubrir, seleccione Random (Aleatorio) o FIPS-181 del menú emergente Type (Tipo) de Password Assistant (Asistente de contraseñas).

7. **Pulse la tecla de tabulador para mover su cursor al campo de texto Verify (Verificar).**

8. **En el cuadro de texto Verify (Verificar), introduzca de nuevo la contraseña para verificarla.**

9. **(Opcional) Para ayudar a recordar una contraseña, escriba algo en el cuadro de texto Password Hint (Referencia de contraseña) para agilizar la memoria del usuario.**

   Si un usuario olvida su contraseña y pide una referencia, aparece el texto que escribió en el campo Password Hint (Referencia de contraseña), por lo que cabe esperar que el usuario exclame, "Ah, sí" . . . ¡*ahora* recuerdo!" Una referencia de contraseña debe ser algo bastante sencillo como para que esté en la memoria, pero no tan simple como para que una persona sin autorización pueda adivinar. Tal vez algo como "El nombre al revés de su primer osito", podría ser una buena referencia.

10. **Haga clic en Create Account (Crear Cuenta).**

    La hoja se cierra y lo regresa al panel Password (Contraseña).

11. **(Opcional) Seleccione el cuadro Turn on FileVault Protection (Activar protección FileVault) si desea encriptar la carpeta Home (Inicio) de este usuario con FileVault.**

    Puede encontrar más información sobre seguridad FileVault en el Capítulo 17.

    Hay varias implicaciones resultantes al activar FileVault. Firmemente recomiendo que lea cada palabra acerca de FileVault en el Capítulo 17 antes de considerar su activación.

12. **Haga clic en el botón Create Account (Crear Cuenta) para crear la cuenta.**

    La hoja desaparece y el nuevo usuario ahora aparece en la lista Users (Usuarios) del panel Accounts System Preferences (Preferencias del sistema de cuentas).

13. **(Opcional) Haga clic en la imagen de la cuenta, que se encuentra al lado izquierdo de los campos Name (Nombre) y Short Name (Nombre corto) y seleccione una diferente.**

    Mac OS X sugiere una imagen de su colección por omisión para cada cuenta, pero usted puede seleccionar una diferente en la mini ventana emergente que se muestra en la Figura 15-5, arrastrar una desde el Finder (o iPhoto), o tomar una foto con una cámara conectada o integrada (como una iSight) al elegir Edit Picture (Editar Imagen).

Figura 15-5: Seleccionar una imagen distinta para el usuario seleccionado.

14. **(Opcional) Teclee el nombre de usuario .Mac del usuario.**

Cambiar un usuario

Las circunstancias puede que dicten que debe cambiar la identidad, contraseña o accesibilidad de un usuario, o probablemente, eliminar un usuario. Siga estos pasos para cambiar el nombre, contraseña o permisos de administración de un usuario.

1. **Desde el menú , seleccione System Preferences (Preferencias del sistema) (o haga clic en el ícono System Preferences [Preferencias del sistema] en el acoplador).**

   Aparece la ventana System Preferences (Preferencias del sistema).

2. **En la ventana System Preferences (Preferencias del sistema), haga clic en el ícono Accounts (Cuentas).**

   Aparece el panel Accounts System Preferences (Preferencias del sistema de cuentas).

3. **Si el ícono del candado que se encuentra en la parte inferior de la ventana está cerrado, usted tiene que hacer clic en él y proporcionar una contraseña de administrador antes de que pueda proceder.**

4. **Seleccione el nombre del usuario en la lista de cuentas.**

   Aparece la información para dicha persona.

5. **Realice sus cambios seleccionando el nombre del usuario existente y luego, reemplazando el viejo texto con el nuevo o un diferente ajuste.**

   • Si desea cambiar la contraseña, haga clic en el botón Reset Password (Reiniciar contraseña) y realice sus cambios en la hoja que aparece.

   • Para cambiar la imagen u otra característica, haga clic en el cuadro Picture (Imagen), Login Options (Opciones de inicio de sesión), Allow User to Administer This Computer (Permitir que el usuario administre esta computadora) o Enable Parental Control (Activar control de padres) (en un momento encontrará una explicación un poco más amplia) y realice los cambios apropiados.

   Para cambiar un usuario, debe estar dentro del sistema con una cuenta que tenga poderes de administrador.

6. **Salga de la aplicación System Preferences (Preferencias del sistema) o seleccione un panel distinto de System Preferences (Preferencias del sistema).**

   Sus cambios se guardan cuando sale del panel Accounts (Cuentas).

Eliminar un usuario

Para eliminar un usuario — vigente, y así denegarle el acceso a ese usuario a su Mac — seleccione el usuario que desea eliminar en la lista de cuentas y haga clic en el botón –. Se le pedirá que confirme si realmente desea eliminar a dicho usuario. Haga clic en OK para eliminar al usuario, pero, a la vez, guardar los archivos de la carpeta Home (Inicio) del usuario en la carpeta Deleted Users (Usuarios eliminados) o haga clic en Delete Immediately (Eliminar inmediatamente) para eliminar al usuario *y* su carpeta Home (Inicio).

Para eliminar un usuario de su Mac, debe estar dentro del sistema con una cuenta que tenga permisos de administrador. Cuando usted elimina al usuario, los archivos y las carpetas que eran del usuario se almacenan en la carpeta Deleted Users (Usuarios eliminados) en un archivo de imagen en disco.

Limitar las capacidades de un usuario

Algunas veces — especialmente con niños pequeños o miembros de la familia aficionados a la computadora — usted desea limitar lo que pueden acceder los usuarios. Por ejemplo, puede que desee dejar ciertos programas fuera de límites. Usted puede hacer esto al hacer clic en el botón Parental Controls (Control de padres) en el panel Accounts System Preferences (Preferencias del sistema de cuentas).

1. **Desde el menú , seleccione System Preferences (Preferencias del sistema) (o haga clic en el ícono System Preferences [Preferencias del sistema] en el acoplador).**

   Aparece la ventana System Preferences (Preferencias del sistema).

2. **En la ventana System Preferences (Preferencias del sistema), haga clic en el ícono Accounts (Cuentas).**

   Aparece el panel Accounts System Preferences (Preferencias del sistema de cuentas).

3. **Haga clic en el nombre del usuario seleccionado, haga clic en el cuadro Enable Parental Controls (Activar control de padres) y luego, haga clic en el botón Open Parental Controls (Abrir control de padres).**

   Aparecen las fichas del control de padres para esa persona, según aparece en la Figura 15-6.

   Usted no puede aplicar el control de padres a una cuenta que tiene permisos de administrador.

Figura 15-6:
Usted
puede
controlar el
acceso a
una cuenta
en cinco
categorías.

4. **Seleccione el cuadro que corresponde a una característica del usuario que desea restringir.**

   - *Sistema:* Determine las aplicaciones a las que el usuario puede acceder. Ajuste si puede imprimir, quemar discos ópticos, modificar el Dock (Acoplador) o acceder a System Preferences (Preferencias del sistema). También determine si está restringida a una interfaz Finder muy limitada y simplificada.

   - *Contenido:* Oculte profanidad en el diccionario y acceso de control a sitios Web.

   - *Correo y iChat:* Proporcione una lista de quiénes se pueden comunicar por medio de iChat y Mail (correo). Esta opción también le permite notificarle a alguien (usualmente a usted) cuando el usuario intenta intercambiar correo electrónico con un contacto que no está en la lista aprobada.

   - *Límites de tiempo:* Ajuste los límites de tiempo para los días laborales y los fines de semana y prevenga el acceso a esta computadora durante horas específicas por las noches de escuela y los fines de semana.

   - *Registros:* Supervise los sitios Web que se visitaron, los sitios Web bloqueados, las aplicaciones utilizadas y la actividad de chateo.

Para cambiar cualquiera de estos ítems, usted debe acceder utilizando una cuenta que tenga poderes de administrador, y la cuenta que está modificando no puede tener poderes de administrador.

5. **Salga de la aplicación System Preferences (Preferencias del sistema) o seleccione un panel distinto de System Preferences (Preferencias del sistema).**

Sus cambios se guardan cuando sale del panel Accounts (Cuentas).

Otra forma de ajustar o cambiar Parental Controls (Control de padres) es hacer clic en el ícono Parental Controls (Control de padres) en la aplicación System Preferences (Preferencias del sistema) (en lugar de Accounts [Cuentas]).

Mac OS X conoce mejor: Carpetas que se comparten por omisión

Cuando usted añade usuarios en el panel Accounts System Preferences (Preferencias del sistema de cuentas), como lo describí anteriormente, Mac OS X automáticamente hace dos cosas tras bambalinas para facilitar el uso compartido de archivos: Crea un grupo de carpetas y hace que algunas de ellas queden disponibles para que puedan compartirse.

Cada vez que añade un usuario, Mac OS X crea una jerarquía de carpetas Home (Inicio) para dicho usuario en la Mac. El usuario puede crear más carpetas (si fuera necesario) y también añadir, eliminar o mover cualquier cosa dentro de estas carpetas. Incluso si usted crea una cuenta de usuario solamente para permitirle a esta persona intercambiar archivos con usted, su Mac automáticamente crea una carpeta Home (Inicio) para dicho usuario. Al menos que usted, como propietario de su Mac, otorgue el permiso, el usuario no puede ver adentro o utilizar carpetas afuera de la carpeta Home (Inicio) (que tiene el nombre del usuario), con sólo tres excepciones: la carpeta Shared (Archivos compartidos) en la carpeta Users (Usuarios), el nivel superior de las carpetas de otra cuenta de usuario y las carpetas Public (Archivos públicos) y Shared (Archivos compartidos) en todas las otras carpetas de usuario. Una descripción de lo anterior:

✔ **Archivos públicos:** Una carpeta Public (Archivos pública) está localizada dentro de la carpeta de cada usuario. Esa carpeta está configurada para que la pueda acceder (compartir) cualquier usuario que pueda iniciar sesión en la Mac. Además, cualquier usuario puede iniciar sesión (como un invitado) y copiar cosas de esta carpeta, siempre que éste conozca la dirección IP de su Mac, incluso si él no tiene ninguna cuenta en esta Mac. Los archivos dentro de carpeta Public (Archivos pública) se pueden abrir o copiar con libertad.

No es difícil que alguien obtenga su dirección IP. Por ejemplo, cuando visita la mayoría de páginas Web, su dirección IP queda guardada en el archivo de registro de dicho sitio. Así que tenga cuidado con lo que pone en la carpeta Public (Archivos pública), ¿Está bien?

Dentro de la carpeta Public (Archivos pública) de cada usuario aparece una carpeta Drop Box (Buzón). Justo como el nombre lo implica, esta carpeta está en donde otros pueden dejar un archivo o carpeta para usted. Solamente el propietario puede abrir la Drop Box (Buzón) para ver lo que hay adentro o para mover o copiar los archivos en esta carpeta. Imagínese el buzón de la esquina de la calle — después de que usted dejó una carta allí, ya no está, y ya no la puede tener de regreso.

✔ **Archivos compartidos:** Adicionalmente a una carpeta Public (Archivos pública) para cada usuario, Mac OS X crea una carpeta Shared (Archivos compartidos) en cada Mac para todos los usuarios de esta Mac. La carpeta Shared (Archivos compartidos) *no está* disponible para los invitados, pero está disponible para todos los usuarios que tienen una cuenta en esta computadora. Usted encuentra la carpeta Shared (Archivos compartidos) dentro de la carpeta Users (Usuarios) (la misma carpeta en donde encuentra las carpetas de cada usuario). La carpeta Shared (Archivos compartidos) es el lugar correcto en donde colocar las cosas que tal vez quiera usar toda persona que tenga una cuenta en esta Mac. (Si no lo ha hecho todavía, revise mi introducción a la estructura de la carpetas de Mac OS Leopard en el Capítulo 6).

Compartir una carpeta o un disco al ajustar los permisos

Como es de esperarse, los permisos controlan quién puede utilizar cierta carpeta o un determinado disco (o partición), que no sea el disco de arranque.

¿Por qué no puede compartir el disco de arranque? Debido a que Mac OS X no se lo permite. ¿Por qué no? Debido a que contiene el sistema operativo y otras cosas a las que nadie más debería tener acceso.

En el resto de este capítulo, siempre que hablo acerca de *compartir una carpeta,* también me refiero a *compartir discos y particiones del disco, pero no a su disco de arranque* (el cual, cuando analiza esto, no es más que una cantidad de carpetas grandes). ¿Por qué le digo esto? Porque resulta incómodo escribir varias veces "una carpeta o cualquier disco (o partición), que no sea el disco de arranque". Así que, cualquier cosa que diga acerca de compartir una carpeta, también aplica a compartir cualquier disco (o partición), que no sea el disco de arranque. ¿Lo captó?

Usted puede ajustar permisos para

- El propietario de la carpeta
- Un subconjunto de todas las personas que tienen cuentas en la Mac (un grupo)
- Todos aquellos que tengan la dirección de la Mac, ya sea que tengan una cuenta o no (invitados)

Para ayudarle a manejar mejor estas relaciones, a continuación encontrará mayor detalle sobre los permisos, propietarios y grupos.

Contemplar permisos

Cuando usted considera quién puede utilizar cuáles carpetas, hay tres distintos tipos de usuarios en la red. Yo describo cada uno de ellos en esta sección. Luego, en la sección "Ajustes útiles para los permisos", que está más adelante en este capítulo, le muestro cómo compartir carpetas con cada tipo de usuario. Aquí está una rápida introducción a los diferentes tipos de usuarios:

- **Propietario:** El propietario de una carpeta o disco puede cambiar los permisos a dicha carpeta o disco en cualquier momento. El nombre que introduce cuando inicia sesión en su Mac — o el nombre de su carpeta de inicio — es el propietario por omisión de las carpetas y unidades compartidas en dicha máquina. La propiedad se puede ceder (más información sobre esto en la sección "Ajustes útiles para los permisos", más adelante en este capítulo). Incluso si usted es propietario de la Mac, usted no puede cambiar los permisos de una carpeta que pertenece a otro usuario (al menos que tenga UNIX-y y lo haga como `root` (raíz). El propietario debe tener la sesión activa para cambiar permisos en sus carpetas.

  Mac OS X es propietario de muchas de las carpetas afuera de la carpeta Users (usuarios). Si OS X es propietario, puede ver que el sistema es el propietario si selecciona la carpeta y escoge File⇨Get Info (Archivo⇨ Obtener información) (o utiliza la combinación de teclas, ⌘+I), como aparece en la Figura 15-7. Las carpetas que no se encuentra en los directorios User (Usuario), generalmente pertenecen al sistema; casi siempre es una mala idea cambiar los permisos de cualquier carpeta que pertenezca al sistema.

- **Miembro de un grupo:** En los sistemas UNIX, todos los usuarios pertenecen a uno o más *grupos*. El grupo que incluye a todos los que tienen una cuenta con permisos de administrador en su Mac se llama `admin` (admin). Todos los que se encuentran en el grupo `admin` (admin) tienen acceso a las carpetas Shared (Archivos compartidos) y Public (Archivos públicos) en la red, al igual que a cualquier carpeta que el propietario de la misma le haya otorgado el acceso a la carpeta al grupo `admin` (admin).

Figura 15-7:
Mac OS X
(sistema) es
propietario
de esta
carpeta, así
que no
puede
cambiar los
permisos
fácilmente.

Para propósitos de asignar permisos, usted puede crear sus propios grupos de la misma forma que crea una cuenta de usuario: Abra el panel Accounts System Preferences (Preferencias del sistema de cuentas), haga clic en el pequeño signo de más, seleccione Group (grupo) en el menú emergente Type (Tipo), teclee el nombre del grupo y luego, haga clic en el botón Create Group (Crear grupo).

El grupo aparece en la lista de usuarios a la izquierda, y las cuentas elegibles aparecen con cuadros a la derecha, como se muestra en la Figura 15-8.

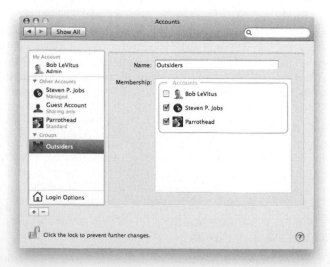

Figura 15-8:
Este grupo,
Outsiders
(Extraños),
contiene
mis cuentas
Parrothead
y Steven
P. Jobs.

✔ **Todos:** Esta categoría es una forma fácil de ajustar los permisos de todos con una cuenta en su Mac al mismo tiempo. A diferencia del grupo admin (admin), que incluye sólo a los usuarios con permisos administrativos, others (otros) incluye, bueno, a todos (todos con una cuenta en esta Mac, así es).

Si quiere que algunas personas tengan acceso a un archivo o una carpeta aunque no tengan una cuenta en esta Mac, dicho archivo o carpeta debe irse a su carpeta Public (Archivos públicos), en donde la gente, que usted quiere que lo vea, pueda acceder como invitado.

Compartir una carpeta

Suponga que tiene una carpeta que desea compartir, pero tiene reglas levemente diferentes que aquellas configuradas para la carpeta Public (Archivos pública), para la carpeta Drop Box (Buzón) dentro de la carpeta Public (Archivos pública) o para sus carpetas personales. Estas reglas son *permisos* y le indican cuánto acceso tiene alguien a sus cosas.

Realmente, las reglas que rigen las carpetas Shared (Archivos compartidos) y Public (Archivos pública) son permisos, también, pero quedan configurados cuando se instala Mac OS X.

Sugiero que comparta sólo carpetas localizadas en su carpeta Home (Inicio) (o una carpeta dentro de ella). Debido a la forma en que Unix funciona, los permisos de Unix de la carpeta incluyente pueden evitar acceso a una carpeta para la cual usted *sí* tiene permisos. Créame, si comparte sólo las carpetas de su carpeta Home (Inicio), nunca se equivocará. Si no lo hace, tome esta advertencia, usted puede terminar con carpetas a las que los otros usuarios no pueden acceder, aunque usted les haya dado los permisos apropiados.

Por cierto, usted puede ajustar permisos para las carpetas dentro de su carpeta Public (Archivos pública) (como la carpeta Drop Box [Buzón]) que son distintas de las del resto que están en la carpeta.

Lo he dicho antes, pero merece repetirse: Siempre que hablo acerca de compartir una carpeta, también significa discos y particiones del disco, pero no su disco de arranque (que usted no puede compartir, y punto). Así que, cualquier cosa que diga acerca de compartir una carpeta, también aplica a compartir cualquier disco (o partición), que no sea el disco de arranque. Aunque usted no puede compartir explícitamente su disco de arranque, cualquier persona con acceso de administrador puede instalarlo para compartir a través de la red (o Internet).

Para compartir una carpeta con otro usuario, siga estos pasos:

1. **Seleccione (con un clic) el ícono de carpeta o de unidad, luego seleccione File⇨Get Info (Archivo⇨Obtener información) (o utilice la combinación de teclas ⌘+I).**

   Se abre la ventana Info (Información) para los ítems seleccionados.

2. **Haga clic en el triángulo a la izquierda del panel Sharing & Permissions (Compartir y permisos) en la parte inferior de la ventana.**

   Aparecen las opciones de permisos, como lo puede ver en la Figura 15-9.

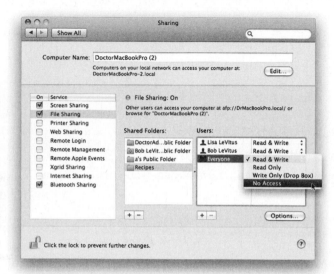

Figura 15-9:
Ajuste aquí los archivos compartidos.

3. **Ajuste los permisos para esta carpeta al utilizar los menús emergentes Name and Privilege (Nombre y privilegio) para controlar el acceso que tiene cada tipo de usuario a la carpeta o unidad compartida.**

   Cuando hace clic en uno de estos menús emergentes, usted ve una lista de nombres y privilegios, como aparece en la Figura 15-10.

   Usted puede escoger entre tres tipos de accesos para cada usuario o grupo, como se muestra en la Tabla 15-1.

   Si usted es el propietario de la carpeta (o tiene acceso de administrador) usted puede hacer clic en el ícono de candado y cambiar el propietario y/o grupo del archivo o carpeta.

Tabla 15-1	Privilegios
Permission (Permiso)	*Lo Que Permite*
Read & Write (Leer y escribir)	Un usuario con acceso Read & Write (Lectura y escritura) puede ver, añadir, eliminar, mover y editar archivos como si estuvieran almacenados en su propia computadora.

Permission (Permiso)	Lo Que Permite
Read Only (Sólo leer)	Un usuario Read Only (sólo lectura) puede ver y utilizar archivos que están almacenados en una carpeta de archivos compartidos, pero no puede añadir, eliminar, mover o editar estos archivos.
Write Only (Drop Box) (Sólo escribir [Buzón])	Los usuarios pueden añadir archivos a esta carpeta, pero no pueden ver lo que hay en ella. El usuario debe tener acceso de lectura a la carpeta que contiene la carpeta Write Only (Sólo escritura).
No Access (Sin acceso)	Sin permisos, un usuario no puede ver ni utilizar sus carpetas o unidades compartidas.

Ajustes útiles para los permisos

Las siguientes secciones le muestran sólo algunas de las formas más comunes de cómo puede combinar los permisos de una carpeta. Probablemente encontrará una opción que se ajuste a la forma que usted trabaja y con las personas con las cuales quiere compartir.

Los permisos del propietarios (silueta simple; bob1 [Me] en la Figura 15-10) deben ser al menos tan extensos como los permisos de Group (Grupo) (doble silueta; Outsiders [Extraños] en la Figura 15-10) y los permisos de Group (Grupo) deben ser al menos tan extensos como los permisos de Others (Otros) (triple silueta; Others [Otros] en la Figura 15-10). Así que ajuste el privilegio de Others (Otros) a Read & Write (Lectura y escritura). Los privilegios de Group (Grupo) y Owner (Propietario) deben ajustarse a Read & Write (Lectura y escritura).

Permitir acceso a todos

En la Figura 15-10, yo configuro los ajustes que permiten a todas las personas en una red para que puedan acceder a la carpeta Bob's Downloads (Descargas de Bob). Todos pueden abrir, leer y cambiar el contenido de esta carpeta compartida. Hágalo al escoger Read & Write (lectura y escritura) para Others (Otros) en el menú emergente Privilege (Privilegio) en la sección Sharing & Permissions (Compartir y permisos) de la ventana Get Info (Obtener información) de la carpeta.

Permitir solamente el acceso para usted

Los ajustes que aparecen en la Figura 15-11 reflejan los ajustes apropiados para permitir solamente acceso al propietario a la carpeta Bob's Downloads

(Descargas de Bob). Nadie más, sino yo, puede ver o utilizar el contenido de esta carpeta. Seleccione No Access (Sin acceso) en el menú emergente de privilegios, tanto en Group Access (Acceso de grupo) como en el de Others (Otros) para hacerlo usted mismo.

Figura 15-10: Permita que todos accedan, si lo desea.

Debe cambiar el privilegio de Others (Otros) a No Access (Sin acceso), primero, porque los permisos del miembro Group (Grupo) deben ser al menos tan amplio como los permisos de Others (Otros).

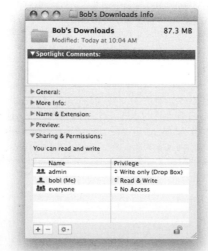

Figura 15-11: Permitir el acceso solamente al propietario de la carpeta.

Permitir a todos los usuarios de esta Mac el acceso

Revise la Figura 15-12 para ver los ajustes que permiten que el grupo admin (además del propietario) acceda a ver, utilizar o cambiar los contenidos de la carpeta Bob's Downloads (Descargas de Bob). Escoja Read & Write (Lectura y escritura) en el menú emergente de privilegio de Group (grupo).

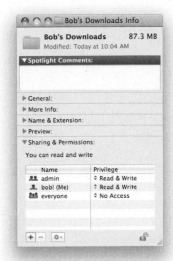

Figura 15-12:
Permitir
acceso a
un grupo:
admin.

Permitir a otros depositar archivos y carpetas sin darles acceso (un buzón)

Los ajustes en la Figura 15-13 le permiten a los usuarios dejar sus propios archivos o carpetas en la carpeta Bob's Downloads (Descargas de Bob) sin poder ver o utilizar el contenido de la carpeta Shared (Archivos compartidos). Después de que un archivo o carpeta se deposita en la carpeta de buzón, la persona que lo deposita no puede recuperarlo debido a que él o ella no tiene el permiso para ver los ítems en la carpeta de buzón.

Tablero de avisos de sólo lectura

Si desea que todos puedan abrir y leer los archivos y las carpetas de esta carpeta Shared (Archivos compartidos), escoja Read Only (Sólo lectura) en los menús emergentes de privilegios de Group (Grupo) y Others (Otros). Si lo hace, sin embargo, sólo el propietario puede hacer los cambios a los archivos en esta carpeta.

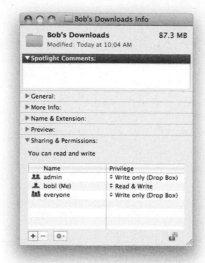

Figura 15-13:
Todos
pueden
depositar
archivos
en esta
carpeta.

Un privilegio más

El botón Apply to Enclosed Items (Aplicar a ítems incluidos), en la parte inferior de la sección de permisos, hace exactamente lo que el nombre implica. Esta característica es una forma rápida de asignar los mismos permisos a muchas sub carpetas al mismo tiempo. Después de que ajustó los permisos de la carpeta incluyente de la forma que quería, haga clic en este botón para darles los mismos permisos a todas las carpetas contenidas.

Tenga cuidado — no existe Undo (Deshacer) para esta acción.

Evitar compartir una carpeta

Para evitar compartir una carpeta que le pertenece, cambie los permisos de Group Access (Acceso a grupo) y Others (Otros) a None (Ninguno). Después de que lo haga, nadie más que usted tendrá acceso a dicha carpeta:

Si no está seguro cómo hacerlo, vea las secciones "Compartir una carpeta" y "Ajustes útiles para los permisos", que se encuentran antes en este capítulo.

Conectarse a un Disco o Carpeta Compartida en una Mac Remota

Después de ajustar los permisos para compartir y asignar, usted puede acceder a carpetas de forma remota desde otra computadora. (Sólo asegúrese primero que tiene permisos para eso).

Se debe activar el uso compartido de archivo en la Mac en donde residen los archivos/carpetas compartidas. No se tiene que activar en la Mac en la que se está accediendo a los archivos/carpetas. Cuando se desactiva archivos compartidos, todavía puede utilizar esa Mac para acceder a una carpeta compartida remota en otra máquina, siempre que su propietario le haya dado suficientes permisos y tenga activado archivos compartidos en su Mac.

Si se desactiva archivos compartidos en *su* Mac, entonces otros no podrán acceder a sus carpetas, incluso si usted les ha asignado anteriormente permisos.

Si va a compartir archivos y deja su Mac encendida y sin uso durante un largo tiempo, es buena idca que termine la sesión antes de irse. Esto evita que cualquiera pueda ver sus archivos, correo electrónico, aplicaciones o cualquier cosa que sea suyo — al menos que usted le haya dado una cuenta de usuario y otorgado permisos para sus archivos.

Sobre como acceder a su carpeta Home (Inicio) desde una Mac remota — una característica muy buena que sólo está para volverse más popular mientras la Internet sigue madurando.

Los siguientes pasos asumen que usted tiene una cuenta en la Mac remota, lo que significa que tiene su propia carpeta Home (Inicio) en esa Mac.

Para conectarse a una carpeta Shared (Archivos compartidos) en una Mac que no sea en la que está activo en este momento, siga estos pasos:

1. **Asegúrese de que ya está como un usuario en la computadora en la que quiere iniciar sesión (DuelingG5, por ejemplo).**

   Si sabe crear un nuevo usuario, vea la sección "Crear usuarios", que se encuentra antes en este capítulo.

2. **En la computadora en la que está iniciando sesión desde (MacBook-Pro, en este ejemplo), haga clic en el triángulo de publicación para abrir la sección Shared (Archivos compartidos) en la barra lateral, si no está abierta ya.**

   Aparecen todos los servidores disponibles. (Hay dos — DuelingG5 y Jacob eMac — en este ejemplo).

3. **Haga clic en el nombre de la Mac remota a la que quiere acceder en esta barra lateral, luego haga clic en el botón Connect As (Conectarse como), como se muestra en la Figura 15-14.**

   Aparece un cuadro de diálogo Connect to Server (Conectarse a servidor) con el nombre del usuario en el campo Name (Nombre).

4. **Escriba su contraseña y haga clic en el botón Connect (Conectar).**

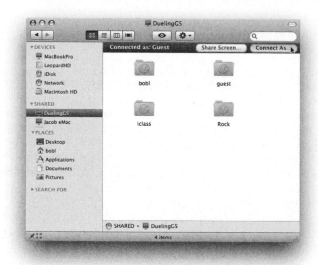

Figura 15-14:
Conectarse
a DuelingG5.

Aparece el cuadro de diálogo Connect (Conectarse). Automáticamente aparece el nombre de la persona que inicia sesión en MacBookPro en el campo Name (Nombre) (Bob LeVitus en la Figura 15-15).

5. **Si ese no es usted, teclee su nombre de usuario en el campo Name (Nombre).**

Figura 15-15:
Connect to
Server
(Conectarse
a servidor)
necesita
saber mi
contraseña.

6. **Seleccione el botón de radio Guest (Invitado), si no tiene una cuenta en la computadora remota y luego haga clic en Connect (Conectarse). Si está iniciando una sesión como un usuario, diríjase al paso 7.**

   Pulsar ⌘+G es lo mismo que marcar el botón de radio Guest (Invitado), y pulsar ⌘+R es lo mismo que marcar el botón de radio Registered User (Usuario registrado).

   Como un usuario invitado, usted ve Drop Boxes (Buzones) para usuarios que tienen cuentas en DoctorMacBookPro, pero nada más. Un usuario registrado (alguien como yo en este ejemplo), también ve su carpeta Home (Inicio) y la carpeta Public (Archivos pública) de todas las demás personas.

7. **(Opcional) Si selecciona el cuadro Remember This Password in My Keychain (Recordar esta contraseña en mi llavero) en el cuadro de diálogo Connect (Conectarse), Mac OS X recuerda su contraseña la siguiente vez que se conecta a un servidor. ¡Qué bien!**

   Debe estar activo archivos compartidos en DuelingG5 (la Mac a la que estoy accediendo de forma remota en el ejemplo). Si no estuviera activo archivos compartidos en DuelingG5, su nombre no hubiera aparecido en la primera columna y no hubiera podido conectarse a ésta. Por otro lado, archivos compartidos no tienen que estar activos en la computadora que está utilizando (MacBookPro) para que funcione esto.

8. **Teclee su contraseña en el campo Password (Contraseña) y luego haga clic en el botón Connect (Conectarse).**

   Todos los volúmenes disponibles en esa computadora aparecen en la segunda columna, debajo del botón Connect As (Conectarse como), como se muestra en la Figura 15-16.

   Cuando inicia una sesión en una Mac en donde tiene una cuenta de usuario, usted ve un volumen con su nombre que representa su carpeta Home (Inicio) en la Mac a la que está accediendo (bobl en la Figura 15-16). Si tiene permisos de administrador en esa Mac (como yo), puede que también vea otras unidades de disco duro conectadas a esa Mac (como BigBoy y BootsMBP en la Figura 15-16) o un iDisk, si hay alguno en uso.

9. **Seleccione el volumen que desea utilizar (bobl en la Figura 15-16).**

Figura 15-16:
Seleccionar el volumen que deseo instalar.

El contenido del volumen remoto (bobl en la Figura 15-16) aparece en la tercera columna. Al mismo tiempo, aparece un ícono de volumen remoto en su escritorio (el escritorio de MacBookPro). En mi ejemplo, este ícono representa el volumen que se llama bobl, que reside en la computadora DuelingG5. Observe que el ícono de su volumen remoto no parece un ícono de unidad o de carpeta, más bien parece una esfera. Este ícono es lo que ve siempre que se instala un volumen remoto en su escritorio.

10. **Cuando termina de utilizar el volumen compartido, desconéctelo por medio de uno de estos métodos:**

    • Arrastre el ícono de volumen compartido hacia el ícono Eject (Expulsar) en el Dock.

Cuando se selecciona un disco o un volumen (resaltado), el ícono Trash (Basura) se convierte en una pequeña flecha, que representa *eject* (expulsar). Nítido, ¿verdad?

- Mantenga presionada la tecla Control, haga clic en volumen y luego seleccione Eject (Expulsar) en el menú contextual que aparece.

- Seleccione el ícono y elija File⇨Eject (Archivo⇨Expulsar).

- Seleccione el ícono y pulse ⌘+E.

- En la barra lateral de la ventana Finder, haga clic en el pequeño símbolo Eject (Expulsar) que se encuentra a la derecha del nombre del servidor o seleccione el servidor y escoja Eject (Expulsar) en el menú emergente Action (Acción).

- Si ya terminó de trabajar y usted no deja su Mac 24/7, como lo hace la mayoría de las personas, escoja Shut Down (Apagar equipo) o Log Out (Finalizar sesión) en el menú . Si apaga el equipo o finaliza la sesión, automáticamente lo desconecta de los discos o carpetas compartidas. (Si realiza Shut Down [Apagar equipo], también apaga su Mac).

Cambiar Su Contraseña

Puede cambiar su contraseña en cualquier momento. Es buena idea cambiar su contraseña si está preocupado por la seguridad — por ejemplo, si es probable que su contraseña haya sido descubierta por alguien más.

Puede cambiar la contraseña para acceder a su Mac, o puede cambiar la contraseña que utiliza para conectarse a su cuenta en una Mac de un usuario remoto. Le muestro cómo hacer ambas cosas en las siguientes secciones.

Cambiar la contraseña en su Mac

Para cambiar la contraseña en su Mac, sólo siga estos pasos:

1. **Seleccione System Preferences (Preferencias del sistema) en el menú en la barra del menú Finder o haga doble clic en su ícono en la carpeta Applications (Aplicaciones), luego haga clic en el ícono Accounts (Cuentas).**

   Aparece el panel Accounts System Preferences (Preferencias del sistema de cuentas).

2. **Seleccione su cuenta en la lista a la izquierda.**

   La información de su cuenta aparece en el área a la derecha.

3. **Haga clic en el botón Change Password (Cambiar contraseña).**

   Baja una hoja.

4. **Teclee su contraseña actual en el campo Old Password (Contraseña antigua).**

   Esto demuestra que usted es quien se supone que debe ser, no alguien que apareció delante de su Mac, la cual se encontraba desatendida.

5. **Teclee su nueva contraseña en el campo Password (Contraseña) en el panel Password (Contraseña).**

6. **Teclee de nuevo su contraseña en el campo Verify (Verificar).**

7. **Haga clic en el botón Change Password (Cambiar contraseña).**

   Si introduce correctamente su antigua contraseña, desaparece la hoja.

8. **Cierre la ventana System Preferences (Preferencias del sistema).**

Cambiar la contraseña de su cuenta en la Mac de otra persona

Cuando inicia sesión en una Mac remota, usted puede cambiar su propia contraseña, si lo desea. Siga estos pasos para hacerlo:

1. **Inicie sesión en la computadora remota, en la cual desea cambiar su contraseña.**

   Vea la sección "Conectarse a un disco o carpeta de archivos compartidos en una Mac remota", que se encuentra anteriormente en este capítulo, si no sabe cómo acceder a una computadora remota.

   Aparece el cuadro de diálogo Connect to Server (Conectarse a servidor).

2. **Teclee su nombre de usuario en el cuadro de diálogo Connect to Server (Conectarse a servidor), si todavía no está allí.**

3. **Haga clic en el botón Action (Acción) (el que parece como un pequeño engranaje) en el cuadro de diálogo Connect to Server (Conectarse a Servidor) y escoja Change Password (Cambiar contraseña) en el menú emergente.**

   Aparece una hoja para cambiar su contraseña.

   La otra opción en el emergente Action (Acción) es Options (Opciones). La hoja que aparece incluye varias opciones para encriptar su contraseña, ya que se envía en la red.

4. **Teclee su contraseña actual en el campo Old Password (Contraseña antigua).**

5. **Teclee su nueva contraseña en los campos New Password (Nueva contraseña) y Verify (Verificar).**

6. **Haga clic en OK.**

   Su contraseña cambia y usted regresa al cuadro de diálogo Connect to Server (Conectarse a servidor).

7. **(Opcional) Teclee su nueva contraseña y luego haga clic en Connect (Conectarse).**

   Puede omitir este paso al hacer clic en el botón Cancel (Cancelar) en el cuadro de diálogo Connect to Server (Conectarse a servidor), si no necesita utilizar nada en la Mac remota en este momento. Su contraseña sí cambió, y debe utilizar la nueva contraseña la siguiente vez que acceda a esta Mac.

Seleccione el cuadro Add Password to Keychain (Añadir contraseña a llavero) en el cuadro de diálogo Connect to Server (Conectarse a servidor) para almacenar sus contraseñas en un solo lugar en la Mac, lo que significa que no tiene que teclearlas cada vez que acceda una Mac u otro recurso remoto. (Lea más acerca de Keychain en el Capítulo 18).

Cuatro Tipos Más para Compartir

Existen varios tipos más de cómo compartir, y me gustaría al menos mencionar unos cuantos. Todos se encuentran (¿en dónde más?) en el panel Sharing System Preferences (Preferencias del sistema compartido), que puede encontrar al ejecutar la aplicación System Preferences (Preferencias del sistema) (en la carpeta Applications [Aplicaciones], menú o Dock [Acoplador]) y al hacer clic en el ícono Sharing (Compartir).

Compartir impresoras

Esto es rápido. Si enciende Printer Sharing (Compartir impresora) en el panel Sharing System Preferences (Preferencias del sistema de archivos compartidos), otras personas en su red local pueden utilizar cualquier impresora conectada a su computadora.

Compartir Internet

Si su Mac tiene conexión a Internet y otra Mac cercana no la tiene, usted puede activar Internet Sharing (Compartir Internet), y esa Mac podrá compartir su conexión de Internet. Los siguientes pasos le muestran cómo:

1. **Abra el panel Sharing System Preferences (Preferencias del sistema de archivos compartidos) al ejecutar la aplicación System Preferences (Preferencias del sistema) (en la carpeta Applications [Aplicaciones], menú o Dock [Acoplador]) y haga clic en el ícono Sharing (Compartir).**

2. **Escoja la conexión que desea compartir — Built-In FireWire, Bluetooth, AirPort o Built-In Ethernet — en el menú emergente Share Your Connection From (Comparta su conexión desde).**

3. **Seleccione el cuadro junto a la conexión que utilizará la otra computadora — AirPort, Built-In Ethernet o Built-In FireWire.**

La Figura 15-17 muestra Internet Sharing (Compartir Internet) configurado para compartir mi conexión de Internet Ethernet con otro Mac que utiliza AirPort. Eso es todo.

Figura 15-17:
Compartir mi conexión de Internet Ethernet con otra Mac que utiliza AirPort.

Compartir Web

Web Sharing (Compartir Web) le permite a otros compartir documentos en su computadora por medio de la Web. Puede configurar un sitio Web al añadir páginas e imágenes HTML (HyperText Markup Language - Lenguaje de elevación de hipertexto) a la carpeta Sites (Sitios) en su carpeta Home (Inicio) y luego activar Web Sharing (Compartir Web) en el panel Sharing (Compartir) de System Preferences (Preferencias del sistema).

Web Sharing (Compartir Web) sólo funciona cuando su Mac está conectada a Internet o a una red interna. En otras palabras, si utiliza un módem y se conecta a Internet por marcación, esta aplicación no le será de mucha utilidad.

Además, si usted mantiene conectado su módem a Internet 24 horas al día con una línea DSL (Digital Subscriber Line - Línea digital abonada) o por conexión de módem por cable, si utiliza esta característica puede violar el contrato con su proveedor de servicios de Internet (ISP), ya que éstos prohíben ejecutar un sitio Web. También, la mayoría de conexiones por cable y DSL utilizan la asignación dinámica de direcciones IP por medio de DHCP (Dynamic Host Configuration Protocol - Protocolo de configuración dinámica del anfitrión), que significa que su dirección de IP cambiará de vez en cuando.

Por otro lado, algunos ISP no les importa si usted ejecuta o no un sitio Web. Verifique con el suyo, si tiene la duda. Ocasionalmente regreso a esta característica, pero (debido a que no lo uso 24/7), nunca me tomo el tiempo para verificarlo con mi ISP. Hágame un favor y no me moleste.

Compartir Bluetooth

Si tiene un teléfono móvil Bluetooth o un PDA y su Mac tiene Bluetooth, usted puede configurar muchos de los comportamientos por omisión para transferir archivos hacia y desde su Mac. Una imagen vale miles de palabras, así que la Figura 15-18 muestra todas las cosas que Bluetooth Sharing (Compartir Bluetooth) le permite configurar.

Figura 15-18:
Usted puede configurar ítems para transferencia de archivos Bluetooth entre su teléfono Bluetooth o PDA y su Mac equipada con Bluetooth.

Capítulo 16

Atributos Según la Manera en la Que Usted Trabaja

En Este Capítulo

▶ Hablar con su Mac

▶ Escuchar a su Mac

▶ Mejorar la productividad por medio de la automatización

▶ Probar tecnologías y técnicas más útiles

▶ Ejecutar Microsoft Windows en su Mac (¡De verdad!)

*E*ste capítulo trata sobre las características de Mac OS X Leopard que pueden ayudarle a mejorar la forma en la que usted interactúa con su computadora. A diferencia de la mayoría de las aplicaciones y utilidades principales que discuto en el Capítulo 3 — Desktop (Escritorio), Screen Saver (Protector de pantalla), Appearance (Apariencia), Keyboard (Teclado), Mouse (ratón) y otros — los ítems en este capítulo son un poco más esotéricos. En otras palabras, usted no *tiene* que utilizar nada de la tecnología que estoy por mostrarle. Es decir, muchos de esos ítems pueden hacer que usted sea más productivo y pueda utilizar su Mac todavía mejor. Así que quiero creer que al menos algunos de ustedes *querrán* utilizar esta característica tan estupenda que voy a presentarles.

Hablarle y Escuchar a Su Mac

Sus métodos principales para interactuar con su Mac son el tecleo y la lectura de textos. Pero hay otra forma con la que usted se puede comunicar con su fiel computadora — la voz.

Ya sea que usted lo sepa o no, su Mac tiene mucho conocimiento para hablar escondido bajo la manga (¿. . . su procesador?), y puede hablarle, escucharle y obedecerle. En las siguientes secciones, usted encuentra cómo hacer que su Mac logre hacerlo.

Hable con su Mac

Speech Recognition (Reconocimiento del habla) permite que su Mac reconoce y responde a la forma de hablar de los humanos. Lo único que necesita es utilizar un micrófono y todas las computadoras portátiles y las iMacs tienen un micrófono incorporado.

Speech Recognition (Reconocimiento del habla) le permite darle comandos verbales, tales como "Get my mail!" ("¡Trae mi correo!"), a su Mac y realmente lo trae. También puede crear AppleScripts y luego activarlos por medio de la voz.

AppleScript es una serie de comandos, que utiliza el lenguaje AppleScript, que le indica a la computadora (y a algunas aplicaciones) qué hacer. Encontrará más sobre AppleScript más adelante en este capítulo.

Configurar para reconocimiento del habla

Para empezar a utilizar Speech Recognition (Reconocimiento del habla), siga estos pasos:

1. **Abra el panel Speech System Preferences (Preferencias del sistema del habla).**

2. **Haga clic en la ficha Speech Recognition (Reconocimiento del habla) y haga clic en la ficha Settings (Ajustes).**

3. **Haga clic en el botón On (Encender) en Speakable Ítems (Ítems pronunciables), como se muestra en la Figura 16-1.**

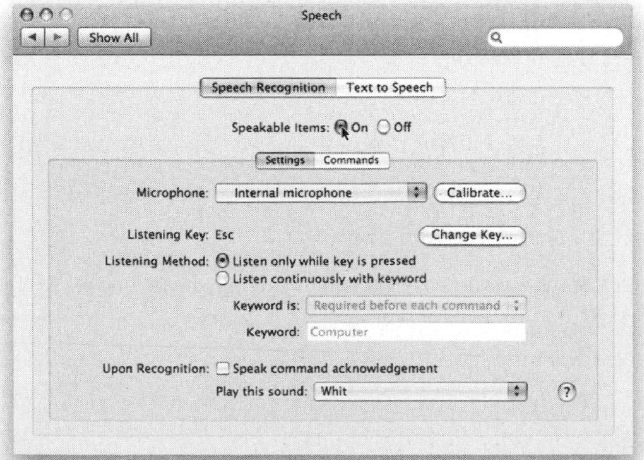

Figura 16-1:
Encienda o apague Speech Recognition en la ficha Settings en la ficha Speech Recognition que se encuentra en el panel Speech System Preferences.

4. **Ahora escoja el micrófono que desea utilizar en el menú emergente Microphone (Micrófono).**

CONSEJO

Si tiene una computadora portátil o una iMac, puede obtener mejores resultados que con casi todos los micrófonos de otros proveedores. El que está integrado a su Mac funciona, pero no es un micrófono tan bueno.

5. **Para probar ese micrófono, haga clic en el botón Calibrate (Calibrar) y siga las instrucciones en la pantalla.**

Tiene dos formas de utilizar Speech Recognition (Reconocimiento del habla). Lo primero es pulsar una tecla particular — Esc por omisión — cuando desea hablarle a su Mac. Lo segundo es hacer que su Mac quede en espera de que usted diga una clave especial — Computer (Computadora), por omisión — cuando quiere hablar con ella.

6. **(Opcional) Usted puede hacer que su Mac reconozca sus comandos, si lo desea, cuando selecciona el cuadro Speak Command Acknowledgement (Reconocimiento de comandos hablados) y, opcionalmente, si elije un sonido del menú emergente Play This Sound (Reproducir este sonido).**

7. **Haga clic en la ficha Commands (Comandos) en la ficha Speech Recognition (Reconocimiento del habla) que se encuentra el panel Speech System Preferences (Preferencias del sistema del habla). Seleccione el cuadro de cada conjunto de comandos que desea activar.**

CONSEJO

No veo ninguna razón por la cual no activarlos, al menos que no utilice el directorio de Apple, en cuyo caso no necesita habilitarlos.

8. **Haga clic en el botón Helpful Tips (Sugerencias útiles) y lea las sugerencias.**

9. **Haga clic en cada nombre de conjunto de comandos, y si está activado el botón Configure (Configurar), haga clic en él y siga las instrucciones en la pantalla.**

10. **Si crea un AppleScript el cual usted desea que se diga, haga clic en la carpeta Open Speakable Ítems (Abrir ítems pronunciables).**

Se abre la carpeta Speakable Ítems (Ítems pronunciables).

11. **Coloque el escritura en la carpeta.**

Cuando usted pronuncia su nombre, se ejecuta el escritura.

Si el panel Speech System Preferences (Preferencias del sistema del habla) no está abierto y desea abrir la carpeta Speakable ítems (Ítems pronunciables), la puede encontrar en la carpeta Home/Library/Speech.

12. **Cierre el cuadro de diálogo Speech (Habla), cuando haya finalizado.**

Usar Speech Recognition (Reconocimiento del habla)

Esta es la forma en la que funciona Speech Recognition (Reconocimiento del habla). Por el bien de esta discusión, yo utilizo el método para escuchar "Press Esc" ("Pulsar Esc").

Cuando se activa Speech Recognition (Reconocimiento del habla), aparece en la pantalla una ventana redonda de retroalimentación, como se muestra en la Figura 16-2.

Figura 16-2:
La ventana redonda de retroalimentación Speech Recognition (Reconocimiento del habla).

No estoy pulsando la tecla Esc en la Figura 16-2, así que aparece la palabra *Esc* en medio de la ventana para recordarme la tecla a utilizar antes de que yo pronuncie un comando.

Ahora, aquí veremos realmente como se utiliza Speech Recognition (Reconocimiento del habla):

1. **Para ver cuáles comandos están disponibles, haga clic en el pequeño triángulo que se encuentra en la parte inferior de la ventana y seleccione la ventana Open Speech Commands (Abrir comandos pronunciables), como se muestra en la Figura 16-2.**

   Como es de esperarse, al seleccionar Speech Preferences (Preferencias del habla) en este menú, se abre el panel Speech System Preferences (Preferencias del sistema del habla).

   La ventana Speech Commands (Comandos del habla) aparece en la pantalla, como se muestra en la Figura 16-3.

2. **Lea con atención la ventana Speech Commands (Comandos del habla) y busque algún comando que desee ejecutar al pronunciar su nombre.**

3. **Diga el comando exactamente como está escrito.**

   En este ejemplo, yo pulso la tecla Esc y le digo a mi Mac, "Tell me a joke" ("Cuéntame un chiste").

Figura 16-3:
La ventana
Speech
Commands
(Comandos
del habla).

En este punto, varias cosas suceden:

- El micrófono en la ventana Feedback (Retroalimentación) cambia a un altavoz.

- El comando y la respuesta de mi Mac aparecen en pequeños cuadros arriba y debajo de la ventana Feedback (Retroalimentación).

- La ventana Speech Commands (Comandos del habla) cambia para reflejar el comando que pronuncié.

Entonces mi Mac dice, "Knock Knock", y la parte inferior de la ventana Speech Commands (Comandos del habla) presenta los comandos que puedo decir como respuesta.

Usted puede ver todo esto en la Figura 16-4. Y eso es suficiente sobre Speech Recognition (Reconocimiento del habla).

Figura 16-4:
Esto es lo que sucede cuando pulso Esc y digo, "Tell me a joke" ("Cuéntame un chiste").

Esta tecnología es ingeniosa y divertida, pero también puede ser un poco lenta en todas las Mac, a excepción de las más rápidas. Y requiere un micrófono — algo que no tienen todas las Mac. Lo cierto es que nunca he podido hacer que Speech Recognition (Reconocimiento del habla) funcione suficientemente bien por más de unas cuantas horas. Todavía así es estupenda (y es gratis) y he escuchado que más de un usuario está enamorado de esta característica. Y es la razón por la que está incluida aquí.

Escuchar que su Mac le lea

La cámara hace una panorámica hacia atrás — una voz le dice lo que usted acaba de ver y, de pronto, todo tiene sentido. Ahora regrese conmigo a aquellos emocionantes días del narrador fuera de cámara. . . . ¿No sería estupendo que su Mac tuviera un narrador que le relatara poco a poco lo que está sucediendo en su pantalla?

O. . . .

Sus ojos están cansados después de un largo día frente al monitor, pero todavía tiene pendiente un documento largo que leer. ¿No sería estupendo si pudiera sentarse, cerrar sus ojos y dejar que su Mac le leyera el documento con una voz (de alguna forma) natural?

Las buenas noticias son que ambos deseos son posibles con Mac OS X Leopard — la versión anterior con VoiceOver y la última, con Text to Speech.

VoiceOver

La tecnología VoiceOver de Leopard está diseñada primordialmente para las personas con discapacidad visual, pero puede serle útil incluso si su visión es 20/20.

VoiceOver no sólo lee lo que está en la pantalla, sino también se integra con su teclado para que usted pueda navegar en la pantalla hasta *escuchar* el ítem que está buscando. Cuando está allí, puede utilizar Keyboard Access (Acceso con teclado) para seleccionar ítems de la lista, seleccionar cuadros y botones de radio, mover barras de desplazamiento y de control deslizante, cambiar el tamaño de las ventanas, y más — con una o dos pulsaciones de teclas.

Para conocerlo, ejecute la aplicación System Preferences (Preferencias del sistema) (en la carpeta Applications (Aplicaciones), menú o acoplador), haga clic en el ícono Universal Access (Acceso universal) y, luego, haga clic en la ficha Seeing (Ver) o utilice la combinación de teclas ⌘+F5 (⌘+Fn+F5 en los modelos de computadoras portátiles).

Después de activar VoiceOver, la puede encender y apagar en la ficha Seeing (Ver) en el panel Universal Access System Preferences (Preferencias del sistema de acceso universal). Cuando se enciende (combinación de teclas: ⌘+F5) su Mac le relata lo que está en su pantalla. Por ejemplo, si hizo clic en el Desktop (Escritorio), su Mac puede decir algo en las líneas "Application, Finder; Column View; selected folder, Desktop, contains 8 items" (Aplicación, Finder, Ver columna, carpeta seleccionada, Escritorio, contiene 8 ítems). Es bastante hábil. Éste es otro ejemplo: Cuando hace clic en un menú o ítem en un menú, usted escucha una vez el nombre del menú o ítem y, cuando cierra el menú, usted escucha las palabras "Closing menu" ("Menú está cerrando"). Usted incluso escucha la retroalimentación hablada en los cuadros de diálogo Print (Imprimir), Open (Abrir) y Save (Guardar) (y otros).

VoiceOver es genial (las alertas habladas son divertidas), pero los diálogos hacen que el texto hablado se vuelva tedioso bastante rápido para la mayoría de las personas. Todavía así, le invito a que le dé un vistazo. Puede que le guste y encuentre momentos en los que quiera que la Mac le narre la acción.

La utilidad VoiceOver

La VoiceOver Utility (Utilidad VoiceOver) le permite especificar casi cualquier opción posible que utiliza la tecnología VoiceOver. Puede ajustar la verba; especificar cómo maneja su ratón y su teclado; cambiar su voz, velocidad, tono y/o volumen, y más.

Usted puede abrir VoiceOver Utility (Utilidad VoiceOver) al hacer clic en el botón Open VoiceOver Utility (Abrir utilidad VoiceOver) en la ficha Seeing (Ver) en el panel Universal Access System Preferences (Preferencias del sistema de acceso universal) o en la forma usual al hacer doble clic en su ícono (el cual encuentra en su carpeta Applications/Utilities [Aplicaciones/Utilidades]).

De hecho, existe una tercera forma, también. Debido a que Apple considera que VoiceOver Utility (Utilidad VoiceOver) es muy importante, Apple le asignó una combinación fija de teclas: ⌘+F5 (⌘+F5+fn en las computadoras portátiles).

Por supuesto, puede que se asuste y que piense que las máquinas se están apoderando de todo cuando su Mac empiece a hablarle o a hacer sonidos — pero si le da una oportunidad, puede cambiar de parecer.

Quisiera tener el espacio para explicarle más a detalle, pero no lo tengo. Esas son las malas noticias. Las buenas noticias es que VoiceOver Help (Ayuda de VoiceOver) es extensa y clara, además le ayuda a aprovechar el poder de VoiceOver y de VoiceOver Utility (Utilidad VoiceOver).

Text to Speech (Texto para hablar)

La segunda forma en la que su Mac puede hablarle es utilizando Text to Speech, que convierte texto en pantalla a palabras habladas. Si no ha utilizado Text to Speech en versiones anteriores de Mac OS X, se dará cuenta de que casi no ha cambiado.

El único cambio real a Text to Speech en Leopard es una nueva voz que se llama Alex, que resulta ser la mejor voz y la más natural que se haya incluido en cualquier versión de Mac OS.

¿Por qué puede ser que necesite Text to Speech? Porque algunas veces escuchar es mejor que leer. Por ejemplo, algunas veces utilizo Text to Speech para leer una columna o una página antes de enviarla. Si algo no se escucha muy bien, le doy una pulida antes de enviarla a mi editor.

Usted puede configurar esta característica en el panel Speech System Preferences (Preferencias del sistema del habla):

1. **Abra System Preferences (Preferencias del sistema) (en la carpeta Applications [Aplicaciones] o menú) y haga clic en la ficha Text to Speech (Texto para hablar) para revisarlo.**

2. **Escoja en la lista de voces en el menú emergente System Voice (Voz del sistema) para ajustar la voz que utiliza su Mac cuando le lee.**

3. **Haga clic en el botón Play (Reproducir) para escuchar una muestra de la voz que seleccionó.**

4. **Utilice el control deslizante Speaking Rate (Velocidad para hablar) para aumentar o disminuir la velocidad de la voz. Haga clic en el botón Play (Reproducir) para escuchar la voz con la nueva velocidad.**

Realmente me parece muy bien el nuevo chico, Alex, que dice "Hi, I'm a new voice for Leopard" ("Hola, soy una nueva voz para Leopard"). Mi segundo favorito es Fred, quien dice "I sure like being inside this fancy computer" ("Realmente me gusta estar dentro de esta computadora tan sofisticada").

5. **Seleccione el cuadro Announce when Alerts Are Displayed (Anunciar cuando aparecen las alertas), si desea que su Mac diga el texto en los cuadros de alerta y diálogos.**

   Puede que escuche estas alertas, como "The application Microsoft Word has quit unexpectedly" ("La aplicación Word de Microsoft abandonó inesperadamente") o "Paper out or not loaded correctly" ("No hay papel o no se cargó correctamente").

6. **Haga clic en el botón Set Alert Options (Ajustar opciones de alerta) para escoger una voz diferente para que anuncie sus alertas; la frase que dice su Mac ("Alert" ["Alerta"], "Attention" ("Atención"), "Excuse me" ["Disculpe"] y otros) cuando lo alerta a usted; así como el retraso entre el tiempo que apareció la alerta y cuando se lo dijo a usted.**

7. **(Opcional) Si lo desea, seleccione uno de los dos cuadros: Announce When an Application Requires Your Attention (Anunciar cuando una aplicación necesita su atención) y Speak Selected Text When the Key Is Pressed (Decir el texto seleccionado cuando se pulsa la tecla).**

   Ambos hacen lo que dicen que van a hacer. En el caso del último, usted asigna la tecla que desea pulsar al hacer clic en el botón Set Key (Ajustar tecla).

8. **(Opcional) Si desea que se le anuncie la hora, haga clic en el botón Open Date & Time Preferences (Abrir preferencias de fecha y hora), y se va al panel System Preferences (Preferencias del sistema). Luego haga clic en la ficha Clock (Reloj) y seleccione el cuadro Announce the Time (Anunciar la hora).**

   Eso es todo con sus preferencias.

Ahora, para hacer que Text to Speech le lea, copie el texto al portapapeles, ejecute TextEdit, pegue el texto en el documento vacío y sin título, haga clic en donde desea que su Mac empiece a leer y luego escoja Edit⇨Speech⇨Start Speaking. Para que pare, escoja Edit⇨Speech⇨Stop Speaking.

Automatización Automática

Mac OS X Leopard le ofrece un par de tecnologías — AppleScript y Automator — que hacen posible automatizar acciones repetitivas en su Mac.

AppleScript está "programando para el resto de nosotros". Puede grabar y reproducir cosas que usted hace (si la aplicación se escribió para que permitiera la grabación — Finder, por ejemplo), como abrir una aplicación o hacer clic en un botón. Puede utilizarlo para grabar un escritura para tareas que realiza con frecuencia y, luego, hacer que su Mac realice por usted dichas tareas. Puede escribir sus propios AppleScripts, utilizar los que trae su Mac o descargar otros de la Web.

Automator está "programando sin código de escritura". Con Automator, usted junta actividades prefabricadas (conocidas como *actions* [acciones]) para automatizar tareas repetitivas o programadas. ¿Qué tan bueno es?

La automatización no es para todos. Algunos usuarios no pueden vivir sin ella; otros pueden pasar toda su vida sin haber automatizado nunca nada. Así que las siguientes secciones están diseñadas para que sepa qué tanto le interesa AppleScript y Automator.

AppleScript

Describir AppleScript a una persona que está probando por primera vez la Mac es como si tres hombres ciegos estuvieran describiendo un elefante. Un hombre puede describirlo como una herramienta de automatización integrada de Macintosh. Otro puede describirlo como una pieza interesante, pero pasada por alto, de tecnología. La tercera puede compararlo con una grabadora de cassette, que graba y reproduce sus acciones en el teclado. Una cuarta (si fueran cuatro en la historia) aseguraría que es parecido al código de computadora escrito en lenguaje de alto nivel.

Todos estarían en lo correcto. AppleScript, una herramienta automatizada integrada de Mac, es una tecnología poco conocida (al menos recientemente) que funciona como una grabadora de cassette para programas que son compatibles con la grabación de AppleScript. Y los escrituras sí parecen programas de computadora. (¿Podría ser porque *son* programas de computadora? Hmm. . .).

Si usted es el tipo de persona que le gusta automatizar tantas cosas como sea posible, puede que le guste AppleScript, ya que es un lenguaje de programación simple, que puede utilizar para crear programas que da instrucciones a su Mac y a las aplicaciones que se ejecutan en su Mac. Por ejemplo, puede crear un AppleScript que ejecuta Mail (Correo), revisa los nuevos mensajes y, luego, abandona Mail (Correo). El escritura incluso puede transferir su mail a una carpeta de su elección. Por supuesto, Tigre también presentó Automator, que incluye una gran cantidad de acciones programadas previamente y que hacen más fácil una tarea como la descrita anteriormente.

Llamo a AppleScript un potenciador de tiempo y esfuerzo. Si usted sólo utiliza el tiempo y el esfuerzo para comprenderlo, usar AppleScript le ahorrará cantidad de tiempo y esfuerzo de aquí en adelante.

Allí está el juego. Esto está lejos de ser simple — se han escrito libros completos sobre el tema. Así que está más allá del alcance del libro *Mac OS X Leopard para*

Dummies. Todavía así, vale la pena indagar sobre esto si desea hacer escrituras para acciones repetitivas en un futuro. Para iniciar, revise *AppleScript For Dummies,* 2a edición, por Tom Trinko. También revise las siguientes sugerencias:

- **Usted puede poner AppleScripts frecuentemente utilizados en el acoplador o en su escritorio para tener un acceso fácil.**

- **Apple proporciona un menú extra de escrituras que usted puede instalar en su barra de menú al hacer clic en AppleScript Utility (Utilidad AppleScript)** — junto con una cantidad de escrituras gratis para automatizar tareas comunes, muchas de las cuales están en la carpeta Example Scripts (Scripts de ejemplo). (Hay un alias para esa carpeta en la carpeta AppleScript). Además, puede descargar escrituras adicionales en www.apple.com/applescript.

- **Muchos AppleScripts están diseñados para ser utilizados en la barra de herramientas de las ventanas Finder,** en donde puede arrastrar y depositar ítems de forma rápida y fácil.

- **Otros escrituras pueden mejorar el uso de iTunes, iPhoto y iDVD.**

- **La carpeta Applications (Aplicaciones) contiene una carpeta AppleScript, la cual contiene el programa Script Editor (Editor de escrituras)** (además de un alias que lo lleva a una carpeta llena de AppleScripts de muestra).

- **Script Editor (Editor de escrituras) es la aplicación que usted utiliza para ver y editar AppleScripts.** Aunque brindar más información sobre Script Editor (Editor de escrituras) está más allá del alcance de este libro, es muy divertido. Y lo mejor es que usted puede crear muchos AppleScripts sin saber nada de programación. Sólo registre una serie de acciones que desee repetir y utilice Script Editor (Editor de escrituras) para guardarla como una serie. Si usted guarda su escritura como una aplicación (al escoger Application (Aplicación) en el menú Format (Formato) en la hoja Save [Guardar]), puede ejecutar ese escritura al hacer doble clic en su ícono.

- **Si el concepto de hacer escrituras les intriga, le sugiero que abra la carpeta Example Scripts (Scripts de ejemplo).** Véalo y revise los escrituras disponibles en www.apple.com/applescript. Cuando encuentre un escritura que parezca interesante, haga doble clic en él para ejecutar el programa Script Editor (Editor de scripts), en donde lo puede examinar más detenidamente.

Automator

Automator hace exactamente lo que usted espera: Le permite automatizar muchas tareas comunes en su Mac. Si le suena un poco como AppleScript (lo que discuto en la sección precedente), está en lo cierto — ambos comparten una herencia en común. Pero esta relativamente nueva herramienta (que se introdujo en Mac OS X Tiger) es mucho más fácil de utilizar, a pesar que es menos flexible que AppleScript.

Por ejemplo, en AppleScript puede tener *condicionales* (si esto es verdadero, haga eso; si no, haga otra cosa), pero Automator es puramente *secuencial* (tome esto, haga esto, entonces haga la siguiente cosa, y luego . . .).

La gran diferencia es que los condicionales permiten que AppleScripts haga cosas que involucran *tomar decisión* e *iteración* (mientras esto sea verdadero, haga estas cosas); los flujos de trabajo de Automator no pueden tomar decisiones o iterar.

La parte buena de Automator es que no tiene que saber nada sobre programación y no tiene que teclear ningún código arcaico. En lugar de eso, si usted comprende el proceso que desea automatizar, puede arrastrar y depositar las acciones prefabricadas de Automator en su lugar y construir un *workflow (flujo de trabajo)* (Nombre de Automator para una serie de acciones).

Action (Acción) no es más que un ítem que lleva a cabo una sola tarea específica. En otras palabras, Action (Acción) es un único paso en un proceso. Dicho proceso se conoce como un workflow (flujo de trabajo) en Automator.

Usted sólo necesita saber una cosa sobre programación (o computadoras): ¡Las computadoras son estúpidas! Me escuchó bien — incluso su procesador doble MacBook Pro con la tecnología más novedosa es tan tonto como un poste. Las computadoras sólo hacen lo que usted les dice que hagan, aunque lo pueden hacer más rápido y de forma más precisa que usted. Pero todas las computadoras se ejecutan sobre el principio GIGO — basura entra/basura sale — así que si sus instrucciones son defectuosas, dé por seguro que obtendrá resultados defectuosos.

Otra similitud entre Automator y AppleScript es que depende del programador de las aplicaciones que desea automatizar para que le proporcione las acciones o la ayuda con los escrituras. No todos los programadores lo hacen. Por ejemplo, en la maravillosa suite iLife de aplicaciones de multimedia de Apple se pueden hacer AppleScripts para iTunes, iPhoto y iDVD, y a los usuarios de Automator les han proporcionado acciones. Sin embargo, ni iMovie ni GarageBand son compatibles con AppleScript o Automator en este momento.

Cuando ejecuta la aplicación Automator, usted ve la ventana en la Figura 16-5. Escoja uno de los puntos de inicio, si desea que Automator lo asista en la creación de un nuevo flujo de trabajo o escoja Custom (Personalizar) para empezar a crear un workflow (flujo de trabajo) a partir de nada.

Escojo Custom (Personalizar) por el bien de esta demostración. Cuando lo hago, veo la ventana que aparece en la Figura 16-6.

Figura 16-5:
Escoja un
punto de
inicio y
Automator
lo ayudará;
escoja
Custom
(Personalizar)
para iniciar
un workflow
(flujo de
trabajo) a
partir de
nada.

Figura 16-5:
Escoja un
punto de
inicio y
Automator
lo ayudará;
escoja
Custom
(Personalizar)
para iniciar
un workflow
(flujo de
trabajo) a
partir de
nada.

La ventana Library (Biblioteca) a la izquierda contiene todas las aplicaciones las cuales Automator sabe que tienen acciones definidas para ellas. Seleccione una aplicación en la parte superior de la ventana Library (Biblioteca) y las acciones relacionadas aparecen debajo de ésta. Cuando selecciona una acción, el panel en la parte inferior de la ventana Library (Biblioteca) (Get Text from Webpage [Obtener texto de la página Web] en la Figura 16-6) explica lo que hace esa acción, la entrada que espera y el resultado que produce. Sólo arrastre acciones desde la lista Action (Acción) hacia la ventana de la derecha para crear su flujo de trabajo.

Este flujo de trabajo en particular, el cual me tomó cerca de diez minutos de prueba y error para que funcionara, es bastante útil. Toma texto de una página Web y utiliza Text to Speech de Mac OS X para convertir el texto en un archivo de sonido, el cual puede escuchar en iTunes o en mi iPod en el automóvil o en el avión. ¡Qué bien!

Automator es una adición bastante útil en Mac OS X; es profundo, poderoso y se puede ampliar, ahora relativamente fácil de usar y manejar. Hágase un favor y tómese un tiempo experimentando con formas en las cuales Automator le puede ahorrar tiempo y pulsaciones de teclas. No se arrepentirá.

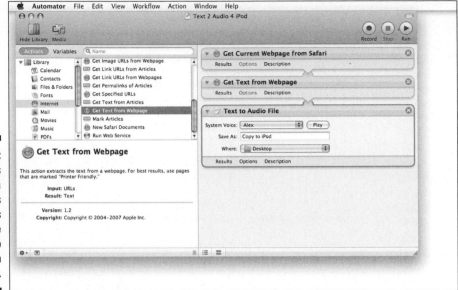

Figura 16-6:
Cree flujos de trabajo a partir de las acciones que especificó en Automator.

Algunas Bondades Más

Incluso hay tecnología más nítida y útil integrada a Leopard, pero me estoy quedando sin espacio. Así que aquí está, según mi humilde opinión, lo mejor del resto.

Acceso universal

Universal Access (Acceso universal) está diseñado principalmente para usuarios con discapacidad o quienes tienen dificultad para manejar el teclado o el ratón. El panel Universal Access System Preferences (Preferencias del sistema de acceso universal) tiene un cuadro y cuatro fichas.

Seleccione el cuadro Enable Access for Assistive Devices (Activar acceso para dispositivos de asistencia) en la parte inferior de la ventana para utilizar equipo especial para controlar su computadora.

La ficha Seeing (Ver)

En la ficha Seeing (Ver), usted puede activar una característica buenísima llamada *hardware zoom (Acercamiento de hardware)*. Altérnelo entre encendido y apagado con la combinación de teclas ⌘+Option (Opción) +8. Acerque o aleje utilizando la combinación de teclas ⌘+Option (Opción) += (la tecla de igual) y ⌘+Option (Opción) +– (tecla menos), respectivamente. Pruebe esta característica, aunque no esté discapacitado. Realmente es una excelente característica para todos.

Usted también puede mostrar la pantalla en blanco sobre negro (como un negativo fotográfico), como aparece en la Figura 16-7. La combinación de teclas es ⌘+Option (Opción) +Control+8; utilice la misma combinación de teclas para alternarlo y regresar a normal. Si está en el modo normal negro sobre blanco, usted puede eliminar la saturación de su pantalla a una presentación en *escalas de grises* (de tal forma que funcione como una televisión en blanco y negro).

Figura 16-7:
La opción White on Black (Blanco sobre negro) invierte lo que ve en pantalla, de esta forma.

Finalmente, el botón Options (Opciones) le permite especificar los niveles mínimos y máximos de zoom, mostrar un rectángulo con visualización previa cuando se aleja y alternar entre encendido y apagado el suavizado de imágenes.

La ficha Hearing (Escuchar)

La ficha Hearing (Escuchar) le permite escoger que la pantalla brille siempre que se dé un sonido de alerta.

Esta característica, creada para aquellos que tienen incapacidad auditiva, es bastante útil si tiene una PowerBook o iBook y desea utilizarla en donde los niveles de ruido son altos.

La ficha Keyboard (Teclado)

La ficha Keyboard (Teclado) ofrece dos tipos de asistencia:

- La aplicación **Sticky Keys** (Teclas pegajosas) trata una *secuencia* de teclas modificadoras como una combinación de teclas. En otras palabras, no tiene que mantener simultáneamente presionada — mientras pulsa otra tecla. Por ejemplo, cuando están activas las teclas pegajosas, usted puede hacer una combinación de teclas estándar al pulsar — lo libera y, luego, presiona la otra tecla. Usted puede seleccionar cuadros para que le indiquen (con un sonido y/o presentación en pantalla) cuáles teclas modificadoras se pulsaron.

  Aunque Sticky Keys (Teclas pegajosas) son útiles, son realmente incómodas en aplicaciones como Adobe Photoshop, que alterna el estado de la herramienta cuando usted pulsa una tecla modificadora. Así que si usted es usuario de Photoshop, probablemente no querrá activar las teclas pegajosas.

- **Slow Keys** (Teclas lentas) le permiten ajustar el retraso entre la pulsación de una tecla y la aceptación de la misma.

La ficha Mouse (ratón)

Finalmente, la ficha Mouse (Ratón) le permite especificar que usted desea utilizar el teclado numérico en lugar del ratón. En esta situación, todo gira alrededor de las 5 teclas del teclado numérico (lo que significa que tiene que hacer clic en el ratón): 8 es hacia arriba; 2 es hacia abajo; 4 es hacia la izquierda; 6 es hacia la derecha; y 1, 3, 7 y 9 son movimientos en diagonal. Si pulsa 0 (cero) es lo mismo que dejar presionado el botón del ratón para que las otras teclas numéricas puedan arrastrar en las direcciones indicadas. También puede incrementar el tamaño del cursor desde su ajuste normal (16×16) hasta 64×64.

Economizador de energía

Todas las Mac son economizadoras de energía (y lo han sido por años), lo que le permite ajustar de forma predeterminada su máquina para que se apague a una hora específica o después de un periodo inactivo especificado. Ofrece dos fichas — Sleep (Reposo) y Options (Opciones) — y un botón Schedule (Programación).

Reposo

Para activar el modo Sleep (Reposo) mueva el control deslizante hacia la cantidad de tiempo deseada. Puede escoger cualquier número entre uno minuto y tres horas, o apagar Sleep (Reposo) por completo al mover el control deslizante hacia la derecha hasta Never (Nunca).

Usted también puede ajustar tiempos de reposo separados para su Mac y para su pantalla. Y puede escoger si le permite a su unidad de disco duro reposar, si éste es compatible con el modo de reposo. El ajuste de reposo para la pantalla puede ser de mucha utilidad si desea que su Mac siga haciendo lo que está haciendo, pero usted no necesita la pantalla. La opción de reposo del disco duro es menos útil, al menos que tenga esta opción en una computadora portátil. Cuando selecciona esta opción, su disco duro queda obligado a reposar después de algunos minutos de inactividad, lo que le ahorra un poco de batería.

Para activar el reposo de la pantalla, seleccione el cuadro Put the Display to Sleep When Computer Is Inactive (Poner el monitor a reposar cuando la computadora esté inactiva) y luego arrastre el control deslizante al intervalo de tiempo inactivo que usted desee.

Para despertar a su Mac de su sueño, sólo mueva su ratón o pulse cualquier tecla.

Arrastre el control deslizante a 30 ó 45 minutos de reposo. Recuerde apagar manualmente su Mac cuando no la necesite durante un par de días o más.

Opciones

La ficha Options (Opciones) es el lugar en donde se encuentra una pequeña colección de ajustes útiles. En esta ficha encuentra cuadros que le indican a la Mac que despierte automáticamente cuando haya un acceso administrativo a la red Ethernet (útil en ajustes de empresas en donde la persona de IT da mantenimiento a la configuración del sistema) y para reiniciar automáticamente después de una falla de energía.

Los usuarios de computadoras portátiles obtienen opciones adicionales para economizar energía, incluso las siguientes:

- ✔ Un cuadro que muestra un indicador del estado de la batería en la barra de menú.
- ✔ Un menú emergente de ajustes que le permiten escoger ajustes específicos para cuando su Mac esté conectada (adaptador de energía) o cuando esté funcionando con energía de batería.
- ✔ Un menú emergente Optimization (Optimización) le ofrece tres opciones: Better Energy Savings (Mejor ahorro de energía), Normal (Normal) y Better Performance (Mejor desempeño).

Escoja Better Performance (Mejor desempeño) cuando la energía AC esté conectada y escoja Better Energy Savings (Mejor ahorro de energía) cuando necesite conservar energía de batería.

Programación

Para arrancar, apagar el equipo o poner a reposar su Mac a una hora determinada, seleccione el cuadro apropiado y escoja las opciones apropiadas en los menús emergentes de la ficha Schedule (Programación).

Bluetooth

Bluetooth es una red inalámbrica para periféricos con poco ancho de banda, lo que incluye ratones, teclados y teléfonos celulares. Si su Mac tiene Bluetooth incorporado o está equipado con un adaptador USB Bluetooth, usted puede sincronizar de forma inalámbrica con teléfonos y agendas, imprimir de forma inalámbrica a impresoras Bluetooth y utilizar ratones y teclados Bluetooth.

Bluetooth está diseñado para trabajar con iSync — tecnología de sincronización de Apple — lo que le permite sincronizar Address Book (Directorio), el calendario y los marcadores de libros de forma inalámbrica con teléfonos Bluetooth, como el Motorola L2 que yo utilizo.

Ink

Ink es el motor incorporado de reconocimiento de escritura de Mac OS X. Si tiene un lápiz óptico y su tablero conectados a su Mac, sólo actívelo en este panel y puede escribir en cualquier lugar lo que puede hacer con el teclado.

El panel Ink es otra función que puede ver sólo si tiene una de los pocos tableros con los que es compatible su Mac.

Todos los tableros que son compatibles son de Wacom (www.wacom.com), y los precios están desde menos de $100 para un lápiz óptico inalámbrico y su tablero.

Inicio de sesión automática (panel Preferencias del sistema de cuentas)

A algunos usuarios no les interesa el hecho que Mac OS X Leopard sea un sistema operativo multiusuario; además les disgusta la idea de tener que iniciar sesión cuando arrancan su Mac. Para esos usuarios, ésta es la forma de desactivar la pantalla de inicio de sesión:

1. **Abra el panel Accounts System Preferences (Preferencias del sistema de cuentas), selecciónese usted mismo en la lista de usuarios y haga clic en el botón Login Option (Opciones de inicio de sesión) debajo de la lista.**

2. **Seleccione el cuadro Log In Automatically As (Iniciar automáticamente como) y luego escoja su cuenta en el menú emergente.**

   Para desactivar el requisito de inicio de sesión, usted tiene que ser un administrador y puede que necesite desbloquear Accounts System Preferences (Preferencias del sistema de cuentas).

Cuando desactive el inicio de sesión, también se ve afectado todo el conjunto de preferencias de todos los que comparten su Mac. (Qué malo). Así que si el patrón de su escritorio, los ajustes del teclado, etc. son diferentes de los de otras personas que utilizan su máquina, dichas preferencias no se reflejarán de forma apropiada al menos que cada uno de ustedes tenga una cuenta de inicio de sesión individual y separada. Incluso si no le preocupa la seguridad, considere dejar el inicio de sesión activado si otros usuarios tienen cuentas en su máquina y no desea que cualquiera pueda encender su Mac y ver sus cosas personales.

Observe que sólo una cuenta está permitida para utilizar el inicio de sesión automática. Si otros usuarios desean utilizar esta Mac, debe escoger Log Out (Terminar sesión) en el menú , pulsar ⌘+Shift+Q, o tener activo Fast User Switching (Cambio rápido de usuario). Si desactivó el inicio de sesión automático en el panel Security System Preferences (Preferencias del sistema de seguridad), no lo puede activar aquí.

Boot Camp

Boot Camp es la tecnología incorporada de Leopard que le permite ejecutar Microsoft Windows XP o Vista en cualquier Mac con base Intel. Si su Mac cumple los siguientes requisitos, puede ejecutar Windows en su Mac (si lo desea):

- ✔ Una Mac con base Intel
- ✔ Al menos 10GB de espacio libre en disco duro
- ✔ Un disco duro que no esté particionado
- ✔ Un CD en blanco que se pueda grabar
- ✔ Una impresora (para imprimir las instrucciones, lo que querrá hacer)
- ✔ Una copia completa de instalación de Microsoft Windows XP Service Pack 2 o Vista

Realmente necesita una copia completa de instalación de Windows. Si su Dell o HP traía una copia, probablemente no podrá instalarla bajo Boot Camp.

Para instalar Windows en su Mac, éstos son los pasos básicos que debe seguir:

1. **Ejecute la aplicación Boot Camp Assistant (Asistente de Boot Camp), que está en su carpeta Applications/Utilities (Aplicaciones/Utilidades).**

   Este paso crea una partición en su disco duro para Windows y luego quema un CD especial con todos los drivers que necesita usar Windows en su Mac.

2. **Instale Windows en la nueva partición.**

3. **Instale los drivers desde el CD que quemó.**

   De ahora en adelante puede dejar presionado Option (Opción) durante el arranque y escoger arrancar de la partición de Mac OS X Leopard o de la partición de Windows.

   Así de sencillo. Sin embargo, si estos pasos de instalación van más allá de su nivel de tranquilidad, pídale ayuda a su técnico de Mac favorito.

Si ejecutar Windows en su Mac le llama la atención, puede que desee revisar Parallels Desktop, un programa de $80 que no sólo le permite ejecutar Windows en su Mac, sino que también le permite hacerlo sin particionar su disco duro o reiniciar cada vez que tiene que usar Windows. De hecho, puede ejecutar los programas de Mac y de Windows simultáneamente con Parallels Desktop. Para obtener mayor información, visite www.parallels.com.

Parte V
El Cuidado y la Nutrición de Su Leopard

The 5th Wave   Por Rich Tennant

"¡Brad! ¡Lo que escuchamos no es tu módem!
¡¡Es nuestro amiguito Buddy!!
¡Se salió de su jaula y está en el iMac!"

En esta parte . . .

Aquí entro al grano en los detalles del sistema operativo X de Mac. En esta parte cubro aspectos como proteger su información valiosa al hacer copias de seguridad y discuto todo lo que necesita saber sobre la seguridad de Macintosh (lo cual, afortunadamente, no es muy extenso). Luego verá algunas utilidades que podrían ser prácticas o no, pero que debe conocer de cualquier manera. Finalmente, encontrará qué hacer cuando las cosas no funcionan (lo cual también, afortunadamente, no sucede tan a menudo) y realizará una breve práctica sobre los diez consejos principales de solución de problemas del Dr. Mac (de acuerdo, del Dr. Bob) para aquellos momentos poco frecuentes en los que un buen Leopard se vuelve malo.

Este material es un poco más técnico que las primeras cuatro partes, pero bien podría ser la información más importante del libro. ¡No se la pierda!

Capítulo 17

La Seguridad Es Primero: Copias de Seguridad y Otros Asuntos de Seguridad

. . . .

En Este Capítulo

▶ Hacer copias de seguridad es fácil

▶ Descubrir por qué debe hacer copias de seguridad

▶ Enterarse de qué sucede si no hace copias de seguridad

▶ Proteger su Mac de virus sin vergüenza y ataques malignos

▶ Proteger sus datos de miradas curiosas

. . . .

Aunque las Mac generalmente son máquinas confiables (especialmente las que ejecutan Mac OS X), en algún momento su disco duro se dañará. Lo prometo. A *todos* les pasa. Si usted no hace una copia de seguridad de su disco duro (o por lo menos hace copias de seguridad de cualquier archivo que no pueda arriesgarse a perder) antes de que eso suceda, las probabilidades de que nunca vuelva a ver sus archivos son muy altas. Si los ve de nuevo, será solo después de pagarle a alguien como Scott Gaidano de DriveSavers Data Recovery Service una gran cantidad de dinero, sin que ello garantice el éxito.

DriveSavers es el principal recuperador de datos perdidos en discos duros. Las personas que trabajan ahí entienden muy bien los discos duros Mac, hacen un excelente trabajo y con frecuencia pueden recuperar cosas que nadie más puede. (Pregunte a los productores de *The Simpsons* sobre los episodios casi perdidos). Lógicamente, DriveSavers cobra de manera correspondiente. A continuación algunos números telefónicos de DriveSavers: Llamada sin costo 800-440-1904 y 415-382-2000.

Ahora solo le queda esperar que nunca necesite esos números — y si hace copias de seguridad con frecuencia, no los necesitará. Pero, si por alguna razón, todavía no se ha convencido, dígale a Scott que lo mando a saludar.

En otras palabras, usted absoluta, positivamente y sin duda *debe hacer copias de seguridad* de sus archivos si no desea arriesgarse a perderlos. De la misma forma en que adoptó el comando Shut Down (Apagar equipo) y lo convirtió en un hábito antes de apagar su máquina, debe recordar hacer copias de seguridad de archivos importantes de su disco duro a otro disco o dispositivo y, hacerlo con frecuencia.

¿Cada cuánto tiempo es con frecuencia? Eso depende de usted. ¿Cuánto de su trabajo puede arriesgarse a perder? Si su respuesta es que perder todo lo que hizo ayer lo dejaría sin trabajo, debe hacer copias de seguridad a diario o de ser posible, dos veces al día. Si lo que perdería sería algunas cartas sin importancia, puede hacer copias de seguridad con menos frecuencia.

Siguiendo la cobertura completa de opciones de copias de seguridad, busco las posibles amenazas a sus datos de virus y otras cosas repulsivas, así como la manera de protegerse contra ellos.

Finalmente, determine qué puede hacer para evitar que otras personas vean sus cosas.

Hacer Copias de Seguridad (No) Es Difícil

Puede hacer copias de seguridad de su disco duro básicamente de tres formas: la súper fácil manera con la excelente y nueva Leopard's Time Machine (máquina del tìempo), la fea forma que utiliza el método de la fuerza bruta o la forma completa, con software de copias de seguridad especializado de terceros. Continúe leyendo y aprenda más sobre las tres. . . .

Copias de seguridad con la excelente y nueva Leopard's Máquina del tìempo

Máquina del tìempo es un sistema de seguridad nuevo, presentado por Mac OS X Leopard. Lo llamo sistema pues consta de dos partes — el panel Time Machine System Preferences (preferencias del sistema Máquina del tìempo), que se muestra en la Figura 17-1 y la aplicación de Máquina del tìempo, que se muestra en la Figura 17-2.

Para utilizar Máquina del tìempo para hacer copias de seguridad de sus datos de manera automática, lo primero que necesita es otro disco duro del mismo tamaño o más grande que su disco de inicio. Puede ser un disco duro FireWire, un disco duro USB 2 o incluso otro disco duro internacional si tiene una Mac que sea compatible con él, como Mac Pro o Power Mac G5. La primera vez que conecte el disco nuevo a su Mac, Máquina del tìempo le pregunta de manera automática si desea hacer una copia de seguridad de ese disco. Si responde que sí, el panel Time Machine System Preferences (preferencias del sistema Máquina del tìempo) se abre en forma automática con el disco nuevo ya marcado como el disco para la copia de seguridad.

Si eso no sucede o si desea utilizar un disco duro ya conectado con Time Machine, abra el panel Time Machine System Preferences (preferencias del sistema Máquina del tìempo), haga clic en el botón Configure (Configurar) y seleccione el disco duro nuevo. Mine se denomina Time en la Figura 17-1.

Figura 17-1:
Panel de preferencias del sistema Máquina del tìempo.

Con el panel Time Machine System Preferences (Preferencias del sistema Máquina del tìempo) y el disco seleccionado, realice los pasos siguientes para comenzar a configurar sus copias de seguridad:

1. **Elija cuánto tiempo guardar sus copias de seguridad — 2 semanas, 1 mes, 3 meses, 6 meses, 1 año, etc. — en el menú emergente Automatically Delete Backups Older Than (Eliminar de manera automática copias de seguridad anteriores a).**

   Si su disco de copia de seguridad (Time) tiene espacio suficiente, Máquina del tìempo guarda las copias de seguridad por lo menos el tiempo que especifique en este menú, usualmente más tiempo. Tengo el mío configurado para que las guarde por lo menos dos semanas.

2. **Haga clic en OK (Aceptar).**

3. **Seleccione el cuadro Back Up Automatically (Hacer copia de seguridad de manera automática).**

De esta manera Máquina del tiempo hará copias de seguridad de los archivos cada vez que detecta que su Mac está inactiva.

Si hace esto, usted nunca olvidará hacer copias de seguridad de sus cosas, de manera que sólo hágalo.

Finalmente, para garantizar su exactitud, a continuación encontrará la información completa sobre el resto de funciones del panel Time Machine System Preference (Preferencias del sistema Máquina del tiempo):

- **El cuadro Skip System Files (Omitir archivos del sistema)** le indica a Máquina del tiempo que no haga copias de seguridad a los archivos instalados por Mac OS X Leopard, reduciendo de esta manera sus necesidades de almacenamiento de copias de seguridad.

- **La lista Do Not Back Up (No hacer copia de seguridad)** le indica a Máquina del tiempo los volúmenes a los que no debe hacer copias de seguridad (`bobl` y `BootsMBP` en la Figura 17-1). Para agregar un volumen a esta lista, haga clic en el botón pequeño +; para quitar un volumen de la lista, selecciónelo y haga clic en el botón –.

¿De qué hace Máquina del tiempo copias de seguridad?

Máquina del tiempo hace copias de seguridad de archivos y carpetas que fueron modificados desde la última vez que hizo una copia de seguridad. Eso es lo que hacen los sistemas de copias de seguridad. Pero Máquina del tiempo hace más — también hace copias de seguridad de los contactos de su libreta de direcciones, de sus fotos en su biblioteca iPhoto y de sus eventos en los calendarios iCal. Esto lo distingue de otros sistemas de copias de seguridad y verdaderamente es una característica muy atractiva.

¿Cómo puedo restaurar un archivo (un contacto, una fotografía, un evento, etc.)?

Para restaurar un archivo o cualquier otra información, realice los pasos siguientes:

1. **Ejecute el programa correcto — el que contiene la información que desea restaurar.**

Si lo que desea restaurar es un archivo, ese programa es Finder que como usted sabe, siempre está ejecutando. De manera que para restaurar un archivo individual, realmente no debe ejecutar nada. Pero, para restaurar un contacto, una fotografía o un evento, por ejemplo, debe iniciar Address Book (libreta de direcciones), iPhoto, o iCal, respectivamente.

2. **Con la aplicación correcta ejecutando, inicie la aplicación Máquina del tiempo, como se muestra en la Figura 17-2.**

Figura 17-2:
La aplicación Máquina del tiempo está lista para restaurar un archivo en el Finder.

3. **Haga clic en una de las barras de la esquina inferior derecha de la pantalla o, haga clic en las flechas "forward" (adelante) y "back" (atrás) junto a ellos para elegir la copia de seguridad desde donde desea restaurarlos (martes 27 de marzo de 2007 8:14 A. M. en la Figura 17-2).**

4. **Haga clic en el item que desea restaurar (la carpeta Pictures [Fotografías] en la Figura 17-2).**

5. **Haga clic en el botón Restore (Restaurar) en la esquina inferior derecha.**

   El archivo o carpeta se restaura en su ubicación original. Observe que si un item tiene el mismo nombre que un archivo que existe en la misma carpeta hoy, primero verá un cuadro de diálogo con estas tres opciones: Keep Original (Conservar el original), Keep Both (Conservar ambos) y Replace (Reemplazar).

Tal vez desee restaurar un contacto en la libreta de direcciones, un evento en iCal, una foto en iPhoto u otros datos en aplicaciones compatibles con Máquina del tiempo. En ese caso, inicie primero el programa; a continuación, inicie Máquina del tiempo y realice los mismos pasos.

Finalmente, si desea salir de Máquina del tìempo sin restaurar nada, haga clic en el botón Cancel (Cancelar).

Copias de seguridad con el método manual, de fuerza bruta

Si usted es demasiado tacaño para comprar un disco duro adicional, la forma más rudimentaria de hacer copias de seguridad es hacerlo manualmente. Lo logrará al arrastrar los mencionados archivos, algunos a la vez a otro volumen — a un CD-R, CD-RW, DVD-R o DVD-RW. (Si utiliza un disco óptico, no olvide realmente *grabar el disco*; solo arrastrar estos archivos hacia el ícono de disco óptico no los grabará).

Al hacerlo, está haciendo una copia de seguridad de cada archivo que desea proteger. (Consulte el Capítulo 7 para obtener más información sobre almacenamiento extraíble).

¡Que ordinario! Si hacer una copia de seguridad manual suena bastante desagradable, créame — lo es. Este método puede tardar mucho, mucho tiempo; realmente no puede establecer si copió cada archivo del que necesitaba hacer una copia de seguridad y tampoco puede copiar sólo los archivos que se modificaron desde que realizó la última copia de seguridad. Casi nadie, en su sano juicio, utiliza este método por mucho tiempo.

Desde luego, si es tan cuidadoso de guardar archivos sólo en su carpeta Documents (Documentos) como sugiero varias veces en este libro, posiblemente logra hacer copias de seguridad sólo de eso. O bien, si guarda archivos en otras carpetas dentro de su carpeta Home (Inicio) o tiene algún archivo dentro de su carpeta Movies (Películas), Music (Música), Pictures (Fotografías) o Sites (Sitios) (que con frecuencia contienen archivos que no guardó específicamente en estas carpetas, como sus fotos de iPhoto y sus canciones de iTunes), posiblemente debe considerar hacer una copia de seguridad de su carpeta Home (Inicio) completa.

Como leerá en la sección siguiente, esto es aún más fácil si utiliza un software de copias de seguridad especial.

Copias de seguridad utilizando un software de copias de seguridad comercial

Otra forma de hacer copias de seguridad de sus archivos es con un programa de copias de seguridad de terceros. El software de copias de seguridad automatiza la tarea de hacer copias de seguridad, recordandolo que hay en cada disco de copia de seguridad (si su copia de seguridad utiliza más de un disco) y haciendo copias de seguridad solo de los archivos que se modificaron desde la última vez que hizo una copia de seguridad.

Además, usted puede instruir a su software de copias de seguridad para que haga copias de seguridad sólo de ciertas carpetas (Home [Inicio] o Documents [Documentos]) y que ignore los cientos de megabytes de cosas que componen el Mac OS X, todos ellos se pueden instalar de nuevo muy fácilmente con el DVD de instalación de Mac OS X.

Su primera copia de seguridad con software comercial puede tardar desde varios minutos a varias horas y utilizar uno o más discos ópticos — CD-R, CD-RW, DVD-R, DVD-RW, disco magneto-óptico — o un disco no óptico, como otro disco duro o cualquier tipo de copia de seguridad de cinta. Las copias de seguridad siguientes, denominadas *copias de seguridad parciales* en el lenguaje de software de copias de seguridad, deben tardar sólo algunos minutos.

Si realiza copias de seguridad parciales, asegúrese de poner una etiqueta a todos los discos que utilice durante esa operación — si utiliza varios discos, numérelos. Su software de copia de seguridad puede alertarlo con un mensaje como Please insert backup disk 7. Si no puso una etiqueta en sus discos claramente, podría tener un problema para determinar cuál *es* el disco 7 o cuál disco 7 pertenece a ese grupo específico de copias de seguridad.

Afortunadamente, muchos de los muy buenos programas de copias de seguridad están disponibles por mucho menos de $150, incluso la excelente familia de soluciones de copias de seguridad Retrospect de EMC/Dantz Development (www.emcinsignia.com).

Retrospect Desktop protege hasta dos escritorios o computadoras personales conectadas por aproximadamente $129. Si necesita proteger más de dos computadoras, las licencias de cliente adicionales están disponibles a precios razonables.

Éste es un detalle importante: El cliente de red Retrospect ejecuta en Windows Vista, Windows XP, Windows 2000 Professional, Windows NT 4.0 Workstation, Windows 95/98/Me, Red Hat Linux (versiones 6.2, 7.1, 7.2, 7.3 y 8) y, desde luego, Mac OS 9 o Mac OS X. De manera que si tiene alguna computadora que no sea Mac, muy probablemente Retrospect puede hacer copias de seguridad mediante su red de área local sin costo adicional.

Otras ofertas de copias de seguridad incluyen SilverKeeper (sin costo) de LaCie (www.lacie.com); Data Backup (aproximadamente $60) de Prosoft Engineering (www.prosofteng.com) y los supuestos programas *sincronizadores* como ChronoSync ($20) de Econ Technologies (www.econ technologies.com) y SuperDuper ($28) de ShirtPocket Software (www.shirt-pocket.com).

Si desea el mejor y más flexible software de copias de seguridad, gaste un poco más y decídase por Retrospect. Puede hacer todo lo que los otros pueden hacer — y más. Es el único software de copias de seguridad que necesita.

Una de las mejores características de un buen software de copias de seguridad es que puede configurarlo para que automatice sus copias de seguridad y las realice incluso si usted olvida hacerlo. Aunque Time Machine es un paso hacia la dirección correcta y puede ser suficiente para sus necesidades, no es lo suficientemente bueno para mí. Yo uso cuatro discos duros FireWire como mi elección de discos de copia de seguridad y Retrospect hace copias de seguridad de todas las cosas importantes de mi disco duro principal cuatro veces al día, cada vez a un grupo de copias de seguridad y disco duro distinto. Durante la noche, mi disco entero de arranque se copia en otro disco duro, proporcionándome una copia de seguridad que se puede arrancar para utilizarla durante una emergencia. (En lo que respecta a mis datos, me siento muy tranquilo, gracias).

Por Qué Necesita Dos Juegos de Copias de Seguridad

Usted es un buen soldado. Hace copias de seguridad periódicamente. Usted cree que es inmune a la pérdida o daño de sus archivos.

Ahora, imagínese en la situación siguiente:

1. Un día usted lleva un DVD o su disco duro portátil FireWire a QuicKopy-LazerPrintz para imprimir su hoja de vida con la impresora láser de alta resolución de este lugar. Realiza algunos cambios mientras se encuentra en QuicKopyLazerPrintz y después lleva el disco a casa y lo inserta en su Mac (o lo conecta si es un disco FireWire). Sin que usted lo notara, el disco o documento se infectó con un virus de computadora en QuicKopyLazerPrintz. (Explico lo que son los virus en la sección "Todo sobre los virus", más adelante en este capítulo).

2. Cuando inserta o conecta el disco, la infección se propaga rápidamente en su disco de arranque.

3. Entonces, usted hace una copia de seguridad. Su software de seguridad, creyendo que todos los archivos infectados se modificaron recientemente (de hecho, *sí* se modificaron — ¡están infectados con un virus!), continúa haciendo la copia de seguridad. Usted nota que la copia de seguridad tarda un poco más de lo usual, aunque por otro lado todo parece normal.

4. Pocos días después, su Mac empieza a comportarse en forma extraña. Usted pide prestada una copia de un excelente software de detección de virus como Virus Barrier o Norton AntiVirus (anteriormente Symantec Anti-Virus) y descubre que su disco duro está infectado. "¡Ah ha!" exclama. "He sido un buen usuario de Mac, que hace copias de seguridad periódicamente. Sólo restauraré todo con mis discos de copia de seguridad".

No tan rápido, amigo. ¡Los archivos de su copia de seguridad también están infectados!

Esta situación es completamente ficticia. Como la próxima sección "Todo sobre virus" nos explica, existen muy pocos (si hubiera alguno) virus malignos que afectan Mac OS X. Pero esto demuestra por qué necesita varias copias de seguridad. Si tiene varios juegos de discos de copias de seguridad, lo más probable es que uno de los juegos funcione bien incluso si los otros están infectados (los pierde, son robados o destruidos).

Siempre tengo en uso por lo menos tres juegos de discos de copias de seguridad en todo momento. Uso un juego los días pares y otro los días impares, actualizo el tercer juego una vez a la semana y lo guardo en otro lugar que no sea mi oficina (por ejemplo, la casa de un vecino o una caja fuerte). Este sistema me asegura que, sin importar lo que suceda — incluso si mi oficina se quema, se inunda o es destruida por un tornado o un huracán o es asaltada — no perderé más que el trabajo de algunos días. Puedo vivir con ello.

Problemas de Seguridad Que No Se Relacionan con Copias de Seguridad

Como seguramente ya sospecha, hacer copias de seguridad de sus archivos es vital a menos que no le importe perder todos sus datos algún día. Aunque hacer copias de seguridad es, por mucho, su más importante problema de seguridad, otras cosas pueden poner en peligro sus datos — virus, gusanos, malware, spyware y ataques de intrusos. Éstas son las malas noticias. Las buenas noticias son que es muy probable que todas estas cosas afecten a más usuarios de Windows que a usuarios de Mac. De hecho, me arriesgaría a decir que los virus, gusanos, malware, spyware y ataques de intrusos son más raros que una gallina con dientes para los usuarios de Mac.

Después de decir esto, hay algunas precauciones que los usuarios de Mac deben tener en cuenta, solo por si acaso.

Todo sobre los virus

Un *virus* de computadora, en caso de que no lo haya leído en *Time* o *Newsweek,* es una pequeña parte de un código de computadora muy peligrosa que se duplica y esparce de disco a disco. La mayoría de virus ocasionan que su Mac se comporte en forma extraña; algunos virus pueden destruir archivos o borrar discos sin advertencia.

Las buenas noticias son que la mayoría de las alarmas de virus que escucha y lee no lo afectan (¡oh, suertudo usuario de Mac!) pues estos son específicos para los usuarios de los sistemas Windows. La mayoría de virus son específicos de un sistema operativo — los virus de Mac no afectan a los usuarios de Windows, los virus de Windows no afectan a los usuarios de Mac, etc. La única excepción aquí es un "regalo" del maravilloso mundo de los usuarios de Microsoft Office (Word y Excel, por ejemplo): los temidos *macro virus* que se esparcen con documentos de Word y Excel que contienen macros escritos en el idioma VBA de Microsoft (Visual BASIC para aplicaciones). Pero usted está seguro, incluso de estos, si pone en práctica la computación segura según yo la describo.

De hecho, hasta ahora casi toda la actividad viral que afecta a Mac OS X involucraba varios virus macro de Windows. En realidad, al momento de redactar este documento, no estoy enterado de ningún virus específico de OS X — o de ninguno que ataque exclusivamente a Mac OS X — o (por lo menos hasta este momento) ninguno que cause daño. Sin embargo, el consejo de este capítulo es acertado — uno nunca sabe cuando los muchachos decidirán atacar a Mac. Los virus de OS X no son imposibles o inexistentes; únicamente no existen en ejemplos conocidos por el momento. Pero pueden existir algún día, más vale asegurarse que lamentarse.

Si utilice discos que se han insertado en otras computadora, necesita algún software de detección de virus. Si usted descarga y utiliza archivos de sitios web y protocolo de transferencia de archivos (FTP) en la Internet, necesita algún tipo de detección de virus.

Usted no tiene mucho de qué preocuparse

- ✔ Usted descarga archivos únicamente de servicios en línea comerciales, como AOL, que es muy consiente de las infecciones por virus.

- ✔ Usted utiliza únicamente software comercial y no descarga archivos de sitios Web con nombres extraños.

Usted absolutamente debe preocuparse por infección de virus si

- ✔ Un amigo con mal gusto le cuenta sobre un sitio Web llamado `Dan'sDenOfPiratedIllegalStolenBootlegSoftware.com` — y usted sí lo visitó.

- ✔ Intercambia discos con sus amigos regularmente.

- ✔ Cambia discos entre una y otra Mac.

- ✔ Utiliza sus discos en oficinas de servicios o tiendas de copias.

- ✔ Usted descarga archivos de varios y diversos lugares en Internet, incluso los que no suenan tan engañosos como `Dan'sDenOfPiratedIllegalStolenBootlegSoftware.com`.

- ✔ Usted recibe correo electrónico con archivos adjuntos (y los abre).

Si usted está en riesgo, hágase un favor y compre un programa antivirus comercial. Aunque puede elegir entre muchas soluciones antivirus shareware y freeware, ninguna que yo conozca es tan confiable como Virus Barrier y Norton. La gran ventaja de comprar un programa antivirus comercial es que el editor se comunica con usted cada vez que se descubre un virus y le proporciona una actualización de software para protegerlo contra la nueva cepa. (O bien, por una tarifa, el editor puede enviarle una versión nueva del software cada vez que se descubre un virus nuevo. Pero eso puede resultar caro; los virus nuevos aparecen todos los días).

Por el lado comercial, dos programas de utilidad de detección de virus, líder en el Mercado son Virus Barrier y Norton AntiVirus (NAV; anteriormente Symantec Anti-Virus). Cada uno tiene sus defensores. Yo he utilizado Virus Barrier por un par de años y nunca se me ha infectado con un virus.

Firewall: ¿sí o no?

Según el diccionario Oxford American incorporado en Mac OS X un firewall es

> Parte de un sistema de computadora o red que está diseñado para bloquear el acceso no autorizado mientras permite la comunicación saliente.

Al utilizar un firewall protege su computadora de usuarios malignos de otras redes o de la Internet y evita que accedan a su Mac.

A diferencia de versiones anteriores de Windows, Mac OS X es muy difícil de decodificar. Ha habido muy pocos reportes (si ha habido alguno) de intrusos que han accedido a las computadoras Macintosh que ejecutan Mac OS X. Una de las razones podría ser que Mac OS X tiene un firewall incorporado. Éstas son las buenas noticias. Las malas noticias son que dicho firewall se desactiva por omisión. Debe activarlo si desea estar protegido contra acceso no autorizado a su computadora.

Para activar su firewall, realice los pasos siguientes:

1. **Abra la aplicación System Preferences (Preferencias del sistema) (desde la carpeta Applications [aplicaciones], menú o Dock [Acoplador]).**

2. **Haga clic en el ícono Security (Seguridad) y a continuación haga clic en la pestaña Firewall.**

   La configuración por omisión es Allow All Incoming Connections (Permitir todas las conexiones entrantes), que es la opción menos segura.

3. **Para proporcionar el nivel más alto de protección a su Mac, seleccione el botón Block All Incoming Connections (Bloquear todas las conexiones entrantes) según se muestra en la Figura 17-3. O bien, si debe permitir algunas conexiones por cualquiera de las razones descritas en la lista siguiente, utilice la solución alternativa que recomiendo.**

Figura 17-3:
La ficha de Firewall del panel de Sistema de preferencias de seguridad.

Algunas veces es deseable permitir las conexiones entrantes de computadoras extrañas. La lista siguiente describe las situaciones más comunes y explica cómo configurar su firewall consecuentemente:

✔ **Usted desea alojar un sitio Web en su Mac utilizando la función de uso compartido de red personal incorporado en Mac OS X.** Si ha seleccionado el ajuste Block All Incoming Connections (Bloquear todas las conexiones entrantes) de firewall nadie puede acceder a su sitio Web — el firewall bloquea el acceso.

Solución: Cuando active un servicio en el panel Sharing System Preference (Preferencias del sistema de uso compartido) el Firewall permite en forma automática las conexiones entrantes. De manera que haga clic en el botón Show All (Mostrar todos) y a continuación haga clic en el ícono Sharing (Uso compartido). Active Web Sharing (Uso compartido de red) y ya está listo. He activado File Sharing (Uso compartido de archivos) y Web Sharing (Uso de red compartido) en el panel Sharing System Preferences (Preferencias del sistema de uso compartido), según se muestra en el panel Security System Preferences (Preferencias del sistema de seguridad), en la Figura 17-4. El firewall lo resuelve mágicamente y debe permitir que otros compartan archivos y vean sitios Web personales desde esta Mac.

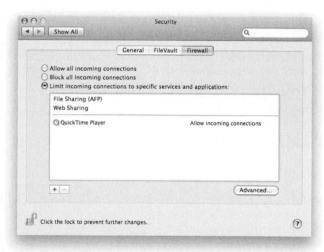

Figura 17-4:
Yo habilité Compartir archivos y Uso compartido de red en el panel del Sistema de preferencias de uso compartido.

✔ **Una aplicación de terceros debe permitir las conexiones exteriores para que funcione.** ¿Cómo puede saberlo? Revise el manual del usuario, el archivo Read Me (Léeme) o la aplicación Help (Ayuda). Si un programa requiere que abra un firewall, es casi seguro que encontrará información en uno (o más) de estos lugares.

Nota: Su firewall está al tanto de sus aplicaciones y servicios de Mac OS X como iTunes Music Sharing (Uso compartido de música) e iPhoto Photo Sharing (Uso compartido de fotografías), de manera que no es necesario que aplique ninguna configuración especial para ellos.

Solución: Si usted está utilizando el ajuste Limit Incoming Connections to Specific Services and Applications (Limitar conexiones entrantes a servicios y aplicaciones determinados) (según se describe en la viñeta anterior) y debe abrir su firewall para una aplicación de terceros, haga clic en el botón pequeño + a la izquierda cerca de la parte inferior de la ventana. Una hoja Open File (Abrir archivo) estándar se despliega sobre la ventana; seleccione el programa apropiado, haga clic en el botón Add (Agregar) y, a continuación, elija Allow All Connections (Permitir todas las conexiones) desde su menú emergente.

Es así como activé las conexiones entrantes para QuickTime Player en la Figura 17-4.

➤ **Usted encontró problemas con una actividad relacionada con la red y sospecha que su firewall es el problema.**

Solución: Haga clic en el botón Allow All Incoming Connections (Permitir todas las conexiones entrantes) temporalmente para ve si eso resuelve el problema. Si lo hace, siga las instrucciones anteriores para agregar el programa a la lista de aplicaciones de su firewall y, a continuación, elija Allow All Connections (Permitir todas las conexiones) de su menú emergente. Si no resuelve el problema, no olvide seleccionar de nuevo su ajuste anterior — ya sea Block All Incoming Connections (Bloquear todas las conexiones entrantes) o Limit Incoming Connections to Specific Services and Applications (Limitar las conexiones entrantes a servicios y aplicaciones determinados).

Instale las actualizaciones de software que se recomiendan

De vez en cuando, su Mac le informa sobre una nueva actualización de software que está disponible y le pregunta si desea instalarla. En la mayoría de los casos, usted lo hace. Apple lanza actualizaciones de software solo para corregir problemas de seguridad que se han descubierto recientemente o para corregir virus severos en Mac OS X o sus aplicaciones integradas.

De vez en cuando, una de estas actualizaciones de software tiene un efecto secundario no intencional y mientras resuelve un problema, introduce uno nuevo. Usualmente Apple es muy cuidadoso y esto no sucede con mucha frecuencia, pero si desea estar seguro, no instale una actualización de software sin antes visitar MacFixIt (www.macfixit.com) o MacInTouch (www.macintouch.com) y leer sus reportes sobre la actualización. Si *hubiera* problemas extendidos con una actualización de software determinada, estos dos sitios tendrán la cobertura más completa (y posibles soluciones).

Proteja Sus Datos de Miradas Curiosas

La última clase de seguridad que describe en este capítulo es la protección de sus archivos de otros usuarios de su red de área local y usuarios con acceso físico a su Mac. Si no desea que alguna persona eche a perder sus archivos, revise las medidas de seguridad que describo en las secciones siguientes.

Bloquear o limitar conexiones

Lo primero que debe hacer es abrir el panel Sharing System Preferences (Preferencias del sistema de uso compartido) al lanzar la aplicación System Preferences (Preferencias del sistema) (desde la carpeta Applications [aplicaciones], menu , o Dock [acoplador]) y hacer clic en el ícono Sharing (Uso compartido). Nadie puede obtener acceso a su Mac por medio de la red si todos los servicios del panel Sharing (Uso compartido) están desactivados y su firewall está configurado ya sea en Block All Incoming Connections (Bloquear todas las conexiones entrantes) o Limit Incoming Connections to Specific Services and Applications (Limitar las conexiones entrantes a servicios y aplicaciones determinados). Consulte la sección "Firewall: ¿Sí o no?" antes en este capítulo para obtener detalles sobre estos ajustes.

Bloqueo de archivos con FileVault

Si usted absoluta y positivamente no desea que nadie pueda acceder a los archivos de su carpeta Home (Inicio), FileVault le permite codificar su carpeta Home (Inicio) completa y su contenido. Protege sus datos con el estándar de codificación más reciente aprobado por el gobierno — Estándar de codificación avanzada con claves de 128 bits (AES-128).

Cuando enciende su FileVault, se le pide que configure una *contraseña principal* para la computadora. Después de hacer esto, usted o cualquier otro administrador pueden utilizar esa contraseña principal o si olvida su contraseña de inicio de sesión de su cuenta usual.

Si enciende FileVault y olvida su contraseña de inicio de sesión y su contraseña principal, no puede iniciar sesión en su cuenta y perderá sus datos para siempre. En serio. Ni siquiera DriveSavers tendría la esperanza de recuperarlos. De manera que no olvide ambas contraseñas, ¿de acuerdo?

FileVault es útil principalmente si guarda información delicada en su Mac. Si usted se desconecta de su cuenta de usuario y alguien acceda a su Mac, no hay forma de que pueda acceder a sus datos. Punto.

Debido a que FileVault codifica su carpeta Home (Inicio), es posible que no pueda acceder a algunas tareas a las que usualmente accede desde su carpeta Home (Inicio). Entre otras cosas, algunos programas de copias de seguridad se bloquean si FileVault está activado. También, si no está conectado en su cuenta de usuario, otros usuarios no pueden acceder a sus carpetas de uso compartido.

Debido a que FileVault siempre está codificando y decodificando archivos, con frecuencia pone lenta su Mac cuando agrega o guarda archivos nuevos y necesita tiempo adicional antes de dejarlo desconectarse, reiniciar o apagar.

Para activar FileVault, realice los pasos siguientes:

1. **Abra el panel Security System Preferences (Preferencias del sistema de seguridad) y seleccione la pestaña FileVault.**

2. **Haga clic en el botón Set Master Password (Configurar contraseña principal) y configure una contraseña principal para su computadora.**

3. **Haga clic en el botón Turn on FileVault (Activar FileVault) para activar FileVault.**

Para desactivar FileVault, haga clic en el botón Turn off FileVault (Desactivar FileVault).

La última vez que probé esta característica (con Mac OS X Tiger), cuando intenté desactivar FileVault, recibí un mensaje de error y no pude desactivar FileVault. Intenté con todos los trucos que conozco (y conozco bastantes) y también me comuniqué con el grupo de soporte de Apple. El problema nunca se pudo resolver. Terminé por borrar el disco duro y restaurar los archivos con las copias de seguridad (otra razón más por las que varias copias de seguridad son una buena idea).

Ajuste de otras opciones de seguridad

La pestaña System (Sistema) del panel Security System Preferences (Preferencias del sistema de seguridad) ofrece varias opciones más que pueden ayudarle a mantener seguros sus datos. Estos son

✔ **Require Password to Wake This Computer from Sleep or Screen Saver (Requerir una contraseña para activar esta computadora de reposo o descansador de pantalla):** Active esta opción si desea que su Mac se bloquee y requiera una contraseña después de que aparece el descansador de pantalla o se pone en reposo. Puede ser muy molesto tener que escribir su contraseña todo el tiempo. Pero si tiene compañeros de trabajo, familiares u otras personas curiosas que quiere mantener alejados de sus cosas, posiblemente debe activar esta opción.

✔ **Disable Automatic Login (Desactivar inicio de sesión automático):** Una de las opciones de inicio de sesión en el panel Accounts System Preferences (Preferencias del sistema de cuentas) es el inicio de sesión automático. Si el inicio de sesión automático está activado, no tiene que elegir una cuenta o escribir su contraseña cuando arranca su Mac. En lugar de ello, omite todo el inicio de sesión y va directamente al escritorio de la cuenta designada. Si desea desactivar esta característica para todas las cuentas, de manera que cada usuario de esta Mac vea la pantalla de inicio de sesión y deba elegir una cuenta y escribir su contraseña, active esta opción.

✔ **Require Password to Unlock Each System Preference Pane (Requerir una contraseña para desbloquear cada panel de preferencia del sistema):** Si prefiere evitar que los usuarios que no son administradores cambien los ajustes de cualquier panel de preferencias del sistema, active esta opción.

✔ **Log Out after X Minutes of Inactivity (Desconectar después de X minutos de inactividad):** Esta característica hace lo que dice — desconecta al usuario actual después de una cantidad de tiempo de inactividad determinada.

✔ **Use Secure Virtual Memory (Utilizar memoria virtual segura):** Es remotamente posible que un pirata informático muy motivado pueda recuperar datos que recientemente leyó o escribió en uno de los archivos intercambiables de memoria virtual de Mac OS X. Debido a que puede tener un efecto adverso en el rendimiento de su Mac posiblemente desee mantener esta opción desactivada a menos que sea extremadamente paranoico con que alguien vea los datos de su Mac.

✔ **Disable Remote Control Infrared Receiver (Desactivar receptor infrarrojo de control remoto):** En la actualidad, la mayoría de Macs vienen con un dispositivo de control remoto Apple. Para desactivarlo para todos los usuarios, active esta opción.

Capítulo 18

Arca de Utilidades

Leopard de Mac OS X viene con una gran cantidad de utilidades muy prácticas que hacen que el uso de su computadora sea más placentero y que usted sea más productivo cuando utiliza su computadora. En este capítulo, le damos un vistazo a las que no se explican en ningún otro capítulo de este libro.

El primer ítem, Calculator (Calculadora) se encuentra en su carpeta Applications (Aplicaciones); todos los otros ítems de este capítulo se encuentran en la carpeta Utilities (Utilidades), dentro de su carpeta Applications (Aplicaciones).

Calculator (Calculadora)

¿Necesita hacer cálculos rápidos? La aplicación Calculator (Calculadora) le brinda una calculadora sencilla con todas las funciones para procesar grandes cantidades de números que tiene su calculadora de bolsillo. Para utilizarla, puede hacer clic en las teclas con el ratón o utilizar el teclado numérico de su teclado para escribir números y operadores (símbolos matemáticos como +, − y =). Calculator (Calculadora) también le ofrece una cinta de papel (View [Ver]⇨Show Paper Tape [Mostrar cinta de papel]) para que lleve un registro de sus cálculos y, si lo desea, le proporciona un registro impreso. Incluso puede repetir los números con voz audible (Voz⇨botón Speak [Hablar] presionado y Speech [Voz]⇨Speak [Hablar]).

Vea Calculator (Calculadora) en la Figura 18-1.

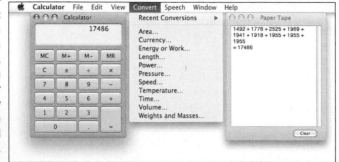

En mi humilde opinión, la función más útil de la calculadora (después de la cinta de papel) es el menú Convert (Convertir) — en forma más específica, la función de conversión de moneda. Esta función realmente revisa en Internet la tasa de cambio para calcular la conversión para usted. Eso es algo muy bueno.

Además de eso, Calculator (Calculadora) tiene tres modos: Basic (Básico), Scientific (Científico) y Programmer (Programador). Basic (Básico) es el valor por omisión, usted accede a los otros dos modos de la manera siguiente:

✔ Al presionar ⌘+2 (View [Ver]⇨Scientific [Científico]) convierte la antes débil calculadora a una poderosa calculadora científica.

✔ View (Ver)⇨Programmer (Programador) (⌘+3) la convierte en la mejor amiga del programador, le permite mostrar su cumpleaños en binarios, octal, hexadecimal, ASCII y Unicode. También realiza operaciones de programación como cambios e intercambios de bytes. (Si usted es programador, sabe lo que eso significa; si no lo es, en realidad no importa).

Activity Monitor (Supervisor de Actividades)

En Unix, el sistema operativo básico que hace funcionar a Mac OS X, aplicaciones y otras cosas que suceden detrás del telón se denominan *procesos*. Cada aplicación y sistema operativo, por sí mismo, puede ejecutar varios procesos a la vez.

En la Figura 18-2, usted ve 51 procesos distintos ejecutando, la mayoría de ellos, detrás del telón. Observe que cuando se tomó esta instantánea solo estaban ejecutando tres aplicaciones (Finder, Dashboard [Tablero] y Activity Monitor [Supervisor de actividades]).

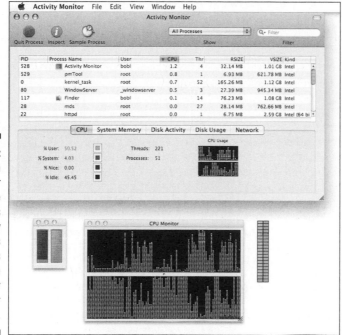

Figura 18-2:
La ventana
Supervisor
de
actividades
(arriba) y
las tres
pequeñas
ventanas de
supervisor
de monitor
(abajo).

Para visualizar las tres ventanas de CPU Monitor (Supervisor de CPU) debajo de la ventana Activity Monitor (Supervisor de actividades) según se muestra en la Figura 18-2, elija Window (Ventana)⇨CPU Usage (Uso de CPU) (combinación de teclas del teclado ⌘+2), CPU History (Historial del CPU) (combinación de teclas del teclado ⌘+3) o Floating CPU Window (Ventana flotante del CPU) (sin combinación de teclas del teclado).

Usted también puede seleccionar lo que aparece en el ícono Activity Monitor's Dock (Acoplador del supervisor de actividades) — CPU Usage (uso de CPU), CPU History (historial de CPU), Network Usage (Uso de red), Disk Activity (Actividad de disco), Memory Usage (uso de memoria) o el ícono Activity Monitor (Supervisor de actividades) — al elegir View (Ver)⇨ícono Dock (Acoplador). Todos menos el ícono Activity Monitor (Supervisor de actividades) aparecen *activos,* esto significa que actualizan cada pocos segundos para reflejar el estado actual de las cosas.

Para elegir con que frecuencia ocurre esta actualización, elija View (Ver)⊅ Update Frequency (Frecuencia de actualización).

Pero tenga cuidado — las duraciones muy cortas provocan que Activity Monitor (Supervisor de actividades) utilice más ciclos de CPU, lo que puede disminuir el rendimiento general.

Finalmente, la parte inferior de la ventana Activity Monitor (Supervisor de actividades) puede mostrar uno de cinco distintos supervisores. Sólo haga clic en la pestaña correcta — CPU, System Memory (Memoria del sistema), Disk Activity (Actividad de disco), Disk Usage (Uso de disco) o Network (Red) — para ver ese supervisor determinado.

Los adictos a las computadoras y las personas que resuelven problemas pueden utilizar Activity Monitor (Supervisor de actividades) para identificar qué procesos están ejecutando, qué usuario es propietario del proceso y cuánta capacidad de CPU y de memoria está utilizando el proceso. Incluso puede salir o forzar a salir a un proceso que considera que le esté ocasionando problemas.

Hacer travesuras con Activity Monitor (Supervisor de actividades) no es una buena idea para la mayoría de los usuarios. Si tiene problemas con una aplicación o con Mac OS X, intente salir de todas las aplicaciones que están abiertas; fuerce la salida de estas aplicaciones (presione ⌘+Option (Opción) + Esc — el "saludo de tres dedos" de Mac); o desconectarse e iniciar sesión de nuevo antes de echar a perder los procesos.

Utilidad AirPort Disco

Usted utiliza la utilidad AirPort Disk para descubrir discos duros de USB 2.0 conectados a su estación base AirPort Extreme (Extremo). También la utiliza para agregar un ítem de menu de AirPort Disks a su barra de menu de manera que pueda ver los discos duros USB 2.0 disponibles en su red inalámbrica AirPort y conectarse con ellos en forma manual. Conozca más sobre uso compartido y redes con AirPort en el Capítulo 15.

Utilidad AirPort

Usted utiliza la utilidad AirPort para configurar una estación base AirPort y sus ajustes individuales, como estación base y contraseñas de red inalámbrica, nombre de red, tipo de conexión con Internet, etc.

Cuando abra por primera vez su utilidad AirPort Utility, seleccione la estación base AirPort con la que desea trabajar al hacer clic sobre su ícono al lado izquierdo de la ventana.

Si desea recibir asistencia para configurar su estación base, haga clic en el botón Continue (Continuar) en la esquina inferior derecha de la ventana AirPort Utility (Utilidad AirPort). Se le hará una serie de preguntas y su estación base se configurará como corresponde. Si sabe lo que está haciendo y desea cambiar en forma manual los ajustes de su estación base, elija Base Station (Estación base)➪Manual Setup (Configuración manual) (⌘+L).

Configuración de Audio MIDI

Este programa es el centro de control de cualquier dispositivo MIDI incorporado o conectado con su Mac.

Intercambio de Archivos Bluetooth

Si tiene un dispositivo Bluetooth y su Mac tiene un adaptador para Bluetooth conectado a un puerto USB (o tienen Bluetooth incorporado, aunque ninguna Mac lo tiene al momento de redactor este documento), puede copiar archivos de su Mac al dispositivo Bluetooth — sin cables — por medio del Bluetooth. Para hacerlo, sencillamente arrastre los iconos para los ítems de Address Book (Libreta de direcciones) (archivos vCard), ítems iCal (archivos vCal) e imágenes (archivos .gif) al ícono Bluetooth File Exchange (Intercambio de archivos Bluetooth).

Utilidad ColorSync

ColorSync le ayuda a asegurar la consistencia de color cuando está escaneando, imprimiendo y trabajando con imágenes a color. Este paquete incluye el software ColorSync así como perfiles ColorSync prefabricados para diversidad de monitores, escáner e impresoras. La utilidad ColorSync tiene muchas herramientas diseñadas para facilitar el trabajo con perfiles y dispositivos ColorSync. Posiblemente nunca los necesite, pero quería que supiera que están ahí, por si acaso.

¿Hasta dónde Bluetooth?

Bluetooth es el estándar de facto para la comunicación inalámbrica entre dispositivos inteligentes en distancias cortas. Por lo menos, esa es mi definición. Uno de esos dispositivos inteligentes es el teléfono inalámbrico Motorola L2 que he estado utilizando.

Bluetooth es un protocolo inteligente. Cuando dos dispositivos Bluetooth se han preparado (en realidad, emparejado), ellos se reconocen cuando están dentro de un rango de — 20–30 pies — y realizan inmediatamente cualquier tarea que se les indicó cuando se emparejaron.

Mi teléfono puede recibir ítems de calendario, contactos e imágenes pequeñas de mi Mac. Puedo hacer copias de seguridad de la memoria de mi teléfono en el disco duro de mi Mac. Gracias a que mi MacBook Pro tiene Bluetooth incorporado, puedo utilizar el teléfono como módem inalámbrico y navegar por Internet o revisar mi correo electrónico desde la playa, si lo deseo, igual que en la TV.

Lo que AirPort es para la red inalámbrica, es Bluetooth para las conexiones periféricas inalámbricas inteligentes.

Que pena, Bluetooth no es muy rápido y tiene un rango limitado (aproximadamente 20–30 pies de su Mac). Pero es excelente para enviar cantidades pequeñas de datos entre dispositivos. Esté pendiente de los dispositivos que actualmente utiliza por medio de USB (cámaras digitales, impresoras, etc.) pronto ofrecerán conectividad con Bluetooth.

Advertencia: Si su Mac no tiene un Bluetooth incorporado (o un adaptador para Bluetooth conectado) e intenta iniciar Bluetooth File Exchange (Intercambio de archivos Bluetooth), ésta le avisa que su Mac no tiene el hardware correcto de Bluetooth conectado — y no iniciará.

Un *perfil ColorSync* es un grupo de instrucciones para un monitor, escáner o impresora que indica a su dispositivo cómo manejar colores y blancos de manera que el resultado del dispositivo sea consistente con el de otros dispositivos, según lo determinan los perfiles ColorSync de los otros dispositivos. En teoría, si dos dispositivos tienen perfiles ColorSync, su resultado (en la pantalla, en una hoja impresa o en una imagen escaneada) deben coincidir perfectamente. Dicho de otra forma, el color que ve en la pantalla debe ser el mismo tono de color que ve en una hoja impresa o en una imagen escaneada.

Si no es un artista gráfico que trabaja con archivos de color y que ajusta monitores e impresoras para lograr la combinación perfecta de colores, posiblemente no necesite la utilidad ColorSync Utility (a menos que se haya enganchado con iPhoto y desee que sus imágenes a color impresas con inyección coincidan).

¿Calibrar o no calibrar?

Algo que debe intentar, aunque no piense usar ColorSync, es calibrar su monitor. Este proceso ajusta los niveles de rojo, verde, azul y blanco y puede hacer que lo que ve en su pantalla sea mucho mejor.

Para calibrar su monitor realice los pasos siguientes:

1. **Abra el panel Display System Preferences (Preferencias del sistema de pantallas).**

2. **Haga clic en la pestaña Color y escriba el perfil de pantalla que utiliza su Mac actualmente (está resaltado en la lista Display Profile (Perfil de pantalla).**

3. **Haga clic en el botón Calibrate (Calibrar).**

Aparece el Display Calibrator Assistant (Asistente de calibrador de pantalla).

4. **Siga las sencillas instrucciones que aparecen en la pantalla para calibrar su monitor y cree un perfil de pantalla personalizado.**

5. **Dé un nombre a su perfil; a continuación, haga clic en el botón Continue (Continuar).**

Si decide que no le gustan los resultados de su ajuste, seleccione el perfil de pantalla que escribió en el Paso 2, en la lista Display Profile (Perfil de pantalla) en el panel Display System Preferences (Preferencias del sistema de pantallas). Su monitor regresará a la forma en que estaba antes de ajustarlo.

Si se siente obligado a hacer todo lo posible para obtener el color exacto en su monitor e impresora, revise *Color Management For Digital Photographers For Dummies,* de Ted Padova y Don Mason (Wiley).

DigitalColor Meter

 El programa DigitalColor Meter muestra lo que está en su pantalla como valores de color numéricos, según dos sistemas distintos: RGB (rojo, verde, azul) o CIE (la abreviatura de un sistema coordinado de temperatura de color, desarrollado por Commission Internationale de l'Eclairage, la comisión internacional de iluminación). Si usted no es un artista gráfico o de alguna manera está involucrado en la producción de documentos a color de alta tecnología, es casi seguro que nunca lo necesite.

Utilidad de Disco

 Si usted tiene problemas con su disco duro o necesita hacer algún cambio en él, utilidad de disco es un buen lugar para comenzar. Esta aplicación tiene cinco componentes activos: First Aid (Primeros Auxilios), Erase (Borrar), Partition (Partición), RAID y Restore (Restaurar).

First Aid (Primeros Auxilios)

Si sospecha que algo no está bien en su Mac, la parte de primeros auxilios de su utilidad de disco puede ser una de sus primeras paradas. Utilice First Aid (Primeros Auxilios) para verificar y (si fuera necesario) reparar un disco con problemas. Para utilizarlo, haga clic en el botón First Aid (Primeros Auxilios) al lado izquierdo de la ventana Disk Utility (Utilidad de disco). Haga clic en el ícono volume (Volumen) y después en Verify (Verificar). Usted obtiene información sobre cualquier problema que encuentre el software. Si First Aid (Primeros Auxilios) no encuentra ningún problema, puede sentirse feliz, seguro, sabiendo que su Mac está bien. Si la verificación indica que hay un problema, haga clic en Repair (Reparar) para resolverlo. También puede utilizar First Aid (Primeros Auxilios) para resolver problemas de autorizaciones.

No podrá utilizar la copia de Disk Utility (Utilidad de disco) en su carpeta Applications/Utilities (Aplicaciones/utilidades) para reparar su disco de arranque Mac OS X. Para hacerlo debe reiniciar desde un CD o DVD de instalación de Mac OS X y ejecutar la copia de Disk Utility (Utilidad de disco) de ese CD o DVD.

No puede utilizar Disk Utility First Aid (Primeros auxilios de utilidad de disco) para reparar un CD o DVD; tampoco puede utilizarlo para reparar la mayoría de archivos de imagen del disco. Estos discos son sólo lectura y no se pueden modificar. *Puede* reparar discos de Zip, SuperDisks, discos DVD-RAM o cualquier otro medio grabable que se pueda montar en su Mac.

Erase (Borrar)

Utilice Erase (Borrar) para formatear (Borrar por completo) un disco. No puede hacer esto con el disco de arranque — donde se encuentra Mac OS X.

Cuando formatea un disco, usted borra toda la información permanentemente. No puede deshacer el formateo — a menos que esté absolutamente seguro que es lo que desea hacer, no lo haga. A menos que ya no vaya a utilizar lo que esté en el disco, haga una copia de seguridad completa del disco antes de formatearlo. Si los datos son muy importantes, debe tener por lo menos dos (o hasta tres) copias válidas, confirmadas, de ese disco antes de reformatear.

Partition (Partición)

Utilice esta pestaña para crear particiones de disco (varios volúmenes en un solo disco), OS X considera a cada disco como un disco separado.

Acerca de particiones y volúmenes

Hacer una partición de un disco le permite crear varios volúmenes. Un *volumen* es un espacio de almacenaje que (desde el punto de vista de Mac) se ve y funciona igual que el disco duro; una *partición* es sencillamente un volumen designado en un disco, completamente separado de todas las otras particiones (volúmenes). Puede crear cualquier número de particiones, pero es buena idea limitarse a no más de algunas. Muchas personas, me incluyo, utilizan una partición para Mac OS X y otra para Mac OS 9.

Puede crear particiones de disco sólo en un disco recién formateado. De manera que para hacer una partición de un disco, primero formatéelo en Drive Setup (Configuración de disco) y después cree las particiones. Antes de hacerlo, piense un poco de cuán grande desea que sea la partición. No podrá cambiar de opinión después.

Yo considero que las particiones no deben ser más pequeñas que 5GB. Puede hacerla de 2 GB si tiene un disco más pequeño, pero no

necesita crear muchas particiones pequeñas sólo para guardar sus cosas. En vez de ello, use carpetas: Son excelentes para organizar las cosas como a usted le gusta. La única excepción de la regla es grabar muchos CD con su unidad CD-RW. En ese caso, una partición de 650MB o 700MB (si utiliza CD de ese tamaño) le permite *hacer un prototipo* de sus CD antes de grabarlos — ordene el contenido y vea cuántas cosas *caben* en un solo disco de 650MB o 700MB. Desde luego, crear archivos de imágenes de disco de estos tamaños dejará espacio libre para otros usuarios cuando no esté hacienda prototipos.

De la misma manera, no es necesario utilizar particiones. Muchos usuarios nunca hacen particiones de sus discos duros y les va muy bien. Si elige hacer una partición, posiblemente debe limitar el número de particiones que cree. Una iMac con un disco de 120GB estará bien con una o dos (hasta tres) particiones — no hay necesidad de hacer más.

RAID

Al utilizar Redundant Array of Individual Disks (Alineación redundante de discos individuales, RAID), puede tratar varios discos como un volumen único, que es lo opuesto de partición.

Restore (Restaurar)

Utilice la pestaña Restore (Restaurar) para restaurar su Mac a una condición como nueva desde un CD-ROM o archivo de imágenes de disco.

Hablando de imágenes de disco (y lo haré en un minuto), Disk Utility (Utilidad de disco) contiene la función que antes se encontraba en el ahora descontinuado programa Disk Copy (Copia de disco).

En la mayoría de los casos, usted instala software nuevo en su Mac desde un CD-ROM o DVD-ROM o, al descargarlo de la Internet. Los proveedores de software usualmente utilizan un programa de instalador que descomprime y copia archivos en sus lugares correctos de su disco duro. Después de instalar el software está listo para comenzar de nuevo.

La variación de Apple de este tema es un archivo enorme llamado *disco image (imagen de disco)* — todo lo que usualmente encontraría en un disco, sin el disco. En estos días, más desarrolladores están adoptando el formato de imagen de disco para sus instaladores y actualizadores que se pueden descargar. Cuando se monta en su escritorio (explicaré lo que significa *montar* en un minuto), una imagen de disco se ve y funciona como un disco verdadero. Puede abrirla y ver su contenido desde la ventana Finder, copiar archivos desde su ventana a otro disco, arrastrarla al botón Eject (Expulsar) para retirarla de su escritorio — puede hacer lo que sea. Para que la imagen de disco aparezca en su escritorio, haga doble clic en el archivo de imagen. En este punto, la aplicación Disk Utility (Utilidad de disco) se hace cargo y coloca un ícono (que para todos los propósitos se ve como un disco) en su escritorio.

Disk Utility (Utilidad de disco) no solo monta imágenes cuando hace clic sobre ellas, sino le permite crear sus propios archivos de imagen de disco y grabarlos en CD-ROM y DVD-ROM.

Debido a que puede transferir imágenes de disco por medio de la Internet — y a que funcionan igual que discos — son un excelente sustituto para un CD-ROM u otro instalador de software basado en disco. Un fabricante de software puede crear una versión en CD de un instalador y una imagen de disco que se pueda descargar.

A propósito, encontrará más sobre Disk Utility (Utilidad de disco) (principalmente cómo utilizarlo para resolver problemas) en el Capítulo 19.

Grab (Capturar)

¿Desea capturar la imagen de su pantalla? Yo solía hacerlo para colocar las instantáneas de la pantalla en las imágenes de este libro. Usted puede utilizar Grab (Capturar) para tomar una instantánea de todo o parte de la pantalla y guardar ese archivo para impresión o enviarlo (o sea, a todos sus fanáticos que desean ver su patrón de escritorio o cómo ha organizado sus ventanas). Para la primera edición de este libro utilicé Grab (Capturar) pero utilicé la excelente utilidad Snapz Pro X (Ambrosia Software; www.ambrosiasw.com) para las imágenes de las ediciones siguientes. Absolutamente vale los honorarios de shareware.

 La mejor característica de Grab (Capturar) es su capacidad de capturar pantallas temporizadas. Igual que las cámaras que le permiten iniciar el temporizador y correr para acomodarse en la fotografía, Grab (Capturar) le da diez segundos para traer la ventana que desea al frente, desplegar un menú, quitar el cursor del camino o lo que deba hacer para que la pantalla sea perfecta.

 El comportamiento por omisión de Grab (Capturar) es no mostrar el cursor. Si desea mostrar el cursor en sus capturas de pantalla, elija Grab (Capturar)➪ Preferences (Preferencias) y seleccione un puntero de las diez opciones en el cuadro de diálogo Preference (Preferencias). Para que no aparezca el cursor, haga clic en el ítem del extremo superior, que está más a la izquierda, que es un cuadro vacío, eso indica *sin cursor*.

Grapher (Hacedor de gráficas)

 Grapher (Hacedor de gráficas) es una pieza venerable de atractivo visual que muestra la potencia de computación de su CPU. Un rápido instructor visual de matemáticas, Grapher (Hacedor de gráficas) puede hacer gráficas de ecuaciones en dos o tres dimensiones y se expresa en hexadecimal, octal, decimal y binario para arrancar. Incluso puede hacer gráficas de curvas, superficies, inecuaciones, ecuaciones diferenciales, series discretas y campos de vectores y escalares. . . lo que sea que eso signifique. (Encontré toda esa información en Help de Apple).

Installer (Instalador)

 Installer (Instalador) es una aplicación que nunca tendrá que abrir usted mismo. Pero no se deshaga de él — los desarrolladores de software, incluso Apple, escriben escrituras de instalador que automatizan el proceso de colocar software en su Mac (eso es de lo que se tratan todas las extensiones de archivos .pkg y .mpkg). Estas escrituras saben a dónde debe ir cada cosa y en qué orden — y para poder ejecutar, estas escrituras de instalador deben encontrar este pequeño programa. Si usted sencillamente deja que esta criatura descanse en paz, todo marchará a las mil maravillas.

Java

Esta carpeta contiene tres herramientas para utilizar el versátil y poderoso idioma Java con su Mac:

- **Input Method Hot Key (Tecla clave de método de entrada):** Utilice esta herramienta como una tecla clave que le permite elegir entre varios métodos de entrada en un menú emergente.

  La tecla clave está disponible solo cuando la aplicación de Java es la aplicación activa.

- **Java Preference (Preferencia Java):** Éste es un panel de control para Java y sus complementos que puede ejecutar en su navegador de Web.

- **Java Web Start (Inicio de Web Java):** Esta pequeña pero ingeniosa herramienta le permite lanzar aplicaciones con funciones completas escritas en el idioma Java con un solo clic desde su navegador de Web. Una enorme ventaja de una aplicación escrita en Java es que no tiene que esperar que el editor cree una versión para Mac OS X. El mismo código Java que ejecuta en Windows, Linux o Solaris (versión de Unix de Sun) ejecutará en Mac OS X y heredará la interfaz Mac OS X.

Acceso con Keychain

Keychain es una forma de consolidar todas sus contraseñas — la que utiliza para iniciar sesión en Mac, su contraseña de correo electrónico y las contraseñas que necesita para cualquier sitio Web. Así es como funciona: Usted utiliza una sola contraseña para desbloquear su keychain (que guarda sus distintas contraseñas) y ya no tiene que recordar todas sus otras contraseñas. Descanse tranquilo sabiendo que sus contraseñas están seguras pues sólo un usuario que tenga su contraseña de keychain puede entrar a las otras aplicaciones protegidas con contraseña.

La utilidad de acceso con Keychain es particularmente excelente si tiene varias cuentas de correo electrónico y cada una tiene una contraseña distinta. Sólo agréguelas a su keychain y puede ingresar a todo su correo electrónico a la vez con una contraseña.

Una keychain conocida como la keychain de inicio de sesión se crea para usted de manera automática cuando instala Mac OS X Leopard (o compra una Mac nueva con Leopard instalado previamente).

Así se agregan contraseñas a su keychain de inicio de sesión:

✔ **Para agregar contraseñas para aplicaciones,** solo abra su correo o cualquier otra aplicación compatible con keychain. Cuando el programa le pida su contraseña, suminístrela y elija Yes (sí) para agregar la contraseña a keychain.

¿Cómo sabe cuáles programas son compatibles con la utilidad de acceso con Keychain? No lo sabe hasta que se le solicite guardar su contraseña en keychain en ese cuadro de diálogo abierto, ventana de conexión, etc. Si un programa es compatible con acceso con Keychain, ofrece un cuadro para ella en el cuadro de diálogo o ventana ID/password (ID/contraseña).

✔ **Para agregar una contraseña de sitio Web a keychain,** abra la aplicación de acceso con Keychain y haga clic en el botón Password (Contraseña). En la ventana New Password Item (Nuevo ítem de contraseña) que se abre, escriba la URL de la página (o cópiela y péguela) en el campo de texto Keychain Item Name (Nombre de ítem de keychain); escriba su nombre de usuario en el campo Account Name (Nombre de cuenta) y escriba su contraseña en el campo de texto Password (Contraseña) según se muestra en la Figura 18-3.

Figura 18-3:
Agregar una URL al keychain en Acceso al Keychain.

Para utilizar la contraseña de URL nueva, utilice Safari para abrir URL. Si el nombre de cuenta y contraseña no se llenan en forma automática, elija Edit (editar)⇨AutoFill Form (llenar formulario en forma automática) (⌘+Shift [Mayúsc.]+A). Ahora sólo haga clic en el botón correcto en la página Web para iniciar la sesión.

CONSEJO

Si selecciona el cuadro User Names (Nombres de usuario) y Passwords (Contraseñas) en la pestaña AutoFill (Llenado automático) de la ventana Safari's Preferences (Preferencias de Safari) (Safari⇨Preferences [preferencias] o ⌘+,), no tiene que agregar sitios, cuentas y contraseñas manualmente. En su lugar, la primera vez que visite un sitio que requiere un nombre de cuenta y contraseña, cuando inicie sesión, Safari le pregunta si desea guardar su contraseña, como se muestra en la Figura 18-4.

Figura 18-4:
La forma sencilla de agregar a su keychain.

Would you like to save this password?

To review passwords you have saved and remove them, open the AutoFill pane of Safari preferences.

Never for this Website   Not Now   Yes

Migration Assistant (Asistente de Migración)

Ésta es una aplicación que tiene una sola función, pero es una excelente función. Usted utiliza Migration Assistant (Asistente de Migración) para transferir su cuenta y otra información de usuario de otra Mac o de otro volumen en la Mac actual a esta. Debe autenticarse como administrador para utilizarla pero es muy útil para transferir una cuenta sin tener que crear de nuevo todas las preferencias y otros ajustes. Cuando instaló Leopard por primera vez (o cuando inició su linda y nueva Mac basada en Mac por primera vez), la utilidad de configuración le preguntó si deseaba transferir su información de otra Mac — si respondió que sí, ejecutó Migration Assistant (Asistente de Migración).

System Profiler (Perfilador del sistema)

System Profiler (Perfilador del sistema) es un pequeño programa que se lanza cuando hace clic en el botón More Info (Más información) en la ventana About This Mac (Sobre esta Mac) (menú ⇨About This Mac [Sobre esta Mac]). Proporciona información sobre su Mac. (¡Qué concepto!) Si siente curiosidad sobre preguntas secretas como qué procesador utiliza su Mac o qué dispositivos están ocultos dentro de ella o, conectados con ella, intente con Profiler. Haga clic en varios ítems en la lista Contents (Contenido) al lado izquierdo de la ventana y la información sobre el ítem aparece al lado derecho de la ventana. Siéntase libre de curiosear tanto como lo desee — es saludable y no le hará daño a nadie.

Si alguna vez tuvo la oportunidad de llamar para solicitar soporte técnico para su Mac, software o periféricos, posiblemente se le pedirá que proporcione información de System Profiler (Perfilador del sistema). Así que no se deshaga de él porque no le interesan estas cosas.

Terminal

Mac OS X se basa en Unix. Si necesita pruebas — o si verdaderamente desea poner a funcionar su Mac como la máquina Unix que es — Terminal es donde debe comenzar.

Debido a que Unix es un sistema operativo que se basa en comandos, usted utiliza Terminal para escribir sus comandos. Puede presentar comandos que muestran una lista de directorio, copian y mueven archivos, buscan nombres de archivos y contenido o establecen o cambian contraseñas. En resumen, si sabe lo que está haciendo, puede hacer todo lo que hace en Mac OS X, en la línea de comandos. Para la mayoría de las personas, esa no es una alternativa deseable para las ventanas e íconos de la ventana Finder. Pero, créame, los verdaderos fanáticos de las computadoras que también son amantes de Mac, se emocionan mucho con la combinación de líneas de comando *y* una interfaz de usuario gráfico.

Puede ocasionar un descontrol total en su pobre sistema operativo con Terminal. Puede dañar su Leopard en formas que no podría reparar si utilizara ventanas, íconos y clics. Antes de escribir un solo comando en Terminal, piense detenidamente lo que acabo de decir. Si no está 100 por ciento seguro del comando que acaba de escribir, ni siquiera piense en presionar Return (Regresar) o Enter (Intro).

Capítulo 19

Solución de Problemas en Mac OS X

. . . .

En Este Capítulo

▶ Enfrentar al temido Sad Mac (Mac triste)

▶ Atender el signo de interrogación destellando

▶ Recuperar caídas en el inicio de sesión

. . . .

Como un entusiasta de la tecnología más moderna de Mac con más de 20 años de experiencia en mi haber, he tenido más de mi ración de problemas en Mac. En el transcurso de esos años, he desarrollado un arsenal de consejos prácticos y trucos a toda prueba que creo pueden resolver más del 90 por ciento de los problemas de Mac sin tener que visitar el taller de reparación.

Desgraciadamente, si su hardware está muerto, entonces tristemente ni usted ni yo podemos hacer nada al respecto porque ahora es tarea de su amigable técnico de reparación de Mac y de su gorda chequera o tarjeta de crédito con un límite alto.

Pero si su hardware está bien, usted tiene la oportunidad de resolverlo usando las sugerencias de este capítulo para volver a levantar su máquina.

El Blues del Repique de Campana del Triste Mac

A pesar de que usualmente usted ve un logo de Apple con estilo cuando enciende su computadora, rara vez podría ver el temido ícono del Sad Mac (Mac triste) (mostrado en el margen izquierdo) y escuchar el melancólico arpeggio en G menor (mejor conocido como los *Repiques de campana de la perdición*), el sonido de vidrio quebrarse, un accidente de carro o cualquiera de los otros horribles sonidos que las Macs hacen cuando se mueren.

El Sad Mac usualmente indica que algo muy malo le ha sucedido a su Mac; frecuentemente algún componente de hardware ha muerto. Pero los Sad Macs no son comunes — muchos usuarios de Mac pasan su vida entera sin ver uno. Si alguna vez tiene la experiencia de ver un Sad Mac, no se desespere inmediatamente. Antes de diagnosticar su Mac como enfermo terminal, trate lo siguiente:

- ✔ Desconecte cualquier dispositivo FireWire y USB externo (todo excepto su teclado y ratón) y trate de reiniciar desde el DVD-ROM para volverla a la vida.

- ✔ Si ha instalado memoria de terceros (RAM de un proveedor que no sea Apple), retire la RAM y trate de reiniciar desde el DVD-ROM para volverla a la vida.

Cuando digo *reiniciar,* significa iniciar su Mac desde un disco particular. Si tiene su DVD-ROM de instalación de OS X listo, puede ir a la sección de "Reiniciar desde un DVD-ROM" más adelante en este capítulo. Si no está seguro sobre su DVD-ROM de instalación de MAC OS X, vea la siguiente sección.

El mejor disco de inicio: El DVD de instalación de Mac OS X

Apuesto a que tiene una copia del mejor disco de inicio ahí mismo en su escritorio — el DVD de instalación que vino con su computadora o (si usted compró una copia empacada de Leopard) el Install Disk 1 (Disco de Instalación 1).

Verá, además del software de sistema que necesita para hacer funcionar su Mac, todos los discos de instalación de Mac OS X son reiniciables e incluyen una copia del Disk Utility (Utilidad de disco), la cual discuto en la sección "Paso 1: Correr primeros auxilios" más adelante en este capítulo.

Si ve un símbolo destellando de question-mark-on-a-folder (signo de interrogación sobre una carpeta) (esquina superior izquierda en la Figura 19-1), prohibitory sign (signo de prohibido) (centro superior), spinning-disc cursor (cursor de disco girando) (esquina superior derecha) o una alerta de pánico del kernel (el texto debajo de las imágenes superiores) que permanece cuando inicia su Mac, lo primero que debe hacer es intentar reparar el daño oculto a su disco duro con la First Aid feature (Función de primeros auxilios) del programa Apple Disk Utility (Utilidad de disco de Apple).

RECUERDE

Más vale prevenir que quedarse sin su Mac

El DVD-ROM de instalación de Mac OS X es taaaan importante — trate de tener más de una copia a la mano. De esa forma, si uno se pierde, se daña, se lo come el perro, se raspa, se araña o de cualquier otra forma se inutiliza, usted no perderá su suerte. Yo mantengo el DVD de instalación de Mac OS X en la gaveta del medio de mi escritorio y varios otros CDs y DVDs reiniciables en la librera. Una versión anterior del Mac OS y el CD o DVD que vino con su computadora son ejemplos de discos reiniciables adicionales que podría tener por ahí. El DVD de instalación de Mac OS X es reiniciable, también. Todos estos pueden reiniciar su Mac en caso de emergencia, lo cual es la razón que es tan importante tenerlos a la mano.

Algo que yo haría — si solamente tuviera uno de estos valiosos discos — es usar la Disk Utility (Utilidad de disco) de Apple (en Applications/Utilities [Aplicaciones/Utilidades]) para crear una imagen del disco y luego quemar una copia o dos como repuesto. No se olvide de probar los discos quemados para asegurar que funcionan y son reiniciables.

Nota: El Mac OS X Leopard viene en un DVD de dos capas. Esto significa que a menos que su Mac sea relativamente nueva no podría quemar una copia de éste. Si ese es el caso, busque un amigo o pariente con una Mac más nueva y úselo para copiar el DVD. Confíe en mí — habrá valido la pena el tiempo y el esfuerzo si su disco original se pierde o se daña.

Figura 19-1:
Estos significan que es el momento de resolver problemas.

Otra de las funciones del Disk Utility (Utilidad de disco) es verificar y reparar permisos de disco, la cual es una cosa útil si su Mac le dice que no tiene el permiso correcto para hacer cosas que *podía* hacer, tales como mover un archivo o una carpeta a la carpeta de Applications (Aplicaciones) (u otra) o mover un ícono al Trash (Basurero).

Usted tendrá una visión detallada de como usar estas utilidades en el resto del capítulo.

Si usted no tiene un DVD-ROM reiniciable, preferentemente el DVD-ROM de instalación del Mac OS X, no puede realizar la mayoría de cosas de este capítulo. Así que si no lo tiene a la mano, vaya a buscarlo ahora. Si realmente no puede encontrar uno, considere llamar a Apple o a su vendedor de Apple para obtener un reemplazo — realmente debería tener uno.

Reiniciar desde un DVD-ROM

Para reiniciar su Mac desde un disco de instalación DVD-ROM, siga estos pasos:

1. **Inserte un DVD-ROM reiniciable (el DVD de instalación de Mac OS X es una buena elección).**

   Si su MAC usa una bandeja para el DVD asegúrese que se retrae y que el disco esté adentro.

   Si tiene un drive DVD-ROM de bandeja y está cerrado, lo puede abrir reiniciando (o iniciando) su Mac mientras presiona el botón del ratón. Mantenga presionado hasta que la bandeja salga; luego suelte.

2. **Apague o reinicie su Mac.**

   Si la apaga, espere unos pocos segundos y luego enciéndala de la manera usual.

3. **Presione y sostenga la tecla C inmediatamente y manténgala presionada hasta que su Mac reinicie desde el DVD o no lo haga. En este momento, si reinició del DVD-ROM, vaya a la sección llamada, "Si puede reiniciar desde el DVD-ROM." Si no reinicia, intente el Paso 4.**

   Si reinicia, usted ve una pantalla de Welcome (Bienvenido); si no lo hace usted ve un signo de interrogación, de prohibición o la rueda de la muerte girando destellando. . . Cualquier cosa excepto la primera pantalla del instalador de Mac OS X, la ventana de inicio de sesión o el Finder (Buscador).

4. **Si su Mac no reinicia después del Paso 3 presione y mantenga la tecla Option (Opción) mientras que reinicia para desplegar el Startup Manager (Administrador de inicio) incluido (vea la Figura 19-2).**

   Este despliega íconos para cualquier disco reiniciable que ve y le permite seleccionar uno (incluyendo el DVD de instalación).

Figura 19-2:
El Startup
Manager
(Administra-
dor de
inicio)
incluido.

5. **Haga clic en el ícono del DVD-ROM para seleccionarlo (el de la derecha en la Figura 19-2) y luego presione Return (Retorno) o Enter (Intro) para iniciar desde éste.**

Esta técnica es muy útil si su disco usual de inicio está dañado o está teniendo una crisis de identidad durante el inicio. Si no funciona, sin embargo, vaya a la sección "Si no puede reiniciar desde el DVD-ROM".

Si puede reiniciar desde el DVD-ROM. . .

Si ve la pantalla de inicio de Welcome (Bienvenido) cuando reinicia desde el DVD-ROM, hay un destello de esperanza para su Mac. El hecho de que puede reiniciar desde otro disco (un DVD-ROM, en este caso) indica que el problema está en uno de dos lugares: su disco duro o su Mac OS X misma. Sin importar cual sea la causa, su Mac probablemente responderá a una de las técnicas que discuto en el resto de este capítulo.

Su Mac ya reinició desde el DVD-ROM de instalación, pero todavía tiene este pequeño problema: Es preferible que su Mac reinicie desde el (mucho más rápido) disco duro que del DVD-ROM de instalación. No se preocupe. Todo lo que necesita hacer es reinstalar Mac OS X (como se describe en el apéndice al final del libro).

Si no puede reiniciar desde el DVD-ROM. . .

Si las técnicas en este capítulo no corrigen el problema de su Mac o si aún ve el ícono de Sad Mac cuando inicia desde el DVD, puede que usted haya instalado algo nuevo que irrita a su Mac o su Mac probablemente está quemada y necesita llevarla a reparación (usualmente a un representante de Apple).

Para hacer funcionar su Mac nuevamente puede intentar uno de los siguientes:

- **Llame a la línea de soporte técnico.** Antes de arrastrarla al taller, intente llamar a 1-800-SOS-APPL, la línea directa de soporte técnico Apple. Los representantes de servicio podrían sugerirle algo más que puede intentar. Si su Mac está aún en garantía, es incluso gratis.

- **Pida ayuda a un grupo local de usuarios.** Otra cosa que puede considerar hacer es ponerse en contacto con su grupo local de usuarios de Macintosh. Puede encontrar un grupo de usuarios de Mac cerca de usted al visitar las páginas Web de Apple's User Group (Grupos de usuarios de Apple) en www.apple.com/usergroups.

- **Intente el servicio de consultoría de Dr. Mac.** ¡Alerta de propaganda desvergonzada! Puede probar mis servicios de consultoría en www.boblevitus.com o llamar al 408-627-7577. Mi equipo de expertos en resolver problemas no hace otra cosa que proveer ayuda técnica y capacitación a usuarios de Mac por teléfono, e-mail y nuestro único software de control remoto habilitado por Internet, el cual permite al equipo ver y controlar su Mac sin importar dónde se encuentre usted en el mundo.

- **Revisar si tiene problemas de RAM.** Este es un problema común: Si le sale el Sad Mac inmediatamente después de instalar memoria RAM — o cualquier hardware nuevo, de hecho — vuelva a revisar que los chips de RAM estén colocados apropiadamente en sus encajes. (***Advertencia:*** No se olvide apagar primero su Mac.) Con su Mac apagada y desenchufada de la corriente, retire y inserte de nuevo los chips de RAM para asegurarse que han quedado colocados apropiadamente. Si todavía tiene problemas, retire los chips de RAM temporalmente y vea si el problema persiste.

  Siga las instrucciones de instalación que vinieron con los chips de RAM o las que están en el folleto que vino con su Mac. Aunque no lo diga ahí, debe eliminar cualquier carga eléctrica, ya sea con el uso de una correa antiestática (disponible en cualquiera de los vendedores de RAM) o al tocar una superficie apropiada (tal como la caja de la fuente de poder dentro de su Mac) antes de manejar chips de RAM.

Signos de Interrogación y "The Mysterians"

Cuando enciende su Mac, lo primero que hace (después del test de hardware) es revisar el disco de inicio con el Mac OS X en él. Si su sistema no lo encuentra en el disco duro interno, empieza a buscarlo en otro lugar — un disco FireWire o Universal Serial Bus (USB) (para las Macs basadas en Intel solamente) o en un CD o DVD.

Si tiene más de un disco de inicio adjunto en su Mac, como muchos usuarios lo hacen, puede elegir desde cual inicia su Mac en el panel de Startup Disk System Preferences (Preferencias de sistema de disco de inicio).

Para entonces, su Mac usualmente encuentra su disco duro, el cual contiene su sistema operativo, y el proceso de inicio continúa muy contento en su camino con la feliz Mac y todo lo demás. Si su Mac no puede encontrar su disco duro (o no encuentra en él lo que necesita para reiniciar el Mac OS X), usted encuentra un signo de interrogación destellando o el signo de prohibición.

No se ponga a llorar *96 Tears (96 Lágrimas)*. Esos íconos sólo significan que su Mac no puede encontrar un disco de inicio, un disco duro o un CD-ROM o DVD-ROM reiniciable con software del sistema válido (ya sea Mac OS X o una versión previa soportada por su Mac particular).

Piense en los signos de interrogación y de prohibición destellantes como la manera en que su Mac le dice "Por favor déme un disco de inicio".

Si Apple se las puede ingeniar para poner un signo de interrogación o un signo de prohibición destellando en la pantalla, ¿por qué demonios no pueden los ingenieros de software encontrar la manera de poner las palabras `Por favor inserte un disco de inicio` en la pantalla también? La parquedad de estos íconos es uno de mis fastidios favoritos acerca de Macintosh. Usted es listo e inteligente (porque, por supuesto, es lo suficientemente listo para encontrar ayuda al leer *Mac OS X Leopard Para Dummies*) por lo que sabe que un signo de interrogación o de prohibición destellando significa que debe insertar un disco de inicio. ¿Pero que hay de todos los demás?

Si encuentra cualquiera de estos signos de advertencia, siga los pasos que listo a continuación en este capítulo. Puede probar diferentes opciones, tales como usar Disk Tools (Herramientas de discos) y First Aid (Primeros auxilios), suprimir el parámetro de RAM (PRAM) y ejecutar un Safe Boot (Reinicio seguro). Inténtelos en el orden listado, comenzando con el Paso 1. Luego, si uno no funciona vaya al siguiente.

Paso 1: Correr First Aid (Primeros auxilios)

En la mayoría de los casos, después de haber reiniciado con éxito desde el Mac OS X DVD, el primer paso lógico de resolución de problemas es usar la opción de First Aid (Primeros auxilios) en la aplicación de Disk Utility (Utilidad de disco).

Cada disco duro tiene varios componentes con nombres extraños como B-trees (árboles B), extent files (archivos de extensión), catalog files (archivos de catálogos) y otros archivos invisibles con nombres creativos. Todos están involucrados en la administración de los datos en los discos. La función de Disk Utility's First Aid (Primeros auxilios de la utilidad de discos) revisa todos esos archivos y repara los que están dañados.

Así es como hacer que First Aid (Primeros auxilios) haga su trabajo:

1. **Reinicie desde su Mac OS X DVD insertando el DVD y reiniciando su Mac mientras sostiene la tecla C.**

   El instalador de Mac OS X aparece en la pantalla.

2. **Elija Installer➪Open Disk Utility (Utilidad de abrir disco del instalador) para cargar la aplicación de Disk Utility que está en el DVD.**

3. **Cuando aparece la ventana de Disk Utility (Utilidad de abrir disco del instalador), haga clic en la ficha de First Aid (Primeros Auxilios) para seleccionar esa función de la Disk Utility (Utilidad de abrir disco del instalador).**

4. **Haga clic en el ícono que corresponde a su disco duro de inicio a la izquierda de la ventana de Disk Utility (Utilidad de abrir disco del instalador) (*Macintosh HD* en la Figura 19-3).**

   Su disco de inicio es el que tiene el Mac OS X y la carpeta Home (Inicio) en él. Yo le llamo a éste *Macintosh HD*.

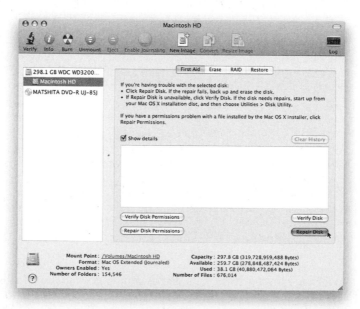

Figura 19-3:
First Aid (Primeros Auxilios), listo para ejecutar su magia en el disco llamado Macintosh HD.

5. **Haga clic en el botón Repair Disk (Reparar disco).**

Su Mac ronronea y zumba por unos pocos minutos y la ventana de resultado le dice lo que está pasando. De último, First Aid (Primeros auxilios) le dice (usted espera) que el disco ha sido reparado y ahora está bien, como se muestra en la Figura 19-4. Si es así, regrese al trabajo.

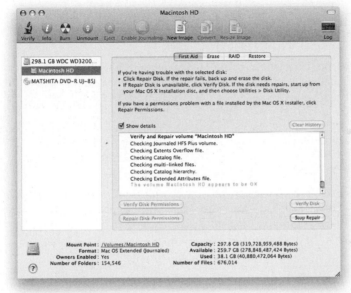

Figura 19-4:
First Aid (Primeros Auxilios) reparó el disco y le otorga un certificado de salud.

6. **Salga de Disk Utility (Utilidad de abrir disco del instalador) eligiendo Disk Utility (Utilidad de abrir disco del instalador)⇨Quit Disk Utility (Utilidad de abrir disco del instalador) o al presionar ⌘+Q.**

7. **Reinicie sin sostener la tecla C.**

Si First Aid (Primeros auxilios) encuentra daño que no puede arreglar, una herramienta de recuperación de discos comercial, tal como DiskWarrior de Alsoft (personalmente, mi favorita), TechTool de MicroMat o Drive Genius de Prosoft podría ser capaz de reparar el daño. Y aún que First Aid (Primeros auxilios) le haya dado un certificado de salud, podría querer correr DiskWarrior o cualquier otra utilidad de terceros de todas maneras, sólo para obtener una segunda opinión. Asegúrese que está corriendo una versión actual; las versiones anteriores podrían no ser compatibles con Mac OS X Leopard.

DiskWarrior me ha resucitado más discos muertos y moribundos que cualquier otra utilidad de reparación de discos que haya probado o que todas juntas. Si va a comprar solamente una, asegúrese que sea DiskWarrior. Es casi magia.

Si todo chequea bien con First Aid (Primeros auxilios), expulse el DVD e intente reiniciar desde su disco duro de nuevo. Si aún sale el signo de interrogación o de prohibición destellando, proceda a la siguiente sección para intentar una pequeña danza llamada reiniciar en Safe Mode (Modo seguro).

Paso 2: Inicio seguro en Safe Mode (Modo seguro)

Reiniciar su Mac en Safe Mode (Modo seguro) podría ayudar a resolver sus problemas de inicio al no cargar software no esencial (y no de –Mac OS X) durante el inicio. Esto se hace al mantener presionada la tecla Shift durante el arranque, como se muestra en la Figura 19-5.

Figura 19-5: En la pantalla de inicio se ve *Safe Boot* (Inicio seguro).

Mantenga presionada la tecla Shift hasta que el Finder haya cargado completamente. Si su Mac está configurada para que no tenga que iniciar sesión, mantenga presionada la tecla Shift hasta que el Finder haya cargado completamente. Si inicia sesión en su Mac, ingrese su contraseña como siempre, pero antes de hacer clic en el botón Log In (Iniciar sesión), presione y mantenga la tecla Shift de nuevo hasta que el Finder haya cargado completamente.

Usted sabrá que ya mantuvo presionada la tecla Shift lo suficiente si sus Startup Items (Ítems de inicio) no cargan (suponiendo que tiene Startup Items (Ítems de inicio); éstos los puede crear en el panel de Accounts System Preferences [Preferencias del sistema de cuentas], sin embargo algunos programas los crean por usted).

Reiniciar en Safe Mode (Modo seguro) hace tres cosas que lo ayudan con la resolución de problemas:

- ✔ Obliga a hacer una revisión del directorio del volumen de inicio (boot).

- ✔ Solamente carga extensiones requeridas del kernel (algunos de los ítems en `/System/Library/Extensions`).

- ✔ Solamente corre ítems de inicio instalados por Apple (algunos de los ítems en `/Library/Startup Items and /System/Library/Startup`). Note que los ítems de inicio en la carpeta Library (Biblioteca) son diferentes de los ítems de inicio del panel de Accounts System Preferences (Prefencias del sistema de cuentas).

Todos juntos, normalmente estos cambios pueden trabajar alrededor de problemas causados por daños al software o a carpetas en el volumen de inicio.

Algunas funciones no trabajan en Safe Mode (Modo seguro). Dentro de ellas están DVD Player (Reproductor de DVD), capturar video (en iMovie u otro software de edición de video), usar una tarjeta AirPort, usar algunos dispositivos de entrada o salida de audio o usar un módem USB interno o externo. Use Safe Mode (Modo seguro) solamente si necesita resolver un problema de inicio.

Si su Mac inicia en Safe Mode (Modo seguro), podría determinar lo que está causando el problema al mover su carpeta Preferences (Preferencias) al Desktop (Escritorio) temporalmente o al deshabilitar Startup Items (ítems de inicio) (en el panel de Accounts System Preferences [Preferencias del sistems de cuentas]). Si cualquiera de estas cosas funciona, puede poner de nuevo los archivos de preferencias en `Home/Library/Preferences` unos pocos a la vez, o puede rehabilitar Startup Items (Ítems de inicio) uno a la vez hasta que determine cual es el que está causando problemas.

Si su Mac todavía tiene problemas, intente el Paso 3.

Paso 3: Suprimir el PRAM

Algunas veces su _RAM de parámetros_ (PRAM) se cruza y necesita ser reconfigurada. PRAM es una pequeña pieza de memoria que no se borra ni olvida cuando se apaga su Mac; mantiene registro de cosas como:

- ✔ Configuraciones de la zona horaria

- ✔ Elección del volumen de inicio

- ✔ Volumen del parlante

- ✔ Información del kernel-panic (pánico del kernel), si la hubiera

- ✔ Configuración de la región del DVD

Para restablecer (usualmente llamado *zapping [suprimir]* su PRAM), reinicie su Mac y presione ⌘+Option+P+R (son cuatro teclas — le deseo suerte; está bien usar la nariz) hasta que su Mac se reinicia. Es como un tipo de hipo. Podría ver el signo de interrogación o el cursor del disco girar durante un minuto o dos mientras su Mac lo piensa — luego el ícono desaparece y su Mac suena de nuevo y reinicia. Algunos súper usuarios creen que se debe suprimir más de una vez, dejándola sonar dos, tres o incluso cuatro veces antes de soltar las teclas y entonces permitir al proceso de inicio proseguir.

Ahora reinicie su Mac sin sostener ninguna tecla.

Si suprimir el PRAM no arregló su Mac, pase al "Paso 4: Reinstalar el Mac OS X".

Recuerde que su elección de disco de inicio, zona horaria y volumen del sonido son restablecidos cuando suprime su PRAM. Así que después de suprimir su PRAM, abra la aplicación de System Preferences (Preferencias del sistema) para reelegir su disco de inicio y su zona horaria usuales y configurar el volumen del sonido tal como le gusta.

A diferencia de las versiones anteriores del Mac OS, Mac OS X no almacena las configuraciones de pantalla ni de red en la PRAM. Si tiene problemas con video o red, restablecer la PRAM no ayudará.

Paso 4: Reinstalar el Mac OS X

Presento el procedimiento para reinstalar el software del sistema como un penúltimo recurso cuando su Mac no inicia correctamente debido a que es el que lleva más tiempo y es el más complicado. Detallo el procedimiento en gran extensión en el apéndice.

Lea el apéndice y siga las instrucciones. Si aún no tiene éxito después de este punto, no le queda otra opción más que considerar el Paso 5. . . .

Paso 5: Llevar su Mac a reparar

Si ninguna de mis sugerencias funciona y todavía ve cosas que no debería cuando inicia su Mac, está en grandes problemas.

Podría tener cualquiera de los siguientes problemas:

- Su disco duro está muerto.

- Tiene otro tipo de falla de hardware.

- Todos sus discos de arranque y los DVDs del software del sistema están defectuosos (poco probable).

Punto final: Si todavía no puede iniciar normalmente después de intentar todas las soluciones que listo en este capítulo, casi ciertamente necesita llevar su Mac para que un técnico calificado le dé servicio.

Si Su Mac Se Cae al Iniciar

Caídas en el inicio son otra cosa mala que le puede pasar a su Mac. Estas caídas pueden ser más complicadas de resolver que los problemas de signos de interrogación que destellan pero rara vez son fatales.

Usted sabe que ha ocurrido una *caída* cuando ve un diálogo de System Error (Error del sistema), un cursor congelado, una pantalla congelada o cualquier otro evento que inutiliza su Mac. Una *caída al iniciar* sucede cuando su sistema muestra un síntoma de caída en cualquier momento entre encender el interruptor de la corriente (o reiniciar) hasta contar con el uso completo del Desktop (Escritorio).

Intente todos los pasos en las secciones previas antes de entrar en pánico. La forma más fácil de arreglar las caídas al inicio (en la mayoría de los casos) es simplemente reinstalar el Mac OS X desde el DVD por medio de la opción Archive and Install (Archivar e instalar). Detallo el procedimiento en gran extensión en el apéndice. Lea el apéndice y siga las instrucciones. Si aún no tiene éxito después de ese punto, regrese aquí y vuelva a leer el "Paso 5: La sección "Llevar su Mac a reparar".

Parte VI
La Parte de los Diez

The 5th Wave   Por Rich Tennant

@RICHTENNANT

"Te lo digo, se parece a Daniel, se escucha como Daniel, pero ¡¡NO es Daniel!! ¡Creo que la MAC creó un alias de Daniel! Te puedes dar cuenta en sus ojos: ¡Parecen pequeños íconos de reloj de pulsera!"

En esta parte . . .

*E*stos últimos capítulos son un poco diferentes — se parecen a las largas listas de los diez principales. Aunque me gustaría que usted creyera que las incluí porque soy un gran admirador de Dave Letterman, la verdad es que Wiley siempre incluye la sección La parte de los diez en sus libros *Para Dummies.* Este libro continúa la tradición. Y debido a que Wiley me paga, hago estos capítulos de la manera en que se me pide. (De hecho, es un poco divertido).

Primero, le indico cómo acelerar su experiencia Mac. Luego me traslado a un tema muy querido y cercano a mi corazón — cosas impresionantes para su Mac en las que vale la pena gastar el dinero. Por último, pero no menos importante, hay una colección de magníficos sitios Web relacionados con Mac.

Capítulo 20

Diez Formas de Acelerar la Forma en Que Experimenta Su Mac

· ·

*E*ste capítulo es para amantes de la velocidad solamente. En algún momento en su vida Mac, la mayoría de los usuarios han deseado que sus máquinas trabajaran más rápido — incluso aquellos con Macs nuevas con múltiples procesadores. No le puedo ayudar a hacer sus procesadores más rápidos, pero aquí, cubro algunas maneras de hacer *parecer* más rápida su Mac. Mejor aún, la mayoría de estos consejos prácticos no le costarán un centavo.

Use Esos Accesos Directos del Teclado

Los accesos directos del teclado (en la Tabla 20-1 se encuentra una muy genial lista de los más útiles) pueden hacer que navegar su Mac sea una experiencia mucho más rápida comparada con el uso constante del ratón. Ofrecen estos beneficios:

- Si usa accesos directos del teclado, sus manos se mantienen enfocadas en el teclado, reduciendo el tiempo que remueve su mano del teclado para juguetear con el ratón.

- Si memoriza los accesos del teclado en su cabeza, sus dedos también los memorizarán.

- Mientras más use los accesos directos del teclado, más rápido podrá hacer su trabajo.

Confíe en mí cuando le digo que usar los accesos directos del teclado para los comandos que usa más a menudo le ahorrará una tonelada de esfuerzo y horas sobre horas de su tiempo.

Haga una lista de los accesos directos del teclado que quiere memorizar y péguela en su pantalla o algún lugar donde la vea todo el tiempo que usa su Mac. (¡Que diablos, haga una fotocopia de la Tabla 20-1!)

Tabla 20-1	Geniales Accesos Directos del Teclado	
Acceso Directo del Teclado	**Cómo Se Llama**	**Lo Que Hace**
⌘+O	Open (Abrir)	Abre el ítem seleccionado.
⌘+. (punto)	Cancel (Cancelar)	Cancela la operación actual en muchos programas, incluyendo el Finder. La tecla Esc usualmente hace lo mismo que Cancel.
⌘+P	Print (Imprimir)	Levanta un diálogo que le permite imprimir el contenido de la ventana activa. (Vea el Capítulo 14 para información sobre impresión).
⌘+X	Cut (Cortar)	Corta lo que haya seleccionado y lo coloca en el cortapapeles. (En el Capítulo 6 explico cómo hacerlo).
⌘+C	Copy (Copiar)	Copia lo que haya seleccionado y lo coloca en el cortapapeles.
⌘+V	Paste (Pegar)	Pega el contenido del cortapapeles en el punto donde está el cursor.
⌘+F	Find (Encontrar)	Levanta una ventana de Find (Encontrar) en el Finder; levanta un diálogo de Find en la mayoría de los programas.
⌘+A	Select All (Seleccionar todo)	Selecciona el contenido completo de la ventana activa en muchos programas, incluyendo el Finder.
⌘+Z	Undo (Deshacer)	Deshace lo último que hizo en muchos programas, incluyendo el Finder.
⌘+Shift+?	Help (Ayuda)	Levanta la ventana de Help (Ayuda) en el Finder; usualmente, es el acceso directo para invocar Help (Ayuda) en otros programas.

Acceso Directo del Teclado	Cómo Se Llama	Lo Que Hace
⌘+Q	Quit (Salir)	Posiblemente el acceso directo de teclado más útil de todos — cierra la aplicación actual (pero no así el Finder debido a que el Finder siempre está corriendo).
⌘+Shift+Q	Log Out (Salir de sesión)	Saca de sesión al usuario actual. La ventana de Inicio de sesión aparece en la pantalla hasta que un usuario inicia sesión.
⌘+Delete	Move to Trash (Mueve a la papelera)	Mueve el ítem seleccionado a la Papelera.

Mejore Sus Habilidades Mecanográficas

Una forma de hacer que su Mac parezca más rápida es hacer que sus dedos se muevan más rápido. Mientras más pronto termina una tarea, más pronto está haciendo otra cosa. Los accesos de teclado son herramientas ingeniosas y mejorar su velocidad de mecanografía y precisión le *hará* ahorrar tiempo. Además logrará terminar más pronto si no siempre tiene que ver hacia abajo a las teclas mientras escribe.

Mientras que sus habilidades mecanográficas mejoran, también pasará menos tiempo corrigiendo errores o editando su trabajo.

La velocidad y precisión que gane tiene un bono adicional: Cuando es un buen mecanógrafo, sus dedos vuelan incluso más rápido cuando usa los geniales accesos directos del teclado. (Listo un montón de éstos en la sección anterior, en la Tabla 20-1).

Una forma fácil de mejorar sus habilidades mecanográficas es por medio del uso de un programa tutor de mecanografía, tal como Ten Thumbs Typing Tutor (Tutor de mecanografía de diez pulgares) ($25 en www.tenthumbs typingtutor.com) o TypeTrainer4Mac (gratis en http://homepage.mac.com/typetrainer4mac/Menu1.html).

Resolución: Ya No Sólo Es para el Nuevo Año

Una configuración que usted puede cambiar para potencialmente mejorar el desempeño de su Mac es la resolución de su monitor. La mayoría de los monitores y tarjetas de video (o circuitos de video en la tarjeta madre, dependiendo del modelo de la Mac que use) pueden desplegar múltiples grados de resolución de la pantalla. El lugar para cambiar la resolución de monitor es el mismo donde se selecciona el número de colores que desea: el Display System Preferences pane (panel de preferencias del sistema de despliegue). Seleccione la resolución de su elección de la lista de Resoluciones a la izquierda de esta ficha.

En Displays System Preferences, seleccione la casilla de verificación Show Displays in Menu Bar (Mostrar despliegues en la barra del menú) para cambiar resoluciones y profundidad del color sin abrir System Preferences (Preferencias del sistema). Entonces puede seleccionar su resolución del menú Display que aparece cerca del extremo derecho de su barra de menú, como se muestra en la Figura 20-1.

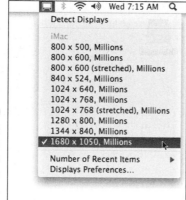

Figura 20-1: El accesible menú de Displays (Despliegue).

Este es el asunto con la resolución del monitor: El primero número es la cantidad de píxeles (puntos de color) que corren horizontalmente, y el segundo número es la cantidad de líneas que corren verticalmente. Solía ser que con menos píxeles el refrescamiento era más rápido. Pero con monitores LCD (pantalla plana) y portátiles, no siempre es verdadero. Debo admitir que la diferencia en velocidad entre una resolución y otra en estos días es mucho menos importante de lo que solía ser. Además, debido a que se puede ver más en la pantalla a resoluciones más altas, una resolución alta reduce la cantidad de desplazamiento que debe hacer y permite desplegar más ventanas abiertas en la pantalla. Por lo tanto, también se podría decir que una resolución más alta acelera su Mac.

En conclusión: Escoja una resolución en base de lo que se vea mejor y le funcione mejor. Dicho esto, si su Mac parece lenta en la resolución actual, intente bajarla y vea si así se siente más rápida.

A pesar de que puede usar Mac OS X a resoluciones menores a 1,024 x 768, Apple ha diseñado las ventanas y diálogos del OS X bajo la suposición que su resolución será menor a 1,024 x 768. Así que si escoge una resolución menor, algunos elementos de interfaz en algunas ventanas o programas podrían mostrarse parcialmente o completamente fuera de la pantalla. Téngalo en mente si escoge una resolución menor a 1,024 x 768.

Una Mac con una Buena Vista — y Preferencias También

El tipo de despliegue de íconos y el fondo del Desktop afectan la rapidez con que su pantalla se actualiza en el Finder. Puede configurar y cambiar estas elecciones en la ventana View Options (Ver opciones). En el Finder, escoja View➪Show View Options (Ver➪Mostrar opciones de vista) (o use el acceso directo de teclado ⌘+J).

La ventana View Options (Ver opciones), como nuestro viejo amigo el menú de contexto, es. . . bueno, contextual. Según lo que esté activo cuando lo escoge en el menú View (Ver), puede ser una de cuatro versiones similares (mostrado en la Figura 20-2). De izquierda a derecha, la figura muestra carpetas en Icon view (Vista de íconos), carpetas en List view (Vista de lista), carpetas en Column view (Vista de columnas), carpetas en Cover Flow view (Vista de flujo de portadas) y el Desktop (Escritorio).

Un puñado de configuraciones puede impactar la rapidez de su Mac o su habilidad para ver lo que quiere rápidamente:

✔ **Tamaño del Ícono:** Mientras más pequeño es el ícono, más rápido se actualizan las pantallas, especialmente si la carpeta tiene muchos archivos gráficos con *thumbnails (imágenes en miniatura)* (esas pequeñas imágenes de íconos que representan las grandes imágenes que el archivo contiene).

Figura 20-2:
Sus
elecciones
en la
ventana
View
Options para
Icon view,
List view,
Column
view, Cover
Flow view y
el Desktop.

En la Icon view de la ventana View Options (Ver opciones), al mover el deslizador a la izquierda hace los íconos más pequeños y rápidos; moverlo a la derecha los hace más grandes y lentos. En la List view, seleccione uno de los dos botones de radio del tamaño del ícono para elegir íconos más pequeños (más rápidos) o más grandes (más lentos). La diferencia es mayor si tiene una versión más Antigua de Mac.

✔ **Calcular todos los tamaños:** Recomiendo que cancele la selección de la casilla de verificación Calculate All Sizes (Calcular todos los tamaños) en la ventana View Options de List view. Si activa esta opción, Finder calcula el tamaño de cada carpeta de cada ventana abierta en la vista List y muestra ese número en la columna Size (Tamaño). Al menos para mi, la pantalla parece que se redibuja más rápido cuando esta opción está apagada. Si desea saber el tamaño de una carpeta, siempre puede hacer clic en ella y elegir File (Archivo)⇨Get Info (Obtener información) (o usar el acceso directo de teclado ⌘+I).

✔ **Mostrar columnas:** Cuando de velocidad se trata, no se preocupe por las casillas de verificación de Show Columns (Mostrar columnas) en la ventana de View Options (Ver opciones) para la vista List — Date Modified (Fecha de modificación), Date Created (Fecha de creación), Size (Tamaño), Kind (Tipo), Version (Versión) y Comments (Comentarios). El efecto de estos ítems en la actualización de la pantalla es muy bajo estos días, su elección probablemente deba ser hecha de acuerdo a la información específica que desea ver en las ventanas de Finder, no en si su elección hace más lenta su Mac.

Los botones Use As Defaults (Usar como opción predeterminada) al fondo de la ventana Icon and List View Options (Opciones de vista de íconos y listas) configura la apariencia predeterminada para *todas* las ventanas de Finder de ese tipo. Si no hace clic en el botón Use As Defaults, cualquier cambio que haga aplica solamente a la ventana activa (bobl en la Figura 20-2). Note que la ventana Column (Columna) y el Desktop (Escritorio) no tienen un botón Use As Defaults; en ambos casos cualquier cambio que se haga automáticamente se convierte en la opción predeterminada.

Consiga un Modelo Nuevo, Más Rápido

Apple sigue sacando al mercado Macs cada vez más rápidas a precios cada vez más bajos. Pero algunos modelos de Mac todavía se entregan con raquíticos 512MB de RAM — no los suficientes para correr Leopard de la mejor manera.

Vea los últimos modelos de iMacs y Mac minis — su relación calidad a precio es excelente. O si ansía portabilidad, las MacBooks y MacBook Pros son excelentes computadoras y nunca han estado tan baratas. Incluso podría considerar una Mac usada que sea más rápida que la suya. El gran líder de los sitios de subasta, eBay (www.ebay.com), tiene cientos de Macs usadas en subasta todo el tiempo. Comprar en eBay podría conseguirle una mejor Mac a un precio excepcional. ¡Inténtelo!

Otra excelente opción es visitar el sitio web de Apple y buscar un equipo reacondicionado. Frecuentemente puede ahorrar cientos de dólares al comprar una Mac con muy poco uso que ha sido reacondicionada a las especificaciones de fábrica por Apple. Otra ventaja de los equipos reacondicionados es que vienen con una garantía de Apple. Si su presupuesto está apretado, definitivamente debe considerarlo.

¡Nunca Puede Tener Demasiado RAM!

El rendimiento de su dinero es muy alto cuando actualiza la RAM de su Mac. Compre 512MB, 768MB, que diablos, hasta un gigabyte o dos adicionales — nunca es demasiado. Su Mac va a correr mejor con por lo menos 1GB de RAM, que le costará alrededor de $100 en la mayoría de los casos y lo puede instalar cualquiera. Así es, cualquiera — las instrucciones están ahí mismo en su folleto de Guía de usuario, o las puede encontrar en las páginas de Apple Technical Support (Soporte técnico de Apple) (www.apple.com/support; busque *RAM upgrade* [actualización de RAM] y el modelo de su Mac).

A menos que sea dueño de una Mac mini. Verá, la Mac mini es excesivamente difícil de abrir sin la herramienta apropiada y muy especializada (una espátula). Y Apple frunce el ceño si simples mortales intentan usar tal herramienta en dicha Mac mini. Por lo tanto, si tiene una Mac mini, debería optar por los servicios de un cracker autorizado y certificado por Apple para actualizar su RAM. O no.

Actualice el CPU

En algunos casos, puede reemplazar el procesador (CPU) de su Mac por uno más rápido. Las actualizaciones de CPU son raras para los modelos de portátiles Apple, pero podría perfectamente actualizar su Mac de escritorio con un procesador más rápido.

Antes de someter el efectivo para una actualización, asegúrese que sea compatible con el Mac OS X Leopard. Algunas actualizaciones solamente funcionan con versiones anteriores de Mac OS — y esas no le van a ayudar.

Visite `www.macworld.com` para obtener información sobre las varias opciones de actualización disponibles y como se comparan unas con otras. Otro gran recurso es Other World Computing en `www.macsales.com`, que ofrece una gran selección de actualizaciones de CPU.

Las actualizaciones arrancan en un par de cientos de dólares y suben a más de mil billetes. Mientras más antigua sea su Mac, obtendrá el mejor rendimiento del valor de su actualización de CPU y el precio estará más cerca del de reemplazar su Mac, especialmente cuando se trata de velocidad de RAM. La RAM más lenta en muchos modelos MAC antiguos produce un severo cuello de botella para la mayoría de las actualizaciones de procesador.

Compre una Tarjeta de Gráficas Acelerada

Una *accelerated graphics card* está diseñada para acelerar una cosa: La tasa de actualización de la pantalla. Son extremadamente populares entre los profesionales de las artes gráficas y los jugadores. Las Accelerated graphics cards hacen volar píxeles en su pantalla a velocidades sorprendentes. Y debido a que la arquitectura manejadora de imágenes OS X Quartz Extreme entrega parte de su carga al procesador de una accelerated graphics card, podría incluso hacer que otras tareas sean más rápidas ya que ésta hace parte del trabajo que el procesador principal (CPU) de su Mac solía hacer.

Esas son las buenas noticias.

Las malas noticias son que solamente puede usar una tarjeta de graphics accelerator si su Mac tiene una ranura accelerated PCI para ella, que es donde se instalan éstas. Actualmente, sólo los modelos PowerMac G4 o G5 y la Mac Pro tienen la capacidad de actualizar las tarjetas gráficas.

De nuevo, visite `www.macworld.com` para obtener información sobre las varias tarjetas de gráficas disponibles y como se comparan unas con otras. Las tarjetas empiezan alrededor de unos cien dólares y suben a partir de ahí. Y recuerde, mientras más antigua sea su Mac, mejor incremento en desempeño verá.

Compre un Nuevo Disco Duro

Depende que tan antigua sea su Mac, un disco duro más rápido podría proveer una aceleración sustancial. Si tiene una Mac relativamente nueva — cualquier Mac con un procesador G5 o Intel — el disco duro interno que vino con ella ya es bastante rápido. A menos que necesite más espacio de almacenamiento, un nuevo disco duro probablemente no sea la mejor manera de gastar su dinero. Por otro lado, si tiene un modelo más antiguo G3 o G4, un disco duro más rápido (y más grande) FireWire o USB 2 (si su Mac lo soporta) podría ser la vía.

FireWire y USB 2 son los *buses* (o caminos de datos) más rápidos que usted puede usar para dispositivos externos en la mayoría de Macs.

FireWire, la tecnología de punta actual en conexión de dispositivos que necesitan velocidades de transferencia rápidas, se usa para conectar dispositivos que requieren alta velocidad de comunicación con los — discos duros, quemadoras de CD, escáner, cámaras grabadoras de video y similares de su Mac.

FireWire es la forma más rápida y fácil para agregar almacenamiento a Macs que lo incluyen.

Si debe usar USB, asegúrese que sea USB 2 y no el USB (Universal Serial Bus) regular. El USB regular funciona, por supuesto, pero es tan lento como la melaza en comparación. (El USB regular corre aproximadamente al 3 por ciento de la velocidad del FireWire).

USB 2, al contrario, transfiere datos a aproximadamente la misma velocidad que el FireWire. Así que si tiene la necesidad de la velocidad, asegúrese de optar por un modelo de disco duro FireWire o USB 2 y no un modelo de USB regular.

Las buenas noticias son que no importa lo que escoja, usualmente basta con enchufarlo para empezarlo a usar. ¡El noventa por ciento de las veces, eso es todo lo que toma!

Si tiene un procesador Power PC (un G3, G4 o G5), tome nota que no puede usar un disco duro USB 2 como su disco de inicio. Las Macs con procesadores Intel pueden iniciar desde un disco USB 2, pero las Macs con procesadores PowerPC no.

Capítulo 21

Diez Formas de Mejorar Su Mac Invirtiendo en Ella

*E*ste es uno de mis capítulos favoritos. Me encanta mejorar mis Macs. Me encanta buscar formas de trabajar de manera más inteligente, ahorrar tiempo y esfuerzo y persuadir a mi Mac para que realice más trabajo en menos tiempo. Por lo que me complace compartir en este capítulo las diez cosas, que a mi criterio, usted puede comprar para retocar su Mac y hacerla más rápida, fácil de usar y (espero) más divertida.

Los artículos incluidos en este capítulo son cosas que tengo, utilizo todos los días, aprecio mucho y que compraría otra vez (y seguramente lo voy a hacer).

RAM

RAM, o *random-access memory* (memoria de acceso aleatorio), es la memoria principal de su computadora. Entre más memoria tenga, mejor trabajará su Mac — punto. Si su Mac tiene menos de 1GB, ésta le gustará mucho más si la actualiza a 1GB o más. Si le gusta hacer varias cosas a la vez, aumentar la RAM lo hará mucho más feliz. (Si le sirve de algo, la RAM nunca ha sido más barata de lo que es hoy — pero vale cada centavo).

Sé que lo mencioné en el capítulo anterior, pero además de lograr que su Mac sea más veloz, un aumento de RAM hace que su máquina mejore en otros aspectos. Por ejemplo, cuando tienen suficiente RAM, puede abrir varios programas al mismo tiempo sin que el desempeño de su computadora disminuya. Yo tengo 2GB de RAM en mi Mac desktop (de escritorio) y 3GB en mi MacBook Pro (portátil). La mayoría de las veces tengo abiertos los 15 ó 20 programas que utilizo más. Así, todas mis aplicaciones favoritas están disponibles inmediatamente y no tengo que esperar a que un programa inicie.

También es muy fácil instalar RAM en la mayoría de las Mac fabricadas en esta década. Existe la posibilidad de que el manual de su Mac incluya instrucciones paso a paso, que resultan tan simples que hasta un niño de 9 años puede seguirlas. Lo sé porque una vez le pedí a mi hijo, que en ese entonces tenía 9 años, que lo hiciera. Lo hizo — y sin problema.

Software y/o Hardware de Respaldo

Únicamente existen dos tipos de usuarios de Mac: Los que han perdido información y los que lo perderán. Si su trabajo significa algo para usted, es mejor que realice una copia de seguridad antes de que sea demasiado tarde. Si tiene un disco duro de repuesto, no dude en utilizar el nuevo software Time Machine que viene con Mac OS X Leopard. Si desea crear varias copias de respaldo para diferentes dispositivos o tipos de medios (DVD-R, CD-R, cinta, etc.), invierta en el hardware y software apropiados.

En caso de que se lo haya perdido, puede encontrar información relacionada con el software y hardware de respaldo en el Capítulo 17.

Un Mejor Monitor (O un Segundo Monitor)

Si tiene un monitor pequeño, compre uno más grande. Con un monitor más grande usted pierde menos tiempo desplazándose en la pantalla y arreglando ventanas, mientras que tiene más tiempo para trabajar de verdad —, lo cual es bueno ¿no cree?

Lo mejor es que la mayoría de Macs le permiten utilizar dos monitores, como si se tratara de una pantalla individual. Por ejemplo, la configuración de mi computadora principal incluye dos monitores: Una pantalla plana LCD Cinema Apple de 22 pulgadas y una pantalla CRT normal, NEC MultiSync de 24 pulgadas. Es una configuración maravillosa, — muy recomendable. Con dos monitores grandes, tengo la ventana con la barra de menú y el Finder (buscador) en el primer monitor y el documento (o documentos) en que estoy trabajando en el segundo. O, cuando utilizo un programa como Adobe Photoshop (que tiene muchas paletas de colores flotantes), puedo poner las paletas de colores en un monitor y los documentos que estoy usando en el otro. Y así sucesivamente.

Otra cosa que la mayoría de Macs pueden hacer con dos monitores es duplicar lo que está en un monitor, en el otro. De manera que puede trabajar con una pantalla hacia usted y la otra (o un proyector) dirigida hacia la audiencia para que ellos también puedan ver lo que usted está haciendo.

Las pantallas planas LCD como las Apple Cinema han bajado mucho de precio en el último año. En mi humilde opinión, las pantallas LCD son más brillantes y favorables para su vista que los monitores CRT tradicionales (imagen de tubo). Apple debe de estar de acuerdo conmigo, pues ya no vende ningún CRT. Si puede comprar una LCD, hágalo. Lamentablemente, los propietarios de iMacs antiguas, así como la mayoría de los propietarios de iBook, no pueden aprovechar este consejo — pues no es posible agregar un segundo monitor a esos modelos. Sin embargo, si posee una iMac más reciente que incluya un puerto de video puede adquirir un segundo monitor más grande.

Una Conexión de Internet Rápida

Las conexiones de banda ancha (es decir, acceso a Internet rápido) son lo máximo. Si agrega una conexión de Internet de alta velocidad, como una digital subscriber line (DSL) (línea de suscriptor digital) o módem de cable, su capacidad de comunicación aumenta diez veces. Con este equipo suplementario puede unirse a un servicio en línea, navegar en Internet, enviar correos electrónicos a sus amigos y muchas otras cosas más, a velocidades que son diez veces más rápidas que el servicio de conexión dial-up (por línea conmutada) con un módem análogo. Las páginas web que tomaban minutos en cargar a través del servicio dial-up (línea conmutada) aparecen en la pantalla casi instantáneamente. Además, la banda ancha es lo suficientemente rápida para que usted pueda escuchar radio o ver un video directamente sin (muchos) inconvenientes.

Si puede pagar una conexión por cable/DSL (que cuesta entre $25 y $50 mensuales en la mayoría de lugares) y vive en un área donde puede adquirir un módem de cable o DSL (este servicio aún no está disponible en algunos lugares), le aseguro que cambiará la forma en que usted ve la Internet. Para más información sobre la manera de poner en funcionamiento una conexión por Internet, vea el Capítulo 9.

Un Quemador de DVD

La mayoría de Macs cuentan con un SuperDrive interno — que es el nombre que Apple le ha dado a un lector/escritor de CD y DVD. Si su Mac *no* tiene un SuperDrive y usted desea realizar una copia de seguridad o de un archivo con mucha información, considere agregar un quemador de CD/DVD externo.

Otra razón por la que usted podría querer un quemador de DVD externo es que muchas de las Mac vienen con una unidad de carga a través de una ranura, lo que significa que no puede usar los mini-DVD que muchas cámaras fotográficas y de video utilizan ahora. La mayoría de quemadores de DVD externos son cargados a través de una bandeja, lo que los hace más útiles para los usuarios de cámaras con mini-DVD. Tener dos quemadores de DVD permite que pueda hacer copias de iDVD más rápida y fácilmente.

Existen quemadores de DVD externos de muchas marcas que pueden ser conectados a su Mac a través de FireWire o USB 2. Estos dispositivos externos tienen las mismas capacidades que Apple SuperDrive incorporado a la máquina — y graban CD-R o CD-RW que pueden guardar hasta 700 MB de información y DVD-R o DVD-RW que guardan hasta 8.5 GB de información. La única diferencia entre un Apple SuperDrive y un quemador CD/DVD de otro fabricante es que éste ultimo es externo. Como no es fabricado por Apple, no se llama "SuperDrive".

Si no tiene un quemador DVD todavía, un quemador CD/DVD externo es la solución. Si va a adquirir una nueva Mac pronto, elija un SuperDrive, le aseguro que no lo lamentará.

Si tiene un SuperDrive (o un quemador de CD/DVD externo), por Dios santo — ¡utilícelo para hacer una copia de seguridad de sus documentos!

Juegos

Jugar en la Mac nunca había sido mejor y las personas a cargo del desarrollo de los mismos cada vez exigen un mejor desempeño de la Mac OS X.

Algunos de los juegos que me encantan incluyen *Prey, Unreal Tournament* y cualquier juego de pinball (billar romano) que Little Wing (`www.littlewingpinball.com`) haya creado. Pruebe uno de estos juegos — y le sorprenderá comprobar cómo han mejorado los juegos.

Títulos de Multimedia

Muchos juegos, referencias y títulos educativos vienen en CD-ROM o DVD-ROM en estos días. Mi favorito es *World Book*, que utiliza muchas características de Mac para ofrecer una enciclopedia que está bien documentada y al mismo tiempo es divertida de usar. Le encantará y a sus niños también. Recuerde, su Mac más que una computadora — es un reproductor multimedia. Disfrútela.

No olvide que la mayoría de las Mac también pueden reproducir DVD como los que rentan en Blockbuster o NetFlix.

Unas Grandes Bocinas con Subwoofer (Altoparlante para Sonidos Bajos)

Enfréntelo: La mayoría de Macs tienen bocinas de mala calidad (o peor aún, sólo una bocina de mala calidad). Con un juego de bocinas decente, los juegos son más divertidos, la música suena como música, no como radio AM, y los doblajes de sus títulos multimedia finalmente son comprensibles. Si a usted es un amante de la música, disfrutará de su Mac mucho más si agrega un juego de bocinas ruidosas, de preferencia con un subwoofer masivo que proporcione los bajos profundos que tanto le gustan. ¡Así que póngalas a funcionar! Yo soy partidario del EXO 2.1 Stereo Monitoring Speaker System (Sistema de Bocinas de Control Estéreo) de Blue Sky (www.abluesky.com), que es totalmente maravilloso, pero caro (cuesta alrededor de $350). Sin embargo, cualquier juego de bocinas de calidad superará a las bocinas incorporadas a la Mac.

Si posee una unidad DVD-ROM, un buen juego de bocinas hará que ver una película en su Mac sea un millón de veces mejor.

Un Nuevo Ratón y/o Teclado

Si aún utiliza el *ratón* de mala calidad, con un solo botón, que venía con su iMac, G3 o G4, hágase un favor y golpéelo con un martillo hasta destruirlo. Después compre un *ratón* de verdad. Usted será mucho más feliz si lo cambia por uno que sea más fácil y cómodo de usar y que tenga dos o más botones y/o rueda de desplazamiento. Le sorprenderá lo fácil que es trabajar con un *ratón* que cabe en su mano. OS X sabe todo sobre ratones con varios botones y ruedas de desplazamiento. Además, con un ratón de dos botones ya no tendrá que sostener la tecla de Control mientras lo presiona para desplegar el menú contextual — únicamente necesitará presionar el clic derecho.

También considere deshacerse del teclado pequeño y tonto que recibió con su iMac, eMac, Power Mac, Mac Pro o cualquier otra similar. Hoy hay en el mercado teclados para Mac de otros fabricantes que son mucho mejores que el que recibió con su máquina.

Aunque me inclino por teclados de otros fabricantes, tengo que admitir que el teclado estándar Apple Pro es un producto excelente.

Soy partidario de los teclados llamados "ergonómicos", pues considero que son más cómodos de utilizar durante sesiones de trabajo prolongadas. Además creo que escribo más rápido con ese tipo de teclado. Actualmente utilizo un Microsoft Natural Ergonomic Keyboard 4000 (teclado ergonómico natural), que aunque es un teclado Windows y las teclas modificadoras (alt, ctrl, fn) están en un lugar diferente (la ⌘ tecla dice *Alt* y la tecla de Option (Opción) dice *Start* (inicio) y tiene un logo de Windows), Microsoft ofrece controladores excelentes para Mac OS X.

Una MacBook o MacBook Pro

Necesita una computadora portátil porque una sola Mac nunca es suficiente. Con una Mac portátil puede ir a cualquier lugar y seguir trabajando en la computadora. Tanto las MacBook como las Mac Book Pro tienen incorporada una red inalámbrica Apple AirPort Extreme, de manera que puede navegar en la red, imprimir y compartir archivos desde el sillón, la piscina, el aeropuerto (de las que tienen aviones y "a" minúscula) — o Starbucks.

Capítulo 22

Diez (O Más) Sitios de Internet para Fanáticos de Mac

Aún cuando me gustaría pensar que este libro incluye todo lo que usted necesita saber sobre el uso de su Mac, sé que no es así. Tiene mucho más que descubrir sobre el uso de su Mac y cada día salen al mercado nuevas herramientas y productos.

La mejor manera de obtener más información sobre Macintosh es buscando en Internet. Allí encontrará noticias, *freeware* (programa de libre acceso) y *shareware* (software que puede probar antes de comprarlo) para descargar, sitios de solución de problemas, toneladas de noticias e información sobre su sistema operativo favorito y muchos lugares en donde comprar. Así que asegúrese de leer el Capítulo 9 para configurar la Internet — porque este capítulo es sobre cómo encontrar cosas interesantes en la red que le ayuden a utilizar mejor su Mac (y divertirse mientras lo hace).

Los sitios de Internet incluidos en este capítulo son los mejores y los que tienen más información para los usuarios de Mac. Cuando termine de revisar estos sitios sabrá tanto de Mac y Mac OS X Leopard que sentirá que su cerebro está en peligro de explotar. Por otro lado, se sentirá mucho más inteligente. ¡Feliz navegación!

MacFixIt

`www.macfixit.com`

Ted Landau, consultor y colaborador frecuente de *Macworld,* creó un sitio excelente de solución de problemas para ayudar a los usuarios a resolver problemas comunes y mantenerse actualizados sobre asuntos de compatibilidad con nuevos sistemas y productos lanzados por otras empresas.

Desafortunadamente, Ted ha tenido un papel menos activo en la página últimamente y ahora hay que pagar para ver los archivos. El sitio ya no es tan útil como era, a menos que compre la membresía Pro (que actualmente cuesta $25 al año). Pero aún sin pagar, vale la pena revisar la página si tiene algún problema con su Mac. Es muy probable que encuentre una solución en MacFixIt.

Sin embargo, si realmente le interesa saber sobre la solución de problemas de Mac, le sugiero que pague la suscripción Pro que le cuesta únicamente un poco más de $2 al mes. El tener acceso ilimitado a la gran cantidad de archivos y reportes especiales de MacFixIt vale más que eso.

Yo lo utilizo tanto que lo consideraría una oferta, aún si aumentaran el precio al doble.

VersionTracker

www.versiontracker.com

Para software o shareware vea VersionTracker. Es uno de los mejores sitios en el mundo que ofrece software para utilizar con Leopard (o cualquier versión de Mac OS). También es muy bueno para obtener la última versión de cualquier tipo de software: comercial, shareware (programa que puede probar antes de comprar) y/o freeware (programa de libre acceso). VersionTracker es un tesoro virtual que ofrece software y actualizaciones; vale la pena visitarlo aún cuando no esté buscando nada en particular.

También puede comprar una suscripción para VersionTrackerPro (la ofrecen junto con una suscripción a MacFixIt Pro a un precio de oferta, que es lo que yo tengo). Al suscribirse recibe un software especial de VersionTracker que busca en su disco duro aplicaciones y puede notificarle sobre las actualizaciones de cualquier programa que usted posea. Si usted tiene o descarga muchos programas, una suscripción a VersionTracker Pro es realmente muy útil. Revíselo y descargue algún programa útil, interesante, divertido o que tenga esas tres características a la vez.

Me encanta este sitio y en ocasiones lo visito varias veces al día. (Sí ya sé — debo hacer algo útil con mi vida).

MacInTouch

www.macintouch.com

Consulte MacInTouch.com para conocer las noticias Mac más recientes, las cuales son actualizadas diariamente. El autor de este sitio es Ric Ford, quien fue columnista de *MacWeek* durante mucho tiempo, y su equipo de reporteros y lectores conocedores. Esta página le mantiene al tanto de noticias vanguardistas sobre Mac, incluyendo actualizaciones de software, alertas de virus y acontecimientos de Apple. También ofrece reseñas extensas y objetivas de la mayoría del hardware y software Apple, poco después de que éstos son lanzados al mercado.

Considero que MacInTouch es esencial para estar actualizado con respecto a los productos nuevos y más populares para su Mac.

MacMinute

www.macminute.com

Esta es otra fuente excelente de información más reciente de Macintosh. Es un sitio muy bueno, actualizado varias veces al día con muchas historias útiles, vínculos e información sobre Mac.

Apple Support and Knowledge Base

www.apple.com/support

¿Tiene alguna pregunta técnica sobre cualquier versión de Mac OS u otro producto de Apple — incluyendo Mac OS X Leopard? Busque la respuesta a su pregunta en la página Apple Support and Knowledge Base (Base de Conocimiento y Apoyo de Apple), donde podrá encontrar archivos de búsqueda de notas técnicas, información sobre actualización de software y documentación. La Knowledge Base es especialmente útil si necesita información sobre su vieja Apple Mac — pues allí puede encontrar todo tipo de datos. Elija entre una lista de temas predeterminados o de productos y escriba una palabra clave para investigar. Obtendrá una lista de documentos útiles. Al seleccionar cualquiera de estas entradas de datos (todos son vínculos) encontrará la información que está buscando. El sitio también tiene herramientas que pueden ayudarle a limitar su búsqueda.

Así mismo, ofrece una sección que incluye discusiones de usuarios con respecto a temas relacionados con Apple. Aunque no es un sitio oficialmente supervisado o avalado por Apple, muchas veces es el mejor lugar para obtener perspectivas, especialmente en cuestiones ligeramente esotéricas u obscuras que no están incluidas en la Knowledge Base (Base de Conocimientos).

La Página Principal de Mac OS X

`www.apple.com/macosx/leopard`

Como parte de la página inicial de Apple, esta sección es exclusivamente sobre Mac OS X Leopard, sus características más populares, cómo obtener lo mejor del programa, que aplicaciones están disponibles, etc. Revise esta página para enterarse de lo que Apple está preparando; piense en ella como fuente única de compra para su Mac.

ramseeker

`www.macseek.com`

Una de las maneras de mejorar su Mac es comprando más memoria de acceso aleatorio (RAM). *RAM* es la memoria disponible que su computadora utiliza; cuanto más memoria tenga, mejor funcionarán los programas. Aunque Mac OS X puede funcionar en una Mac con menos de 512 MB de RAM, éste trabaja mucho mejor y más rápido con más memoria — por lo menos 1GB, en mi opinión. Aún cuando la RAM es más barata hoy en día, el precio que usted paga por ella puede variar un poco. La mejor manera que conozco para obtener una RAM a un precio más bajo es utilizar la opción de ramseeker (buscador de RAM) en este sitio, la cual sondea diariamente los precios de varios proveedores y después organiza dichos precios por tipo de Mac.

Other World Computing

`www.macsales.com`

Other World Computing se ha convertido en el lugar obligatorio para los periféricos de Mac. Ya sea que usted necesite RAM, discos duros, unidades ópticas, tarjetas de video, actualizaciones de procesador o cualquier otro artículo que se le ocurra, es posible que Other World Computing lo tenga a un precio razonable. Debido a su entrega barata y confiable, así como una garantía sólida para cada artículo, no se arrepentirá de comprar en OWC.

EveryMac.com

www.everymac.com

El autor de este sitio asegura que se trata "de una guía completa para cada Macintosh, Mac Compatible y tarjeta de actualización en el mundo". Eso no se puede discutir (a menos que se haya realizado una cantidad asombrosa de búsquedas). Revise las secciones de Forum (Foro) y Q&A (Preguntas y Respuestas) para obtener respuesta a las preguntas relacionadas con Mac.

The Mac Observer

www.macobserver.com

La página Mac Observer le proporciona noticias, puntos de vista, revisión y mucho más sobre su Mac. Yo escribo una columna mensual — "Dr. Mac's Rants & Raves" ("Críticas y Elogios de Dr. Mac") — para Mac Observer, pero este sitio me gustaba desde mucho antes que me contrataran.

Inside Mac Games

www.imgmagazine.com

Inside Mac Games es el mejor de los sitios de juegos de Mac en la Internet (al menos, en mi humilde opinión). Acá puede ordenar demostraciones de juegos, descargar shareware (programas que puede probar antes de comprar), enterarse sobre el estreno de juegos o comprar editores y emuladores. También encontrará camaradería en los foros y solución de problemas para los juegos.

dealmac

www.dealmac.com

¿Desea comprar productos Mac? Visite la página dealmac (este sitio alardea, "Cómo ir a la quiebra ahorrando dinero"), primero entérese de los precios de oferta, descuentos y otras rebajas para adquirir actualizaciones, software, periféricos y más.

Dr. Mac Consulting

www.boblevitus.com

Dr. Mac Consulting es (con la debida modestia) mi nuevo sitio de apoyo técnico, entrenamiento y solución de problemas diseñado únicamente para usuarios de Mac. Dr. Mac Consulting cuenta con varios técnicos expertos en su equipo de trabajo, por lo que proporciona ayuda técnica experta a un precio justo, sin importar su ubicación física — y generalmente en el mismo día. Permita que uno de nuestros expertos (o yo) le solucionemos sus problemas con Macintosh o le proporcionemos soporte técnico, entrenamiento sobre el sistema o software, asesoría antes de que adquiera un producto Mac, etc. Ofrecemos nuestros servicios por vía telefónica, correo electrónico, iChat y/o a través de nuestro software único de control remoto a través de la Internet (o Leopard Screen Sharing), el cual nos permite corregir varios problemas comunes de Mac en menos de una hora, controlando su ratón y teclado remotamente, mientras le explicamos a usted, por teléfono, todo lo que estamos haciendo.

La próxima vez que necesite ayuda y ninguno de los sitios mencionados anteriormente resuelva su problema, ¿por qué no permite que Dr. Mac Consulting lo haga? (por así decirlo)

Nota: Este mensaje comercial tosco es la única vez en todo el libro en el que hablo tonterías sobre mi "trabajo de día". Así que si desea saber algo sobre su Mac o le gustaría que examinaran o arreglaran alguno de sus componentes, es posible que nosotros podamos ayudarle en menos de una hora. Espero que lo intente.

Y ahora, regresamos a su programación regular.

Apéndice

Instalar o Reinstalar el Sistema Operativo X Leopard de Mac (Sólo Si Es Necesario)

....

En Este Capítulo

▶ Instalar (o reinstalar) el sistema operativo X Leopard de Mac

▶ Configurar el sistema operativo X Leopard de Mac con el asistente de configuración

▶ Ejecutar el sistema operativo X de Mac y el sistema operativo 9 de Mac en la misma Mac

....

Si el sistema operativo X Leopard de Mac vino previamente instalado en una nueva Mac, probablemente nunca utilice este apéndice.

Si está pensando en una reinstalación debido a que algo no funcionó bien con su Mac, sepa que una reinstalación del sistema operativo X de Mac es un paso final muy complicado. Asegúrese de haber intentado todo lo que se indica en el Capítulo 19 antes de siquiera pensar en reinstalar el sistema operativo X. Si ningún otro intento repara su Mac, reinstalar el sistema operativo X de Mac podría muy bien ser su opción final antes de la cirugía invasiva (es decir, llevar su Mac al taller de reparación). Usted no *desea* reinstalar su sistema operativo X, si algo más fácil puede corregir el problema. Por lo tanto, si tiene que realizar una reinstalación, esté consciente de que esto constituye más o menos su última esperanza (de cualquier modo, desde este lado del temible destornillador).

En este apéndice, descubrirá todo lo que necesita saber sobre cómo instalar o reinstalar el sistema operativo X, si tuviera necesidad de hacerlo. Me refiero a que la reinstalación es un fastidio, porque aunque usted no vaya a perder el contenido de su carpeta Home (Inicio), las aplicaciones que ha instalado o el material en su carpeta Documents (Documentos) (a menos que algo salga terriblemente mal o tenga que reformatear su disco duro), podría perder las configuraciones para algunas preferencias del sistema, lo que significa que tendrá que reconfigurar esos paneles manualmente después de que reinstale. Adicionalmente, puede que tenga que reinstalar los drivers para hardware de terceros como ratón, teclados, tabletas y similares.

Esto no es el fin del mundo, pero casi siempre es un inconveniente. Dicho esto, reinstalar el sistema operativo X casi siempre corrige todo, excepto lo terrible y nocivo de los problemas. Además, como lo comprobará en poco tiempo, el proceso es (comparado con el trabajo dental de tratamiento de canales o el impuesto sobre la renta) relativamente indoloro.

Yo le acompañaré durante todo el proceso; por lo tanto, no se preocupe por nada.

Cómo Instalar (O Reinstalar) el Sistema Operativo X de Mac

En teoría, usted tendría que instalar el sistema operativo X de Mac sólo una vez. Además en un mundo perfecto, éste sería el caso. Sin embargo, puede ser que haya ocasiones en que tenga que instalarlo o reinstalarlo, como en los siguientes casos

- ✔ Si adquirió una Mac que no venía con el sistema operativo X de Leopard previamente instalado.
- ✔ Si tiene una falla catastrófica del disco duro que requiera que usted inicialice (formatee) su disco de arranque.
- ✔ Si compra un disco duro externo y desea que éste se pueda arrancar.
- ✔ Si cualquiera de los archivos esenciales del sistema operativo X de Mac se daña o corrompe o se elimina o renombra.

Las siguientes instrucciones realizan una doble tarea: Le indican lo que usted debe hacer para instalar el sistema operativo X por primera vez en una Mac y también le indican lo que usted puede hacer, si algo le sucediera a la copia del sistema operativo X de donde usted arranca su Mac. Es decir, lo siguiente describe tanto el proceso para instalación como para *re*instalación del sistema operativo X. La única diferencia es la selección que usted realiza en la ventana Options (Opciones) en el Paso 4.

Si usted realizó una copia de seguridad o duplicó todo su disco duro, puede ser que prefiera realizar la reinstalación desde sus discos de copia de seguridad, CD, DVD o cintas, en lugar de reinstalar el sistema operativo X del DVD de instalación para el sistema operativo X de Mac. De esta forma, puede estar seguro de que todo lo que haya modificado ligeramente en su Mac, estará exactamente de la forma en que usted lo dejó — sus System Preferences (Preferencias del sistema) estarán de la forma que a usted le gusta y no tendrá qué molestarse en reinstalar los dispositivos para su hardware de terceros.

A continuación encontrará una explicación de cómo instalar (o reinstalar) el sistema operativo X, paso a paso:

1. **Arranque desde su DVD de instalación del sistema operativo X de Mac al insertar el DVD en la unidad de DVD de su máquina y luego arranque de nuevo su Mac mientras mantiene presionada la tecla C.**

   Cuando el sistema operativo X de Mac haya terminado de arrancar su Mac, el programa de instalación se lanza automáticamente. Aquí es donde usted inicia el proceso de instalación o reinstalación del sistema operativo X de Mac.

2. **A menos que usted desee utilizar otro idioma aparte del inglés como el idioma principal del sistema operativo X de Mac, haga clic en el botón Continue (Continuar) (una flecha azul apuntando a la derecha) en la primera pantalla que usted ve.**

   Si no desea utilizar otro idioma, seleccione el idioma al hacer clic sobre el mismo y luego haga clic en el botón Continue (Continuar).

3. **Lea las pantallas Welcome (Bienvenida) y Software License Agreement (Acuerdo de licencia del software), al hacer clic sobre Continue (Continuar) después de cada una.**

   Se despliega una hoja, que le pregunta si está de acuerdo con los términos del acuerdo de licencia. Si no lo está, no podrá continuar, por lo que le aconsejo que siga adelante y haga clic en el botón Agree (Aceptar).

4. **Seleccione el disco en el que desee instalar (o reinstalar) el sistema operativo X de Mac al hacer clic en su ícono una vez se encuentre en la pantalla Select a Destination (Seleccione un destino). Luego seleccione una opción del botón Options (Opciones).**

   En la parte inferior de la pantalla Select a Destination (Seleccione un destino) se encuentra el botón Options (Opciones), que ofrece tres opciones recíprocamente exclusivas:

   • *Upgrade Mac OS X (Actualizar el sistema operativo X de Mac):* Seleccione esta opción para actualizar una versión anterior del sistema operativo X que esté instalada en el disco que usted seleccione en este paso. Sus archivos iniciales y sus otros archivos permanecen sin cambio; después de la actualización, las cosas estarán (más o menos) como antes, salvo que usted estará ejecutando una instalación rediseñado del sistema operativo X.

- *Archive and Install (Archivar e instalar):* Seleccione esta opción para mover todos los componentes del sistema de su instalación actual del sistema operativo X a una carpeta denominada Previous System (Sistema anterior) y luego instale una nueva copia del sistema operativo X. La carpeta Previous System (Sistema anterior) no puede utilizarse para arranque — sin embargo, contiene todos los archivos que se encontraban en cualquiera de las carpetas del sistema operativo X antes de que usted hiciera la actualización.

Si selecciona esta opción, aparece un cuadro para una segunda opción — Preserve Users and Network Settings (Conservar configuraciones de usuarios y red). Selecciónela si desea importar a todos los usuarios existentes de esta Mac, sus carpetas Iniciales y sus configuraciones de red — y además archivar todo el material antiguo del sistema en la carpeta Previous System (Sistema anterior).

Si selecciona esta opción, omita Setup Assistant (Asistente de configuración) que se discute más adelante en este apéndice.

- *Erase and Install (Borrar e instalar):* Seleccione esta opción si desea borrar completamente el disco que seleccionó en el Paso 4, comenzando absolutamente desde el principio — lo que le brindará una instalación completamente nueva.

Si selecciona la opción Erase and Install (Borrar e Instalar), se borrará el disco que seleccionó en el Paso 4 — ¡y todos sus archivos se eliminarán inmediatamente! Debe elegir esta opción sólo si ha realizado una copia de seguridad de todos sus documentos y aplicaciones. En la mayoría de los casos, no es necesario borrar el disco de arranque.

Si usted seleccionó esta opción, aparece el menú emergente Format Disk As (Formatée el disco como). Sus opciones son Mac OS Extended (Sistema operativo Mac ampliado) (del diario), que es la que usted desea y Unix File System (Sistema de archivo de Unix) (la que usted no desea).

El sistema de archivo de Unix no es una buena opción para la mayoría de usuarios del sistema operativo X de Mac. Es suficiente decir que el 99.9 por ciento de las personas deberían absoluta y positivamente *evitar* el sistema de archivo de Unix como una plaga legendaria (el 0.1 por ciento saben quienes son — y por qué necesitan utilizar un disco UFS). Con eso es suficiente.

5. **Haga clic en OK para regresar a la pantalla Select a Destination (Seleccionar un destino) y luego haga clic en Continue (Continuar).**

6. **Seleccione qué instalación desea realizar — simple o personalizada:**

   - *Easy Install (Instalación simple)* copia completamente el sistema operativo X de Mac en su disco duro seleccionado (el que usted seleccione en el paso 4).

   - *Custom Install (Instalación personalizada)* (haga clic en el botón Customize [Personalizar] en la parte inferior de la pantalla) le permite escoger la instalación sólo de los ítems que usted desée instalar.

En la mayoría de los casos, ya sea que usted realice una instalación o reinstalación completa, Easy Install (Instalación simple) es la forma más fácil de proceder — por lo que asumo que esto será lo que usted seleccione para el resto de estos pasos.

7. **Para comenzar con la instalación, haga clic en el botón Install (Instalar).**

   El sistema operativo se demora de 10 a 30 minutos en instalarse, por lo que sería un buen momento para tomarse un receso para el café. Cuando termina la instalación, su Mac se inicializa de nuevo por sí misma y entonces puede empezar a utilizar el sistema operativo X de Mac, ojalá que sin problema alguno.

   Después de que su Mac arranca de nuevo, aparece Setup Assistant (Asistente de configuración) — *a menos* que usted haya seleccionado Archive and Install (Archivar e instalar) y también haya seleccionado la opción Preserve Users and Network Settings (Conservar ajustes de usuarios y red), que obviaría la necesidad de utilizar al Setup Assistant (Asistente de configuración). (Las configuraciones que usted tenía antes de la instalación permanecerían intactas).

8. **Pase por todas las pantallas Setup Assistant (Asistente de configuración).**

   Usted tiene que realizar este trabajo de mantenimiento antes de poder empezar a trabajar con el sistema operativo X y yo le muestro cómo hacerlo en la siguiente sección.

Configurar con el Setup Assistant (Asistente de Configuración)

Asumamos que su proceso de instalación (o reinstalación) marcha bien y su Mac reinicia por sí misma; lo siguiente que debería ver (y escuchar) es un colorido cortometraje que termina transformándose en la primera pantalla del Setup Assistant (Asistente de configuración), atractivamente denominada *Welcome (Bienvenida)*.

Para entrar cautelosamente a través del Setup Assistant (Asistente de configuración), siga estos pasos:

1. **Cuando aparezca la pantalla Welcome (Bienvenida), seleccione su país de la lista, haciendo clic una vez sobre el mismo y luego haga clic en el botón Continue (Continuar).**

   Si su país no aparece en la lista, seleccione el cuadro Show All (Mostrar todo), lo que hará que aparezca un grupo de países adicionales en esta lista.

   Después de hacer clic en Continue (Continuar), aparece la pantalla Personalize Settings (Personalizar ajustes).

2. **Seleccione una disposición de teclado de la lista al hacer clic una vez sobre la misma, luego haga clic en Continue (Continuar).**

   Si usted es estadounidense (o desea utilizar una configuración de teclado estadounidense), haga clic en el listado estadounidense. Si prefiere una disposición de teclado de otro país, seleccione el cuadro Show All (Mostrar todo), y aparecerán otros países en la lista (así como un par de disposiciones de teclado Dvorak). Seleccione el que usted prefiere al hacer clic sobre el mismo — y *luego* haga clic en Continue (Continuar).

   Luego aparecerá la pantalla Migration Assistant (Asistente para migración). Si se trata de una Mac nueva o si usted está reinstalando el sistema operativo X Leopard de Mac en una Mac y tiene cerca de usted una Mac más antigua, puede transferir todos sus archivos y ajustes importantes siguiendo las instrucciones que se encuentran en la pantalla y conectando la Mac antigua con la nueva por medio de un cable FireWire. Simplemente siga las instrucciones que el Migration Assistant (Asistente para migración) le proporcione y luego relájese por un momento — probablemente le tomará una hora o más transferir sus archivos y ajustes de la Mac antigua a la nueva.

   Aparece la pantalla Your Apple ID (ID de su Apple).

3. **Haga clic en el botón de radio adecuado: My Apple ID Is (El ID de mi Apple es), Create an Apple ID for Me (Cree un ID de Apple para mí) o Don't Create an Apple ID for Me (No cree un ID de Apple para mí). Si usted tiene una ID de Apple, escriba su nombre de usuario y contraseña en los campos adecuados. Ahora haga clic en Continue (Continuar).**

   Haga clic en el botón Learn More (Obtener más información) para conocer más sobre una ID de Apple y lo que ésta puede hacer por usted. En resumidas cuentas, ésta le permite hacer compras con un sólo clic en una tienda de iTunes, iPhoto o una tienda de Apple. Si compra una ahora, también obtendrá completamente gratis una cuenta limitada de prueba de 60 días con .Mac. Cuando haya terminado de leer, haga clic en OK y luego haga clic en Continue (Continuar).

   Aparece la pantalla Registration Information (Información de registro).

4. **Llene los campos (name [nombre], address [dirección], phone number [número de teléfono], etc.) y luego haga clic en Continue (Continuar).**

Si usted está interesado en lo que Apple hará y no hará con esta información, haga clic en el botón Privacy (Confidencialidad) en esta pantalla y lea la Privacy Policy (Política de confidencialidad).

Aparece la pantalla Thank You (Agradecimiento).

5. **Haga clic en Continue (Continuar).**

Aparece la pantalla Create Your Account (Cree su cuenta).

6. **Llene los campos Name (Nombre), Short Name (Nombre abreviado), Password (Contraseña), Verify (Verificación) y Password Hint (Pista para la contraseña) y luego haga clic en Continue (Continuar).**

La primera cuenta que cree tendrá automáticamente privilegios de administración para esta Mac. No podrá eliminar o cambiar el nombre que elija fácilmente para esta cuenta, por lo que piénselo cuidadosamente antes de dar un clic en Continue (Continuar).

Cada uno de estos campos tiene una explicación debajo del mismo.

No puede hacer clic en el botón Continue (Continuar) sino hasta que haya llenado los cinco campos.

Aparece la pantalla Get Internet Ready (Preparar Internet).

7. **Seleccione uno de estos cuatro botones de radio y luego haga clic en Continue (Continuar):**

- I'd Like a Free Trial Account with EarthLink (Me gustaría obtener una cuenta de prueba gratis con EarthLink)

- I Have a Code for a Special Offer from EarthLink (Tengo un código para una oferta especial de EarthLink)

- I'll Use My Existing Internet Service (Utilizaré mi servicio de Internet existente)

- I'm Not Ready to Connect to the Internet (No estoy listo para conectarme a Internet)

Si selecciona utilizar su servicio de Internet existente, usted observa otra serie de pantallas que le proporcionarán información específica sobre la forma en que usted se conecta a Internet, su dirección de IP (si tiene una), qué tipo de conexión tiene, etc. Si usted desconoce uno o más de los ítems en esta serie de pantallas, no se preocupe — simplemente déjelos en blanco y siga haciendo clic en el botón Continue (Continuar). Posteriormente, después de que el asistente de configuración termina y usted está listo y utilizando el sistema operativo X, puede preguntarle a su ISP (por sus siglas en inglés, Proveedor del

Servicio de Internet) acerca de cualquier campo vacío, obtener cualquier información que se necesite y añadir información en los lugares adecuados (los paneles Network (Red) o Internet System Preference (Preferencias del sistema de Internet).

Cuando haya finalizado con esta selección, aparece la pantalla Set Up Mail (Configurar correo).

8. **Si usted desea configurar el programa Mail (Correo) ahora, haga clic en el botón de radio apropiado — Use My Mac.com Account Only (Utilizar Mi cuenta Mac.com únicamente) o Add My Existing Email Account (Añadir mi cuenta de correo electrónico existente). Llene los espacios en blanco y haga clic en Continue (Continuar).**

Aparece la pantalla Select Time Zone (Seleccionar la zona horaria).

9. **Haga clic en la parte del mundo en que usted se encuentra en el mapa, seleccione una ciudad del menú emergente y luego haga clic en Continue (Continuar).**

Aparece la pantalla Set the Date and Time (Fijar fecha y hora).

10. **Establezca la fecha de hoy y la hora actual y luego haga clic en Continue (Continuar).**

11. **Cuando aparezca la siguiente pantalla, haga clic en Done (Terminado).**

El asistente finaliza, y en pocos instantes, aparece el Desktop (Escritorio) del sistema operativo X de Mac. Eso es todo. Ha terminado.

Índice

• D •

• T •

Libros en Español

Disponibles en cualquier lugar donde vendan libros, o través de dummies.com

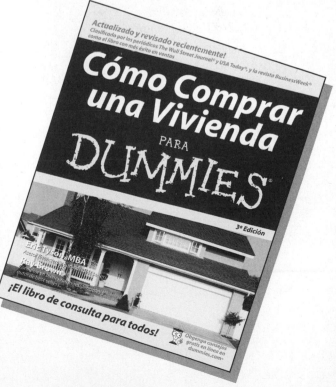

Guía útil para palabras y expresiones
de uso cotidiano

Frases en Inglés
PARA
DUMMIES®

¡El libro de consulta para todos!

- Conozca los fundamentos del lenguaje de una manera fácil y práctica
- Encuentre las palabras que necesita de manera rápida en las secciones Palabras para Recordar
- Con las guías de pronunciación no tendrá problemas para que lo entiendan

Gail Brenner
Autora de uno de los libros más vendidos Inglés Para Dummies

Comience a hablar inglés rápidamente
con esta guía fácil y divertida

Inglés
PARA
DUMMIES®

Diálogos del libro en disco compacto de audio

¡Soluciones
prácticas
para todos!™

Información gratis
diariamente en dummies.com®

Gail Brenner
Creadora e instructora del curso,
"Programa del lenguaje de inglés intensivo", en la Universidad de California, Santa Cruz

¡Vista es de Windows - lo mas exito de venta - y tiene las ventajas
mejores para Ud.!

Windows Vista™
PARA
DUMMIES®

Incluye todos los detalles
y aspectos de Vista y todos
elementos esenciales
de Windows

¡El libro
de consulta
para todos!

Obgenga consejos gratis en linea en dummies.com®

Andy Rathbone

"¡Aclara misterios y provee ayuda útil!"
U.S. News & World Report

En
Español

Fotografía
Digital
PARA
DUMMIES™

4a Edición

Cubre qué camara
comprar, cómo
imprimir sus imágenes
y más

¡Soluciones
Prácticas
para Todos!™

eTips GRATIS en dummies.com®

Julie Adair King
Autora de Photo Retouching
& Restoration For Dummies

¡La guía número uno en ventas que sigue mejorando, actualizada con lo último en aparatos para PCs!

PCs

PARA

DUMMIES

10ª edición

¡Cubre temas nuevos como redes, Internet y otros más divertidos!

¡Soluciones prácticas para Todos!™

eTips GRATIS en dummies.com

Dan Gookin
Autor del éxito número uno en ventas
Comprar una PC Para Dummies

¡La forma más fácil para entender Windows XP!
¡Más de 11 millones de copias impresas!

Windows XP

PARA

DUMMIES

Cubre Mis Imágenes, Multimedia, redes caseras y mucho más...

¡Soluciones Prácticas para Todos!™

eTips GRATIS en dummies.com

Andy Rathbone
Autor del bestseller # 1
Windows ME For Dummies

¡Desde suscribirse hasta vender — la guía más vendida para ser exitoso con las subastas en línea!

En Español

eBay

PARA

DUMMIES

4a Edición

Consejos expertos de cómo hacer ofertas para ganar y vender con exito

¡Soluciones Prácticas para Todos!™

eTips GRATIS en dummies.com

Marsha Collier
Autora de Starting an eBay Business For Dummies

¡Ahora actualizado y mejorado!
La forma más divertida y fácil de tener presencia en la Web

Crear Páginas Web

PARA

DUMMIES

6a Edición

¡Soluciones Prácticas para Todos!™

eTips GRATIS en dummies.com

Los mejores consejos para crear sus páginas Web

Bud Smith
Coautor del libro Web Usability For Dummies
Arthur Bebak
Fundador de Netsurfer Communications, Inc

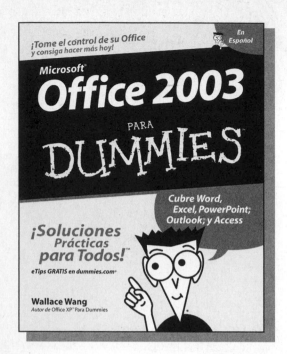

¡Tome el control de su Office
y consiga hacer más hoy!

En Español

Microsoft®

Office 2003

PARA

DUMMIES™

Cubre Word,
Excel, PowerPoint;
Outlook; y Access

¡Soluciones
Prácticas
para Todos!™

eTips GRATIS en dummies.com®

Wallace Wang
Autor de Office XP® Para Dummies

¡ Totalmente actualizado!
Su guía fácil para usar el correo electrónico, la Web y más

Internet

PARA

DUMMIES®

10ª Edición

El bestseller # 1
¡Más de 4 millones
de copias impresas!

¡Soluciones
Practicas
para Todos!™

eTips GRATIS en dummies.com®

John R. Levine
Margaret Levine Young
Carol Baroudi

Use todas las nuevas herramientas para
hacer que su red trabaje a gran velocidad

Redes

PARA

DUMMIES®

6a Edición

¡Soluciones
Prácticas
para Todos!™

eTips GRATIS en dummies.com®

Cubre Windows XP™,
NetWare 6 y
Red Hat Linux

Doug Lowe
Autor de PowerPoint® For Dummies®